Christina Bachmann

Religion und Sexualität

Die Sehnsucht nach Transzendenz

Verlag W. Kohlhammer
Stuttgart Berlin Köln

Die Deutsche Bibliothek – CIP-Einheitsaufnahme

Bachmann, Christina:
Religion und Sexualität : die Sehnsucht nach Transzendenz / Christina Bachmann. –
Stuttgart ; Berlin ; Köln ; Kohlhammer, 1994
ISBN 3-17-012555-9

Umschlagbild: Gertrud Malorny: »EROS«, Aquarell (Ausschnitt) 1992,
Büdingen, Privatbesitz

für E.

DANK

Diese Arbeit hat in erweiterter Fassung dem Fachbereich Religionswissen-schaft/Religionspädagogik der Universität Bremen 1990 als Dissertation vorgelegen. Für die hier veröffentlichte Form wurde sie überarbeitet, ge-kürzt und aktualisiert.

Betreut wurde diese Arbeit von Herrn Prof. Dr. Jürgen Lott, Bremen, und Herrn Prof. Dr. Siegfried Vierzig, Oldenburg. Außerdem ist sie unterstützt und gefördert worden durch die Gespräche mit Michael Heintze, meinen Freundinnen und Freunden, sowie denjenigen, die direkt oder indirekt Hauptpersonen dieser Arbeit sind, den Interviewpartnern und -partnerin-nen. Ihnen allen danke ich ganz herzlich.

Für eine zweijährige finanzielle Förderung durch ein Stipendium gilt der Friedrich-Ebert-Stiftung mein besonderer Dank.

Bremen, im Oktober 1993   *Christina Bachmann*

Inhaltsverzeichnis

Einleitung

»Nur wer den Zaun überschreitet, kennt die Bedeu-
tung der Dinge innerhalb des Zaunes.«
(H. P. Duerr, 1978, 94)

Der Zusammenhang von Religion und Sexualität zeigt sich im menschlichen Grundbedürfnis nach Transzendenz. Die Suche nach Transzendenzerfahrung hat sich in der gegenwärtigen gesellschaftlichen Situation von
der Religion auf die Sexualität verlagert, als Folge eines Subjektivierungs-
und Privatisierungsprozesses.
Dies ist eine der Grundthesen der vorliegenden Untersuchung.
Sieben biographische Interviews bilden dabei Zentren der Annäherung an
das Thema. Die erzählenden Passagen werden verbunden mit Erkenntnissen der Religionswissenschaft, Philosophie und Psychoanalyse.
In den biographischen Skizzen werden die befragten Personen kurz vorgestellt und einige Aspekte ihrer lebensgeschichtlichen Erfahrungen mit
Religion und Sexualität herausgearbeitet.
Die darin deutlich zum Ausdruck kommende erlebte Differenz zwischen
Religion und Religiosität ist eine Folge des radikalen Zusammenbruchs der
Verbindlichkeit von Sinn-Traditionen, wobei Religion und das Religiöse sub-
jektiviert und privatisiert wurden. Damit zusammenhängend hat sich die
religiöse Vergewisserungsstruktur auf die Erfahrungs- bzw. Gefühlsebene
verlagert, was charakteristisch ist für das Phänomen der »Neuen Religiosität«.
In diesem Prozeß der Säkularisierung hat sich im Christentum auch die
Erfahrung von Transzendenz von der Religion abgespalten und wurde zu
einer persönlichen und intimen Angelegenheit ohne Rückbindung an die
öffentliche Religion. Das freigesetzte, nicht mehr in kirchliche Tradition
eingebundene Bedürfnis nach Transzendenz hat sich schließlich in anderen,
nicht-religiösen Bereichen Ausdrucksmöglichkeiten gesucht. Dabei erwies
sich die Sexualität als besonders attraktiv. Denn in der Sexualität besteht
die Möglichkeit Grenzen zu überschreiten und Transzendenz zu erfahren.
Allerdings wurde im Christentum gerade das Körperlich-Sinnliche stets als
gefährliche Konkurrenz gegenüber dem Kultur- und Religionssystem aufgefaßt, wie die repressive christliche Sexualmoral zeigt.
Die »Sexuelle Revolution« der 60er Jahre hat zwar die Sexualität von jeglichen religiös-moralischen Zwängen befreien wollen. Heute kann jedoch
dieser Versuch, mittels »sexueller Befreiung« die ersehnte Selbsttranszendierung zu erfahren, als weitgehend gescheitert betrachtet werden. Vielmehr hat diese scheinbare Befreiung zu einer Veräußerlichung und
Verdinglichung der Sexualität und damit zu einer Zerstörung ihrer Innerlichkeit und Sinnlichkeit beigetragen.
Zudem kennzeichnet der Begriff der Sexualität einen Erfahrungszusammen-

hang, der auf der Trennung der Geschlechter beruht und nicht auf deren Transzendierung, wie zum Beispiel im kultischen sakralen Geschlechtsakt, in der Einheit von Eros und Sexus.

Denn Sexualität hat sich als Erkenntnisbereich vor allem deswegen entwickelt, um die Lüste und Körper gesellschaftlich zu kontrollieren und zu begrenzen und ist somit selbst Teil der Zerstörung der Sinnlichkeit.

Bleibt schließlich nur der Orgasmus, um Transzendenz zu erfahren?

Auch hier sind Trugschlüsse und Täuschungen möglich, wie die biographischen Erfahrungen der Befragten belegen; insbesondere auf Grund des unterschiedlichen sexuellen Erlebens von Mann und Frau.

In dem Moment, als Sexualität selbst als restriktive Grenzziehung erfahren und erkannt wurde, hat sich das Bedürfnis nach Transzendenzerfahrung bei vielen wiederum verstärkt im Kontext religiöser Sinn- und Deutungssysteme artikuliert.

In dem Phänomen der »Neuen Religiosität« der 70er Jahre wird das Bedürfnis nach Transzendenzerfahrung wiederum evident. Es hat sich vom Kontext der Sexualität nun auf den der Religion verschoben.

Die Absicht dieser Arbeit ist es, das Transzendenzbedürfnis in der religiösen und sexuellen Praxis in seinen verschiedenen Ausprägungen zu untersuchen und die postulierten Gemeinsamkeiten – pendelnd zwischen konkreter Erfahrung und theoretischer Reflexion – genauer zu überprüfen.

Das Bedürfnis nach Transzendenzerfahrung in der Religion und Sexualität wird hier nicht als eines unter vielen angesehen, sondern als ein genuines, unverzichtbares Anliegen des Menschen. In der Sehnsucht nach Transzendenz kommt der Wunsch nach einem Erleben zum Ausdruck, das auch individuelle und gesellschaftliche Grenzen überschreitet und in der intensiven Beziehung und Hingabe an den Anderen zu einer seelisch-geistigkörperlichen Identität findet.

1. Religion und Sexualität in der Lebensgeschichte

1.1 Die biographische Methode als Erinnerungsarbeit

> »Jede Tradition besteht aus eingefrorenen Erinnerungen, und jedes Infragestellen der Tradition führt mit einiger Wahrscheinlichkeit zu dem Versuch, die Erinnerungen aufzutauen. Das gilt auch für einzelne Menschen. Auch der Einzelmensch entwickelt Minitraditionen. An erster Stelle handelt es sich dabei um Traditionen der Jugend, die irgendwann im Laufe der Zeit einfrieren und dann in diesem erstarrten Zustand bis in spätere Lebensjahre mitgetragen werden. (. . .) Es erübrigt sich zu sagen, daß der Prozeß des Zurückverfolgens einer Tradition bis hin zu den Erfahrungen, mit denen sie einsetzte, erheblich komplizierter wird, wenn es sich bei den fraglichen Erfahrungen nicht um individuelle, sondern um kollektive handelt.«
>
> (P. L. Berger, 1980, 139)

Jeder Mensch macht individuelle Erfahrungen in seiner Lebensgeschichte. Erfahrungen befinden sich aber auch summiert in den Traditionen und Konditionierungen als die kollektiven Erfahrungen einer Kultur. Diese Erfahrungen aufzudecken und wiederzuentdecken, ist ein lohnender, aber mühsamer Prozeß subjektiver und kollektiver »Erinnerungsarbeit« (Mitscherlich), um individuelle und kollektive Spuren verlorengegangener Wirklichkeitserfahrung wiederzufinden und sich neu aneignen zu können. In dieser Untersuchung sollen hinsichtlich religiöser und sexueller Erfahrungen einige Bewußtseinstrends aufgezeigt werden, mit dem Ziel, das Bedürfnis nach Transzendenzerfahrung in der Sehnsucht nach Selbsttranszendierung sowie der Überhöhung und Idealisierung spezifischer Selbsterfahrungen, die Religion und Sexualität ermöglichen oder verhindern, transparent zu machen.

Wie aber können die subjektiven Erfahrungen, die entstanden sind aus einem unübersichtlich verflochtenen Netz unterschiedlicher Voraussetzungen der jeweiligen Lebens- und Kulturgeschichte, wissenschaftlich untersucht werden und welches ist die angemessene Methode, sie annähernd zu objektivieren?

Die Frage nach der richtigen Methode, subjektive Erfahrungen mit Religion angemessen in einen theoretischen Kontext zu bringen, stellt sich wie bei jeder Methode auch als Frage nach der adäquaten Eingrenzung. Nach Th. Luckmann (1963, 74) stellt sich die Frage nach dem Wesen der Religion in der modernen Gesellschaft als eine Frage nach der Struktur der Person. Nach seiner Auffassung müßte die Untersuchung der Biographie des einzelnen aufzeigen, welcher Typus der Person dem neuen Typus der Religion entspricht, der aus der modernen, zweckrationalen Gesellschaftsstruktur erwächst.

Die subjektiven Erfahrungen werden in dieser Arbeit in die theoretische Diskussion mit einbezogen. Zugleich sind sie aktueller Sprechanlaß der theoretischen Reflexion über Religion, Religiosität und Sexualität. Diese »Wiedereinführung der Subjektivität in die Wissenschaft« dient auch der Selbstreflexion des Forschers ganz im Sinne G. Devereuxs (1967, 178), der betont: »*Jede Forschung ist auf der Ebene des Unbewußten selbstbezogen, gleichgültig wie weit ihr Gegenstandsbereich auf der manifesten Ebene vom Selbst entfernt sein mag . . . (Sie) stellt eine mehr oder weniger direkte Introspektion dar.*«

Die Gefahr jeder methodischen Eingrenzung besteht darin, daß die Wirklichkeit verzerrt wird. Vernünftige methodologische Mittel dienen nach Devereux auf der Ebene des Unbewußten in erster Linie als Abwehrmechanismen und nur nebenbei als sublimatorische wissenschaftliche Techniken, wodurch günstigenfalls zwei Ziele erreicht werden können: »*1. Die permanente Verminderung von (subjektiver) Angst und 2. unverzerrte Resultate.*« (ebd.)

Um das zu erreichen, ist auf seiten der Forschenden bei der Untersuchung von Religion und Sexualität auch die objektivierende, reflexive Distanz hinsichtlich der eigenen subjektiven Erfahrungen mit Religion und Sexualität notwendig. Nach C. Elsas (1985, 254) gehört zur Disziplinierung der eigenen Subjektivität der Forschenden die Anerkennung der besonderen Art innerer Konsistenz jeder Religion und damit das Verständnis von ihrem eigenen, besonderen Bedeutungszentrum her: »*Zur Korrektur der Subjektivität wird man dabei die Kommunikation mit Vertretern anderer Religionsgemeinschaften, wo immer möglich, einbeziehen und reflektieren. Darin liegt auch eine besondere Chance, das von der christlich-westlichen Tradition geprägte Begriffssystem der Religionswissenschaft differenzierter zu fassen.*« Dies gilt auch für die Untersuchung der Sexualität.

Um Zugang zu den lebensgeschichtlichen Erfahrungen mit Religion und Sexualität zu bekommen, habe ich die qualitative Methode des biographischen Interviews angewandt.

Die Biographie ist die objektive Realität des Subjekts und ist als Prozeß der »subjektiven Aneignung der objektiven Realität« (M. Osterland 1973, 412) zu verstehen, in deren Verlauf das Subjekt seine soziale und personale Identität konstruiert und rekonstruiert.

Die biographische Methode wurde bereits seit der Jahrhundertwende innerhalb der empirischen Sozialforschung angewandt. So hat auch schon die frühe Religionspsychologie mittels tiefenpsychologischer Einzelbefragungen beispielsweise die Gründe für Bekehrungserlebnisse oder geschlechtsspezifische religiöse Einstellungen untersucht (vgl. G. Bohne, 1922; G. Gassert, 1932; A. Römer, 1929).

In den letzten 20 Jahren hat diese Hinwendung zum »subjektiven Faktor« eine erstaunliche Renaissance erfahren, vor allem auch durch den Einfluß der Erkenntnisse der Kritischen Theorie. Deren zentraler Ausgangspunkt ist, daß eine Theorie, die den gesellschaftlichen Gesamtzusammenhang angemessen interpretieren will, die Bedeutung des Individuums in diesem Zusammenhang klären muß. Demnach kann die Bedingung der Möglichkeit gesellschaftlicher Veränderung nicht mehr nur in der Veränderung objektiver Verhältnisse gesucht werden, sondern auch im Individuum, das sich aktiv seine Lebenswelt aneignet und seine Geschichte macht. -

In der Biographienforschung geht es um die ganzheitliche Erfassung des Lebenszusammenhangs des Subjekts in seiner konkret-historischen Realität, das heißt, um Lebensgeschichte in ihrer Besonderheit und ihrer Verquickung mit den jeweils bestehenden gesellschaftlichen Verhältnissen. Nach J. Habermas (1968,195) ist die Lebensgeschichte eines Individuums das »Muster für das kategoriale Verhältnis des Ganzen zu seinen Teilen«. Die Biographienforschung (vgl. M. Osterland, 1973, 413 f.) zeigt auf, daß die konkrete Realität des alltäglichen Lebenszusammenhanges des Subjekts kein zufälliges Resultat des individuellen Lebensweges ist, sondern daß gerade darin die gesellschaftliche schicht- und klassenspezifische Bedingtheit lebensgeschichtlicher Abläufe sich zeigt und diese kollektive Seite des Lebensweges entsprechende Erfahrungen mit einschließt, die wiederum bestimmte kollektive Deutungsmuster hervorbringen.

Die Erforschung von Lebensgeschichte ist zugleich auch eine Art Geschichtsschreibung, die noch relativ nahe am lebendigen − und nicht abstrakten − Subjekt ist und die es ermöglicht, durch die Zusammenfassung von subjektiven Erfahrungen und Erkenntnissen, direkt aus der aktuellen Zeitgeschichte zu lernen.

Für die hier vorliegende Untersuchung war vor allem von Interesse, wie religiöse und sexuelle Erlebnisse in ihrer Verschiedenheit bzw. Ähnlichkeit erfahren werden und in welcher Relevanz sie für die Lebensorientierung und Lebenspraxis bedeutsam sind. Da nach meiner Annahme im Laufe der *individuellen wie auch kollektiv-gesellschaftlichen Säkularisierung* von Religion eine erhöhte Bedeutsamkeit der Sexualität zu konstatieren ist, müßte sich dieses Phänomen als subjektive Erfahrung in den Biographien von ehemals oder heute noch sich als religiös verstehenden Personen widerspiegeln.

Um Aufschluß über diese lebensgeschichtlichen Erfahrungen zu gewinnen, habe ich einzelne Zeitgenossen befragt, vier Frauen und drei Männer zwischen Jahrgang 1940 und 1960.

Mit Hilfe der biographischen Methode kommen die Erzählenden selbst zu Wort und ermöglichen sozusagen eine Sicht der »Geschichte von unten«. Die Befragten werden dabei nicht als Objekte der Wissenschaft betrachtet, *über* die geschrieben wird, sondern ihre Lebensgeschichte mit all ihren Erlebnissen und Erfahrungen, Wünschen und Sehnsüchten soll Aufschluß geben über den hier angenommenen Zusammenhang religiöser Lebenswelt und erlebter Sexualität. Wichtig war dabei, sich nicht nur auf die Individualbiographie zu beschränken, unter Ausschluß der Zeitgeschichte (vgl. M. Mies, 1982, 56), sondern erforderlich ist auch die Rückkoppelung spezifischer Phänomene in ihrer gesellschaftlichen Verwickeltheit.

Betrachtet man Lebensgeschichte im Rückblick, erscheint sie zunächst gradlinig. Weil sie vorbei ist, scheint sie so. Die wissenschaftliche Untersuchung der Biographie will jedoch auch die Brüche im vermeintlich Gradlinigen aufspüren und sichtbar machen, um die Schwierigkeiten und Fallen subjektiver Verarbeitungsformen der persönlichen und gesellschaftlich vermittelten Realität in ihrer Verquickung miteinander aufzuzeigen. Rückblickend sind ehemals gegenwärtige Erlebnisse zu Erfahrungen und im Laufe der Zeit schließlich zu Lebensgeschichte geworden.

Inmitten der Ereignisse zu leben, bedeutet eine völlig andere Perspektive als die der Reflexion. Denn private Erlebnisse vermischen sich mit alltäglichen Eindrücken und persönlichen Bewertungen, die vielfach gebrochen sind durch Informationsdefizite und ideologische Einstellungen (vgl. D. Bertraux, J. B. Wiames, 1980, 114). Die Zeitwahrnehmung erscheint nicht linear als Ablauf von Jahren mit historischen Ereignissen, sondern in zyklischen Wiederholungen, die nur allmählichen Veränderungen unterliegen.

Die Methode des biographischen Interviews ermöglicht zumindest teilweise eine »Wiedereinführung der Subjektivität in die Wissenschaft« (G. Devereux, 1967, sowie E. Reinke und K. Horn, 1978), hier vor allem mit dem Ziel, die theoretische Debatte rückzukoppeln an gelebte Religiosität und Sexualität, um Spuren eines Zusammenhangs von Religion und Sexualität in den lebensgeschichtlichen Erfahrungen aufzudecken.

Da es sich bei der Themenstellung »Religion und Sexualität« um einen sehr komplexen Problemzusammenhang handelt, war es notwendig, bei der Anlage des Interviewleitfadens zwei Prämissen zu erfüllen: 1. Die Fragen mußten, der Komplexität des Themas entsprechend, relativ präzise formuliert werden, um die einzelnen Problembereiche angemessen erfassen und eingrenzen zu können. 2. Die Dauer der Befragung mußte begrenzt werden, damit diese beiden sehr persönlichen Themen nicht bis ins Uferlose besprochen werden. Deswegen entschied ich mich für die Form des Intensivinterviews (vgl. J. Friedrichs, 1973, 224), welches themenbezogen strukturiert und ausgewertet wurde.

Der Nachteil dieser Methode besteht darin, daß der Einfluß des Interviewers auf die Erhebungssituation kaum reflektierbar ist. Denn die mit den Befragten entstandene situative Szene während des Interviews ist eigentlich erst durch »szenisches Verstehen« (vgl. A. Lorenzer, 1973, 142 ff.) möglich.

Ein weiterer Nachteil der biographischen Methode liegt in der Dauer der Interviews und dem zeitlichen Aufwand, den die anschließende Auswertung der Fülle des Materials erfordert.

Ziel des biographischen Interviews ist nicht einfach, »mehr Informationen« zu erhalten, sondern herauszufinden, wie lebensgeschichtliche Erfahrungen mit Religion und Sexualität im biographischen Prozeß von den Betroffenen gedeutet und verarbeitet werden.

Bei der Anlage des Interviewleitfadens bezogen sich die Fragestellungen zunächst auf den Bereich der Religion und Religiosität, dann auf den der Sexualität und Transzendenz und schließlich auf den des Zusammenhangs von Religiosität und Sexualität.

Da sich mit der hier vorliegenden explorativen Studie nicht der Anspruch von Repräsentativität verbinden kann, erfolgte auch die Auswahl der Probanden nicht nach diesen Kriterien, sondern es waren drei zu erfüllen: 1. frühere und/oder heutige Religiosität, und 2. Gesprächsbereitschaft und Offenheit. Außerdem wollte ich die Gespräche auf Tonband aufzeichnen, so daß 3. das Einverständnis der Befragten damit eine weitere Voraussetzung für die Auswahl war. Auf diese Weise erhielt ich schließlich eine Liste von 30 Personen, die bereit zum Interview waren. Ich beabsichtigte, insgesamt 10 Interviews durchzuführen mit gleichem Anteil von Frauen und Männern, davon eines als sog. »Vorlaufinterview«, in dem die Formulierung und Reihenfolge der Fragen und deren inhaltliche Klarheit noch einmal praktisch überprüft und präzisiert werden sollte, um anschließend den Leitfaden für die Endfassung zu überarbeiten. Schließlich wählte ich aus dieser Liste von 30 Personen 10 aus, je 5 Frauen und 5 Männer. Außer dem »Vorlaufinterview« wurden 9 weitere Interviews durchgeführt, von denen 2 aufgrund technischer Mängel (Tonbanddefekt, zu leise gesprochen . . .) nicht verwertbar waren. So blieben schließlich 7 verwertbare Interviews übrig. Die quantifizierbaren Daten der sieben befragten Personen ergeben folgendes Bild:

Anzahl	Alter	Geschlecht	Beruf	rel. Sozialisation
1	25-30	w	Studentin	evang.
3	30-35	w	Erzieherin	Zeugen Jehovas
		w	Tanztherapeutin	evang.
		w	Sozialpäd.	evang.
1	35-40	m	Psychologe	kath.
1	40-45	m	Architekt	evang.
1	45-50	m	Pastor	evang.

Die interviewten Männer waren im Vergleich zu den Frauen älter, akademische, bzw. soziale Berufe überwogen, und die Mehrheit der Probanden wurde evangelisch sozialisiert.

Fast alle Interviewpartner/innen hatten ein ausgesprochenes Interesse am Thema »Religion und Sexualität«. Die Gespräche waren trotz anfänglicher Scheu und Vorsicht auch über intime Einzelheiten zu sprechen, von einer grundsätzlichen Bereitschaft zur Offenheit gekennzeichnet.

Sämtliche Interviews sind auf Tonband aufgezeichnet worden und dauerten im Durchschnitt 4-5 Stunden und sind im Sommer 1986 durchgeführt worden. Die Kommunikationssituation war durch eine Mischung aus professioneller Kommunikation und persönlicher Annäherung und Betroffenheit gekennzeichnet. Professionell insofern, als von mir als Interviewerin das Konzept der Studie wie auch der Leitfaden des Interviews entwickelt und das Gespräch dadurch gelenkt wurde und ich schon währenddessen, in der jeweiligen Abfolge neuer Fragen, ein Stück Analyse und Auswertung des Interviews mitbetrieben habe. Um ein Klima der Offenheit in den Gesprächen herzustellen, konnte ich mich jedoch nicht einfach auf meine

Expertinnenrolle zurückziehen, sondern mußte der Offenheit der Befragten Einfühlung entgegenbringen und die Bereitschaft, mich selbt auch berühren zu lassen und zur Disposition zu stellen. Wichtig war auch, meinerseits Theoretisierungen, Kommentare oder Vorinterpretationen zu den Äußerungen der Gesprächspartner/innen zu vermeiden. Dagegen galt es vor allem, die emotionale Betroffenheit der Befragten zu verstärken, indem ich an konkreten Beispielen nachfragte und dazu ermunterte, vor allem auch Gefühls- und Erlebnisinhalte zu verbalisieren. Die Vergleichbarkeit der Interviews ist annähernd gewährleistet durch das gleiche Thema, den gleichen Leitfaden, die gleiche Interviewerin und durch die Tonbandaufzeichnungen der Gespräche.

In der Auswertung der Interviews wurden die Einzelaussagen miteinander verglichen, um ausgehend von der subjektiven Erfahrung einzelner Frauen und Männer mit Religion und Sexualität einen bestimmten Bewußtseinstrend in der gegenwärtigen Gesellschaft aufzuzeigen.

Über die Schwierigkeit der Auswertung qualitativer Forschung und den »Verständnisfallen« des Forschungsprozesses gibt es mittlerweile ausführliche Erörterungen in der Literatur zur »qualitativen Sozialforschung« (vgl. M. Osterland, 1973; L. Niethammer, 1980; H. Leitner, 1982).

Das Bemühen um wissenschaftliche Legitimierung qualitativer Methoden gegenüber quantitativen führt häufig dazu, daß die aus einem legitimen Absicherungsbedürfnis heraus geführten methodologischen Diskurse gegenüber den konkreten Beispielen in keinem angemessenen Verhältnis stehen. Gegenüber der »Leichtigkeit des sich weitschweifig ausspannenden theoretischen Diskurses« zur Methode steht oftmals die Schwerfälligkeit, überhaupt zu einer konkreten Interpretation zu gelangen; Th. Leithäuser u. B. Volmerg (1988, 264) sprechen in diesem Zusammenhang von einem »akademischen Trauerspiel«.

Grundsätzlich ist festzuhalten, daß das induktive Verfahren der qualitativen Methode ihrem Wesen nach der empirischen Fundierung dient und nicht der quantitativen Generalisierbarkeit.

Als erster Schritt der Auswertung erfolgte eine vollständige Transskription aller Interviews. Daraus ergab sich bei 7 Interviews eine Materialfülle von über 200 Seiten und somit das Problem der Präsentation dieses Materials. Da es nicht darum gehen kann, das Material in seiner Gesamtheit zu präsentieren, das wäre nur die »Duplizierung der Realität« (Leithäuser, Volmerg 1988, 235) muß die Forschung erst kommunizierbar gemacht werden, indem die Auswertung und Präsentation der Ergebnisse auf »Überschneidung des wissenschaftlichen Diskurses mit der Alltagssprache« zielen. Für die praktische Auswertung der Interviews und Präsentation der Ergebnisse dieser explorativen Studie bedeutete das folgendes: Zunächst wurden in einer ersten Durchsicht spezifische Aussagen (Deutungen, Wertungen, Legitimationen, Prognosen, Erklärungen) gekennzeichnet und dabei zugleich die jeweiligen Bandziffern eingetragen, so daß jederzeit auf das Tonbandmaterial zurückgegriffen werden konnte. Im Anschluß daran machte ich anhand der Transskription der Interviews pro Interview den Entwurf einer »biographischen Skizze« in annähernd chronologischer Reihenfolge unter Berücksichtigung folgender themenzentrierter Aspekte.

1. Name, Alter, Lebensform, Beruf
2. Die religiöse Sozialisation in der Kindheit
   - Konfessionszugehörigkeit
   - Elternhaus
   - Geschwister
   - was war positiv/negativ?
   - gibt es bleibende Werte?
   - spontan erinnerte zentrale Themen
3. Krise der Religiosität/Ablösung von der Religiosität der Kindheit
   - welche Faktoren waren ausschlaggebend
     - für die Krise
     - für die Ablösung?
   - welches sind bleibende Werte geblieben
4. Beginn des bewußten Erlebens von Sexualität mit Beginn der Adoleszenz
   - das Erlebnis, ein sexuelles Wesen zu sein
   - welche Rolle spielte die Sexualität im Prozeß der Krise bzw. Ablösung von der Religiosität?
   - welchen Einfluß hatte die sog. »sexuelle Revolution« auf die persönliche Entwicklung?
5. Gründe für eine erneute Hinwendung zur Religion/Religiosität
   - ggf. heutige religiöse Praxis

Diese Dokumentation des Originalmaterials in strukturierter Form erfolgte mit Hilfe von aussagekräftigen Passagen aus den Interviews, wobei die Aussagen der Personen durch Namensänderungen anonymisiert wurden. Meine zentrale Fragestellung dabei war: Wie erfährt das Individuum im lebensgeschichtlichen Zusammenhang Religion und Sexualität, unter der Berücksichtigung des Spannungsverhältnisses von traditioneller Sozialisation und neu gewonnenen religiösen Bewußtseins?

Die Themenzentrierung der Interviews ermöglichte es, folgende Problembereiche von Religion, Religiosität und Sexualität aus dem jeweils *biographischen Kontext* auszulagern:

1. Zur Religion
   - Religionsverständnis
   - Bedeutung der Religionszugehörigkeit
2. Zur Religiosität
   - Religiositätsverständnis
   - Inhalte »idealer Religiosität«
   - religiöses Gefühl
   - Vermittlung des religiösen Gefühls
3. Zur Transzendenz
   - Transzendenzverständnis

- bezüglich der Religion
- bezüglich der Sexualität
4. Zur Sexualität
  - Sexualitätsverständnis
    - wann wird ein Erlebnis sexuell?
    - gibt es ein »reines« sexuelles Erlebnis?
  - Verständnis von Erotik im Vergleich zur Sexualität
  - Verständnis von Hingabe
5. Zur Religiosität und Sexualität
  - das körperliche Erleben
  - das Geschlechtsspezifische

Die Auswertungsmöglichkeiten dieser themenzentrierten Analyse des Interviewmaterials bleiben jedoch trotz des relativ aufwendigen Verfahrens sehr begrenzt. Hermeneutisch kann dieses Verfahren nicht genannt werden. Aber es ermöglicht aufzuzeigen, daß bestimmte, individuell erfahrene Problemmuster innerhalb des Szenarios Religiosität und Sexualität einen bestimmten Bewußtseinstrend in alltagssprachlicher Darstellung markieren. Dazu wurden die entsprechenden Interviewpassagen eingebunden in einem Dialog mit dem wissenschaftlich-theoretischen Diskurs zur Sexualitäts- und Religionsproblematik.

1.2. Die biographischen Skizzen

Silvia K. (32):

> *»Meine Sehnsucht lag eher darin, dieses Ich in mir aufzulösen und weiterzukommen über dieses Ich hinaus.«*

BIOGRAPHISCHES:

Silvia ist 32 Jahre alt, von Beruf Sozialpädagogin und Therapeutin und lebt in einer Großstadt. Sie ist in einem protestantischen Elternhaus aufgewachsen und hat sechs Geschwister bzw. Halbgeschwister. Ihr Vater starb kurz vor ihrer Geburt. Später heiratete ihre Mutter erneut.

»Ich bin in einem kleinen Dorf aufgewachsen, und wir hatten keine Kirche. Das Dorf ist zwar schon 800 Jahre alt, aber es hat keine Kirche. Zur einen Seite gibt es ein ganz katholisches Dorf, und vier Kilometer zur anderen Seite ist ein evangelisches Dorf. Deswegen ging die eine Hälfte von unserm Dorf nach G. in die katholische Kirche, und die anderen gingen ins evangelische Gemeindehaus. Ich selbst war protestantisch und ging auch in dieses Bodelschwingh-Heim, so nannte sich das. Und dann kam alle zwei Wochen der Pastor. Ansonsten hatten wir Fräulein S., die hat den Kindergottesdienst mit uns gemacht. Sie konnte sich ganz gut auf die Kinder einstellen. Wir haben da

gesessen und Geschichten von dem Herrn Jesus gehört und kleine Abziehbilder bekommen. Sie war sehr lieb. Sie hat eine bestimmte Art Liebe ausgestrahlt.«

»Meine Mutter ist gerne hingegangen, alle zwei Wochen in dieses Bodelschwingh-Heim. Und ich selbst ging in den Kindergottesdienst. Und ich habe mich später aus Überzeugung konfirmieren lassen. Ich hatte einen tollen Pastor, ja, in den war ich etwas verliebt, den fand ich ganz gut ...

... Schön war vor allem, meine Mutter so tief verwurzelt in ihrem Glauben zu erleben, das hat eine Menge ausgemacht. Weil mein Vater ist gestorben kurz vor meiner Geburt, sie war dann alleine mit den ganzen Kindern, und wir hatten wenig Geld, das Haus mußte noch abbezahlt werden, das ging uns ziemlich existentiell nahe. Und dann die Frage, wie es weitergehn soll. Und ich habe oft das Gefühl, daß sie aus ihrem Glauben auch Stärke zieht für ihr Leben. Das gab ihr auch eine gewisse Reife. Sie ist nicht einfach so durch ihr Leben geschwirrt ...

... Ich habe gebetet als Kind, mit meiner Mutter. Ich habe das ganz gerne gemacht. Wenn sie mich ins Bett gebracht hat, dann haben wir zusammen etwas gesprochen, es war so eine Art Ritual und ein Zur-Ruhe-Kommen und es bedeutete, in Frieden einzuschlafen. Es war eine schöne Gewohnheit und machte Vertrauen.«

Neben dieser positiv erlebten Religiosität war es vor allem die Idee vom »strafenden Gott«, die sie negativ in Erinnerung hat.

»Diese Idee, daß der liebe Gott dich sieht, alles sieht, was du machst. Und dann diese Verknüpfung mit der Schuld. Also nicht dieses ›Es ist o. k., daß du da bist‹, sondern dieses Schuldbewußtsein. Wenn ich mit mir selbst oder meiner Mutter oder meiner Umwelt nicht im Reinen war oder wenn Streit war, dann hieß es: ›Du bist frech ...‹.

... Wenn ich in Streitsituationen alleine war und darunter gelitten habe, dann fehlte mir das nötige Vertrauen zu Gott, um mich mit ihm darüber zu unterhalten. Dann habe ich mich noch mehr alleine und verzweifelt gefühlt. Denn wenn dann die Instanz Gott einen auch noch verflucht, das macht es noch schlimmer. Und das macht es auch sehr schwer, alleine zu sein und sich zu spüren.«

Ihre kindliche Religiosität veränderte sich mit Beginn der Pubertät.

»Ja, da wurde ich renitenter. Und kratzbürstig. Ich ging da im Angela-Davis-Look, aber trotzdem, unseren Pastor konnte man da auch nicht mit provozieren. Der fand das auch noch gut. Die Veränderung hatte eher damit zu tun, daß ich von zu Hause weggegangen bin, und auch viel mit den Leuten aus dem Dorf. Die hatten oft schlecht über mich erzählt, wie ich überhaupt rumlaufen würde, und ich würde Haschisch spritzen, ja. Ich bin von zu Hause weggegangen, um zur Chemiefachschule zu gehen, um Chemietechnikerin zu werden ... Mit 15 von zu Hause weg zu sein, das war eigentlich schon zu viel. Ich war in der Stadt und ich hatte einen Freund und war mit ihm etwa 1½

Jahren zusammen, der war sehr lieb. Und der wollte auch nicht gleich mit mir schlafen . . . Ich war noch zu jung. Das ging nicht. Das erste Mal, als ich mit einem Mann einen Orgasmus hatte, da war ich 16 oder 17.«

Sie erlebte sich zum ersten Mal bewußt als sexuelles Wesen, als sie ihre Menstruation bekam.

»Als ich meine Tage hatte und gemerkt habe, daß ich onaniere. Und dann sah ich plötzlich, daß ich Blut an den Fingern hatte, und das ging einher mit erotischen Träumen . . . Die Träume waren wunderbar. Das Blut an den Fingern, das war verbunden mit: Das darf man nicht.«

Sie fühlte sich dabei als »Noch-Nicht-Frau«.

». . . denn ich war in der Pubertät und war dabei, eine Frau zu werden. Diese Zeit dauerte lange, das ging so von 13 bis 18.«

In der Zeit, als sie sich von ihrer kindlichen Religiosität löste, spielte die Sexualität eine wichtige Rolle.

»Die spielte natürlich eine sehr wichtige Rolle, aber in der Beziehung war es auch eine blöde Zeit, weil ich zu dieser Chemiefachschule ging. Da konnte man hingehen mit mittlerer Reife oder man mußte vorher Chemielaborantin sein. Und wir waren ein Semester mit einer Menge Chemielaboranten, das waren z. T. schon ältere Männer. Und die fanden das ganz gut, so junge Mädchen zu vernaschen. Das war dann so, man mußte auf der Hut vor denen sein. Ab und zu hat es dann trotzdem nicht geklappt, und die haben einen rumgekriegt, natürlich wollten wir auch Zärtlichkeit und schmusen. Als ich dann bei ihm zu Hause war, wollte ich zwar dableiben, aber nicht mit ihm schlafen, und das ist dann natürlich doch passiert. In der Art gab es für mich viele unangenehme Geschichten, weil diese Männer zum Teil auch richtig widerliche Macker waren.«

Den Einfluß der »sexuellen Revolution« auf ihr persönliches Leben hat sie zwar miterlebt

». . . aber völlig am Rande und im Dorf. Ich war etwa 14, 15 und war mit Leuten zusammen, die 19, 20 waren und noch nicht studierten, aber schon richtige Kontakte zur Stadt hatten. Mich hat das sehr irritiert. Ich kam vom Dorf mit meinen Moralvorstellungen und Treueidealen. Es gab da ein Beispiel. Da ist ein Mann mit einer Frau weggefahren, und diese Frau hatte eigentlich einen Freund. Jedenfalls haben die zusammen geschlafen, und als die wiedergekommen sind, wurde das in dieser Gruppe diskutiert, und ich, ja ich war entsetzt darüber, wie kann die das tun, unmöglich! In der Gruppe wurde viel diskutiert. Wir haben zum Beispiel über den Energieerhaltungssatz diskutiert und überlegt, ob es demnach ein Leben nach dem Tode gibt . . . Eigentlich paßte ich vom Alter her gar nicht in diese Gruppe, ich bin durch die Nachbarsjungen dazugestoßen, die waren auch alle schon älter . . . und ich wollte genauso sein wie die. Dann kam auch die Zeit, da hatte ich

keine Lust mehr mit der Kirche, weil, ich fand damals, daß die Leute dort immer so sozial tun, aber es gar nicht waren, und ich hatte das Gefühl, es muß mehr gemacht werden. Dann lernte ich diese Gruppe kennen. Aber so richtig Studentenbewegung und sexuelle Revolution, das habe ich nicht direkt miterlebt. Bis auf einen in dieser Gruppe, der wohl meinte, er müsse mich sexuell befreien. Und der hat dann mit mir geschlafen im Ehebett meiner Mutter, und danach habe ich völlig einen auf Treue gemacht. Das war für mich ein Riesensprung, meine ganze Moral und Scham und Angst einfach ablegen zu wollen. Das war überhaupt nicht möglich. Das geht so nicht.«
»Das Anliegen der sexuellen Revolution finde ich richtig. Aber ich komme nicht mit der Rolle der Politik dabei klar. Daß zum Beispiel die Unterdrückung der Sexualität dazu benutzt wird, bestimmte Strukturen unserer Gesellschaft aufrechtzuerhalten, dem würde ich zustimmen. Aber wenn ich diese Tatsache sozusagen für ein eigenes politisches Ziel benutze, dann finde ich das nicht o. k. Sexualität und Religiosität haben für mich keine politische Dimension. Politik ist etwas völlig anderes, nämlich die Regelung des äußeren Lebens. Ich kann das schwer begründen. Aber wenn ich jetzt Religiosität und Sexualität als politisches Mittel zum Zweck nehme, dann gehe ich zu stark damit nach außen, und es wird dann nur benutzt für eine kämpferische Dimension. Das Problem dabei ist: Man hat sich ein theoretisches Ziel formuliert, nach dem das eigene Leben dann orientiert wird. Für mich geht dabei Anspruch und Wirklichkeit auseinander, und ich finde das irreführend, derartige Ideale aufzustellen.«

Religiös wurde sie wieder mit 22 Jahren.

»Da fing ich an, meine innere Natürlichkeit wiederzufinden. Das hatte auch mit Religosität zu tun. Weil ich immer mehr ein Mensch wurde, der sehr verkopft und intellektuell war, und ich habe mich immer so angestrengt in der Richtung und immer Ansprüche an mich gestellt und an andere und an die Gesellschaft und an was weiß ich nicht alles. Und zu meinem Innern und meinen Gefühlen hatte ich gar keine Verbindung mehr. Ich habe nicht mehr geweint, war nicht mehr wütend . . .
Ja, das hatte auch etwas mit einer Frau zu tun. Ich wohnte damals in einer Frauenwohngemeinschaft, und diese Frau besuchte uns damals öfters, und an ihr habe ich wieder Gefühle erlebt. Ich hatte mich etwas verliebt in sie, in ihre Art, wie sie war und in das, was sie vermittelte. Wir hatten uns zum Beispiel Märchen vorgelesen. Und sie hatte Gitarre gespielt und gesungen, das war unheimlich schön. Ich war nach langer Zeit mal wieder glücklich, jedenfalls zwischendurch. In unserer Wohngemeinschaft war das irgendwie nicht erwünscht. Dort waren alle so ernsthaft. Es wurde ständig über alles diskutiert, und sie waren immer problembewußt. Es ging immer um Atomkraftwerke, Politik. Und die andere Frau, mit der ich mich angefreundet hatte, war ganz anders, gefühlvoller, liebevoller. Es erschien mir damals, wie wenn in mir Liebe und Kampf gegeneinanderstehen und dieses ewige Gegen-Alles-Kämpfen. Es gab in dieser Zeit einen Satz, der war ziemlich wichtig für

mich: Ich glaube an die Kraft der Liebe. Der ging mir immer wieder durch den Sinn. Und ich spürte immer mehr, ja, das stimmt, da konnte ich etwas mit anfangen. Dann kam eine Zeit, wo es mir sehr schlecht ging. Ich bekam plötzlich Weinkrämpfe und konnte nicht damit umgehen, die anderen auch nicht, und es kam in mir immer mehr Unbewußtes hoch. Nach dieser Zeit bin ich angefangen, ziemlich viel Therapie zu machen, ich wußte zu der Zeit noch gar nicht, was ich suche. Was anfangs passierte, das hatte viel mit Bildern zu tun, mit denen ich noch nichts anfangen konnte. So eine Art von apokalyptischen Bildern. Und ich habe auch auf anderen Ebenen, auf intuitiver, mystischer Ebene mehr verstanden. Es erschien mir, wie wenn sich die eigenen inneren Mythen schon entwickelt hatten.«

Ihre Hinwendung zum Religiösen erfuhr mit einer Reise nach Poona in Indien einen richtungsweisenden Impuls.

»Ich wollte wissen, wie das da ist. Weil ich dieses Buch von dem Elten ›Ganz entspannt im Hier und Jetzt‹ gelesen hatte und es wurde mir immer mehr heiß und kalt dabei. Das Leben dort war völlig unmöglich, das allerletzte, und zugleich war ich fasziniert, das ging hoch und runter, und kurz bevor ich einen Job bekam, ging ich da hin. Mit meinem damaligen Freund. Ich hatte noch drei Wochen Zeit und wollte in den Urlaub in den Süden. Dann ließ mich Poona nicht in Ruhe, und ich merkte, ich will mir das ansehen, ich will da hin, und dann habe ich einen Flug nach Indien gebucht. Dort angekommen, bekam ich erst mal einen völligen Schock, Kulturschock, Indien und Armut, und dann ging ich nach Poona. Bhagwan habe ich erst gar nicht gesehen, der existierte gar nicht für mich, ich habe den völlig abgespalten von Poona. Ich ging regelmäßig in die lectures. Bhagwan kannte ich noch gar nicht. Ich hatte noch nichts von ihm gelesen. Nur ein Buch, und darüber habe ich mich nur lustig gemacht. Und wenn mir jemand erzählte, daß er jeden Abend vorm Schlafengehen ein Kapitel von Bhagwan liest oder hört, da habe ich mich darüber kaputt gelacht. Ich konnte das nicht verstehen. Später habe ich dann auch mit Bioenergetik angefangen, und das war auch eine Art Brücke, mehr davon zu verstehen.«

Danach ist sie jedoch noch nicht als Sannyasin zurück nach Hause gefahren.

». . . ich doch nicht. Ich war doch ein politisch bewußter Mensch, und eigentlich wollte ich mit Meditation nichts zu tun haben. Und ich fand Bhagwan unmöglich. Gleichzeitig wußte ich aber, daß mich das nicht mehr losläßt. Ich dachte immer, alle möglichen anderen Leute werden Sannyasin, aber für mich hätte ich das nie in Erwägung gezogen. Doch als ich wegfuhr, da spürte ich, daß ich plötzlich traurig war, und ich spürte so eine Sehnsucht, auch Sannyasin zu sein . . . Es war so eine Sehnsucht, da zu sein. Und Sehnsucht nach Vertrauen . . . Es hatte zu der Zeit für mich noch nichts mit Gemeinschaft zu tun. Im Gegenteil. Ich fand die meisten dort ziemlich blöd und eingebildet und arrogant . . . Ich wäre nie dort in der Küche arbeiten gegangen, das hätte ich nie gemacht, und überhaupt, wie die dort in der Gegend herumgevögelt haben, das fand ich unmöglich, ich habe mich ganz stark von denen abgegrenzt. Meine Sehnsucht lag eher darin, dieses Ich in mir aufzulösen. Dieses Ego. Und weiterzukommen über dieses Ich hinaus. Und mehr zu erkennen . . . Ja, wir sind dann zurückgefahren, und ich wollte dann auch mehr meditieren, weil ich merkte, das tut mir ganz gut. Dann arbeitete ich in einem Kinderheim, und dort hatte ich einen Kollegen, dessen Frau war Sannyasin. Das war ein bißchen unser Geheimnis. Denn ich war ja in Poona gewesen, und wir haben uns dann auch darüber oft unterhalten. Und dann habe ich seine Frau kennengelernt, und dann gab es ziemlich schnell diese Gewißheit in mir, ich fahre da nochmal hin. Ich wußte, dann werde ich Sannyasin. Ich wußte, diese Reise muß ich noch machen. Und zwar alleine. Dann bin ich wieder hingefahren. Ein Jahr später . . . Ich kam dann dort an und habe mich erst unheimlich gefreut und hatte so viele Wünsche und Erwartungen und alles. Ja, und dann hörte ich, Bhagwan schweigt und gibt auch keine Sannyas mehr, das hat mich sehr getroffen und wütend gemacht. Und dann hatte ich auch noch eine Gruppe gemacht, zwei Wochen schweigen, kein Wort reden, nicht rauchen, kein Alkohol, keine Ablenkung. Das war nicht schön. Und dann bin ich von diesem Trip heruntergekommen und saß dann da in dem Garten und wußte, so, jetzt will ich Sannyas nehmen. Dann bin ich zu der Frau gegangen, die zu der Zeit Sannyas gab, und sie fragte mich, ob ich sicher sei, daß ich Sannyas nehmen will, und ich meinte dann, daß ich mir überhaupt nicht sicher sei. Ja, da konnte ich wieder gehen und ich sollte nochmal wiederkommen. Jedenfalls, erst beim dritten Anlauf habe ich Sannyas genommen.«

Dann blieb sie drei Monate in Poona.

»Ich habe dann die Auflösung des Ashrams in Poona miterlebt, es war dann sehr schwer, hierher wieder zurückzukommen.«

In dieser Zeit in Poona hat sie sehr wichtige Anregungen bekommen, die auch für ihr heutiges Leben bedeutsam sind.

»Für mich waren das sehr wichtige Anregungen, die ich bekommen habe, und ich weiß, daß es noch viele andere Wege gibt und geben wird für mich. Und ich fühle mich seitdem nicht mehr so begrenzt, sondern viel offener. Ich kann jetzt nicht so tun, als ob ich das alles nicht erlebt hätte und sagen: Bhagwan ade . . .«

Religiöse Gemeinschaften und gelebte Religiosität findet sie aufgrund ihrer Erfahrungen in Poona auch heute noch wichtig.

»Es ist o. k., daß die da sind. Es kommt natürlich auch darauf an, welche Strukturen die haben. Zum Beispiel Poona. Meine Erfahrung, mit 400 Leuten zu leben, das war wunderbar. Das war ganz schön. Oder als ich jetzt in Bali war, wenn die Frauen mit ihren Kindern und die Männer, zwar getrennt, in ihren Tempel gehen und ihre Zeremonien machen und Rituale abhalten, das ist schön. Ich denke, auf Dauer kommt es ganz stark auf die Inhalte an, das heißt auf das, was gelebt wird. Bali ist zwar keine Sekte, sondern die ganze Insel lebt so in ihrer religiösen Praxis verwoben. Da wird es dann für das Individuum schwierig, einen eigenen Weg zu finden, weil es sich in einem festen Gebilde befindet. Es gibt zwar das Kollektiv, das dich trägt, aber alleine zu leben ist dort nicht leicht. Ich glaube, das Leben dort, das wirkt sich ganz anders aus als bei uns. Hier ist die Kirche ganz stark fixiert auf das Gute, und das Böse muß bekämpft werden. Sozusagen ausgelöscht werden. Und in Bali werden die bösen Geister integriert. Dort wird davon ausgegangen, das Böse ist sowieso da, aber wir können lernen, die bösen Geister und Dämonen zu besänftigen, denn sie werden immer da sein. Das hat mit dem Wissen über den Schatten zu tun. Die Kirchen bei uns spalten das Böse von dem Guten ab, und diese Spaltung ist auch in uns drinnen. In Bali ist Gott – the creator – beides, das Gute und das Böse. Und im religiösen Leben kommt es darauf an, die Balance zu finden, die Mitte. Das spiegelt sich auch in den Leuten wider. Es ist ja auch ziemlich klar, wohin diese Spaltung im Christentum geführt hat, zur Spaltung zwischen Körper und Seele.«

Religiosität bedeutet für sie heute konkret, bestimmte religiöse Praktiken in ihr Leben zu integrieren.

»Ich meditiere. Und mein praktischer Weg ist Aikido. Es enthält Elemente des Schwerterkampfes und es geht darum, daß man die Energie des Gegners aufnimmt und zurückgibt. Worauf es ankommt ist, diese Durchlässigkeit zu entwickeln . . .«

Heute bezeichnet sie sich als religiös,

». . . ohne ein Bild von Gott zu haben. Denn solange ich Gott nicht wirklich selber erfahren habe, kann ich doch gar nicht sagen, ob es ihn gibt oder nicht. Der Kontakt zur Religiosität sollte nicht von Leuten übernommen werden, die Gott nicht selbst erlebt haben. Wenn ich zum Beispiel Bhagwan sehe, um ihn herum ist eine unheimlich meditative Stille, und es ist ganz wunderbar, seine Energie zu spüren. Das könnte ich auch bei jemand anderem erfahren, der auch diese Energie ausstrahlt. Aber ich kann deswegen noch nicht sagen, daß es Gott gibt, solange ich Gott nicht selbst erfahren habe. Aber ich kann nicht mehr so richtig davon ausgehen, daß Gott unabhängig ist vom Menschen. Zwar bin ich nur Teil von Gott, und ich muß sagen, hier ist Gott und dort der Mensch und die Existenz, aber ich akzeptiere diese Trennung zwischen Gott und Mensch nicht mehr. Es gibt einen Weg, das zu erkennen. Das ist vielleicht so ähnlich, wie das zu erkennen, was ich immer schon war, aber nicht weiß . . . Zum Beispiel als Kind bist du verbunden mit allem, und im Laufe der Zeit entwickelst du dein Ich, dein Ego. Und jetzt geht der Weg für mich praktisch wieder zurück. Das heißt für mich, die Bewußtheit zu behalten und gleichzeitig wieder zu lernen, im Hier und Jetzt zu sein, was Kinder noch können.«

Maria A. (27):

»Wichtig war, daß Gott immer für mich da war. Zwar ist er inzwischen für mich geschrumpft, aber ich habe ihn nie wirklich aus meinem Empfinden streichen können. Und das ist auch jetzt noch so. Ich frage mich, ob ich mich jemals davon lösen werde.«

BIOGRAPHISCHES:

Maria ist 27 Jahre alt, verheiratet und hat eine Tochter. Sie studiert Sozialwissenschaften und lebt mit ihrer Familie in einer Kleinstadt. Maria ist in einem evangelischen Elternhaus aufgewachsen als Jüngste von 5 Geschwistern. Ihre religiöse Erziehung findet sie aus heutiger Sicht »ein bißchen lückenhaft«.

»Ich bin schon religiös erzogen worden, aber nicht so stark, wie ich es oft von anderen Leute höre. Wir haben als Kinder biblische Geschichten vorgelesen bekommen und abends haben wir ein Abendgebet gesprochen. Wichtig war bei uns auch, die Wahrheit zu sagen. Das war auch die Zeit, da habe ich meine ersten Gespräche mit Gott gehabt. Aber wir mußten nicht zur Kirche gehen oder uns konfirmieren lassen, und ich bin nicht so gerne in die Kirche gegangen. Gott hatte schon immer eine gewisse Bedeutung für mich. Weniger im Zusammenhang mit meiner Familie, sondern eher mein persönlicher Kontakt zu ihm. Mit ihm habe ich gesprochen, wenn es um bestimmte Wünsche ging oder wenn ich mich für irgend etwas entschuldigen wollte. Gott war für mich ein wichtiger Gesprächspartner, zu ihm hatte ich eigentlich ein besseres Gefühl als zu meiner Mutter. Das war eine sehr positive Beziehung. Das war schön, sie hat nicht so unendlich viel Raum eingenommen, aber sie war sehr wichtig, und ich hätte sie mir nicht wegdenken können. Meine Mutter hat auch oft von Gott als dem Schöpfer gesprochen, dem Schöpfer der Natur – sie mochte Natur sehr gerne – und das hat sich, glaube ich, auch auf mich übertragen. Und ich habe früher schon ahnungsweise begriffen und geglaubt, daß die Natur eine Schöpfung Gottes ist.«

Die Vorstellung und Suche nach Gott ist ein zentrales Thema im Laufe ihrer religiösen Sozialisation. Ihr kindliches Gottesbild war eine ganz konkret vorgestellte Person.

*»Ja, meine Mutter hatte in ihrem Schlafzimmer immer ein Bild über ihrem Bett hängen, das ist, glaube ich, ein ziemlich bekanntes, darauf ist ein alter Mann mit Bart in den Wolken und von ganz vielen Engeln umgeben, und ein Mensch steht auf der Erde, und die beiden berühren sich mit dem Finger. Der Mann berührt Gott mit dem Finger.
Ich hatte immer das Gefühl, die Angst vor Gott, die redet mir meine Mutter immer ein. Weil, in meinen Gesprächen und Gebeten mit Gott war er immer ganz positiv und gut. Meine Mutter hat zwar nichts Schlechtes über ihn erzählt, daß er mich zum Beispiel bestraft, sondern mehr, daß man sich auch bei Gott entschuldigen kann für das, was man falsch gemacht hat, und daß*

Gott auch vergibt. Es war allerdings etwas komisch, nie eine Antwort von Gott zu bekommen. Ich habe mit ihm geredet darüber, was mir wichtig war. Oder ich habe mich bei ihm entschuldigt oder ihm etwas versprochen, wenn ich etwas Schlechtes getan hatte. Es war sehr intim, mit Gott zu reden.«

Das persönliche Bild von Gott-Vater als vorgestelltes Du und Gesprächspartner und der Glaube, daß es ihn wirklich gibt, war Inhalt und Ausdruck ihrer Religiosität.

»Für mich war Gott auch jemand, von dem ich ganz stark Kraft und auch Weisung bekomme. Und meine Fragen, die immer unbeantwortet blieben, wenn ich die dann im Gebet gestellt habe, dann habe ich währenddessen einen kleinen Gedanken erhalten, der mir sagte, das oder das machst du jetzt. Oder manchmal kam auch erst ein paar Tage oder Wochen später so eine Art Erleuchtung, durch die ich mehr Klarheit bekam. Ja, das war ganz wichtig für mich, jemanden zu haben, der mir Rat gibt. Denn das habe ich mein Leben lang vermißt. Oder auch Rat in der Bibel zu finden. So beim Lesen darin, auf manche Fragen auch eine Art Antwort zu finden. Mir hat Gott und der Glaube sehr viel geholfen. Da gibts nichts. Das hat mich unheimlich gestärkt. Meine Angst vorm Leben ist geringer geworden, und ich habe mehr Vertrauen entwickelt. Und ich habe mehr Verständnis aufgebracht für andere Leute, zumindest mich darum bemüht, und dazu hatte ich durch meinen Glauben mehr Kraft. Und es beeinflußt dich einfach, wenn du dir immer wieder die Gebete durch den Kopf gehen läßt. Das Gebet war für mich auch eine Kraftquelle, die mich immer ganz toll entspannt hat und manchmal auch das Gefühl gab, jetzt ganz stark zu glauben. Deswegen würde ich auch sagen, daß mir der Glauben an Gott sehr geholfen hat.«

Ihre in der Kindheit geprägte Religiosität, insbesondere ihren Glauben an Gott-Vater als konkretes Du stellte sie erstmals mit Beginn der Zeit der Pubertät in Frage.

»So als Teenager da fing es an, daß mir bewußt wurde, ich bete zu Gott in Krisensituationen und wo ich Hilfe brauche oder in Augenblicken, in denen ich ganz glücklich war. Ja, und als mir das klar wurde, fragte ich mich zum ersten Mal, wer ist überhaupt Gott, und wie kommst du überhaupt darauf, daß es einen Gott gibt? Und später habe ich eher eine atheistische Haltung eingenommen. Das war nicht so richtig klar, aber es war so eine Tendenz . . . Aber unterschwellig, gefühlsmäßig hat für mich Gott nach wie vor existiert, aber ich sah nicht mehr so richtig einen Sinn darin, an Gott zu glauben. Und erst durch diese Sekte, ein paar Jahre später, bin ich wieder ganz stark darin eingetaucht.«

Bei ihrer Suche nach Gott, die sie mittlerweile mit der Suche nach dem Sinn ihres Lebens verbindet, fühlte sie sich in den christlichen Gemeinden alleingelassen und fand dort für ihre Bedürfnisse nach Gemeinschaft und sinnvoller Gemeinsamkeit keinen Ort.

»In den Gemeinden dort war völlig tote Hose. Da gab es überhaupt keine Atmosphäre, da war einfach nichts. Nichts, was mich in irgendeiner Form angezogen hätte. Das Leben in diesen Gemeinden erschien mir oft völlig tot. Das war so stinklangweilig, daß ich da schnell nie wieder hingegangen bin.«

Mit 17 glaubte sie erstmals ein »Zuhause« für ihre Wünsche nach sinnvoll gestaltetem Leben, »das sich auf dem Fundament des Glaubens an Gott aufbaut«, gefunden zu haben, als sie in Kontakt kam mit der Sekte der sog. »Kinder Gottes«.

»Die haben mich damals eingeladen, da war ich in einer Phase, in der ich alles schon ausprobiert hatte und einen Sinn gesucht habe in meinem Leben und insgesamt unheimlich enttäuscht war, daß mir so vieles tot und sinnlos erschien. Und als mich diese »Kinder Gottes« einluden, da habe ich sozusagen angebissen ... Das war für mich unheimlich beeindruckend, wie die miteinander lebten. Das war sehr schön. Bis sie dann anfingen, mir Vorschriften zu machen, und mir nahelegten, meine ganzen Beziehungen außerhalb aufzugeben, um nur noch mit ihnen zusammenzusein. Da bin ich schließlich nach 2 Monaten dort wieder weggegangen. Da war ich etwa 18. Das ist mir sehr schwergefallen, weil ich die Gemeinschaft dort sehr schön fand, und die hat mir unheimlich gut getan. Doch als sie plötzlich anfingen, so unverschämte erzieherische Maßstäbe anzulegen, das hatte nichts mehr mit christlicher Liebe und Freiheit zu tun, die sie immer versprochen hatten, und die ich anfangs auch dort so erlebt habe. Doch mich so einengen zu lassen in meiner Freiheit, das hat mir einfach nicht gefallen. Ja, die hatten zum Beispiel die Idee, daß ich jeden Tag mindestens einen Bibelvers auswendig lernen müsse. Und wenn ich dann dort ankam und meinen Bibelvers nicht konnte, dann haben sie mich angemuffelt. Und das hat meine Beziehungen zu denen leicht gestört ... Und dann durfte ich ihrer Meinung nach keine anderen Bücher lesen, sondern nur noch die Bibel und die Mose-David-Briefe. Das, was anfangs so schön war, war dieses, mich uneingeschränkt angenommen zu fühlen. Und alle waren unheimlich nett und sind so auf mich zugegangen, ohne mich zu kennen, und es gab auch nicht diese typische Distanz, die sonst so zwischen Menschen herrscht, dieses kritische Abwarten. Das hat mir unheimlich gut getan. Und daß die Gemeinschaft so gepflegt wurde. Abends zum Beispiel wurde gemeinsam schön gegessen, an einem riesigen Tisch, wozu wir immer eingeladen wurden, wenn wir da waren, das war unheimlich toll. Und es wurde viel Gitarre gespielt und gesungen, das war sehr gemütlich. Das war wirklich schön. Daran gibts auch nichts herumzumeckern. Wenn sie nicht mit ihren komischen Ideen gekommen wären. Und der dritte Punkt war eben, daß ich nicht mehr mit meinen alten Freunden zusammensein sollte, sondern nur noch mit ihnen. Das fand ich ja nun gar nicht mehr christlich, und das hat mir überhaupt nicht mehr gepaßt.«

Nachdem sie sich von den »Kindern Gottes« enttäuscht abgewandt hatte, war sie hinsichtlich ihrer Religiosität »sehr lange ohne Anschluß« bis sie sich mit etwa 21 Jahren einer Baptistengemeinde anschloß.

»Zwischendurch hat mir das manchmal wehgetan, und ich habe auch gespürt, daß das nicht gut für mich ist, weil ich auch so intensiven Kontakt brauchte. Aber alleine zu sein, wenn man mit anderen Leuten zusammen ist, die keine Christen sind, das ist dann irre schwer, das durchzutragen. Und dann habe ich lange nach einer passenden Gemeinde gesucht, und eines Tages bin ich im Zug einem Mädchen begegnet, ich hatte da eine alte Jesus-Zeitung in der Hand. Dann hat sie mich angesprochen und mich später mitgenommen in ihre Gemeinde. Dort hat man mich dann nach L. empfohlen, weil ich eine Gemeinde haben wollte in dem Ort, wo ich wohne, weil ich nicht immer die Stunde nach B. mit dem Zug fahren wollte. Ich war zuerst in der Landeskirchlichen Gemeinde, aber dann bin ich aufgrund dessen, daß ich hier in L. etwas machen wollte, weil ich hier wohne, dann ist mir diese Gemeinde empfohlen worden, obwohl es Baptisten sind, die sehr pietistisch sind. Pietistisch heißt, daß alles, was in der Bibel steht, sehr wörtlich genommen wird, alles wird unheimlich ernst genommen. Ich frage mich allerdings auch, warum sich manche Leute Christen nennen. Die nennen sich zwar so, leben aber gar nicht dementsprechend, und ich frage mich, was die überhaupt noch für einen Bezug zur Bibel haben, für die ist das nicht besonders lebendig, das Leben mit der Bibel oder das Leben mit Gott. Die nennen sich vielleicht trotzdem Christen, weil ihre moralischen Vorstellungen so ungefähr dem entsprechen, aber sie versuchen das nicht so hautnah und aktuell jeden Tag auch zu leben, was in der Bibel steht. Die Pietisten dagegen leben ganz wortgetreu danach und nehmen alles unheimlich ernst und genau.«

Mit dieser Strenge konnte sie sich jedoch nicht recht anfreunden, und ihre anfänglichen Fragen entwickelten sich immer stärker als Kritik an das Gemeindeleben.

»Es hat für mich immer ein paar Fragen gegeben, die in der Zeit immer offen geblieben sind. In der ersten Zeit habe ich die nicht für so wichtig erachtet, weil ich immer auch damit beschäftigt war, mich erst einmal dort in der Gemeinde einzuleben und dort Fuß zu fassen und mich dort hineinzugeben und einzusetzen. Aber irgendwann, als ich dann ein bißchen freier und sicherer dastand, habe ich immer mehr wahrgenommen, was nicht stimmte. Das bezog sich hauptsächlich auf das Leben in der Gemeinde. Z. B.: das ständige Beten und das totale Abgeschlossensein von der Welt, das bedeutete, nur in dem Gemeinderaum zu leben und von allen Sachen, die auf der Welt passieren, nicht den blassesten Schimmer zu haben. Dafür interessieren sie sich nur äußerlich. Und es gibt so viele Treffen, der Gesprächskreis, der Gottesdienst, aber alle Aktivitäten waren immer nur darauf gerichtet, etwas für die Gemeinde zu machen, was eigentlich idiotisch ist. Für mich ist es wichtiger, etwas für die Menschheit zu machen und nicht nur für die Gemeinde . . . Ich konnte zum Beispiel nie so pietistisch denken und glauben und fühlen wie gewisse andere Leute in der Gemeinde, in der ich war, weil es mir von meiner Erziehung her gar nicht möglich gewesen ist, so engstirnig an die Dinge heranzugehen.«

Eine direkte Ablösung von der Religiosität der Kindheit, die eng mit der Suche nach einem Gottesbild oder erfahrbarer Gottesnähe verbunden war, hat es in der Zeit ihrer Adoleszenz nicht gegeben. Dennoch rückte ihre Religiosität zu Beginn ihrer Pubertät in den Hintergrund, und die Sexualität wurde wichtiger. Das erklärt sie damit,

». . . daß sich in der Zeit der Körper sehr stark entwickelt und einen sehr stark in Anspruch nimmt. Das ist auch ein Alter, wo der Körper einfach unheimlich wichtig ist. Und der Geist noch nicht, sondern mehr die Sinne. Das ist ein biologisch erklärbarer Entwicklungsprozeß, der seinen Schwerpunkt mehr im Körper hat. Erst nach einiger Zeit hat die Suche nach dem Geistigen wieder eingesetzt, vielleicht auch deswegen, weil ich im Körperlichen allein zu wenig gefunden habe und es mich nicht genug erfüllt hat.«

Sie erlebte sich zum ersten Mal als sexuelles Wesen, als sie mit 12, 13 Jahren anfing, sich

». . . vorzustellen, einen Freund zu haben. Das war aber noch nicht richtig sexuell, vielleicht hat das darin schon dringesteckt, weil ich mich schon vom anderen Geschlecht angezogen gefühlt habe. Vielleicht ist zum ersten Mal das Gefühl dafür in mir hochgekommen, als ich hörte, daß ein Mann sich in mich verliebt hat. Da wußte ich plötzlich, ich habe gewisse weibliche Reize. Da habe ich mich zum ersten Mal als sexuelles Wesen empfunden. Es war ganz aufregend und neu. Aber, daß ich das alles nun wer weiß wie toll gefunden hätte, das kann ich nicht sagen. Doch ich war aufgeregt. Ich fand es ganz spannend. Aber als es praktischer wurde, das erste Schmusen und so, das hat mich eigentlich eher ernüchtert. Naja, ich habe mir das schöner vorgestellt als es war. Ja, ich dachte, ich würde nur so dahinschmelzen, ach . . . und dann war es lange nicht so toll, wie ich es erwartet hatte nach all dem, was man so darüber gelesen und gehört hatte. Ein paar Mädchen aus meiner Klasse, die hatten schon lange vorher irgendwelche Techtelmechtel mit den Jungen und waren total albern und wer weiß wie aufgeregt dabei . . . und ich habe das gar nicht so toll gefunden, ich weiß auch nicht warum. Ich glaube, der Reiz, überhaupt erstmal einen zu finden, der auf einen aufmerksam wird, und jemanden zu gewinnen, der ist viel größer als das Zusammensein nachher. Das war für mich jedenfalls so.«

Seit etwa einem Jahr befindet sie sich in einer »Glaubenskrise«. In dieser Zeit war sie schwanger, aber sie glaubt, das wäre auch passiert, wenn sie nicht schwanger geworden wäre. Das sei schon so angelegt gewesen.

»Also ich gehe seit einiger Zeit nicht mehr in die Gemeinde. Etwa seit einem dreiviertel Jahr. Ich bin noch nicht ausgetreten, weil ich die Trennung noch nicht endgültig wollte. Und ich weiß auch noch nicht, ob ich wirklich endgültig austreten will, weil ich noch keine klaren Antworten habe. Deswegen bleibe ich noch so lange drin. Ich fange jetzt gerade an, mich für bestimmte mystische Dinge zu interessieren, zum Beispiel daß Steine eine bestimmte Kraft in sich tragen und deswegen die einzelnen Steine unterschiedliche

Wirkungen haben. Und mich interessiert auch ganz stark Intuition und Parapsychologie. Ja, das sind Themen, die ich interessant finde und reizvoll und schön. Das ist auch noch etwas Natürliches, etwas, was mit Natur zusammenhängt. In meiner Gemeinde, die würden in Panik geraten, wenn die hören würden, daß ich so etwas mitmache. Von daher war ich auch sehr ängstlich gegenüber diesen Dingen und sah darin auch keinen Sinn. Aber jetzt beginne ich das neu zu betrachten und sage mir, ich muß es erstmal ausprobieren und sehen, ob da nicht doch etwas dran ist. Früher bin ich auch mal in eine katholische Kirche gegangen und fand deren Art auch sehr interessant.«

Die kritische Reflexion ihres eigenen Gottesbildes, ihrer Wünsche und Vorstellungen von Geborgenheit und Väterlichkeit, die sich damit für sie verbanden, waren schließlich ausschlaggebend für ihre Glaubenskrise, wobei der Vortrag eines Pastors der Auslöser war.

»Naja, ich war mal bei einem Vortrag von einem Pastor, der sehr revolutionär denkt, im Vergleich zu dem baptistischen Denken und der Lebensart. Das hat mich sehr angeregt, mein Gottesbild auch zu verändern. Er ist sozusagen bei mir auf Antennen gestoßen, die schon latent in mir vorhanden waren, zum Beispiel die Vorstellung, daß Gott kein Herr ist, sondern Gott ist dein Freund, und man muß nicht unbedingt zu Gott aufschauen, und man ist selbst auch gar nicht so mickrig Gott gegenüber, sondern Gott ist jemand, der einen als sehr wertvoll empfindet. Und Gott ist jemand, dem man eher von Du zu Du gegenübertritt, jemand, der neben uns steht, aber nicht über uns. Und dadurch ist Gott für mich auch kleiner geworden in seiner Bedeutung. Obwohl ich das positiv empfunden habe, ist Gott auch geschrumpft in seiner Wirksamkeit und Notwendigkeit für mich. Und das Bild von Gott als Freund, das hat mir auch ganz klar gemacht, ich muß selbständig werden. Gott war nicht mehr der Vater, sondern der Freund, den man mal um Rat fragen kann, und du hast jemanden, der dich gerne mag, aber darauf beschränkt sich das auch. Und durch dieses Gefühl, daß ich selbständiger geworden bin, ist Gott für mich kleiner geworden, und da fingen alle die Fragen an. Ein Punkt ist der, daß ich Gott nicht mehr so erlebt habe und sein Wirken und Handeln ausgeblieben ist. Und irgendwann habe ich mir gedacht, jemand, den du nicht mehr erlebst, den kannst du auch nicht mehr anbeten. Und daraufhin kam dann die Frage, gibt es eigentlich Gott überhaupt? Und der andere Punkt ist der, daß ich gemerkt habe, naja, letzten Endes müssen wir ja sowieso alles selber machen, und ich frage mich, was nimmt einem Gott eigentlich ab? Und dann habe ich festgestellt, daß es im Augenblick gar nichts gibt, was Gott mir abnimmt. Was für mich noch übrig geblieben war, war, daß er mir Kraft gegeben hat, aber selbst das habe ich dann nicht mehr erlebt, und dann ist für mich die Frage gekommen: Wozu ist Gott überhaupt gut? Wenn er mir nicht mehr hilft, wie sonst all die Jahre lang. Naja, und wenn du es nicht mehr spürst, vielleicht hast du dir das all die Jahre nur eingebildet. Deswegen halte ich es jetzt für möglich, daß die ganzen Erlebnisse, die ich mit Gott hatte, mittlerweile psychologisch erklärbar sind. Und aufgrund meines festen Glaubens und meiner inneren Haltung habe ich etwas erlebt, was ich als »Gott« interpretiert habe, was man aber auch jetzt ›Meditation‹ nennen könnte, worauf eine tiefe Entspannung folgt. Und ich halte es jetzt für möglich, daß das alles Hirngespinste sind. Aber ich bin mir nicht sicher. Gott ist für mich zusammengeschrumpft. Übrig geblieben ist jemand, der ganz weit weg existent ist, aber der mich wenig berührt, mit dem ich zwar noch eine gemeinsame Vergangenheit habe, aber ich weiß nicht, ob ich noch eine Zukunft mit ihm haben werde . . .

Im Augenblick ist mir gar nichts geblieben an Werten. Ich weiß nicht, ob das mit meiner religiösen Erziehung zu tun hat: Ich identifiziere mich immer noch mit bestimmten christlichen Werten, zum Beispiel daß ich Achtung vor der Natur habe und Achtung vor dem Leben. Aber der Kontakt mit der Kirche hat mich viel nachhaltiger geprägt, und jetzt fange ich erst an, Schritt für Schritt diese Werte in Frage zu stellen. Aber sie sind noch ganz tief in mir drinnen«.

JOHANNES R. (48):

> »In mir gab es eine Leidenschaft für Orientierungssuche. Ich hätte keine Lust, für irgendeine Wahrheit in Anführungsstrichen zu streiten, die nicht auch bedeuten würde, daß das, was ich da für wichtig halte, auch zu tun hat mit meinem Erleben und Empfinden.«

BIOGRAPHISCHES:

Johannes ist 48 Jahre alt, verheiratet und hat drei Kinder. Von Beruf ist er Pastor und lebt mit seiner Familie in einer Großstadt.
Johannes ist in einem protestantischen Elternhaus aufgewachsen, aber ohne religiöse Praxis.

»Ich bin nicht religiös erzogen worden, aber ich bin in dem Umfeld Kleinbürgertum, Kleinstadt religiösen Einflüssen stark ausgesetzt gewesen. Also etwa festzumachen an der Identität zwischen gesellschaftlicher Geltung und Zugehörigkeit zur Kirche, was identisch war. Zwischen kultureller Betätigung und . . . auch der beste Sportler war in der evangelischen Jugend. Das ist ein Geflecht von Einflüssen und Erlebnissen, denen man ausgesetzt war, und es blieb uns gar keine Wahl, als sich in diesen Verhältnissen irgendwie selbst zu definieren. Und das hieß zunächst einmal, sich als Jüngling immer wieder mit dem Problem des Unglaubens herumzuschlagen und immer mit schlechtem Gewissen herumzulaufen. Mein Elternhaus war nicht ausgeprägt kirchenfromm. Und das bedeutete dort im wesentlichen, daß mein Vater die Sache toleriert hat, aber für ziemlich realitätsfern hielt, also die Tatsache, daß ich mich in der evangelischen Jugend besonders betätigt habe. Und dazu gehörte nach seiner Meinung, ich hätte viel lieber nur Sport machen sollen. Das hat er nie so gesagt, aber das war deutlich zu spüren. Und meine Mutter hat das mit zurückhaltendem Wohlwollen betrachtet, weil sie als Bauerntochter stärker aus einem religiös gefärbten sozialen Umfeld kam, und hat gesehen, daß der Junge dort ein anständiger Mensch wird. Das Gebet habe ich zu Hause eingeführt. Wieder. Wir sind durch Oma natürlich als Kleinstkinder mit dem Gutenachtgebet zu Bett gebracht worden. Wir haben während der Bombenangriffe im Luftschutzkeller erlebt, wie die Leute gebetet haben. Aber das war bei uns kein Brauch mehr. Da gab es schon einen Bruch. Und als ich selbst mich im Umfeld der evangelischen Jugend bewegte, da fand ich das denn wichtig und selbstverständlich, daß ich zu Hause das Tischgebet wiedereinführte. Ja, das war ein Herantragen wieder von außen ins Elternhaus hinein. Ich habe das wiederaufleben lassen.«

Im nachhinein interpretiert er das als sein Bedürfnis,

». . . nicht die Spannung aushalten zu wollen zwischen einem sich auch rituell verstehenden Glauben im Bereich von Kirche und evangelischer Jugend einerseits und dem Elternhaus. Es war ein Versuch der Integration dieser beiden Bereiche. Wenn man mich danach gefragt hätte, hätte ich das sicher anders gesagt, . . . der Glaube muß sich aussprechen. Der Glaube, der sich nicht ausspricht, ist tot. Und die Sprache des Glaubens ist das Gebet. Oder so etwas. Das konnten wir mit 15-16 ganz schön formulieren. Ich würde das heute nicht ganz madig machen, aber es ist nicht das Ganze.«

Er hat selbst die Gebete zu Hause gesprochen. Das wurde akzeptiert.

»Dagegen konnte man auch gar nichts haben. Möglicherweise, wenn meine Eltern dagegen gewesen wären, hätte es darüber eine Auseinandersetzung gegeben. Oder . . . also, sie hatten kritische Gedanken gegenüber Kirche im Kopf. Und meine Mutter hatte kritische Vorbehalte zum Beispiel gegen die »Deutschen Christen« während des »Dritten Reiches«, also die Christen, die dann zuhauf auch zugleich nationalsozialistisch waren. Also, solche Dinge wußte sie, aber das reichte nicht aus, um gegen eine bestimmte Form der Kirchenfrömmigkeit eine Position zu formulieren.«

Im Alter von etwa 15, 16 Jahren hatte er ein »Bekehrungserlebnis«, das für seine weitere religiöse Orientierung von besonderer Bedeutung war.

»Das war, als ich mit dem Posaunenchor verreist bin, nach Borkum. Und dann nachts – wir haben über Gott und die Welt diskutiert – dann kam ich in mein Quartier, und das war abgeschlossen. Das waren Bäckersleute, die früh schlafen gingen. Ich konnte also nicht mehr rein. Und dann bin ich in diesem fremden Ort herumgelaufen und fand nichts, wo ich nun bleiben konnte, weil alle anderen inzwischen verschwunden waren. Dann ging ich zur Kirche, und siehe da, die Kirche war auf. Ich bin in die Kirche gegangen und habe mir zwei Tubasäcke geholt und bin da reingekrochen und hab da also geschlafen. Aber ich konnte nicht schlafen. Ich habe mich durch die dunkle Kirche getastet. Dieses ganze Erleben weiß ich noch, und daß die Kirche auf war und ich da unterkriechen konnte und ich da geborgen war in der Kirche, und gleichzeitig die Dunkelheit und die Angst: Aus diesem widerstreitenden

Erleben heraus habe ich mir gedacht, ja, das war ein Fingerzeig Gottes . . .
Aber das hatte ich dann schon mit 16 oder 17 wieder abgearbeitet. Wir waren
so ein ganzer Kreis von jungen Leuten, die dann die Pfarrer rausschmissen
aus der ev. Jugend und sagten, sie dürften gerne kommen als Referenten bei
uns, aber wir machen das selber in Zukunft. Und dann lasen wir Nietzsche
und Freud und, ja, wir gefielen uns auch ein bißchen in dieser kritischen
Position, und man probierte an anderen Personen, die vorgaben zu glauben,
seine ganze kritische Potenz aus. Das war eigentlich ein ganz guter Prozeß. So
daß man hinterher ins Studium gehen konnte mit dem Vorsatz, du willst hier
bestimmten Fragen nicht ausweichen, sondern denen willst du systematisch
auf den Grund gehen. Aber und weißt, daß du dazu nicht irgendein Schüt-
zengrabenerlebnis brauchst – wir hatten Lehrer, die hatten ihren Gott im
Schützengraben gefunden und konnten Tag, Ort und Stunde benennen. Da
wußten wir, wir können uns jede Frage erlauben, ohne das Gefühl zu haben,
jetzt geht der Glaube kaputt. Trotz dieser kleinbürgerlichen, miefigen reli-
giösen Sozialisation habe ich dann Theologie studiert.«

Dazu entschied er sich noch kurz vor seinem Abitur, obwohl er eigentlich
Medizin studieren wollte. Seine kritische Haltung, die er in der Jugendgruppe entwickelt hatte, konnte seinem Glauben nichts anhaben.

»Also irgendwann geht natürlich der Glaube ein Stückchen verloren. Das,
was sich dann später wieder neu konstituiert hat, war etwas völlig anderes.
Und diese kritiklose Identität mit einer vorausgesetzten Wahrheit, die ja im-
mer als dogmatische Wahrheit, die auch noch lebt von der Hypostasierung
einer anderen Wirklichkeit von oben und unten, um es ganz primitiv zu
sagen. Natürlich haben wir auch schon mit 14, naturwissenschaftlich aufge-
klärt, nicht mehr an oben und unten geglaubt, aber irgendwo war es doch
eine Jenseitigkeit. Das heißt Transzendenz war eine Jenseitigkeit. So wie im
Kinderglauben. Und der Kinderglaube schaffte die Identität oder Identifizie-
rung zwischen dieser Jenseitigkeit. Man hat in seinem Kindergebet natürlich
»Du« gesagt und es nicht anders sagen können, als sich in irgendeiner dif-
fusen Weise eine Person vorzustellen. Das war weg. Aber es gab eine
Leidenschaft für Orientierungssuche. Es war weiter da ein Bewußtsein davon,
daß jenseits der christlichen Tradition, der Bücher, der Bibel, die Wahrheit
nicht zu haben war. Das ist eine Interpretations- und Neukonstitutions-
leistung gewesen, in diesem Zusammenhang von Tradition und Situation. In
Anknüpfung am Widerspruch. Zugleich anknüpfen können und widerspre-
chen können. Und darin, ja, ein Vertrauen, daß bei aller Kritik und bei aller
Radikalität man selber nicht untergeht. In der Diffusität. Und das war der
Glaube . . . Das ist ein bißchen schwer zu sagen, schwerer zu sagen, als wenn
man das reduktiv sagen kann. Mehr würde ich da auch gar nicht sagen
können.«

Einen Zusammenhang zwischen seiner religiösen Orientierung mit etwa
12-13 Jahren und dem Beginn seines bewußten sexuellen Eigenlebens seit
dem Beginn der Adoleszenz kann er eigentlich nicht sehen.

»Nein. Da gibt es sicher keinen Zusammenhang. Oder wenn doch, dann ist er mir verborgen. Der Beginn meiner Pubertät war vorher. Und das ist natürlich auch ein Punkt einer anderen Art des Interessenehmens an Welt, sozusagen ein Zugewinn an Wirklichkeit, dieses sexuelle Erwachen. Und das Interesse an kirchlichen Zusammenhängen und mit den Leuten da etwas machen zu wollen, das war wesentlich später. Ich habe mich zunächst eigentlich erstmal für Mädchen interessiert, so zwischen 10 und 12. Und habe denen auf der Eisbahn die Zopfspangen geklaut und, naja, wie so die Annäherungsversuche in unserer Generation gewesen sind. Und dann ist es wohl mehr so gewesen, daß eine von den Angebeteten in der evangelischen Jugend war. Ja, so ist das wohl mehr. Und dann kam zugleich der Vor-Konfirmandenunterricht. Da sah man sich ja. Dann ging das zusammen, ja. Ich sehe keinen Zusammenhang.«*

Er kann sich an den Zeitpunkt, an dem er sich zum ersten Mal als sexuelles Wesen erlebte, nicht mehr genau erinnern. Aber er hat »Erinnerungen an sehr intensive sexuelle Erlebnisse, die in der Zeit der Einschulung lagen«. Ebenso unsicher ist er sich, ob er sich dabei als männliches Wesen erlebt hat.

»Das habe ich mich so noch gar nicht gefragt. Ich denke da jetzt drüber nach . . . und neige dazu zu sagen, daß es keine Rolle gespielt hat, sondern spielerische Aktivität war, spielerischer Umgang mit seiner eigenen genitalen Ausstattung.«

Den Einfluß der sog. »sexuellen Revolution« auf sein persönliches Leben hat er bewußt miterlebt. .

»Ich bin etwas älter, habe das aber sehr intensiv miterlebt, weil ich auch in der Bewegung war, aber . . . etwas distanziert. Ich bin von Anfang an mit dem Mißtrauen dabei gewesen, daß man dem Fetischcharakter, dem Warencharakter Sexualität nicht entgeht, wenn zum Beispiel gilt: Wer zweimal mit derselben pennt, gehört schon zum Establishment. Wenn dieser Befreiungsversuch zum Befreiungsschlag wird, der noch die Züge des Unterdrückers trägt, also noch selbst zwanghaft ist, und worin – vielleicht notwendig für viele in dieser Phase, aber nicht wünschbar für mich – diese ziemliche Trennung zwischen Sexualität und Körperlichkeit lag. Für mich war da eine Mythologisierung darin, verbunden mit der Hoffnung, wenn man dieses befreit, dann würde man als Folge davon automatisch seine eigene Befreiung finden. Das konnte ich nie so glauben. Mag sein, daß da auch eine Rolle spielt, daß ich ein Stück Prüdigkeit aus meinem Wachsen und meiner Sozialisation bewahrt habe, wofür ich mich aber nicht geschämt habe, sondern gesagt habe, liebe Freunde, es tut mir leid, ich kann nicht einfach mit der ganzen Gruppe in die Sauna gehen. Ich bin nun mal so geprägt, wenn ich in die Sauna gehe und ich sehe einen schönen Busen, dann werden alle anderen die körperliche Reaktion, für die ich mich dann schäme, sehen, was mit mir los ist, ich kann's also nicht. Und das ist eigentlich immer akzeptiert worden.«

Die Gründe für die Entstehung der »sexuellen Revolution« sieht er darin,

»... daß für viele die Verklemmungen und Verdrängungen, die sie in ihrer eigenen Sexualität erlebt haben, ein starker symbolischer Ausdruck für überhaupt gesellschaftliche Zwänge und Unterdrückung gewesen sind. Das ist gerade für die Generation der 68er, bei denen politisches Engagement aus der Auseinandersetzung mit ihren Vätern und der Frage: Wo wart ihr damals? gekommen ist, sehr wichtig gewesen. Und in puncto Sexualität klang dort etwas von der Wahrheitsfrage, der politischen und auch der persönlichen Befreiung an. Ich denke nicht, daß die Sexualität befreit werden sollte, sondern die Personen.«*

Er zweifelt daran, ob die sog. »sexuelle Revolution« überhaupt etwas gebracht hat:

»Ja, wenn ich das wüßte! Ich würde das gerne positiv beschreiben. Ich bin mir nur nicht sicher. Ich nehme wahr, daß bis in die bürgerlichen Erziehungsgazetten hinein Auswirkungen zu sehen sind und auch auf die inzwischen entmythologisierte FKK-Bewegung, die nur noch Selbstzweck ist. Ironischerweise könnte unser Versuch mit Schuld daran sein, daß heute das so flott läuft mit der Ware Frau und überhaupt mit der Ware Körperlichkeit. Ich denke aber umgekehrt, daß für viele das ein notwendiger Schritt gewesen ist, und vielleicht wirkt das auch noch nach, die Enttabuisierung. An so einem wesentlichen Punkt eigenen Erlebens gezielte Tabuverletzungen auszuprobieren, könnte auch für viele ein Stück Befreiung bedeutet haben. Aber das abschließend zu beurteilen, trau' ich mich nicht.«

Für ihn hat es eine Ablösung von seiner kindlichen Religiosität nicht gegeben. Seine kritische Auseinandersetzung mit Religion, Kirche und Glauben hat für ihn dazu geführt, daß er Theologie studierte und heute Pastor ist. Dem Phänomen der Religiosität steht er eher skeptisch gegenüber und sieht darin vorwiegend etwas »Reaktionär-Rückbindendes«, das den christlichen Glauben vereinnahmen will.

»Ich muß allerdings ein Fragezeichen setzen hinter diese Äußerung, dahingehend, daß wir in den letzten Jahren begonnen haben, nochmal darüber nachzudenken, ob es sich bei den Phänomenen religiöser Lebensäußerung nicht doch um eine Äußerungsmöglichkeit des Menschen handelt, die eine weitere, weitergehende Dimension hat als alles, was religionskritisch erfaßt ist. Fragezeichen. Eher offenlassen.«

Für ihn ist die Religionszugehörigkeit für ein religiöses Leben sehr wichtig,

»... weil das immer eine Entscheidung ist und Angabe des historischen Ortes und der dazugehörigen Koordinaten, in denen ich mich bewege und in denen ich mich auseinanderzusetzen bereit bin und auch ein Stück Leben aufs Spiel setze. Das ist kein Dogma, wie man – wie ich meine – auch an unserer Gemeindepraxis sehen könnte, wo Leute aus ganz unterschiedlichen Herkünften und Zusammenhängen von katholisch bis gar nicht und so drin sind, aber ich glaube, daß es zumindest eine Hilfe ist. Denn der Glaube im stillen Kämmerlein: gerade im Bürgertum begegnet man dieser Äußerung, indem gesagt wird, ich bin zwar in keiner Gemeinde, aber ich bin religiös. Das ist so ein liberal-individualistischer Standpunkt. Das wird nirgendwo konkret. Historisch konkret wird es allerdings in benennbaren Zusammenhängen . . . Wenn ich Tradition sage, dann ist es nicht irgendeine, sondern diese. Damit erhebe ich keinen Wahrheitsanspruch gegenüber etwa dem Islam und sage, ihr müßt irren, weil ich recht habe. Aber nicht aussteigen können und wissen, daß man nicht aussteigen kann. Das ist heute natürlich schwierig, wo man sich alle Gewürze aus aller Herren Länder und Rosinen herholt. Man kann auch die Jahreszeiten vergessen machen. Man gewinnt jedoch erst in einem bestimmten Zusammenhang Identität. So können wir zum Beispiel in der Musik nur bedingt aus einer bestimmten Hörtradition und -erfahrung aussteigen. Das heißt auch, sich auseinanderzusetzen mit dem, was man schon alles mit sich rumschleppt, also Aufarbeitung der eigenen religiösen Sozialisation.«

Er glaubt nicht, daß die christliche Kirche hinsichtlich ihrer Versäumnisse und Mängel von nicht-kirchlichen religiösen Gemeinschaften oder Sekten lernen kann.

»Also von Sekten können wir gar nichts lernen. Dazu haben wir eine viel zu große Erfahrung mit Sekten. Wir haben die Sekten im eigenen Schoß, wenn du so willst. Weil es innerhalb der protestantischen Kirche genügend Gemeinden oder Gruppierungen gibt, die ich für Sekten, für sektiererisch halte. Und ich sehe darin überhaupt nichts Originelles. Zwar kommen andere daher und sagen: jede Sekte ist eine Anfrage an Defizite innerhalb der protestantischen Kirche. Aber das ist eine sehr abgehobene Betrachtungsweise.«

Mit dem Begriff »Gott« verbindet er, daß sich darin

». . . sozusagen die Summe der geschichtlichen Erfahrungen zusammenballen. Viel Scheitern und viele uneingelöste Wünsche gingen in diese Chiffre ein. Und da, wo in unserer Tradition alles das, was sich die Menschen ersehnt haben, Freiheit, Gerechtigkeit und Zukunft, oder sich unter Ankommen oder Heimat vorgestellt haben, das ist in diesem Begriff zusammengefaßt und unter diesem Begriff sind Geschichten erzählt worden. Das ist das eine. Und das andere ist die Frage, ob man nicht unter Preis lebt. Ob man bereit ist, das, was man tut, aufs Ganze zu beziehen und aufs Ganze zu gehen. Aber wohlgemerkt mit dem Vorbehalt, daß man nicht wieder etwas projiziert, was auf irgendeiner Wolke liegt.«

Thomas R. (44):

>»Ich glaube, daß es eine sehr starke Verbindung zwischen diesem Gottesbild und meinem Vater immer gegeben hat. In der gleichen Weise, wie mir dieser Gott unerreichbar erschien: streng, groß und gewaltig, war auch mein Vater streng, groß und gewaltig. Jemand, an den ich überhaupt nicht herankam. Deswegen war es für mich auch später notwendig, mich von Gott zu trennen, als ich mich von meinem Vater trennte.
> ... Sexualität war nicht ganz stubenrein, man zeigte sie nicht, und wenn, dann mit moralischen Weihen.«

BIOGRAPHISCHES:

Thomas ist 44 Jahre alt, verheiratet und hat drei Kinder. Er ist Architekt und lebt mit seiner Familie in einer Großstadt.

Thomas ist in einem protestantischen Elternhaus aufgewachsen als jüngstes von drei Kindern. Sein Vater war Pastor. Ursprünglich wollte auch er Pastor werden, brach aber sein Theologiestudium ab und studierte Architektur. Heute bezeichnet er sich eher als nicht religiös, ist sich aber nicht ganz sicher.

»Ja, ich bin sehr religiös aufgewachsen in meinem Elternhaus. Mein Vater ist Pastor, auch meine beiden Großeltern waren schon Pastoren, die gesamte Familie ist seit alters her unwahrscheinlich stark von der Kirche geprägt gewesen und ich natürlich auch. Ich bin sehr kirchlich erzogen worden, sehr religiös ... Wir haben viel gebetet zu Hause, vor allen Mahlzeiten. Abends haben wir viele Lieder gesungen, kirchliche Lieder, nachmittags am Sonntag mit Klavierbegleitung. Ich bin sehr viel in der Kirche gewesen, was dadurch zustande kam, daß mein Vater häufig predigte, und ich habe sehr früh schon Funktionen innerhalb der Kirchengemeinde übernommen, die Glocken geläutet, die Kollekte eingesammelt, habe im Kindergottesdienst gesessen und später, als ich dann größer war, selber eine Gruppe im Kindergottesdienst übernommen, denen ich dann selber biblische Geschichten erzählt habe. Alles das ist Bestandteil meiner religiösen Erziehung gewesen. Tiefer gesehen ist religiöse Erziehung auch in den Prinzipien gewesen, mit denen meine Eltern mit mir umgegangen sind. Später, wenn ich etwas Schlechtes getan hatte zum Beispiel, dann war immer sehr viel die Rede vom lieben Gott, der immer alles sieht und dem man nicht ausweichen kann, und die Trauer darüber, daß ich kein guter Mensch war. Manchmal, wenn meine Eltern etwas an mir auszusetzen hatten, und dann die Trauer in ihren Gesichtern und auch Äußerungen, daß sie für mich beten würden, und ähnliche Dinge mehr, die, jetzt schon ein bißchen subtiler, etwas mit meinem eigenen Seelenleben zu tun hatten, dort wo eingegriffen wurde von Seiten der Eltern, und das in eine Richtung gelenkt wurde, wo Gott drin vorkam und Gott die wichtigste Instanz war.«

Sein Bild von Gott ist eng verknüpft mit dem seines Vaters: unerreichbar, fern, streng und gerecht.

»Ich habe mir den immer vorgestellt als eine große, strenge Großvaterfigur mit einem langen, weißen Bart, der streng und sehr, sehr gerecht war und dem man überhaupt nicht entkommen konnte. Der alles sah. Der auch sah, wenn ich in der Speisekammer ein Stück Käse gestohlen hatte, und ich hatte auch Angst vor seiner Bestrafung. Ich versuchte, nach seinen Gesetzen und nach dem, was er gut fand, zu leben, aber es war mir einfach zu schwer. Ich fühlte mich gut, wenn es mir gelang, nach seinen Regeln zu leben. Und ich fühlte mich schlecht, wenn es mir nicht gelang. Es gelang mir oft nicht. Ja, ich muß sagen, daß ich auch Vertrauen hatte, das heißt zunächst erstmal hatte ich Vertrauen zu meinen Eltern, und darüber, weil sie ja die Repräsentanten Gottes auf der Erde sozusagen waren für mich, deswegen hatte ich auch Vertrauen zu Gott. Vertrauen zum Beispiel, weil meine Eltern, wenn sie etwas nicht gut fanden, was ich machte, und sie mich bestraften, daß ich dann nicht das Gefühl hatte, nun furchtbar lange von ihnen bestraft zu werden, sondern, daß sie mich auch wieder aufnahmen und daß ich in der Familie einen sicheren Platz hatte. Ich habe sehr früh gelernt, daß es keine Möglichkeit gibt, vor Gott gerecht zu sein, keinerlei Möglichkeit. Ich muß dazu sagen, daß die Theologie meines Vaters stark von Karl Barth geprägt gewesen ist, und da ist es ja klar, es gibt keine Möglichkeit als Mensch, vor Gott gerecht zu sein, sondern der Mensch ist immer ein ganz kleines Würmchen gegenüber Gott, überhaupt nicht zu vergleichen. Der Mensch kann nicht an Gott heranreichen. Dieses Gefühl habe ich auch vermittelt bekommen, Gott als das Übergroße, wo man sich allenfalls bemühen kann, ein wenig so nach den guten Prinzipien zu leben. Gerechtigkeit gibt es in dem Sinne nicht, daß ich jetzt einen Anspruch darauf habe, daß Gott mich gerecht behandelt, sondern gerecht wäre auch, wenn er mich zerschmettern würde, wenn er den Blitz von oben herunterholen würde und mich der Blitz treffen würde, das wäre auch gerecht. Ja, dieses Gefühl hatte ich. Ich konnte nur hoffen, daß er irgendwie trotzdem ein freundlicher Gott war, ein liebender Gott. Solange ich mich in der Familie ohne weiteres wohlgefühlt habe und nicht im Widerspruch zu mir selber war und nicht im Widerspruch zu der Rolle in meiner Familie, dann habe ich mich wohlgefühlt. Als ich mir des Widerspruchs zu meinem Vater bewußt wurde, habe ich auch angefangen, mich unwohl zu fühlen gegenüber diesem Gott.«

Religiosität war für ihn jedoch nicht nur verbunden mit der Vorstellung von dem strengen Gott-Vater, sondern auch mit dem Leben in der Familie.

»Eben dieser Bereich des Zusammengehörigkeitsgefühls, der Liebe zueinander, der Nähe zueinander. Das Geborgensein in meiner Familie, das Zusammensingen zum Beispiel das Zusammensitzen, dieses Zusammengehörigkeitsgefühl, das hatte auch immer etwas mit Religiosität in unserer Familie zu tun. Das ist sehr positiv in mir hängengeblieben. Ja, und danach sehne ich mich auch manchmal heute noch wieder zurück. Auf der anderen Seite ist

diese Strenge etwas, was ich vielleicht noch immer nicht richtig begriffen habe, noch nicht bewältigt habe. Und das würde ich als etwas sehr Negatives einschätzen. Das möchte ich also nicht nochmal so erleben.«

Seine in der Kindheit geprägte Religiosität geriet in eine Krise, als er sein Theologiestudium im Alter von 22 Jahren abbrach.

»Die ist bei mir zu Grabe getragen worden, als ich mein Theologiestudium abgebrochen habe, als ich merkte, daß ich damit nicht klar kam. Ich konnte den Ansprüchen, mit Theologie fertigzuwerden, nicht genügen. Ich verstand nichts, ich fühlte nichts, ich merkte, das hat überhaupt nichts mit mir zu tun, und ich wollte es nicht mehr. Das war das erste Mal ein Eingeständnis, daß ich den Erwartungen von zu Hause, meiner Eltern, meines Vaters besonders, nicht mehr nachkommen würde. Denn mein Vater wollte, daß ich Theologie studierte, das war von Anfang an völlig klar, ich wollte es auch ganz gerne, aber ich habe mich dann dagegen entschieden und es abgebrochen. Das war das erste Mal, daß ich mich gegen diese Erwartungen entschieden habe. Das war eine Krise deswegen, weil ich die ganze Zeit vorher immer versucht habe, diesen Erwartungen meiner Eltern nachzukommen. Ich habe vorher niemals richtig versucht, dagegen aufzubegehren. Leider nicht. Das war auch verbunden mit einem Abschied von zu Hause. Mit einer Trennung von zu Hause.«

Diese Ablösung von den Erwartungen, Vorstellungen und Ansprüchen, die mit der Religion und dem Elternhaus verbunden war, fiel zeitlich zusammen mit der Trennung von seiner damaligen Freundin, seiner »ersten großen Liebe«.

»Das war gerade die Zeit mit meiner ersten Freundin, mit der ich niemals geschlafen habe, obwohl ich es mir immer sehnlichst gewünscht habe. Wir haben zwar sexuelle Erfahrungen gemacht, zum Beispiel Petting außerordentlich intensiv betrieben ... Und wenn ich es mir genau überlege, mein Theologiestudium habe ich abgebrochen, das war am Ende dieser Freundschaft, als schon alles hoffnungslos verfahren war und der Zug abgefahren, und auch keine Aussicht mehr bestand, daß sich in irgendeiner Weise etwas ändern würde. Das fiel beides zusammen.«

Hinsichtlich der Sexualität hatte er immer ein ziemlich starkes Schuldbewußtsein.

»Das hatte ich immer, wenn ich nur das leiseste Intime mit einem Mädchen und später mit anderen Frauen zu tun hatte, dann hatte ich das Gefühl, ich muß mich, wenn ich mich mit ihr einlasse, aber auch ganz verantwortlich, verantwortungsbewußt geben, dann darf ich nicht einfach so sein, dann muß ich ganz lieb und freundlich sein, und sie darf auch keine ›Eintagsfliege‹ sein, sondern wenn ich mich in sie verliebe, dann muß ich sie auch richtig lieben, das darf nicht am nächsten Tag schon wieder etwas ganz anderes sein, und ich darf ihr nicht weh tun, sondern ich muß ihr wirklich etwas Gutes tun, ich darf

auch nicht einfach so eine Geilheit und so, so sexuelle Wünsche äußern, sondern ich muß sie eigentlich lieben . . . Das war alles so unwahrscheinlich belastet, von vornherein. Schon wenn ich einer anderen Frau nur in die Augen sah, die ich gut fand, dann hat mich das alles sehr stark behindert, normale Kontakte zu anderen Frauen aufzubauen. Ja, das war ein Anspruch, der stark von zu Hause kam, und es hat für mich gefühlsmäßig eine ziemlich große Rolle gespielt, daß man, bevor man verheiratet ist, nicht miteinander schläft. Obwohl das damals in der Öffentlichkeit ganz anders gehandhabt wurde. Und ich habe dieses Verbot dann ja auch durchbrochen, aber es hat mir im Grunde sehr große Schwierigkeiten gemacht.

Als sexuelles Wesen erlebte ich mich wahrscheinlich als kleines Kind, als meine Mutter zu mir sagte, ich sollte nicht immer unter der Bettdecke herumspielen, sondern meine Hände auf die Bettdecke tun. Aber daran kann ich mich nicht mehr so genau erinnern. Bewußt, und wo ich auch wirkliche Konflikte bekam, das war in der Pubertätszeit. Das ist die Zeit, wo ich mit voller Wucht meine eigene Sexualität erfahren habe. Dazu muß ich sagen, bei uns zu Hause wurde Sexualität sehr, sehr altmodisch gehandhabt. Meine Eltern waren unwahrscheinlich prüde, wir haben als Kinder niemals mitbekommen, wenn unsere Eltern sich geliebt haben, und ich weiß noch, wie entsetzt ich gewesen bin, als ich im Alter von 15-16 Jahren plötzlich in der Innentasche eines Jacketts meines Vaters Präservative gefunden habe. Das hat mich wirklich völlig umgehauen, obwohl oder weil ich damals genau wußte, wozu man die brauchte. Ich hatte niemals das Gefühl innerhalb dieser Familie, daß ich meine Sexualität hätte offen zeigen können. Das ging nicht. Ich mußte das heimlich tun. Und es war von vornherein mit einem starken Schuldgefühl belastet. Ich habe immer dieses Schuldgefühl dabei gehabt, etwas Verbotenes zu tun, aber auch das Gefühl, daß meine Eltern ungeheuer traurig darüber sein würden. Und worüber natürlich auch der liebe Gott sehr, sehr traurig sein würde. So war ich darüber, daß ich das tat, nun auch selber traurig, einerseits, aber auf der anderen Seite war es unvermeidlich, es war ein Drang, es zu tun.«

Sexuelle Aufklärung erfuhr er hauptsächlich durch seine Mitschüler und nicht durch seine Eltern.

»Mein Vater hat mich mal, als ich eh schon alles wußte, auf einen Spaziergang mitgenommen, eine halbe Stunde lang, und mich an die Hand genommen und mir erzählt, daß jetzt vielleicht die Zeit käme, wo ich des Nachts mal einen Samenerguß haben könnte, und ich brauchte nicht darüber erschrocken zu sein, denn das würde jedem Jungen in meinem Alter so gehen. Das war das eine. Dann haben wir noch Aufklärungsbücher bekommen, aus christlicher Sicht, keine schlechten übrigens, es wurde erzählt über die Funktion der Geschlechtsorgane . . . Meine sexuellen Phantasien, die drehten sich um Frauen, um nackte Frauen, um unsre Haushälterinnen zum Beispiel, es war immer mehr so ein Traum, immer diese Distanz, das war nicht wirklich, und diese Distanz konnte ich von vornherein nicht überwinden. Das ging nicht.

Wirklich daran war, daß ich mich als Mann fühlte. Ich hatte einen Penis und fühlte mich sehr stark hingezogen zu Frauen und ich hatte den Wunsch, in sie einzudringen. Aber für mich ist sexuelles Gefühl etwas gewesen, was eben anrüchig war, was nicht so ganz stubenrein ist. Darüber redet man nicht. Das ist nicht fein. Das gehört sich nicht. Sexualität muß sein, das war zwar klar, aber man zeigt sie nicht. So wie meine Eltern sich immer in aller Heimlichkeit und verborgen vor uns Kindern geliebt haben. Sexualität zeigt man nicht. Und wenn man sie zeigt, dann bitte mit moralischen Weihen. Also mit dem moralischen Anspruch des Füreinander-Sorgens, der Liebe, der Verantwortung füreinander. Das heißt also, im Grunde muß man heiraten und zeigt somit der Öffentlichkeit, wir bleiben für das ganze Leben zusammen.

Ja, ich habe mich sehr stark eingefügt, ich habe das auch so gemacht, auch von innen her, und das war kein Anspruch, den ich nur zu bereitwillig durchbrochen hätte, das kann ich nicht sagen. Ich habe nur diesen Zwiespalt sehr stark gemerkt und auch darunter sehr gelitten, aber es war immer so, daß das zwei gleichberechtigt große Werte in mir gewesen sind. Das hat für mein Leben bedeutet, daß meine ganz große erste Liebe praktisch darin bestanden hat, daß wir niemals miteinander geschlafen haben, obwohl wir mehrere Jahre zusammen gewesen sind. Dieser verinnerlichte Anspruch meiner Eltern bedeutete auch, daß ich vor einer Übertretung dieses Anspruchs ziemliche Angst hatte. Es wäre jetzt billig zu sagen, Angst vor Strafe, Angst vor den Eltern oder Angst vorm lieben Gott. So läuft das ja nicht. Ich war ja immerhin 18, als ich mit meiner großen Liebe zusammen war, und ich war zumindest äußerlich ein aufgeklärter Mensch. Das ist vielmehr sehr verschlungene Wege gegangen, die noch mit anderem zu tun hatten, auch mit dem Mannesbild von mir. Ich kann es nicht genau sagen, jedenfalls hatte ich eine ungeheure, tierische Angst davor. Eine Angst, die sicherlich etwas mit dem Verbotenen zu tun hatte und auch mit der Angst, daß ich irgendwie dachte, ja, wenn ich also dann mit der Frau schlafe, dann komme ich nicht mehr von ihr los, dann bin ich an sie total gekettet, dann muß ich die heiraten . . . Aber es gab auf der anderen Seite auch die Angst davor zu versagen, das heißt die Wünsche der Frau nicht richtig erfüllen zu können. Das hatte also eher mit meinem Selbstbewußtsein als Mann zu tun. Möglicherweise war noch ein anderes Ergebnis dieser inneren Auseinandersetzung, daß ich damals in meiner Schulzeit mit Jungen zusammen gewesen bin, die schon was mit Frauen hatten oder das zumindestens vorgaben und die damit sehr geprahlt haben und die ich deswegen sehr beneidete und denen ich das gerne nachgemacht hätte. Die waren für mich immer die Verkörperung von so richtigen Männer, so harten Männern gewesen. Männer, die ihren Weg machen. Die sich über alle Widerstände hinwegsetzen. So wie die Männer in der Reklame, die dann am Ende eine Marlboro rauchen.«

Nach dem Abbruch des Theologiestudiums und der Trennung von seiner ersten Freundin versuchte er, sich von den z. T. unausgesprochenen Erwartungen und Ansprüchen seines Elternhauses zu lösen.

»Meine Sexualität spielte immer eine riesig große Rolle, was meinen Gesamt-
energiehaushalt angeht, ich habe immer viel darüber nachgedacht, das hat
mich sehr beschäftigt, ich bin nie damit fertig geworden. Insofern kann ich
jetzt nicht sagen, daß Sexualität nach den Trennungen eine größere Rolle
gespielt hat. Nachdem sich meine erste Freundin von mir getrennt hat, weil
sie einen anderen Mann kennenlernte, den sie dann als richtigen Mann
beschrieb, der mit ihr auch gleich ins Bett gegangen ist – das hat sie mir
natürlich auch alles noch brühwarm erzählt, als Rache vielleicht –, damals
hatte ich dann ziemlich schnell mit einer anderen Frau geschlafen. Mit ihr
hatte ich danach auch nichts weiter zu tun, das war tatsächlich eine rein
sexuelle Begegnung.«

Von seinem verinnerlichten Anspruch, nach einer sexuellen Begegnung mit
einer Frau auch Verantwortung für sie zu übernehmen, konnte er sich
jedoch nicht richtig lösen. Die Zeit der sog. »sexuellen Revolution« hatte
diesbezüglich auf seine persönliche Lebenspraxis einen relativ geringen
Einfluß.

»Ja, mit der ›sexuellen Revolution‹ war ich voll einverstanden, nur leider habe
ich da nicht richtig mitgemacht. Das wäre vielleicht eine gute Chance gewesen, richtig schön alles anders zu machen. Damals gehörte ich einer
politischen Gruppierung an, die etwas sauertöpfisch darauf reagierte und mit
sehr erhobenem Zeigefinger auf die politischen Implikationen und die Un-
sinnigkeit der spontanen Lusterfüllung hinwies, was natürlich auch sehr
berechtigt war und richtig, was trotzdem wenig lustvoll war. Subjektiv finde
ich das Anliegen unheimlich gut. Was daraus geworden ist, ist eine andere
Sache. Ich selbst bin intellektuell sehr stark von der Zeit geprägt worden, was
meine eigene Praxis und Verhaltensweisen und meine Gefühle angeht, war
es jedoch sehr, sehr schwierig.«

Bei der Einschätzung der Gründe, die zur Entstehung der ›sexuellen Revolution‹ und deren Folgen geführt haben, findet er, daß

». . . man unterscheiden muß zwischen denjenigen, die das angefangen haben und den Wünschen, die dabei freigesetzt wurden, und dann dem
späteren offiziellen Träger dieser Bewegung. Subjektiv stand der Wunsch
dahinter, aus der altmodischen, verkrampften Moral herauszukommen, die
auch für mich selbst damals gültig gewesen ist. Und es gab den Wunsch, das
nicht allein, jeder für sich, zu ändern, sondern gemeinsam und kollektiv im
Zusammenhang mit einem politischen Anliegen. Und es wurde damals auch
völlig richtig gesehen, daß immer die persönliche Erziehung, auch die in
sexuellen Dingen, etwas zu tun hat mit politischen Verhaltensweisen und mit
dem Verhältnis zur Macht. Der Wunsch, das Sexuelle wirklich offen zu machen, war auch ein Versuch, an die Machtstrukturen heranzukommen. Die
spätere lüsterne Berichterstattung der Bildzeitung zum Beispiel war ja etwas
ganz anderes. Da wurde ja noch das hinterletzte Dorf aufgeweckt und mit
etwas ›Modernem‹ versehen. Das hat insgesamt nur den positiven Effekt

gehabt, daß diese uralte christliche Moral ein bißchen aufgeweicht wurde. Aber der politische Anspruch und der Wunsch, an die eigenen Gefühle wirklich heranzukommen und etwas zu verändern, das spielte dabei keine Rolle mehr. Später ist es dann ja auch eine Mode geworden.«

Im Laufe seiner Biographie löste er sich zumindest äußerlich immer mehr von der Religion und den damit verbundenen Ansprüchen und Idealen.

»Dennoch, an die religiöse Erziehung, soweit sie etwas mit meinen Eltern zu tun hat und mit meinen Empfindungen und mit meinen Emotionen, denke ich eigentlich ganz gerne. Ich habe dazu kein schlechtes Verhältnis. Ich denke nicht mit Haß daran . . ., also ich halte mich heute immer noch ganz gerne in Kirchen auf, wenn ich in Ferien bin zum Beispiel. Dann besuche ich gerne irgendwelche Kirchen, oder ich interessiere mich auch noch für kirchliche Dinge, das hat noch so ein bißchen etwas Familiäres. Die Abkehr von meiner Religion und von der Kirche ist bei mir vollzogen worden im Verstand, weil ich doch sehr stark kritisiert habe, auf welche Weise Kirche Politik macht, auf welche Weise Kirche eingreift ins politische Leben, welche Äußerungen sie zum Beispiel zu wichtigen Fragen des gesellschaftlichen Zusammenseins macht, und vor allem, was in der Kirchengeschichte passiert ist, das konnte ich also wirklich überhaupt nicht mehr verstehen und das ist so der erste Knacks gewesen, der für mich entscheidend gewesen ist, mich von der Kirche abzutrennen. Und dann hat es noch etwas mit meiner persönlichen Auseinandersetzung mit meinem Vater zu tun, der eine sehr starke Position hatte, und mit dem ich auf diese Weise eine Abrechnung gemacht habe.«

Seit seinem Kirchenaustritt hat es eine neue Hinwendung zur Religiosität für ihn nicht gegeben. Auch andere religiöse Gemeinschaftne oder Sekten interessieren ihn nicht besonders.

»Ich habe mich niemals für religiöse Gemeinschaften interessiert, nachdem ich aus dem großen Schoß der evangelischen Kirche ausgetreten bin. Also zum Beispiel Bhagwan selber und die Bewegung davon ist mir nicht so sympathisch wegen der Begleiterscheinungen. Ich kann für jeden einzelnen durchaus nachvollziehen, zum Beispiel in ein Kloster zu gehen und dort in einer klösterlichen Gemeinschaft in relativ starker Abgeschiedenheit von der Welt über Meditationen zu sich selber zu kommen und auch in dieser Gemeinschaft zu leben. Das kann ich jedem gut nachempfinden, und ich habe selber auch manchmal solche Sehnsüchte, um ruhig zu werden und in sich selbst zurückgezogen zu sein und sämtlichen, mich zerreißenden Ansprüchen und Wünschen, die ich der Welt gegenüber habe, zu entkommen. Was mir bei solchen religiösen Sekten häufig nicht gefällt, ist die Behandlung der Wirklichkeit. Wenn man sich nicht ganz von der Welt zurückziehen will, dann muß man ein anderes Bild von der Wirklichkeit haben. Ich finde die manchmal ein bißchen trottelig und auch naiv gegenüber dem, was draußen in der Welt stattfindet. Das hat mich immer von vornherein von den Sekten abgestoßen, daß sie immer so ganz merkwürdige Einschätzungen vom Lauf der Welt hatten.

Sinnvolle Religiosität würde ich heute damit verbinden, daß man sich selber in seiner eigenen Position relativiert. Und dafür ist es ganz sinnvoll, wenn man seine eigene Rolle nicht als diejenige definiert, die sozusagen absolut ist, außerhalb derer es nichts anderes mehr gibt, die die wichtigste ist, sondern ich finde es ganz sinnvoll, wenn man ein Prinzip oder so etwas annimmt, was größer als jeder einzelne ist. Auch größer ist, als alle Menschen zusammen. Dieses Bild eben, daß alle zusammen getragen werden. Ich glaube, das ist wichtig, weil dann nicht mehr jeder so eifersüchtig auf seine eigenen Rechte und auf seine eigene Besonderheit pochen muß, bis aufs Blut, sondern daß er sagen kann, ich bin Teil eines anderen.«

JUDITH B. (31):

> *»Ich hatte nie das Gefühl, daß meine Eltern aus sich selber heraus etwas verboten. Nicht aus einer starken Persönlichkeit heraus, sondern daß diese Verbote aus der Bibel gezerrt und gezurrt wurden. Und das ist noch heute so. Religiosität kannte ich nur als Zuchtmittel.«*

BIOGRAPHISCHES:

Judith ist 31 Jahre alt, von Beruf Erzieherin, arbeitet in einer anthroposophisch orientierten Kindergruppe und lebt in einer Großstadt. Judith hat eine extrem religiös orientierte Erziehung erfahren. Ihre Eltern sind kurz vor ihrer Geburt »Zeugen Jehovas« geworden und sind es auch heute noch. Sie ist als Einzelkind aufgewachsen.

»Ja, ich bin ein Kind von Zeugen Jehovas. Meine Eltern sind es kurz vor meiner Geburt geworden, und ich wurde dann sehr streng erzogen, was dazu führte, daß ich mit 16 fluchtartig mein Elternhaus verlassen habe. Alles, was bei uns zu Hause geschah, wurde auf – angeblich – die Bibel zurückgeführt. Lange Faltenröcke, weil's in der Bibel steht, Haare zusammen, um den Jungs nicht zu gefallen . . . Ich fand, das ist ein plattes Niveau, die Bibel auszulegen, wenn man andere Menschen damit knechten will.«
»Das religiöse Leben zu Hause verlief folgendermaßen: Dienstag abends Bibelstudium von 8 bis 9, vorher mußte ich mich zu Hause hinsetzen und Fragen zum Bibeltext beantworten und die entsprechenden Bibelstellen dazu suchen. Abends wurde das dann vor einer kleinen Gemeinde vorgetragen, so etwa 10 Menschen. Es wurden Fragen gestellt von dem Leiter, dann meldete man sich und gab die Antwort, dann las einer den Text dazu. Dann am Freitag war zwei Stunden Schulung, wie man es bewerkstelligt, von Haus zu Haus zu gehen. Als Kind stand ich schon vorm Mikrophon auf der Bühne und habe kleine Predigten gehalten, die mußten etwa 7 Minuten lang sein, zu einem bestimmten Thema. Dazu gab es Zettel, worauf man zu achten hatte, zum Beispiel Gestik, Modulation, und hinterher wurde dann kritisiert, was du gut gemacht und was du schlecht gemacht hast. Das war also Freitags. Na-

türlich hat man sich auch darauf vorbereitet, das war immer wie Schule. Und sonntags gab's immer einen Vortrag und danach nochmal Bibelstunde. Das alleine waren schon 5 Stunden offiziell. Dann alle drei Monate Kongresse und alle vier Jahre einen Weltkongreß. Und dann mußte ich auch immer von Haus zu Haus gehen. Also mit der Mutter, weil ich ja noch ein Kind war.«

Die Einschränkungen, die ihre religiöse Erziehung ihr abverlangte, wurden ihr bewußt mit Beginn der Adoleszenz.

»Da fing ich an zu reagieren. Da fiel mir auf, daß die Röcke sehr lang waren, die ich trug, die Haare nicht dem modischen Schnitt entsprachen, daß ich ständig auf Achse war, daß mein ganzes Leben nach dieser Glaubensrichtung ausgerichtet war. Zumal hinzukam, daß ich Geigenunterricht bekam. Unser ganzer Tagesablauf lief damit einher. Und wenn meine Eltern nicht allzu gestreßt waren, dann las man morgens den Tagestext. Gebetet wurde auch: morgens, mittags und abends.«

»Das, was mich für mein Leben eher belastet hat, war diese tiefe moralische Haltung, die meine Eltern an den Tag legten, wenn dies und das nicht stimmte. Es fing mit äußerlichen Sachen an, aber dann auch, als ich mich für Jungs interessierte. Alles war nicht biblisch. Nichts war biblisch, was ich machte. Und das eskalierte dann bis dahin, wo ich mit einem Jungen eng getanzt hatte, und mein Vater hatte mich durch die Scheiben der Aula gesehen und mich hinterher als Hure beschimpft. Religiosität kannte ich bis dahin nur als Zuchtmittel, damit wollte ich nichts mehr zu tun haben. Nichts mehr.«

Ihre in der Kindheit geprägte Religiosität stellte sie in Frage, als sie mit 16 von zu Hause auszog.

»In dem Moment, als ich auch meinen eigenen Körper entdeckt habe, so mit 16,17. Ja, das hing mit Sexualität zusammen. Ich weiß noch, daß ich mit 17 zum ersten Mal onaniert habe, mit unglaublichen Schuldgefühlen, die ich meinen Eltern auch sehr stark anlaste. Das war absolutes Erziehungsprodukt. So etwas nannte man Selbstbefleckung.«

In dieser Zeit wurde Sexualität immer wichtiger in ihrem Leben.

»Natürlich. Natürlich sage ich deswegen, weil es biologisch bedingt ist, und in dem Alter ist man eben auch unheimlich auf der Suche. Und ich hatte so eine Abwehr und Trotzhaltung gegenüber Religiosität, aber ich wußte später, daß ich um das Thema nicht umhinkomme . . . Ich habe mich danach auf anderen Ebenen damit auseinandergesetzt. Auf anderer Ebene, zum Beispiel über Kosmos und Sein nachgedacht, eher so philosophisch, und zwar habe ich in der Richtung sehr viel einem alten Lehrer zu verdanken, der unterrichtete philosophische Propädeutik, diese Ebene lag mir viel mehr, und dort fand ich schon viel mehr mein Wesen beheimatet. Also nicht in so einer rigiden Religionsgruppe, isoliert von der Menschheit, sondern da, wo es freier wurde und das Sein Allgemeingültigkeit hat. Bei den Zeugen Jehovas habe ich das immer so empfunden: Wir gegen den Rest der Welt.«

»Ich habe mich dann um Religion überhaupt nicht mehr gekümmert. Lange Zeit, bis 21-22. Erst als ich für längere Zeit nach Griechenland ging, begann wieder Religiosität. Aber dazwischen war ein paar Jahre Sendepause.«

»Als sexuelles Wesen erlebte ich mich so mit 14, 15 in der Pubertät. Aber das war nicht bewußt sexuell. Das war mehr das, was einem so ein Kribbeln macht und unglaublich an den eigenen Körper fesselt. Das hatte auch noch nichts mit Masturbation zu tun, sondern mehr mit einer Rumwälzerei im Bett und war eher auf das körperliche Sein bezogen. Und ich habe angefangen, darüber nachzudenken, wo ist der Körper, wo fängt er an, wo hört er auf, und dann dieses ewige Kribbeln.«

Ganz bewußt als sexuelles Wesen erlebt sie sich jedoch erst in letzter Zeit.

»Das ist eigentlich erst ein Jahr her. Ja, mit 29. Ich habe davor, fast fünf Jahre lang, fast vollkommen abstinent gelebt. Da habe ich andere Dinge ausgelebt mit meinem ehemaligen Partner. Eher etwas auf einer seelischen Ebene. Da war kein Raum für Sexualität. Heute weiß ich natürlich auch, daß ich das nicht mehr möchte, seit für mich diese Beziehung abgeschlossen ist. Und ich weiß heute, wie wichtig für mich Sexualität geworden ist. Und wenn da was nicht stimmt, dann ist das auch ein Spiegel der Beziehung.«

»Also, ich habe natürlich auch vorher mit anderen Männern geschlafen und auch mit Genuß, aber jetzt ist dieses Gefühl da, tiefer zu gehen, Gefühle wie absolute Hingabe und Liebe und Verschmelzung und dieser Wille, mit dem anderen eins zu werden. Das habe ich erst jetzt erlebt und auch so positiv empfunden. Ich habe mich auch früher als sexuelles Wesen erlebt, aber ich wollte mich auch mit niemandem so richtig verbinden. Irgend etwas wollte ich da nie verbinden. Und jetzt, halt vor einem Jahr, war der Punkt gekommen, mich in allem, geistig, seelisch, körperlich zu verbinden.«

»Also ich bin immer gerne Frau gewesen. Ich wollte nie ein Junge sein, aber jetzt mit diesen neuen sexuellen Erlebnissen in der letzten Zeit, da habe ich mich noch mehr als Frau gefühlt.«

Die Zeit der »sexuellen Revolution« war für sie die Zeit der Auflehnung gegen die Eltern.

»Ich erinnere mich, meine kleinkarierte Revolution gegen meine Eltern, die fand statt in den Betten irgendwelcher junger Männer. Das war meine Auflehnung. Weil, meine Eltern haben immer nur gesagt, Männer wollen immer nur das Eine. Aber das konnte ich nicht glauben, weil ich immer davon ausgegangen bin, daß es auch noch etwas anderes gibt mit Männern. Und ich war auf der Suche, das auch zu finden. Ich habe dann auch mit einem kindlichen Trotz versucht, es mir und anderen zu beweisen. Dabei habe ich natürlich viele Bauchlandungen erlebt. Dann bin ich mit 16 von zu Hause ausgezogen im Rahmen meiner privaten Revolution.«

Die »sexuelle Revolution« hat sie selbst nur am Rande miterlebt.

»Ich erinnere mich noch an eine ›Spiegel‹-Serie über die Beatles mit den Pilzköpfen, das war eine ungeheure Veränderung damals, äußerlich, das brachte einen raus aus dem Trott. Also, ich habe das nicht so bewußt erlebt, aber ich habe schon gemerkt, daß alle möglichen Leute freier wurden, die Partykeller in den Bürgerhäusern wurden geöffnet, das war möglich, es gab keine Schießhunde von älteren Brüdern mehr. Jedenfalls bei Freunden habe ich das so erlebt, die waren freier. Ich natürlich nicht. Ich durfte ja nichts.«

Befreit werden sollte ihrer Ansicht nach in der »sexuellen Revolution«

»... vor allem das Spießerleben. Denn die 50er Jahre waren vom Wieder-aufbau gekennzeichnet, die ersten Neureichen entstanden, man war froh, wenn man sich einen kleinen, häßlichen VW-Käfer leisten konnte. Es war alles so kleinkariert, so eng ...
Sexualität wird auch klein und kleinkariert, wenn dein ganzer Horizont, wie du lebst, so kleinkariert ist. Denn das, was außen ist, wiederholt sich auch innen. Es ist immer so im Leben, das was außen ist, ist in der Regel auch innen. Das bedingt sich, ist wechselseitig.
Ich glaube, aus damaliger Sicht war das unglaublich notwendig, wenn man sich die 50er Jahre ansieht, die absolut prüde waren ... Wie wir zum Beispiel heute über Sexualität reden, das haben wir auch der sexuellen Revolution zu verdanken. Daß unsere Kinder jetzt unverkniffener groß werden usw. ...
Das war vor allem auch ein Schrei nach außen, um dieser kleinkarierten Welt einer Zweierbeziehung in der Zweizimmerwohnung und mit Job bis ins Rentenalter zu entkommen. Früher war es auch so, daß die Frauen den Männern zugeteilt wurden, es mußte geheiratet werden, man achtete auf Stand usw. Heute haben wir mehr Zeit, uns zu orientieren. Nicht der erste beste ist auch gleich der Mensch fürs Leben. Man begegnet vielen Menschen auf der Welt, die eine bestimmte Bewandtnis in der speziellen persönlichen Biographie haben, deswegen ist es auch unheimlich wichtig, auch im sexu-ellen Bereich seine Erfahrungen zu machen. Nur die Frage ist für mich immer, wie. Ob es nun so abgestumpft läuft oder ob man sich auch mit einem Menschen verbinden kann ...
Die sexuelle Revolution hat uns vielleicht einen Schritt weiter gebracht. Auch dahin, besser zu unseren Gefühlen zu stehen, die Gefühle besser auzuspre-chen. Auch eine größere Offenheit zwischen den Partnern ist heute möglich. Ich möchte nicht wissen, wieviele Partner es früher gab – aber auch heute noch –, die Angst hatten oder haben, über die intimen Dinge, die zwischen ihnen passieren am Tisch und im Bett, zu reden.«

Die Ablösung von ihrem Elternhaus und den Zeugen Jehovas geschah nicht ohne Konflikte und Gewissensbisse, vor allem den Eltern gegenüber. Etwa zwanzigjährig begann sie sich mit Anthroposophie zu beschäftigen, ange-regt durch ihren damaligen Freund. Doch es fiel ihr nicht leicht, sich von den Gottes- und Glaubensvorstellungen ihrer Eltern zu lösen.

»Ich habe zum Beispiel zwei Erdbeben erlebt in Griechenland, da war ich kurz davor zu beten, aber ich weiß noch, wie mir pfeilschnell der Gedanke durchs Hirn schoß: Jetzt fängst du plötzlich damit an, sowas Heuchlerisches, im täglichen Leben bist du dir zu schade, für's tägliche Brot zu danken, und kaum geht's dir dreckig, da rufst du den lieben Gott. Das ging nicht. Und jetzt ist mir klar, wenn du religiös bist, dann geht das damit einher, daß du dein ganzes Leben umgestalten mußt. Das bedeutet das.«

In den letzten Jahren beschäftigte sie sich sehr viel mit Anthroposophie.

»Sie beinhaltet Religiosität, und die ist dort ein ganz großes Thema. Religiös sein heißt in diesem Falle auch Ehrfurcht und Achtung haben vor der Natur usw. Hinter der Natur stehen ja auch höhere Gewalten. Das glaube ich jedenfalls. Zum Beispiel, daß Pflanzen wachsen, dahinter steht für mich ein religiöser Gedanke. Aber die Anthroposophen sind auch nur Menschen. Genauso wie die gläubigen Katholiken oder Buddhisten. Die haben auch ihre Fehler und Schwächen. Aber dort fühle ich mich aufgehoben. Denn ich bin auf dem Wege, Religiosität neu zu leben, und bei den Anthroposophen bewege ich mich eher an der Peripherie, weil ich auch nicht mehr alles schlucken möchte und weil ich sehr, sehr viele Fragen habe und weil mir vieles auch eher spanisch vorkommt. Vieles ist mir sehr fremd, trotzdem ist das für mich am besten geeignet. Und wenn ich eines Tages mehr weiß und wenn ich in mir stärker geworden bin, dann möchte ich mich dort mehr angesiedelt fühlen. Aber jetzt noch nicht. Ich weiß einfach nur, daß ich mich in ihrem Dunstkreis sehr wohl fühle.«

»Also ich möchte eines Tages mit Kindern leben, und ein Leben ohne Religiosität mit Kindern wäre für mich nicht vorstellbar. Es bedeutet auch, Ehrfurcht und Achtung zu haben, zum Beispiel vor schönen Dingen, vor einer Blume, die man nicht einfach abreißt, oder einem Kunstwerk oder einem Sonnenuntergang oder einer stürmischen Nacht . . . Ich kann mir nicht vorstellen, daß man ein Kind selber trösten kann, ohne daß man auch selber Gottvertrauen hat. Im ganzen Bereich der Pädagogik ist mir wichtig, dort auch Religiosität zu entwickeln.«

Ihre erneute Hinwendung zur Religiosität verbindet sie durchaus mit ihrer religiösen Erziehung im Elternhaus und gewinnt dieser mittlerweile auch positive Aspekte ab.

»Ich freu' mich eigentlich, daß ich glauben kann. Das hilft mir irgendwie. Zum Beispiel kann ich an Wiedergeburten glauben. Das ist mir ein Trost. Dieses Gottvertrauen, das wurde mir eingepflanzt. Ich weiß, daß der Glaube bei mir sehr tief verankert ist. Ich bin ein Mensch, der sehr schnell glauben kann. Das habe ich jahrelang als Mangel oder als schlimm empfunden, als nicht genug Distanz haben zu einer Sache, und ich habe jahrelang gesucht nach einer Form an meiner Religiosität. Die nimmt immer mehr wieder die Form an, die ich früher abgelehnt habe, wenn man also Anthroposophie als Ausrichtung religiösen Lebens sieht. Anthroposophie ist Weltanschauung, Möglichkeit, die Welt zu sehen, und dafür habe ich mich entschieden. Und so ertappe ich mich dabei, daß ich phasenweise morgens irgendeinen Spruch von Rudolf Steiner lese, einfach weil ich auch glaube, daß das unheimlich viel Kraft gibt. Früher war es der »Tagestext«, heute ist es der Steinerspruch. So gesehen hat sich nicht viel geändert. Das heißt, der Rhythmus ist derselbe, nur ist es ein anderer Inhalt, und der ist mir eher angemessen.«

Heute verbindet sie mit Gott die Vorstellung: »Wie außen so auch innen.«

»Ich denke, es gibt eine göttliche Kraft, ein Universum, und das gleiche Göttliche strahlt nochmal von uns aus. Das sind Kräfte. Man darf sich Gott nicht vorstellen als einen alten, bärtigen Mann, sondern das sind Kräfte und Energien. Energien, die man nutzen muß, um sich zu vervollkommnen, einfach um ein besserer Mensch zu werden. Wir sind alle unvollkommen, aber wir haben im Laufe unserer Biographie die Aufgabe, mit diesen Fehlern umzugehen und sie zu wandeln. Unsere Aufgabe im Leben ist, uns zu wandeln.«

»Gott erscheint mir eher als etwas Neutrales. Im Grunde genommen dürfte Gott auch keinen Artikel haben. Weder der, die noch das. Weil alles einordnend ist. Gott müßte eigentlich für sich dastehen. Ja, ich glaube, es ist mehr so ein Symbol. Ein Symbol für die ganze göttliche Kraft, die noch dahintersteht. Bevor es die Götter gab, zum Beispiel Buddha, da gab es die Welt ja schon. Gott ist der Anfang von allem. Das heißt, sich auch bewußt zu machen, daß wir Menschen auf diesem Erdenball nicht das Non plus Ultra sind. Wir sind es zwar in gewisser Weise, aber nicht in der ganzen Entwicklung, der kosmischen Entwicklung. Da gibt es Dinge, die vor uns waren und die nach uns sind.«

EVA Z. (33):

> »Ich habe früher immer dieses Urbild des Patriarchen vom starken, tollen Gott – Vaterersatz und Mann – sehr bewundert und bin auf ihn auch irgendwie sexuell abgefahren und habe meine eigene Kraft gar nicht so gespürt, sondern mich selbst eher als Liebende, nur als Anhängsel, als Bewundernde erlebt. Und seitdem ich meine Weiblichkeit viel stärker bewußt entwickelt habe, seitdem empfinde ich auch das Göttliche als weiblich.«

BIOGRAPHISCHES:

Eva ist 33 Jahre alt, von Beruf Tanztherapeutin und lebt mit ihrem 11jährigen Sohn in einer Großstadt. Sie ist in einem protestantischen Elternhaus aufgewachsen und hat vier Geschwister. Ihr Vater ist Offizier, ihre Mutter ist Lehrerin geworden, nachdem ihre Kinder das Elternhaus verlassen hatten. Die Eltern leben heute getrennt.

»Ich bin evangelisch-protestantisch erzogen worden, aber eigentlich war es eine sehr offene Art von Religion. Es ist nicht so, daß wir viel machen mußten oder an etwas glauben mußten, aber so eine göttliche Existenz war irgendwie schon immer nahe und wurde uns immer nahegelegt. Auch eine gewisse Besinnung, eine Art, sich zu besinnen, war sehr wichtig in unserer Familie. Ich komme aus einer mehr akademischen Familie. Gewisse Feste und Musik hatten etwas Heiliges . . . Wir haben zum Beispiel gebetet, und es ging nicht so genau um die Worte der Gebete, sondern einfach um die Art des Anerkennens von nichtmateriellen Sachen. Das hat mich sehr geprägt.«

Ein zentrales Thema ihrer Biographie ist das Gefühl und das Erleben von Einsamkeit, verbunden mit einer Sehnsucht nach etwas, das über die Nähe zu Menschen und die Verbundenheit mit der Natur hinausgeht. Mit diesem Gefühl der Einsamkeit und der Sehnsucht nach überpersönlicher Geborgenheit verbindet sie auch ihre Religiosität.

»Dieses Gefühl der Einsamkeit hatte ich auch als Kind. Oft und auch sehr stark. Und das Gefühl der Sehnsucht und der Wunsch nach Nähe oder nach etwas, was da ist. Also jetzt außerhalb der Familie, der Eltern, des Zuhauses. Und ich erinnere mich, daß ich als Kind zu Hause oft auf dem Dach gesessen habe, nachts, und die Sterne angesehen habe und ganz große Sensucht nach Gott hatte. Mit diesen Geschichten aus der Bibel konnte ich nicht viel anfangen, bzw. ich konnte sie nicht glauben, so wie sie da stehen. Weil sie mir nicht richtig erklärt wurden. Und immer, wenn es geregnet hat, zum Beispiel eines Samstagabends im Sommer, als die Kirchenglocken geläutet haben, dann bin ich hinten in den Garten gegangen zwischen einem Beet mit Goldregen, der sehr hoch war und fast bis zu meinem Kopf ging, und dort habe ich gestanden und mir den Regen auf den Kopf träufeln lassen und habe auch diese Sehnsucht gespürt und so etwas wie eine Verbindung, ja, mit dem Kosmos. Und das war für mich immer schmerzhaft, aber es war auch ein Halt. Ich habe mich dann auch anders gefühlt als die Kinder und Menschen um mich herum. Aber es gab mir Halt, um diese andere Existenz zu wissen.«

Mit Beginn der Adoleszenz geriet ihre kindliche Religiosität in eine Krise, begleitet von starken Selbstzweifeln.

»Ich weiß noch, als ich vor meiner Konfirmation in großen geistigen Schwierigkeiten war. Ich habe abends lange in meinem Bett gesessen und mir überlegt, wer Gott denn sei. Ich habe es nicht einmal geschafft, meine Mutter hochzurufen und sie danach zu fragen, und ich hatte große Skrupel, mich konfirmieren zu lassen, weil ich gar nicht richtig glauben konnte. Nach der Konfirmation, mit 14, war das für mich gestorben. Dann bin ich auch immer mehr in meinen Kopf gegangen, weg von meinen Gefühlen, und wurde immer intellektueller. Erst einige Jahre später hatte ich wieder Zugang zur Religiosität. Ich hatte mich damals in meinem jugendlichen Elan als Atheistin bezeichnet. Ich weiß noch, daß ich wahnsinnig gelitten habe in der Zeit und ganz große Depressionen hatte und mehrere Selbstmordversuche gemacht

habe und mich viel mit Tod beschäftigt habe und immer auf Friedhöfe gegangen bin und Medikamente geschluckt habe, ganz viel, und keinen Sinn
im Leben sah für mich. Das war die Zeit von 14 bis 19.«

Erst etwa mit 20 Jahren fand sie wieder Halt, und sie verbindet das heute mit
der Erfahrung ihrer ersten sexuellen Erlebnisse mit einem Mann, mit dem sie
auch ihre erste Liebesbeziehung hatte.
Als sexuelles Wesen hat sie sich bewußt erst nach ihrer Defloration erlebt.

»Bewußt als sexuelles Wesen habe ich mich noch nicht erlebt bei meinen
ersten Beziehungen mit Schulfreunden, mit denen man herumgeschmust
hat, sondern erst nach meiner ersten Begegnung mit einem Mann, nach
meiner Defloration. Das war sehr stark verbunden mit dem Frausein, gerade
durch die Defloration, dieses Bluten, mit dem Aufmachen und dem Aufge-
machtwerden und dem Aufnehmen und einem gewissen Schmerz. Und
dieses Weichwerden, das habe ich von Anfang an als sehr weiblich empfunden und völlig anders als männliche Sexualität. Das war etwas Verwun-
derndes. Nicht der große Durchbruch, nicht das wahnsinnig Tolle, es war
eher ein Wundern, etwas worin ich mich einfinden mußte und mit den
Jahren hineinarbeiten mußte. Ich konnte das Frausein nicht über Nacht annehmen.«

Ihre ersten sexuellen Erfahrungen gaben ihr nicht nur persönlichen Halt,
sondern sie verband diese auch mit etwas Religiösem.
Die sog.»sexuelle Revolution« spielte in ihrem persönlichen Leben zwar eine
gewisse Rolle. Doch dem Anspruch, das Intimleben der Öffentlichkeit zugänglich zu machen, konnte sie persönlich nie ganz zustimmen.

»Obwohl ich auch später dieser Bewegung angehört habe, war meine Kör-
perlichkeit verbunden mit meinen Gefühlen und ist für mich immer etwas
Privates geblieben. Ich habe mich zwar bemüht, das zu ändern und meine
Scheu als Produkt meiner Erziehung zu sehen, aber das ist mir nie gelungen.
Und jetzt sehe ich das auch wieder als richtig an. Ich weiß nicht, wie andere
Leute es anders machen können, bei mir hinterläßt das ein Gefühl von
Kopfigkeit und Oberflächlichkeit. Ich hatte nie das Gefühl, wenn jemand
seine Sexualität öffentlich macht, daß er dann glücklicher ist. Das hat mich in
meinem Leben einige Jahre sehr harter Kämpfe gekostet, weil ich immer den
Anspruch hinter mir und in mir verspürte, ich muß es auch können, mit
vielen, und ich konnte es nie. Und im Nachhinein tut es mir leid, ich denke
jetzt, ich hätte schon immer noch klarer dazu stehen sollen, als ich es getan
habe.
Ich denke, diese Ansprüche hingen viel mit der Struktur der Familie und der
Zweierbeziehung zusammen, mit diesem ganzen Kloß von Gebundensein.
Deshalb glaubte man, man brauche keine Zweierbeziehung mehr und könne mit jedem sexuell zusammensein. Ich kann das nicht. Ich brauche für
meine Sexualität eine Zweierbeziehung, weil ich das Vertrauen brauche und
die Nähe, um mich fallenzulassen, und es ist für mich eine unmögliche

Vorstellung, mich bei jemandem, nur weil er ein Mann ist und für mich sexuell attraktiv ist, mich da fallenlassen zu können.«

Erst in den letzten 3 bis 4 Jahren hat sie für Religiosität – auch aufgrund intensiver Einsamkeitserfahrungen während der Trennung von ihrem langjährigen Freund – neue Inhalte und Formen gefunden.

»Angefangen hat das erst einmal mit einer großen Krise wie immer, mit ganz viel Dunkelheit, die ich gespürt habe, und mit der Sehnsucht, nicht nur aus dieser Dunkelheit herauszuwollen und dasselbe nochmal zu leben wie vorher, sondern Sehnsucht nach dem Licht, nach etwas Neuem, nach einem Weg, der für mich plötzlich in dieser Krise nicht mehr in einer menschlichen Begegnung lag – meinetwegen in einer neuen Liebe oder einer Beziehung zwischen Menschen oder einer Lebensform –, sondern für mich war ganz klar das Gefühl, es muß etwas anderes geben, was dich auch halten kann, also was dich vor diesem Dunkel bewahren kann, etwas, was du erreichen kannst, ein Ziel. Ich konnte das aber nicht sofort begreifen, sondern erst einmal hatte ich einige Monate lang nur diese ganz starke Sehnsucht.«
»Meine Sehnsucht war, mich hinzugeben. Ich habe das dann an den einen Partner, an den Mann, mit dem ich zusammen war, festgemacht. Weil ich mich nicht bei ihm aufgenommen oder angenommen fühlte und ich das Gefühl hatte, ich kann mich nicht hingeben, weil er mich nicht aufnimmt. Er hat auch gesagt, er kann es nicht und will es nicht. Da habe ich diese Sehnsucht noch viel stärker gespürt, mich fallenzulassen und aufgehoben zu sein. Es war eine ganz starke Sehnsucht nach Geborgenheit.«

Den Prozeß ihrer Krise beschreibt sie als eine fortlaufende Rückwärtsbewegung, von Therapie begleitet.

»Also erst hatte ich diese starke Verzweiflung darüber, daß er mich nicht halten konnte, und dann, ja, ich habe geschrien vor Schmerz, dann war ganz klar, dann kam nach dem Mann meine Mutter, die tauchte dann auf und ich als Baby oder als Kind, und die Sehnsucht nach der Mutter kam wieder, aber die war natürlich auch nicht da und konnte mir das nicht geben. Und nach der Mutter – es ging immer rückwärts, es ging bis zur Geburt, und nach der Geburt, also nach der Menschwerdung und nach der Beziehung zu meiner Mutter ging es rückwärts über Null weg, danach kam die Erkenntnis, daß es eben etwas anderes sein muß. Also es war der Weg rückwärts in die Vergangenheit.«
»Außerdem ist es so, daß ich in Krisensituationen sowieso viel tiefer empfinden kann, und dann sind auch meine sexuellen Erfahrungen sehr viel tiefer und offener, und die Öffnung zur Religiosität hat mehr mit meinem Selbsterfahrungsprozeß zu tun. Ich habe viele Jahre in Therapie Selbsterfahrung gemacht, und irgendwann kommst du dann durch deine Vergangenheit, Familiengeschichte usw. doch bis an den Punkt zur Geburt, und da öffnest du dich spirituell.«
»Ich habe lernen müssen im letzten Jahr, daß diese Geborgenheit etwas ist,

was mir nie jemand geben kann, kein Mensch. Sondern, daß sie in mir sein muß und ich sie wiederum nur über die göttlichen Kräfte finden kann. Parallel zu dem Wunsch und der Sehnsucht war eben das Gefühl der Einsamkeit. Das habe ich schon länger. Und ich konnte diese Einsamkeit nicht mehr ertragen, vielleicht war das so stark, daß ich auch das gefunden habe.«

Erst auf diesem Wege zurück hat sie Rückbindung gefunden durch die Erfahrung, »das Licht gesehen« zu haben.

»Ich habe unabhängig davon, einfach weil ich es brauchte, sehr viel mit Atem gearbeitet, täglich, und der Atem ist für mich in dem Fall dann auch der Weg geworden, diese Art Erfahrung zu machen. Denn Atem stellt auch die Verbindung zum Göttlichen dar. Nachdem ich eine Zeitlang immer regelmäßig viel geatmet habe, also Atemübungen gemacht habe, fing es an, daß ich das Licht sehen und spüren konnte. Daß mich nicht mehr diese Sehnsucht zerfraß, sondern eine ganz starke Dankbarkeit mich erfüllte und Demut. Das Gefühl der Demut war ganz neu für mich. Ich hatte vorher bei dieser Sehnsucht Sehnsucht danach, mich hinzugeben oder auch zu ergeben. Ich wußte aber gar nicht richtig wonach. Ich konnte es nicht manifestieren. Und diese Demut war da, Demut vor dem, was ich gespürt habe. Als ich mir das länger angesehen habe – natürlich immer in Form von Meditation und Besinnung – konnte ich es immer mehr akzeptieren.«

Sie versucht, ihre neuen religiösen Erfahrungen auch in ihr Alltagsleben zu integrieren.

»Ich konnte die Verbindung sehen zu meinen Bildern, zu dem, wie ich tanze, wie ich schreibe, zu meinen Träumen, zu meinen Gefühlen, und ich konnte das wirklich als Kraft und Macht und Existenz anerkennen und annehmen. Also, ich bin noch dabei, das zu lernen und das auch in meinen Alltag und in mein Leben zu integrieren. Und ich möchte, daß mir das wirklich eine Hilfe wird. Daß das nicht nur sporadisch da ist, sondern wirklich einfach da ist. Wenn ich denke oder wenn ich es gefühlt habe, das Licht, dann kann ich in diese Dunkelheiten und diese Resignation, Depression, die ja auch allgemein auf der Welt herrschen, nicht mehr so leicht hineinfallen. Dann kann ich auch Kräfte entwickeln, mich über die desolaten Lebensumstände, die mich umgeben, hinauszuentwickeln und vielleicht etwas zu verändern. Ja, es ist so, daß ich jetzt lerne, auch dazu zu stehen, und das war vor ein paar Jahren noch peinlich gewesen zu sagen, ich bin religiös.«

Auch für ihren Sohn hat ihre religiöse Neuorientierung Auswirkungen.

»Er ist nicht getauft, und ich habe ihn nicht in irgendwelche religiösen Sachen eingebunden, sondern ihm zu Anfang erzählt, daß es Gott als Person nicht gibt, daß er aber überall sein kann, im Regen oder in der Sonne. Jetzt aber, seit die göttliche Gegenwart für mich selbst mehr präsent oder existent ist, jetzt bekommt er das auch viel mehr zu spüren.«

Ihr Gottesbild hat sich in den letzten Jahren stark verändert.

»Für mich ist das Göttliche weiblich. Das habe ich erst in letzter Zeit gemerkt, und es hat mich auch selber erst gewundert. Aber ich als Person habe inzwischen ein ganz klares Gefühl dazu. Ich meine nur, daß ich mir Gott nicht mehr als Vater oder Mann auf dem Thron vorstellen kann. Auch nicht mehr als männliche Kraft. Von mir aus kann sich ein Mann Gott gerne als männlich vorstellen. Denn eigentlich hat Gott für mich gar kein Geschlecht, natürlich nicht. Nur meine Kraft, mein Wunsch und meine Intensität ist zur Zeit − noch − für mich im Weiblichen. Die Verbindung mit dem Männlichen liegt schon damit drin, das will ich nicht ausschließen.«

»Deswegen denke ich auch, daß es für uns Frauen hier jetzt in der langen Zeit des Patriarchats ganz schwierig ist, Göttlichkeit zu finden. Wir, die wir das männliche Gottesbild nicht mehr akzeptieren können, haben es erst mal ganz abgelehnt, weil wir damit im Moment nichts zu tun haben wollen und weil wir unsre eigene Göttin erst mal wiederfinden wollen. Und das ist sehr schwer, weil hier das weibliche Göttliche abgelehnt und verdrängt wird. Ich habe jetzt aber von weisen Männern gelesen, die auch die Göttin gefunden haben und auch eine weibliche Gottheit als Ur-Gottheit gespürt haben. Das zeigt, das ist nicht nur eine rein weibliche Interpretation von Gott. Es ist ja diese Kraft, die es erschafft. Deswegen auch Urmutter. Und diese Kraft, die gebiert und hervorbringt und entstehen läßt, das ist für mich die weibliche Kraft. Und die ist allumfassend.«

KLAUS M. (35):

> »Über sowas redete man nicht: Selbstbefriedigung und Schuldgefühle. Das war für mich nachher das verblüffendste, so habe ich gelebt und ich dachte, so wäre das Leben. Ich dachte, alle leben so.«

BIOGRAPHISCHES:

Klaus ist 35 Jahre alt und von Beruf Steuerberater, Betriebswirt und seit kurzem Psychologe. Er lebt in einer Großstadt. Klaus ist streng katholisch erzogen worden, hat eine um ein Jahr ältere Schwester und einen jüngeren Bruder. Seine Mutter starb, als er 16 war, und als er 24 Jahre alt war, starb seine Stiefmutter, kurz darauf auch sein Vater.

»Ich bin sehr streng katholisch aufgewachsen in einer Kleinstadt im Ruhrgebiet, und die hat auch den ganzen Rahmen gegeben für das religiöse Leben. Das wurde dort noch richtig inszeniert, es gab Prozessionen und man mußte jeden Sonntag in die Kirche gehen und jeden Samstag vorher beichten und man ging dann sonntags zur Kommunion. Am Mittagstisch haben wir gebetet.
Ich habe eine zeitlang in einem Kloster gelebt, in einem Jungeninternat, mit dem Ziel, Priester zu werden, weil einer in unserer Familie Priester werden sollte. Was ich dort an Religiosität mitbekommen habe, das paßte sehr gut zu meinem Elternhaus. Es war sehr streng, sehr gläubig.«

Seine Vorstellung von Gott spielte eine wichtige Rolle in seinem Leben.

»Gott, das war ein gekreuzigter, bärtiger, junger Mann. Und dann gab's noch Gottvater und den Heiligen Geist. Gott war ein Richter, der entscheidet. Ich hatte die Vorstellung von Hölle, Fegefeuer und Himmel, und ich stellte mir eine Kreuzung vor, und der Richter entscheidet, welche Straße man gehen muß. Dieser Richter war zwar sehr milde, er lächelte auch, aber er war nicht zu manipulieren. Ja, ich hatte ganz starke Angst vor Gott. Ich erinnere mich noch im Zusammenhang mit Gott stark an die Beichte und die Absolutions-sprechung. An dieses Glücksgefühl danach. Ich bin dann oft springend nach Haus gegangen. Das habe ich sehr extrem erlebt, und das war ganz anders, als wenn meine Eltern mir etwas vergeben haben. Ich habe das ganz extrem empfunden, wenn ich quasi die Regeln übergangen habe, so daß ich nach der Absolution ein sehr intensives Glücksgefühl hatte. Ich hatte immer dieses Bild vor Augen von einer weißen, unbefleckten Seele.«

»Ich weiß noch, daß ich oft nicht wußte, was eine Sünde ist, und ich habe immer sicherheitshalber in der laudatio nachgeschlagen, in der speziell für Kinder und Jugendliche die Sünden aufgelistet waren, die es so gibt. Und in diesem Beichtspiegel stand auf 3-4 Seiten das Fehlverhalten aufgelistet: Du darfst nicht . . . usw. Die habe ich immer so abgehakt. Dahinter steckte so eine Unsicherheit darüber, was ich tun darf und was nicht.«

Das Problem der Beichte zieht sich wie ein roter Faden durch seine gesamte religiöse Sozialisation. Als unausweichliche Kontrollinstanz war sie der ent-scheidende Faktor in dem »System, in dem es darauf ankommt, was Gott von mir denkt.« In diesem System fühlte er sich »wie gefangen«. Als er die Möglichkeit der Selbstbefriedigung entdeckt, weiß er zwar, daß er »das nicht darf«, aber er beichtet es nicht.

»Ich hab mich nicht getraut zu beichten und bin dann trotzdem sonntags zur Heiligen Kommunion gegangen mit dem Gefühl, eine Sünde nicht gebeich-tet zu haben. Und am nächsten Sonntag war es das Gleiche. Ich habe mich selbst befriedigt, es aber nicht gebeichtet, und bin zur Kommunion gegan-gen. Ich hatte das Gefühl, es wird immer schlimmer, ich lade immer mehr Sünde auf mich auf. Und das war das System. Das Regelsystem, in dem ich gefangen bin. Dieses Nicht-Beichten, dieses Nicht-Gestehen, das war im Rahmen der Kirche nicht möglich. Das ging nicht. Und so lud ich immer mehr Sünde und Schuld auf mich. Bis ich irgendwann einmal spürte, ich muß es beichten, sonst . . . Das hat mindestens 6 Jahre Todesangst bei mir ausgelöst. Und ich dachte immer, wenn ich jetzt sterbe mit dieser Ansammlung von Sünden, dieser nie gebeichteten Selbstbefriedigung, dann komme ich in die Hölle. Das verfolgte mich oft auch in Träumen. Ich hatte immer die Vorstel-lung, wenn ich jetzt sterben würde, dann wäre alles zu spät. Ich hatte eine immense Angst deswegen und Scham. Damals konnte ich nicht darüber sprechen. Das gab's nur innerlich, heimlich, das darf man nicht sagen. Nur nach außen hin war alles ausgerichtet.«

Das Gefühl, im Regelsystem und im Rahmen der Kirche gefangen zu sein und sich mit der Angst und den Schamgefühlen niemandem anvertrauen zu können, läßt ihn das Wirkliche des kirchlichen Lebens als unwirklich und inszeniert erscheinen. Zugleich intensivierten sich die Gefühle der Angst, Scham und Schuld, die wirklicher und echter, weil spürbar, als das reale Szenario der Kirche waren.

»Das hatte geradezu schizophrene Züge angenommen, so daß ich manchmal gedacht habe, das stimmt doch gar nicht, so mit 14-15, und ich ganz unsicher wurde und mich fragte, ob das überhaupt alles stimmt, was die uns da erzählt haben über die Welt und über Gott. Aber ich wußte nicht, wie ich das hinterfragen kann. Und ich habe manchmal gedacht, wenn es nicht stimmt, dann erzählen die ja Lügenmärchen. Dann bin ich aus der Kirche herausgelaufen und habe die Tür ganz schnell aufgemacht, um zu sehen, ob noch alles da ist. Und dann hatte ich so das Gefühl, wenn ich jetzt nicht herausgehe, dann ist das vielleicht gar nicht mehr alles da. Das hatte teilweise wahnsinnige Formen angenommen. Es war so ein Mißtrauen in mir, ob das wohl alles stimmte, was man mir erzählte. Ich hatte die Vorstellung, das bauen die nur für mich auf, dieses ganze Szenario, die Altäre, Bänke, Beichtstuhl, das steht dort nur, damit ich ein braver Junge bleibe. Das Gefühl war etwa zwei Jahre bestimmend. Dann habe ich versucht, die zu kontrollieren, und habe mich gewundert, wie schnell die das alles aufbauen können. Das Ganze war so inszeniert. So unwirklich. Irgendwie war es wahnhaft. Und dahinter stand wieder die Angst. Die Angst vor dem Tode. Ja, damals gab es keine andere Vorstellung vom Leben als die, in der ich lebte.«
»Ich habe es dann nach sechs Jahren gebeichtet und dann vier Wochen lang wieder nicht, weil ich mich wieder nicht traute, es dann wieder nach einiger Zeit gebeichtet, aber die Abstände wurden immer größer, und das ging so parallel mit einer langsamen Abgrenzung von der Kirche. Aber ich weiß inzwischen, das dauerte sehr lange, bis ich erwachsen war.«

Die Zugehörigkeit zur Kirche vermittelte ihm jedoch nicht nur das Gefühl des »Gefangenseins«, sondern auch das der Sicherheit und Geborgenheit.

»Sie gab Sicherheit im Verhalten, und ich fühlte mich wirklich dazugehörig. Es hat mir auch freundschaftliche Bande gebracht. Und auch wieder Sicherheit für mich, denn ich wußte genau, wo ich hingehöre. Schön war auch, daß ich Meßdiener war und vorne die Messe mitzelebrieren durfte. Das war toll. Ich war stolz, daß ich einer der wenigen war, die vorne sein durften. Und als ich nicht mehr Meßdiener sein durfte, bin ich trotzdem noch nach vorne gegangen und habe mich vorne hingesetzt. Das war schön.«
»Es gab zum Beispiel Prozessionen von der Kirche aus, da standen dann alle an der Straße, man sah sich und kannte sich. Das hing alles ganz eng miteinander zusammen. Das gab mir dann auch das Gefühl des Aufgehobenseins. Ich habe mich sehr angenommen gefühlt. Da gab es noch keine Zweifel in mir. Das war positiv. In der Familie war es schön, das war unbestritten. Ich war immer unheimlich stolz, wenn ich gelobt wurde. Und ich

wurde gelobt, wenn ich die Regeln befolgte. Das mußte nicht immer ein ausgesprochenes Lob sein, sondern auch ein indirektes. Lob und Tadel, das wirkte bei mir ungemein. Das war verbunden mit Stolz, Glück. Das war auch Liebesbeweis.«

»Meine Erziehung im Elternhaus war sehr restriktiv, aber in dem Punkt sehr geschickt. So liebevoll und machtvoll, es war so einsichtig: Wenn ich etwas nicht eingesehen habe, dann wurde immer die Religion mit ins Spiel gebracht, so daß ich das irgendwie einsehen mußte, was ich zu tun hatte. Aber ich konnte mich nie so verhalten, wie ich bin. Das wurde nie gefragt, nie gefördert.«

»Alle diese religiösen Werte, die wurden mehr durch Unterricht, das Meßdienern und die Kirche vermittelt. Meine Eltern haben mich dorthin geschickt. Dadurch waren sie daran gekoppelt. Diese unterwürfige Haltung, die heute noch tief in mir steckt, die entstand aus dieser Mischung von Religiosität und Gehorsam. Ich habe dadurch nicht die Chance bekommen zu tun, was ich will. Ich wußte nur, was ich tun muß. Der Katechismus und die 10 Gebote, dieses ›Du sollst nicht‹ und ›Du darfst nicht‹, das war der Rahmen, in dem ich mich bewegte.«

»Ich habe immer noch Wut auf meine Eltern deswegen. Man hat mir immer genau gesagt, was ich tun soll. Das war eine gewisse Sicherheit, aber die hat dazu geführt, daß ich heute immer noch nicht sicher weiß, was ich will. Ich wußte immer nur, was ich tun soll. Die vorgesehene Norm, nach der ich leben sollte, war so eindeutig durch die Religiosität vorgegeben, und zwar internalisiert durch das schlechte Gewissen. Ich konnte diesen Zwängen nicht entkommen. Wenn ich nicht wußte, was ich tun sollte, wußte es mein Gewissen. Das hat mich sehr entfremdet von mir selber.«

Die kritische Auseinandersetzung mit seiner religiösen Erziehung begann, als seine Stiefmutter und kurz danach sein Vater starben.

»Meine Mutter ist gestorben. Ich wäre nicht weggezogen und hätte nicht studiert, jedenfalls damals nicht, wenn sie nicht gestorben wäre. Vorher traute ich mich nicht fortzuziehen. Ich lebte damals in dieser kleinen Stadt, und mein Leben war davon geprägt. Ich habe nur die katholische Zeitung gelesen, das heißt, meine gesamten Informationen entstammten nur daraus, und ich lebte davon, was die Stadt mir anbot. Etwas anderes gab es gar nicht für mich.«

»In der Großstadt war alles anders. Ich habe dort Betriebswirtschaft studiert und dann habe ich angefangen, mich mit marxistischer Theorie zu beschäftigen. Das war für mich völlig neu. Das war das eine. Dann bin ich angefangen zu reisen. Ich bin nach Sibirien gefahren und später habe ich eine Reise nach Indien gemacht. Und ich bin nach Japan gefahren. Diese Konfrontation mit der gelebten Religiosität dort, das hat mich ganz, ganz tief verändert. Also sowohl auf philosophisch-intellektueller Ebene als auch durch die marxistische Theorie bedingt, wie auch durch die Reisen . . . Da war ich so 25 Jahre alt.«

»Was mich am stärksten berührt hat in dieser Zeit war, daß ich feststellte, es gibt noch eine ganze Menge anderer Religionen, was die katholische Religion ungeheuer relativierte, und zu sehen, das ist auch nur ein System, in dem alles geordnet ist.«

Seine Ablösung von der Kirche erfolgte nicht abrupt als Bruch, sondern allmählich und begleitet von »schlechtem Gewissen«.

»Ich bin nicht mehr regelmäßig in die Kirche gegangen. Aber ich hatte oft ein schlechtes Gewissen deswegen, denn ich fühlte mich der Kirche zugehörig. Es gab wohl in mir Protest dagegen, aber ich traute mich nicht richtig, das auszusprechen. Aber ich begann auch langsam, das zu hinterfragen und festzustellen, das kann doch nicht Religiosität sein. Ich begann dann, philosophische Bücher zu lesen. Naja, nicht so Bücher wie die Bibel und den Katechismus, sondern Bücher, die sozusagen darüber stehen, eher philosophische Bücher. Und ich begann, mich mit anderen Religionen zu beschäftigen und sie zu vergleichen. Da begriff ich langsam: Mensch, die christliche Religion ist ja gar nicht die Religion, wie es mir immer gesagt wurde, sondern es gibt auch noch viele andere. Und so groß war der Anteil des Christentums an der Weltbevölkerung gar nicht, so daß ich das auch relativieren konnte. Je mehr ich mich mit anderen Religionen beschäftigte, um so mehr habe ich mich davon gelöst. Man könnte es auch anders sagen: Ich habe mir diesen Gott, bzw. dieses Bild von Gott genommen, aber ich war immer auf der Suche nach einem neuen. Ich habe zum Beispiel in Situationen, die für mich bedrohlich waren und in denen ich früher betete, sozusagen in höchster Not, darauf geachtet, ob ich wieder beten würde, aber ich habe es nicht getan. Das ging nicht mehr, und da merkte ich, diesen Gott gibt es nicht mehr für mich.«

Der Beginn seiner bewußt erlebten Sexualität in der Adoleszenz wirkte sich auf seine Religiosität – wie berichtet – zwar äußerst konfliktreich aus, jedoch blieb dieser Konflikt eine intime Angelegenheit und hatte auf sein kirchlich-religiöses Verhalten erst Jahre später Auswirkung.

»Ich weiß noch, die ersten Male, als ich mich selbst befriedigt habe, das war rein biologisch. Es war im Sportunterricht und wir sind die Stangen hochgeklettert, und da habe ich einen Samenerguß gehabt. Ich dachte, ich hätte in die Hosen gemacht. Ich wußte gar nicht, was los war. Ich wußte nur, es war schön. Das war in dem Sinne auch nicht sexuell, es war nur ein schönes Gefühl. Erst nach einer gewissen Zeit wurde es sexuell, als meine Phantasie hinzukam und die Wünsche. Da war ich etwa 13, 14. Ich habe fast jeden Tag onaniert, aber immer in dem Bewußtsein, wenn du erwischt wirst, dann ist sonstwas los. Es war immer die Angst da und das Wissen, daß so etwas nicht erlaubt ist . . . Ich wußte es einfach. Ich weiß nicht mehr, von wem. Vielleicht seit den Exerzitien. Das war in einem Kloster und dort wurde drei Tage lang Aufklärung gemacht. Das war gepaart: Aufklärung mit Religion. Zwar gab es keine direkten Verbote. Da wird ja nicht drüber gesprochen. Aber zum Beispiel das Bett wird nachgeguckt, ob es da einen Fleck gibt. Ich paßte immer höllisch auf. Denn ich wußte immer, wenn du einen Fleck machst, ist das

*schlimm. Das war mir vollkommen klar. Ich habe mich dann überall abge-
sichert. Wir haben nie über Sexualität geredet, das heißt, ich bemerkte
einfach die vielen kleinen, subtilen Veränderungen. Dieses Aufklärungsgesp-
räch mit Vater früher, da merkte ich gleich, wie mein Vater merkte, ach, der
weiß schon viel, und dann schickte er mich gleich in Exerzitien, so ganz diffizil
und verflochten war das. Es wurde nie offen geredet darüber.
Vielleicht ist das die stärkste Möglichkeit zu sagen, daß etwas schlecht ist,
indem genau darüber nicht gesprochen wird und auch ich nicht darüber
gesprochen habe und indem zum Beispiel meine Mutter mich nicht mehr
berührt hat. Indem darüber gesprochen wird, ist es auch nicht mehr möglich.
Das merkte ich dann wohl mehr intuitiv.«*

Das Nicht-zur-Sprache-Kommen des Sexuellen, die heimliche, mit Scham
und Schuldgefühl beladene »Selbstbefriedigung« seit Beginn seiner Adoleszenz ist ein zentrales Konfliktthema in seiner Biographie, das sich auch auf
seine erste sexuelle Beziehung auswirkt.

*»Aber es gab dort nur Schmusen, das war nicht sexuell . . . Letztendlich hätte
ich nur mit ihr geschlafen, wenn wir geheiratet hätten. Das war ganz klar . . .
Ja, und als ich dann Betriebswirtschaft studierte, lernte ich meine erste Freundin kennen, mit der ich sehr schön viel Sexualität hatte.«*

Die »sexuelle Revolution« berührte seine persönliche Entwicklung nicht.

*»Ich muß sagen, die ganze sexuelle Revolution ist an mir vorbeigerauscht. Ich
habe davon nicht viel mitbekommen. Ich beschäftige mich erst seit zwei
Jahren damit.«*

Er glaubt, daß das Anliegen der »sexuellen Revolution« die Offenlegung des
Privaten gewesen ist.

*»Wenn ich Privates öffentlich mache, ist es nicht mehr privat. Aber dadurch
kann es auch zu etwas werden, was nur noch öffentlich ist. So wird es dem
Machtbereich der Gesellschaft und den Herrschaftsmechanismen zugänglich. Darin liegt eine riesige Gefahr. Aber ich sehe auch die Chance darin.
Wenn ich jetzt darüber nachdenke, sollte wahrscheinlich die Privatheit der
Sexualität aufgedeckt werden, um den politischen Einfluß auch darauf deut-
lich zu machen. Und ich glaube, die Leute hatten recht mit dem Versuch, das
private öffentlich zu machen.
Ich glaube, insgesamt hat die sexuelle Revolution mehr Bewußtsein gebracht.
Aber sie hat auch mit neuen Ängsten zu tun, das heißt sie hat nicht die Brille
abgesetzt, sondern eine neue wieder aufgesetzt. Ich glaube, es sind neue
Normen entstanden. Die alten prüden Normen sind weg, und man hat die
Sexualität verwissenschaftlicht. Wir haben also viel erreicht, aber es sind neue
Normen aufgerichtet worden.«*

Das Problem der verbotenen »Selbstbefriedigung« bewegt ihn heute noch
sehr stark und er hat vor zwei Jahren angefangen, ein Buch darüber zu
schreiben.

»Es ist ein wissenschaftliches Buch über Selbstbefriedigung von Männern. Ich habe selbst mit Männern gesprochen und sie interviewt, nur, die Gespräche sind nicht strukturiert, sondern es wurde gesprochen, was kommt. Ich selber habe mich auch interviewt, nicht direkt, sondern indem ich mich mit meinem Penis unterhalten habe. Und ich habe den Penis selbst sprechen lassen. Es ist eine Art Dialog geworden. Ich habe zwar noch etwas Angst, ob ich es wirklich auch veröffentlichen soll. Wenn ich das mache, werde ich leichter verletzbar, und zwar auf einer Ebene, auf der ich das gar nicht will. Aber ich sehe auch die Chance durch diese Art des Veröffentlichens, weil sie eine viel authentischere Art ist.«

»Was mich irritiert ist, daß ich es nicht schaffe, diese Erfahrung der damaligen Verletzungen und Ängste zum Beispiel zu besprechen, um Sicherheit zu kriegen, um dadurch der Gefahr zu entgehen. Das ist für mich ein ganz schwieriger Prozeß. Davor habe ich auch noch Angst. Ich vermute, daß dahinter noch eine ganz andere Angst steht. Schon ein Satz kann mich aus der Fassung bringen. Zum Beispiel fragte mich meine Freundin neulich, ob ich mich selbst befriedige, weil sie gerade Lust hatte, aber ich nicht so direkt. Das hat mich zu Tode verletzt. Weil sie damit meinte, daß ich keine Lust hätte.«

Während der kritischen Auseinandersetzung mit seiner religiösen Erziehung erfolgte zwar eine Krise und später die Ablösung von der kirchengebundenen Religion, doch sein Interesse an Religion und Religiösem blieb weiterhin bestehen. Heute versteht er sich eigentlich nicht mehr als religiös, aber er ist sich dabei »nicht so ganz sicher«. Er möchte sich auch keiner Religion oder religiösen Gemeinschaft mehr anschließen, obwohl er findet, »daß die etwas versprechen, was heute fehlt«.

»Etwas, was man in dieser Zeit kaum noch bekommt: Zum einen Sicherheit und Geborgenheit. Und dazu Selbstfindung. Zum Beispiel die Bhagwan-Bewegung: Ich wäre da nie reingegangen. Das wußte ich, weil für mich immer das Äußere abstoßend war. Dagegen das Innere, die Gedanken und Ideen, die fand ich interessant. Ich habe auch viele Bücher davon gelesen. Aber was mich immer auch davon distanziert gehalten hat, das war diese Uniformität, diese orangenen Kleider, diese Verkleidung.«

Die von ihm heute praktizierte Form der Religiosität ist Meditation, obwohl er dies nicht mit dem Begriff »religiös« versehen möchte.

1.3. Die religiöse und sexuelle Sozialisation in den biographischen Skizzen

Das vorrangige Ziel der biographischen Skizzen bestand darin, die befragten Personen zunächst einmal vorzustellen, wobei gleichzeitig in grober Skizze schon einige Aspekte des Zusammenhangs von Religion, Religiosität und Sexualität aus dem gesamten Interviewmaterial herausgearbeitet wurden. Dabei sollte verdeutlicht werden, ob und wie sich dieser Zusammenhang innerhalb der biographischen Entwicklung darstellt.

Ein Schwerpunkt liegt bei allen Befragten auf der Darstellung der Einflüsse durch Religion in der Kindheit, ausgenommen Johannes, der keine explizit religiöse Erziehung im Elternhaus erfahren hat. Weitere Schwerpunkte bildeten sich dort heraus, wo spezifische Krisen, Brüche oder Neuorientierungen im biographischen Prozeß angesprochen wurden, die z. T. in der Interviewsituation durch Nachfragen meinerseits verstärkt oder aber durch ausführliche Schilderungen von den Befragten selber in ihrer Wichtigkeit hervorgehoben wurden. Dadurch ergaben sich folgende *Interviewschwerpunkte* in den biographischen Skizzen:

SILVIA: Die Reise nach Poona, ihre Erfahrungen im Ashram, die Bedeutung und Folgen dieser Erfahrungen für ihr jetziges Leben.

MARIA: Ihre Beziehung zu Gott in ihrer Kindheit, ihre Suche nach einer religiösen Gemeinschaft bei den »Kindern Gottes« und später in einer pietistischen Baptistengemeinde.

JOHANNES: Seine Erfahrungen in der evangelischen Jugend und sein »Bekehrungserlebnis« und die Folgen für sein späteres Leben.

THOMAS: Die Verknüpfung seines Vater- und Gottesbildes, seine problembeladene Sexualität aufgrund seiner religiösen Erziehung.

JUDITH: Die Folgen ihrer religiösen Erziehung als Kind von »Zeugen Jehovas«, der Bruch damit und ihre erneute Hinwendung zu einer religiösen Gemeinschaft, den Anthroposophen.

EVA: Ihre Suche nach Halt in Beziehungen, die Inhalte, Formen und der Prozeß ihrer »neuen Religiosität« und ihre Erfahrung, »das Licht gesehen« zu haben.

KLAUS: Das Problem der Beichte als Kontrollinstanz und das der Selbstbefriedigung, verbunden mit Gewissensbissen und »Todesängsten«.

Der Vergleich der biographischen Skizzen ermöglichte, hinsichtlich der lebensgeschichtlichen Erfahrungen mit Religion, Religiosität und Sexualität zunächst einmal folgende *allgemeine Aspekte* festzustellen:

1. Bestimmte *zentrale Themen, Erfahrungen und Bedürfnisse der Kindheit* im Kontext von Religion tauchen auch im Erwachsenenleben, trotz der Ablösung von der Religion der Kindheit, wieder auf:
   - die Sehnsucht und Suche nach Halt und Geborgenheit bei *Eva;*
   - die Suche nach Sicherheit ohne Angst vor dem strafenden Gott bei *Klaus;*
   - die Erfahrung von Zusammengehörigkeit im Familienleben zum Beispiel beim Hören bestimmter geistlicher Musik bei *Thomas;*
   - die durchgängig kritische und offene Haltung gegenüber Religion und Religiosität bei *Johannes;*

- der Anschluß an relativ streng hierarchisch gegliederte und in sich geschlossene religiöse Gruppen, die bestimmte Elemente von Nähe und Intensität vermitteln, bei *Maria*.

2. Die *Inhalte der Religiosität* verändern sich im Laufe der Entwicklung, jedoch wird z. T. auf alte, früher vertraute *Formen* der Religiosität wieder zurückgegriffen:
- »Früher war es der Tagestext, heute ist es der Steinerspruch« als Orientierungshilfe für den neuen Tag bei *Judith*;
- früher: »eine Art sich zu besinnen«, heute: Besinnung und Meditation als Mittel, Halt und Rückbindung im Selbsterfahrungsprozeß zu finden, bei *Eva*.
Hier kommt die frühere religiöse Sozialisation wieder zum Tragen. Die Erwartungen an Religion sind dahingehend geprägt, daß bestimmte rituelle Formen bereitstehen, durch die sich Bedürfnisse nach Sicherheit und Sinngebung auch des alltäglichen Lebens ausdrücken können.

3. Im Kontext religiöser Sozialisation taucht sexuelle Erfahrung zu Beginn der Adoleszenz bei einigen Befragten als einschneidender Konflikt in der Lebensgeschichte auf. Dabei wird häufig die Entdeckung der Selbstbefriedigung und damit der bewußten Sexualität Auslöser für eine intensive religiöse Krise:
- *Judith* onanierte »mit unglaublichen Schuldgefühlen und Gewissensbissen«.
- Für *Thomas* war Sexualität »anrüchig«. Sie mußte ummantelt sein von religiös motivierten »moralischen Weihen«. Aus Angst vor diesem »Angekettetsein« entstand seine spätere Angst vor Sexualität.
- Für *Klaus* war Onanie eine Sünde, die er sich nicht traute zu beichten. Der entstehende Teufelskreis »hat mindestens sechs Jahre Todesangst« bei ihm ausgelöst.
- *Silvia* erlebte die Entdeckung der Selbstbefriedigung nicht so drastisch, hatte aber auch das Bewußtsein, etwas Verbotenes zu tun.

Diese Probleme mit der Sexualität tauchen bei Maria, Eva und Johannes nicht auf. Sie sprechen zwar auch von einer gewissen Prüderie, die sie in ihrer Erziehung erfahren haben, diese war jedoch nach ihrer Erinnerung nicht explizit religiös untermauert.
Nur in denjenigen Biographien, in denen die Funktion der Religion und da speziell die von Gott, vor allem die einer verinnerlichten »Hilfspolizei« der elterlichen Erziehung war, wurden die ersten sexuellen Erfahrungen und zum Teil auch die im späteren Erwachsenenleben als konfliktreich und schuldbeladen erlebt.
Dies beschreibt auch Tilmann Moser 1976 eindringlich in seinem Buch »Gottesvergiftung«. Wenn Gott und die Religion zur Hilfspolizei gegen die sexuellen Regungen und Praktiken eingesetzt werden, dann kann von einer Repression der Sexualität durch Religion gesprochen werden. Das heißt bestimmte sexuelle Praktiken wie zum Beispiel die Onanie zum Zweck einer

selbstbezogenen Lusterfüllung werden mittels internalisierter religiöser Werte und Vorstellungen kontrolliert. Neben dieser religiös motivierten Repression der Sexualität zeigt sich jedoch auch andererseits eine Tendenz, daß im Erwachsenenleben bestimmte sexuelle Erfahrungen religiös gedeutet werden, zum Beispiel von Eva.

Hinsichtlich des Zusammenhangs von Religion, Religiosität und Sexualität läßt sich aufgrund des Vergleichs der biographischen Skizzen keine gradlinige Entwicklung mit typisierbarer Verlaufsform feststellen. Dennoch verdeutlichen schon die bisher angeführten allgemeinen Aspekte des Zusammenhangs zwischen beiden Bereichen, daß markante Punkte im biographischen Ablauf vor allem innerhalb der *Phase der Adoleszenz* zu finden sind.

Die Adoleszenzphase umfaßt das Alter von 13-25 Jahren und dient, entwicklungspsychologisch betrachtet, dem Aufbau einer flexiblen, prinzipiengeleiteten Ich-Identität. Die Altersangaben sind dabei bloß Anhaltspunkte und definieren keine festen Grenzen, wie auch R. Döbert und G. Nunner-Winkler (1975, 40 ff.) in ihrer Untersuchung betonen. *»Vor allem in hochkomplexen Gesellschaften markiert die Adoleszenzphase einen für die Persönlichkeitsentwicklung besonders prekären Einschnitt, weil sie nicht mehr wie in traditionellen und archaischen Gesellschaften in Form einer klar definierten und zeitlich genau festgelegten Statuspassage organisiert ist.«* (83)

Während dieser krisenhaften Entwicklungsphase müssen vielfältige Probleme gelöst werden (vgl. E. Erikson, 1973, 106 ff.). Die Geschlechtsrolle und das eigene Körperbild müssen, bedingt durch den biologischen Reifungsschub, so strukturiert werden, daß dauerhafte (hetero-)sexuelle Beziehungen gestaltet werden können. Für diesen Objektwechsel ist es notwendig, daß die emotionale Bindung an die Eltern gelockert und die emotionale Sicherheit vom Elternhaus auf die eigene Person verlagert wird. Im Prozeß dieser Ablösungs- und Identitätskrise werden zwangsläufig auch die Überzeugungssysteme, die in der frühkindlichen Sozialisation erworben wurden, kritisiert und teilweise verdrängt. Das ist begleitet von Einstellungsveränderungen und einer Suche nach neuen Sinnsystemen.

Folgende Lebensjahre erweisen sich bei den Befragten für den Zusammenhang von Religion und Sexualität während der Adoleszenz als besonders wichtig:

12/13 Jahre: Beginn der Adoleszenz, auffälligerweise bei allen Befragten. Beginn der Krise. Die Entdeckung der bewußten Sexualität wird in dieser Phase häufig zum Auslöser für eine intensive religiöse Krise, so bei Judith, Klaus und Thomas. Gleichzeitig wird erstmals das religiöse Sinnsystem der Kindheit in Frage gestellt. Dies äußert sich als Glaubenskrise, bei Maria, die sich erstmals fragt, ob es überhaupt Gott gibt. Im Gegensatz dazu wird die Hinwendung und das deutliche Bekenntnis zur Religion bei Johannes die Möglichkeit, sich kritisch und selbstbewußt von seinen nichtreligiösen Eltern abzugrenzen und zu behaupten.

15/16 Jahre: Intensivierung der Krise und Orientierungssuche. Für einige bedeutet diese Zeit die beginnende oder vollzogene Ablösung von der Religion der Kindheit. Ausschlaggebende Faktoren sind dabei:

- bei *Silvia* der ausbildungsbedingte Ortswechsel;
- bei *Thomas* intensive sexuelle Phantasien und Schuldgefühle gegenüber seinen Moralvorstellungen;
- bei *Klaus* das Verschweigen der Onanie in der Beichte;
- bei *Judith* die Entdeckung des eigenen Körpers und ihre Flucht als 16jährige aus dem Elternhaus;
- bei *Maria* die Suche nach sinnvoller Gemeinschaft und der Eintritt als 17jährige in die Sekte der »Kinder Gottes«;
- bei *Eva* die Konfirmation[1], die eine heftige Glaubenskrise bei ihr auslöst und zu einer mehrjährigen Lebenskrise mit Depressionen und Selbstmordversuchen führt.
- Für *Johannes* wird sein Bekehrungserlebnis im Alter von 15/16 Jahren bedeutsam. Die religiöse Betätigung in der kirchlichen Jugendgruppe gibt ihm die Möglichkeit einer eigenständigen Selbstfindung[2].

20-22 Jahre: Krise / Bruch / Neubeginn. Die Ablösung von den in Frage gestellten Sinnsystemen der Eltern erfolgt in diesem Alter teilweise als Bruch. Bei einigen schließt sich eine religiöse Neuorientierung an.

- *Silvia* wird 22jährig wieder religiös, nachdem sie mit Hilfe einer Freundin angefangen hat, ihre »innere Natürlichkeit« wiederzuentdecken. Sie macht »ziemlich viel Therapie«, um die Phase des »Kampfes gegen alles«, die sie als »verkopft und intellektuell« beschreibt, aufzuarbeiten.
- *Judith* fängt 20jährig an, sich mit Anthroposophie zu beschäftigen. Sie verläßt für einige Jahre Deutschland und lebt in Griechenland, wo sie ihren langjährigen Freund kennenlernt. Die landschaftliche Umgebung regt sie an, sich wieder intensiv mit Religion auseinanderzusetzen.
- *Eva* findet in ihrer ersten Liebesbeziehung zu einem Mann Halt. Die bewußte Erfahrung als sexuelles Wesen bekommt für sie auch religiöse Bedeutung.
- *Thomas* bricht im Alter von 22 Jahren sein Theologiestudium ab und wendet sich damit erstmalig offen gegen Erwartungen seiner Eltern. Er trennt sich gleichzeitig von seiner langjährigen Freundin, mit der er trotz großer Sehnsucht nie geschlafen hatte. In der Folge löst er sich auch von Religion und Kirche.
- *Maria* tritt 21jährig in eine pietistische Baptistengemeinde ein. Hier erlebt sie das Bemühen »hautnah und aktuell«, das zu leben, was in der Bibel steht.

25-27 Jahre: Neuorientierung und Konsolidierung. Diese Phase steht bei den Befragten hauptsächlich unter dem Zeichen der beruflichen Orientierung. Bei Klaus kommen noch seine ausgedehnten Reisen dazu, die ihm zum ersten Mal die Relativität der christlichen Religion bewußt werden lassen.

28/29 Jahre: Neue Beschäftigung mit Religion, Hinwendung zu Formen »neuer Religiosität«.

− *Silvia* beginnt bei ihrem ersten Aufenthalt in Poona, dem damaligen Aufenthaltsort Bhagwans, Bioenergetik zu machen, eine körperorientierte Therapie. Später lernt sie Meditation und Aikido. Ihre religiöse Praxis ist körperbetont, ohne ein Bild von Gott zu haben. Religiosität ist nach ihren Lebenserfahrungen zu finden mittels Therapie, sie muß körperlich-sinnlich erfahrbar sein, sie beinhaltet »Natürlichkeit« und »Gefühlsbetonung«.

− *Eva* erlebt eine ähnliche erneute Hinwendung zur Religiosität, begleitet von therapeutischen Prozessen. In einem schmerzhaften Selbsterfahrungsprozeß nach der Trennung von ihrem langjährigen Freund findet sie schließlich Halt und Rückbindung durch die Erfahrung, »das Licht gesehen zu haben«. Dies führt sie zu der Erkenntnis, daß »Geborgenheit etwas ist, was mir nie jemand geben kann, kein Mensch, sondern daß sie in mir sein muß und ich sie wiederum nur über die göttlichen Kräfte finden kann.«

− *Maria* gerät in eine neue Glaubenskrise und verläßt die Baptistengemeinde. Gott ist für sie »geschrumpft und kleiner geworden«. Sie interessiert sich für Intuition und Parapsychologie, für die geheimen Kräfte von Steinen usw.

Auffällig an der hier zur Sprache gekommenen Hinwendung zu einer »neuen Religiosität« ist, daß sie körperorientiert, naturverbunden, meditativ, selbstbezogen und weitgehend unabhängig von *einem* traditionellen Religionssystem ist.

Diese »neue Religiosität« wird vor allen in nicht kirchlich gebundenen religiösen Gruppierungen gesucht, die für viele auch deswegen so attraktiv sind, weil sie versprechen, gerade sie würden jedem einzelnen die Möglichkeit zur Selbstfindung geben. Zudem greifen sie mit ihrer Ideologie des »Im-Hier-und-Jetzt-Lebens« die Sehnsucht nach dem Sozialen als dem Zwischenmenschlich-Nahen, Greifbaren, Schon-Jetzt-Erlebbaren auf. Denn bei der Anstrengung, sich selber (und anderen) ein sinnvolles Leben ermöglichen zu wollen, sind viele an den Beschädigungen der eigenen Person gescheitert. Durch ein angeleitetes und gemeinsames »Sich-Fallen-Lassen« in der real erlebten Geborgenheit der Gruppe, jedoch häufig um den Preis der Idealisierung, Mystifizierung und Verzauberung der Realität mit Hilfe kultischer Riten − vor allem östlicher Provenienz −, versprechen diese religiösen Gruppierungen die Lösung der Probleme, Sinnfindung in sich selber und ein Gegengewicht gegen die empfundene Kälte und Reduzierung der realen Lebenswelt auf ihre technische Machbarkeit zu finden. Der zeitweilig große Zuspruch zum Beispiel des Sektenführers Bhagwan gerade auch bei kritischen Jugendlichen und Erwachsenen läßt sich eben auch damit erklären, daß sein Angebot einer Mischung von *Therapeutisierung und Einbindung des Selbst* in ein synkretistisch-religiöses Deutungssystem, endlich die angestrebte Befreiung innerhalb einer Gemeinschaft Gleichgesinnter − das, was ja politisch und häufig auch persönlich gescheitert war − in Aussicht stellte. Sicher war die außerordentlich autoritäre Hierarchie vieler solcher Gruppen und die Anlehnung an die grandiose Persönlichkeit des Führers, der das geschwächte Selbstwertgefühl stützte, auch Verlockung, nicht mehr in eigener Verantwortung differenziert denken und fühlen zu müssen, sondern sich kritiklos an eine Idee, an Gefühle oder Stimmungen hingeben zu können.

Hinsichtlich ihrer früheren, christlich geprägten Gottesvorstellung ist beiden Befragten besonders markant, daß sie sich während der Adoleszenzzeit grundlegend veränderte.

THOMAS: »Gott war eine große, strenge Großvaterfigur mit langem, weißem Bart, der streng und sehr, sehr gerecht war . . . und der alles sah.«
(Heute:) »Gott ist ein Prinzip, das größer als jeder einzelne Mensch ist, auch größer als alle Menschen zusammen.«

MARIA: »Gott war ein alter Mann mit Bart in den Wolken, von ganz vielen Engeln umgeben, er war gut und hat mir vergeben.«
(Heute:) Gott ist Schöpfer der Natur und in ihr zu finden.

SILVIA: »Der liebe Gott sieht alles und bestraft dich.«
(Heute:) Gott existiert nicht unabhängig von den Menschen. Es gibt einen Weg, dies zu erkennen.

JUDITH: »Gott war der Gott der Bibel, ein alter, bärtiger Mann.«
(Heute:) Gott bedeutet: Wie außen, so innen. Es gibt eine göttliche Kraft, ein Universum und Energien, die man nutzen muß, um sich zu vervollkommnen.

EVA: »Gott war das Urbild dieses Patriarchen vom tollen, starken Gott – Vaterersatz und Mann.«
(Heute:) Gott ist weiblich, eine weibliche Urgottheit, eine Göttin der weiblichen Kraft.

KLAUS: Gott war ein gekreuzigter, bärtiger, junger Mann, Gottvater und Heiliger Geist. Gott war ein Richter, der im Himmel sitzt, sehr milde und weise, aber gerecht und strafend.
(Heute:) Keine spezifische Gottesvorstellung.

Die hier skizzierten Phasen der religiösen Entwicklung weisen in einigen Aspekten Gemeinsamkeiten mit den entwicklungspsychologischen Untersuchungen von P. Oser und F. Gmünder (1984) auf.

Nach Oser/Gmünder läßt sich die religiöse Entwicklung des Menschen als Hierarchie von Stufen am besten im Bild der Doppelspirale ausdrücken. Dabei geschieht auf jeder Stufe eine Integration und zugleich eine Differenzierung, und in jeder Übergangsstufe wird etwas negiert und dafür etwas anderes positiv aufgebaut. Das bedeutet beispielsweise für den Aspekt »Autonomie versus Abhängigkeit« hinsichtlich des »Ultimaten«, daß jede Stufe diesen Aspekt in seiner jeweils transformierten Art enthalten muß. Oser/Gmünder verwenden den Begriff des »Ultimaten« für »Gott«, »Göttliches«, »Übernatürliches«, weil sie ihn für die verschiedenen Kulturen und Religionen leichter generalisierbar halten. Stufe 1 und 2 (die jeweils das Lebensalter bis zu 10 Jahren umfaßt, nimmt man die von den Autoren dazu aufgeführten Beispiele an), sind gekennzeichnet durch ausgeprägte Abhängigkeit, das »Ultimate« ist auf Stufe 1 noch völlig identisch mit der Person, während diese sich auf Stufe 2 langsam aus dieser Einheit herauslöst und unabhängig wird. Stufe 3 und 4 (ca. 20-30 Jahre) kennzeichnen den Prozeß der Loslösung, wobei Stufe 3 die totale Trennung der beiden Größen bedeutet, und Stufe 4 diese wiederum in dem Sinne integriert, als ». . . das Ultimate und das Dasein nicht als Objekte gedacht werden, sondern als Bedingung und Grund möglicher Existenz«. (108)

Die Spannweite des jeweiligen Lebensalters der Befragten läßt sich auch abbilden, indem diese jeweils zu bestimmten gesellschaftlichen Ereignissen in Beziehung gesetzt werden. Die persönliche Lebenslinie läßt dabei im Vergleich zur gesellschaftlichen Entwicklung Rückschlüsse auf spezifische persönliche Interessen und Orientierungen zu, die je nach Lebensalter ausgesprochen unterschiedlich sein können und teilweise die Unterschiede zwischen den Generationen markieren. So erlebte zum Beispiel jemand aus dem Jahrgang 1950 im Alter von 18 Jahren das Jahr 1968, wohingegen jemand aus dem Jahrgang 1960 das Jahr 1978 im Alter von 18 Jahren erlebt. Die sich in dieser Zeit entwickelnden persönlichen Interessen und Orientierungen sind dabei zum Teil auch ein Spiegel der gesellschaftlichen Ereignisse. Aus den Antworten der befragten Personen wurde deutlich, daß der Älteste der Befragten, Johannes, Jahrgang 1940, am direktesten den Einfluß der sog. »sexuellen Revolution« der 68er Jahre im Alter von 28 Jahren miterlebte und die damit verbundenen Themen dieser Zeit auch sein persönliches Leben berührten. Der Zweitälteste, Thomas, Jahrgang 1946, erlebte diese Zeit im Alter von 24 Jahren, und er hat sich gewünscht, daß der Einfluß der »sexuellen Revolution« sein Leben mehr berührt hätte. Der Drittälteste, Klaus, Jahrgang 1951, war in dieser Zeit 17 Jahre alt und hat schon »gar nichts mehr mitgekriegt« von der »sexuellen Revolution«. Die drei 1955 bzw. 1956 Geborenen, Judith, Eva und Silvia, waren zur Zeit der 68er Jahre 12 und 13 Jahre alt, mit dem Einfluß und den Ansprüchen der »sexuellen Revolution« kamen sie erst Jahre später – Mitte der 70er Jahre – im Alter von 17 bis 19 Jahren in Berührung. Die jüngste der Befragten, Maria, Jahrgang 1960, war 1968 erst 8 Jahre alt, so daß sich die in der Form von mir gestellte Frage nach dem Einfluß der »sexuellen Revolution« auf ihr persönliches Leben von vornherein erübrigte.

Das jeweilige Lebensalter ist auch Ausdruck ganz bestimmter Wünsche, Ängste und Sehnsüchte. So ist auffällig, daß die drei Älteren grundsätzlich viel skeptischer gegenüber dem Angebot der Sekten bzw. der ›religiösen Bewegung‹ und ihrem Versprechen von Sinn und Halt sind als alle nach 1954/55 geborenen, die diesem Phänomen der »neuen Religiosität« durchaus eher positiv und wohlwollend gegenüberstehen oder sich selbst dazugehörig fühlen. Aufgrund des nicht-repräsentativen Materialumfangs nehme ich an, daß die Tatsache, daß die jeweils älteren Befragten männlichen Geschlechts sind und die jeweils jüngeren weiblichen Geschlechts, nichts über eine geschlechtsspezifische Offenheit gegenüber der sog. »Neuen Religiosität« aussagt, sondern eher mit der zufälligen Auswahl der Personen zusammenhängt.

2. Religion und Religiosität als Privatsache

> *»Das ewige Schweigen dieser unendlichen Räume*
> *macht mich schaudern.«*
>
> (B. Pascal, 1655[1])

THOMAS:

»Religion ist für mich gebunden an Kirche, das heißt gebunden an Lehrmeinungen, die im Laufe der Geschichte aufgestellt worden sind und zu tun haben mit der Machterhaltung, die die Kirche für sich selber betreibt, und Religiosität ist demgegenüber etwas Freieres, das nicht eingebunden ist in ein System von Lehrmeinungen.«

JUDITH:

»Zur Religion fällt mir sofort ein: Kirchensteuer, teure Talare, teure Kirchen, der Zwang, und wer nicht getauft ist, ist Heide. Aber zur Religiosität fällt mir ein, daß das ein individueller Prozeß ist: Das sind nicht die Protestanten, nicht die Katholiken, nicht die Buddhisten, sondern das ist der Mensch, der Religiosität für sich individuell auslebt, der für sich auf philosophischer Ebene versucht, ein religiöses Leben zu führen.«

KLAUS:

»Die Religion gibt mir konkrete Richtlinien vor, an was und wie ich glauben soll, und auch die konkreten Inhalte. Dagegen ist Religiosität allgemeiner. Religiosität beziehe ich nur auf mich und weniger auf die konkrete Religion . . . Wenn ich mich mit dem Tod auseinandersetze, dann komme ich auf Religiosität, und wenn es um Fragen nach dem Sinn des Lebens geht. Religiosität gibt mir den Sinn des Lebens.«

MARIA:

»Religion bedeutet für mich, daß man sein Leben nach bestimmten moralischen Prinzipien ausrichtet. Und auch den Glauben an das Überirdische und an einen höheren Sinnzusammenhang. Dahinter steht das Bedürfnis nach einer bestimmten Ordnung und Moralvorstellung und der Wunsch, mit Gott Kontakt aufzunehmen. Religion bezieht sich vielleicht weniger auf den Menschen und ist eher eine Theorie. Religion würde ich losgelöster vom Menschen sehen.«

EVA:

»Mit der Religion verbinde ich die Ausübung, bestimmte Praktiken, auch zum Beispiel die Meditation oder die kirchlichen Praktiken.«

SILVIA:

»Religion schreibt fest und macht Vorschriften und schreibt dir Dinge vor, die du noch gar nicht erfahren hast. Sie sagen zum Beispiel etwas über den Tod oder darüber, was nach dem Tod ist. Religion nimmt dir die Möglichkeit,

selbst Erfahrungen zu machen. Ich habe nichts gegen Religion, aber ich sehe, daß es im Grunde genommen soviel Angst gibt vor der Erfahrung der Religiosität, was auch heißt, sich zum Beispiel mit dem Tod zu konfrontieren. Und es ist leichter, sich an ein Gebäude zu halten, wonach ich mich richte und wo jemand sagt, mach' das Leben so, und dann wird dir das und das passieren. Wo ich mich nicht mehr in dieser Unsicherheit und dem Risiko befinde. Ich kann für mich nicht sagen, daß ich ganz frei bin, ohne Religion. Ich kann für mich immer nur wieder erkennen zum einen meine eigene Konditionierung als Christin und was das heißt und auch in mir immer wieder merken, wie leicht ich selber danach greife, zum Beispiel was die Sufis sagen. Oder zum Beispiel die Idee der Wiedergeburt ist mir angenehmer als dieses Auf-Ewig-Verdammt-Werden oder In-den-Himmel-Kommen. Das ist mir viel menschenfreundlicher, noch einmal eine Chance zu bekommen.«

In den Äußerungen der Befragten zeichnet sich folgende Tendenz ab: Religion ist das »Äußere«, der Wissens- und Herrschaftsbereich, Religion umfaßt Dogmen, Lehrmeinungen, Vorschriften, Festschreibungen, sie verhindert Erfahrungen, sie steht in Konkurrenz zur Religiosität und sie wird eher negativ bewertet.

Dieses Ergebnis ist nicht verwunderlich. Denn seit Religion nicht mehr als unhinterfragbare Tatsache gilt, ist sie Objekt der Infragestellung und wissenschaftlicher Erforschung geworden. Ergebnisse der wissenschaftlichen Kritik der Religion haben mittlerweile Eingang auch in das Bewußtsein größerer Bevölkerungsschichten gefunden und sei es nur als eine Art Unbehagen an der Religion. Allerdings ist dieses Unbehagen vorwiegend auch Resultat unbefriedigender persönlicher Erfahrungen mit v. a. kirchlich vermittelter christlicher Religion.

Die klassische Religionskritik der Aufklärungsphilosophen[2] und ihrer Nachfolger, vor allem K. Marx und S. Freud, haben wesentliche Impulse für die Entwicklung der soziologischen und psychologischen Kritik der Religion geliefert. Ausgangspunkt ihrer Religionskritik war, daß religiöse Vorstellungen Produkte und Projektionen der Menschen sind, die der Kompensation von Unvollkommenheiten und Widersprüchen dienen. Durch die institutionelle Verfestigung dieser Projektionen hat sich nach L. Feuerbach (1841) und K. Marx (1843/44) Religion als Herrschaftssystem etabliert. Die Bedeutung der philosophischen Religionskritik der Aufklärungstradition des 19. Jahrhunderts liegt heute vor allem darin, daß Religion als soziales Phänomen einer Gesellschaft und als etwas historisch Gewordenes betrachtet wurde.

Der Versuch, die unüberschaubare Vielfalt religiöser Vorstellungen und Praktiken auf einen gemeinsamen Nenner zu bringen ist nicht möglich[3]. H. G. Kippenberg (1983, 11) beschreibt die Suche danach als »theologisches Nachgeplänkel«, bei dem die »Wahrheitsfrage wieder einmal um die Ecke schaut«. Rein begrifflich wird hier *Religion* mit G. Mensching (RGG[3], Bd. V, 962) definiert als »erlebnishafte Begegnung mit heiliger Wirklichkeit und als antwortendes Handeln des vom Heiligen existentiell bestimmten Menschen.« Diese formale Definition setzt voraus, daß das Heilige als das

Heil-bringende und Heilende für den Menschen als wirkungsmächtig erkannt wird und er in seinem Bezug auf es, den Sinn seiner Existenz erfährt[4]. *Religiosität* als die subjektive Seite von *Religion*, kennzeichnet den Bezug des *einzelnen* Menschen zu dem Heiligen, seine innere Frömmigkeit, sein Erlebnis mit dem Heiligen. Eigentlich gehören beide Begriffe zusammen. Der religiöse Mensch ist in seine Religion eingebunden, er macht religiöse Erfahrungen und handelt nach den Riten der Heiligenverehrung in Übereinstimmung mit der Gruppe von Menschen mit gleicher Religionszugehörigkeit.

Damit ist *Erfahrung* ein wesentlicher Bestandteil von Religion: Der Mensch muß erleben, daß das Heilige über ihn Macht hat und umgekehrt, daß er durch sein religiöses Handeln Lebenssinn, Schutz und Eingebundenheit erfährt. Gleichzeitig macht er Erfahrungen mit der Religion in Form ihrer Institution, der Kirche, die nicht nur den Kult regelt, sondern auch weltlicher Machtfaktor ist, sowie über sich als einzelne Person in Bezug zur religiösen Gemeinschaft. Solange durch Religion die gesamte innere und äußere Lebenswelt bestimmt wird, kann daraus nicht das Problem des Auseinanderfallens erwachsen. Die Frage nach der Wahrheit der religiösen Erfahrung stellt sich nicht, denn es gibt nicht ihre Gegenseite: die Unwahrheit. Mit dem Auseinanderfallen von weltlicher und kirchlicher Macht sowie von Individuum und Gemeinschaft wird jedoch jeder einzelne Bestandteil eo ipso kritikfähig; wie weit, ist eine Frage von Kräfteverhältnissen.

Die mit der Aufklärung beginnende Trennung von Kirche und Staat hatte zur Folge, daß die zentrale Bedeutung von Kirche und Religion in der abendländischen Industriegesellschaft zunehmend zurückging. Am Ende des 18. Jahrhunderts war der Höhepunkt der von der Reformation eingeleiteten Religionskritik erreicht. *Säkularisierung* wurde zum Kristallisationspunkt jeder weiteren Analyse und Theorie der Religion in der modernen Gesellschaft[5]. P. L. Berger (1973, 103) beschreibt Säkularisierung als einen *». . . Prozeß, durch den Teile der Gesellschaft und Ausschnitte der Kultur aus der Herrschaft religiöser Institutionen und Symbole entlassen werden. Wenn wir von Gesellschaft und Institutionen der modernen abendländischen Geschichte sprechen, verstehen wir Säkularisierung natürlich als Rückzug der christlichen Kirchen aus Bereichen, die vorher unter ihrer Kontrolle oder ihrem Einfluß gestanden haben – als Trennung von Kirche und Staat, als Enteignung von Kirchengut oder als Emanzipation der Erziehung von der Autorität der Kirchen.«*

Dabei ist zu unterscheiden zwischen einer »Säkularisierung der Kultur und Gesellschaft« und einer »Säkularisierung des Bewußtseins« (103). In einer »Krise der Glaubwürdigkeit« aller religiösen Systeme äußert sich nach Berger die *subjektive* Säkularisierung des Bewußtseins; die *objektive* Säkularisierung einer Gesellschaft und Kultur bedeutet, daß diese dem Herrschaftsanspruch religiöser Institutionen nicht mehr unterworfen ist. Eine Vielzahl miteinander konkurrierender Weltanschauungen und Glaubensformen tritt an die Stelle von allgemeinverbindlichen religiösen Institutionen und Symbolen.

Aus diesen Gründen ist auch die auffällige Unterschiedlichkeit in der Einstellung der Interviewten zur Religion und Religiosität zu verstehen: Die subjektive Seite der Religion, die Religiosität, ist nicht mehr unbedingt an eine bestimmte Religion als sozialer Institution gebunden, sondern ist in der Lage, selbstbewußt Abgrenzungen von und neue Zuordnungen zu verschiedenen religiösen Sinnsystemen vorzunehmen. Aus dieser sich hier abzeichnenden Entwicklung ergeben sich allerdings schwerwiegende Probleme: Mit ihr rücken die *subjektiven Erfahrungen* in den Mittelpunkt einer *Theorie der Religion.*

Als Wesensmerkmal der Religion kennzeichnet P. L. Berger in bezug auf E. Durkheim, M. Eliade und R. Otto die »Dichotomierung in heilige und profane Sphären« (1973, 27). Religion ist demnach das Unterfangen der Menschen, einen heiligen Kosmos zu errichten, der die Brüchigkeit der eigenen sozialen Welt und das Leben des einzelnen überdauert, um somit eine Sinnwelt zu schaffen, die verwirrende und schmerzliche Grenzerfahrungen, wie zum Beispiel Traum, Krankheit, Tod, Naturkatastrophen und Krieg in einen sinnvollen Zusammenhang ordnet. Religiöse Systeme sind von Menschen gemacht und wie alle kulturellen Errungenschaften des Menschen dem historischen Wandel unterworfen. Religion ist eine durch menschliches Handeln errichtete, allumfassende heilige Ordnung: »Religion ist der kühne Versuch, das gesamte Universum auf den Menschen zu beziehen und für ihn zu beanspruchen.« (28)

Wenn man als Grundvorstellung aller Religion annimmt, daß eine andere – fremde – Wirklichkeit auf die erfahrbare Welt einwirkt oder angrenzt, dann werden die Begegnungen mit dem Heiligen zu »Erlebnissen«. Wie Berger betont, sind diese Erlebnisse einer empirischen Untersuchung nicht zugänglich, deswegen können sie wissenschaftlich nur als Sinngebilde, das heißt als Element der sozial konstruierten Welt analysiert werden. Die »Objektivität« religiösen Sinns ist produzierte Objektivität; in diesem Sinne sind religiöse Sinngebilde objektivierte Projektionen, denen »eine überwältigende Andersheit innewohnt« (87).

Religion verhindert trotz ihres eigentlichen Verdienstes einer religiösen Welterklärung das Erfassen der sich auch in der Religion selbst *konstituierten begrifflichen Hervorbringungen,* wobei die verobjektivierten Äußerungen des Menschlichen zu »dunklen Symbolen des Göttlichen« werden. Religion tritt somit in der Geschichte sowohl als welterhaltende wie auch als welterschütternde Macht auf, die in beiderlei Gestalt sowohl entfremdend gewirkt, als auch Entfremdung aufgehoben hat.

Bergers Analyse ist zuzustimmen, wenn er die öffentlichen gesellschaftlichen Prozesse weitestgehend von ökonomischen Prinzipien geprägt sieht und infolgedessen Religion nur noch als »private Religiosität« zur Welterklärung und Sinngebung dient, die sich zugleich innerhalb der Öffentlichkeit als glaubwürdiges Produkt vermarkten muß. Religion ist im Prozeß der Säkularisierung »Privatsache« und Sache der Wahl des einzelnen geworden. Die Zukunft der Religion in modernen, pluralistischen Gesellschaften wird deswegen davon abhängen, ob sich Religion an die gesellschaftlichen Verhältnisse der »Marktlage« anpassen und dementsprechend wettbewerbs-fähig sein wird. Angesichts von 3000 Kirchenaustritten im Vorjahr erhofft sich beispielsweise die evangelische Kirche in Köln mit einer großangeleg-ten PR-Kampagne einen Ausweg »aus dem tiefen Tal der Resignation« (M. Brenken, 1993).

In der modernen Gesellschaft besitzen die religiösen Vorstellungen keine klare Symbolstruktur mehr, deswegen sind sinnkonstituierende Prozesse zunehmend auf subjektiver Ebene zu leisten. Die sozialen Institutionen, die politischen Ideologien, die Probleme der Gesellschaft und sozialen Program-me sind subjektiv fast völlig irrelevant geworden. Sinnvoll lebt der einzelne nur noch in der Privatsphäre, in die er sich zurückzieht von einer bewußt-seinsmäßig so gut wie unbewältigten Wirklichkeit, die allerdings ihrerseits objektiv seine subjektive Existenz bestimmt. Nach Th. Luckmann (1963, 69) werden die vorherrschenden, neu entstehenden religiösen Themen und Konterthemen der Privatsphäre entspringen: Sie sind Dramatisierungen des subjektiv autonomen einzelnen auf der Suche nach Selbstverwirklichung und Selbstbestätigung.

Dieser Analyse entspricht die Beobachtung, daß heute Religiosität sich nicht mehr unbedingt auf ein geschlossenes Religionssystem bezieht, das zum Beispiel durch die christliche Kirche repräsentiert wird, sondern das sich jeder aus durchaus verschiedenen Versatzstücken mehrerer Religionen zusammensetzen kann. Entsprechend auffällig ist die Gleichgültigkeit, die die Mehrzahl der Interviewpartner der Zugehörigkeit zu einer bestimmten Religion als Sinnsystem entgegenbrachten.

EVA:
»Religionszugehörigkeit ist völlig unbedeutend für mich. Ich denke, Religi-osität ist das allgemein Menschliche. Und die Praxis oder Form, in der sie ausgeübt wird, ist ein ganz anderer Schritt. Ich kann mir vorstellen, daß ich mich über religiöse Gefühle mit jemandem aus einer völlig anderen Kultur und Religion genauso gut unterhalten kann, wie mit jemandem von hier, einem christlich erzogenen Menschen. Für mich ist es sehr klar, daß alle Religionen denselben Kern haben. »Religio« heißt ja auch Ursprung oder Wurzel oder Verbindung. Ich kann mir aber jetzt inzwischen vorstellen, daß Christen ähnliche Sachen empfinden wie ich sie im Moment empfinde, was ich mir früher nicht vorstellen konnte, also eine gewisse Art Natürlichkeit darin, was für mich früher irgendwie völlig abgefahren, abstrakt war. Aber ich selbst ordne mich keiner Religion zu außer meiner eigenen.«

THOMAS:
»Ich glaube, das ist unbedeutend. Also schon wichtig insofern, als bestimmte Bilder herangezogen oder anerzogen werden. Bilder, in denen sich das re-ligiöse Gefühl ausdrückt. Und die sind natürlich je nach Religion verschieden. Die können vielleicht mehr verdecken oder auch mehr offenlassen bei der einen Religion als bei der anderen. Ich denke zum Beispiel, daß bei der katholischen Kirche dieses Gefühl des Mystischen durch die Art, wie die

Messe gehalten wird, erheblich mehr an Bildern freisetzen kann und so auch mehr Möglichkeiten läßt für eine blumige Ausschmückung eines religiösen Gefühls bis hin zu dem Geruch und Geschmack von Weihrauch auf den Lippen, als das bei den sehr viel trockeneren Protestanten möglich ist.«

MARIA:
»Mir ist im Augenblick die Vorstellung viel angenehmer, religiös zu sein, aber ohne zu einer Religion zu gehören. Früher war das schon wichtig. Obwohl ich es selbst nie so wichtig gefunden habe, aber die Gemeinde hat das sehr wichtig gefunden, die Leute dort haben einen sehr großen Wert darauf gelegt, daß man sich zu einem bestimmten Glauben bekennt und zu ihm zugehörig fühlt. Ich würde inzwischen sagen, es sind immer einzelne Menschen, die das Ideale leben, es ist nicht die ganze Gemeinschaft. Das ist nicht möglich. Aber ich habe überall in den christlichen Gemeinden einzelne Leute gefunden, die so leben.«

JUDITH:
»Für mich ist die Religionszugehörigkeit im Moment nicht wichtig, aber ich kann mir vorstellen, daß das wichtig wird. Ich glaube, es wird der Tag kommen, an dem ich mich entscheiden will, wo ich hingehöre.«

KLAUS:
»Nein, ich kann mich keiner Religion zuordnen. Es ist mehr so eine eklektizistische Religiosität. Ich bin katholisch aufgewachsen und habe mich später viel mit östlichen Religionen beschäftigt und habe das heute integriert zu einer individuellen Religiosität.«

Die Suche nach umfassenderem Sinn muß heute immer mehr von dem einzelnen geleistet werden. Sinngebung des Lebens beruht auf Erfahrungen sowohl von Selbsttranszendierungsmöglichkeiten wie auch von »schlechthinniger Abhängigkeit« (Schleiermacher). Je weniger Selbsterfahrung und Gefühlsbindung Religion ermöglicht, um so unzureichender erfolgt die Bindung des einzelnen an eine spezifische Religion. Wenn die traditionelle Religion dem einzelnen den Zugang zu diesen Erfahrungen nicht mehr vermitteln kann, wird sie weitgehend unattraktiv. Auch der christliche Glaube braucht eine Erfahrungsbasis. Wenn die »sinnliche Gewißheit der Erfahrung vollständig durch die Sicherheit logischer Deduktion abgelöst« wird (R. Döbert, 1988, 79), suchen sich die einzelnen für ihre nicht mehr realisierbaren Bedürfnisse nach religiöser Erfahrung andere, nicht-christliche Praktiken oder Gruppen. Religionsgeschichtlich haben sich in jeder Religion immer wieder »religiöse Vorstellungen älterer Entwicklungsschichten eingeschlichen« (ebd.). Doch heute ermöglicht der Markt der Sinnangebote nicht nur ein Rekurrieren auf religiöse Vorstellungen und Inhalte älterer Entwicklungsschichten *einer Religion*, sondern darüber hinaus kann auf der Suche nach spezifischen Selbsterfahrungen auf *jedes* andere in sich geschlossene oder offene religiöse Sinn- und Bedeutungssystem zurückgegriffen werden. Alles ist möglich: Die Praxis von Yoga, Derwisch-Tänze,

schamanische Rituale, tantrische Sexualität, ägyptische Astrologie, Hexen-
rituale, mittelalterliche christliche Musik, hinduistische oder buddhistische
Wiedergeburtslehren usw. usf. Sie alle können zu einer subjektiven neuen
religiösen Anschauung und Praxis verschmolzen werden. Im christlich-
europäischen Raum wird dieses heute auftretende Phänomen mit dem
Begriff »Neue Religiosität« gekennzeichnet.

2.1. Religiosität, die subjektive Seite der Religion

> *»So wie die besondere Art, wie das Universum sich in*
> *Euren Anschauungen darstellt, das Eigentümliche*
> *Eurer individuellen Religion ausmacht, so bestimmt*
> *die Stärke dieser Gefühle den Grad der Religiosität«*
> (F. Schleiermacher, 1799, 35)

SILVIA:
»Religiosität ist lebendig, und das Lebendige kann für mich nicht in ein starres
Muster geprägt werden, weil es sich ständig wandelt. Ich gehe davon aus,
Religiosität hat mit der Achtung vor dem Leben zu tun. Ganz einfach. Und
damit, das wieder zu lernen. Und das ist verbunden damit, Leben mehr und
mehr anders zu erfahren und bewußter zu erleben. Zum Beispiel ist inzwi-
schen auch wissenschaftlich erwiesen, daß Pflanzen Schmerz empfinden.
Wenn ich jetzt auf das Blatt einer Pflanze trete, dann denke ich, ich habe ihr
weh getan. Und so versuche ich, ihr möglichst wenig weh zu tun. Das ist sehr
einfach. Aber ich merke dabei auch, wie viele lebensfeindliche Strukturen in
mir sind, und ich versuche, deren Ursachen ein Stück nahe zu kommen.«

EVA:
»Religiosität ist für mich etwas ganz Tiefes, es ist ein Gefühl, was von unten
kommt, aus dem Bauch und aus ganz uralten archaischen Menschheitssa-
chen, die ich in mir allmählich wiederentdecke. Darüber war ich am Anfang
auch erst sehr erstaunt und verwundert, weil ich Religion als Dogma und als
Ausübung sehr abgelehnt habe. Ich kann nur sagen, was Religiosität für mich
in letzter Zeit bedeutet hat oder als Kind, weil ich in letzter Zeit wieder die
Verbindung sehe zu meiner Kindheit oder zu meinem religiösen Gefühl in
der Kindheit. Und es hat auch viel für mich mit Heilung, mit Ganzheit zu tun,
dem ich als Kind näher war und was ich dann durch die üblichen Sachen wie
Erziehung, Kirche, Pubertät usw. sehr weggedrängt habe und was jetzt, seit
ich vielleicht 28 bin, sich immer wieder in den Vordergrund drängt, und es ist
jetzt für mich ein Weg, der aufgezeichnet ist für mich und für die Menschheit
allgemein, und der mir hilft. Ein Weg zur Klarheit, zum Licht, ein Weg aus dem
Dunkel, etwas, an das ich mich halten kann, etwas, was meine Wünsche
umfaßt.«

JUDITH:
»Je älter ich werde, desto mehr stelle ich fest, daß ein Leben ohne Religiosität nicht geht. Ein Leben muß mit Religiosität stattfinden. Durch meine Erziehung ist das eher verschüttet gewesen, weil ich extrem religiös erzogen worden bin, auf einer Ebene der Religiosität, die ich nicht akzeptieren kann. Ein religiöses Leben zu führen, das bedeutet für mich nicht, zur Kirche zu gehen oder Kirchensteuern zu bezahlen, sondern das Leben auszurichten, moralisch und im Zusammenhang mit anderen Menschen. Das hängt mit Verantwortung zusammen, mit der Liebe zu anderen und mit dem Miteinander auf dieser Erde.«

THOMAS:
»Religiosität heißt für mich kurz gesagt, an einen Gott zu glauben. Es braucht nicht unbedingt eine Person zu sein, sondern etwas, was außerhalb dieser Welt, außerhalb der Endlichkeit dieser Welt existiert, etwas, was sich der Erfahrung und den Erfahrungsmöglichkeiten entzieht. Etwas, an das man glauben muß, was man nicht weiß. Und etwas, was man nicht empirisch nachvollziehen kann. Religiosität hat für mich mit Glauben zu tun, aber auch mit Sicherheit, mit einer anderen Sicherheit als der empirischen, eigentlich eher einer gefühlsmäßigen, einer inneren Sicherheit. Das hat eher mit Gefühlen und mit Emotionen zu tun und mit Geborgenheit als mit derjenigen Sicherheit, die dadurch entsteht, daß ich zum Beispiel ein Experiment mache und danach weiß, wie eine Sache funktioniert. Sowas hat mehr mit dem Kopf zu tun und ist eine andere Sicherheit als die, die mit dem religiösen Gefühl zu tun hat.«

KLAUS:
»Religiosität bedeutete für mich früher Sicherheit, Geborgenheit. Ja, und dann habe ich versucht, das aufzugeben. Aber ich bezeichne mich noch immer als religiös. Sicherheit ist es heute nicht mehr.«

JOHANNES:
»Religiosität würde ich jetzt ganz naiv verstehen als die subjektive Verhaltensdisposition im Zusammenhang mit religiösen Vorgaben und Religion als einem durchaus konkurrierenden Phänomen in verschiedenen Kulturen innerhalb unterschiedlicher kultureller und sozialer Zusammenhänge, die sich unterschiedlich entwickelt haben. Religiosität, da ist Marx und Freud in ihrer unterschiedlichen Kritik recht zu geben, enthält immer etwas Reaktionär-Rückbindendes. Der christliche Glaube ist das religionskritische Ferment innerhalb der Kirchengeschichte, das immer wieder die Vereinnahmung des Glaubens in Religiosität durchbrochen hat. Von daher habe ich zum Phänomen der Religiosität ein etwas gebrochenes Verhältnis, empfinde mich auch nicht als jemanden, der im landläufigen Sinne religiös wäre.«

In den Auffassungen der Befragten wird Religiosität deutlich von Religion abgegrenzt und als das »Innere« und Persönliche der Religion bezeichnet. Religiosität wird mit Erfahrungen von Heilung, Ganzheit, Geborgenheit,

Lebendigkeit, Sicherheit und Gemeinschaft oder der Sehnsucht danach in Zusammenhang gebracht. Für die meisten Befragten ist Religiosität nicht mehr unbedingt an eine bestimmte Religion oder die Vorstellung an einen bestimmten Gott gebunden. Dementsprechend deuten sie ihre Religiosität auch eher als persönliche Angelegenheit und als Ausdruck individueller Gefühle.

Dieses bereits 1963 von Th. Luckmann als »Religion hinter der institutionalisierten Form der Religion« beschriebene Phänomen ist auch durch die neueren, religionssoziologisch orientierten Untersuchungen im deutschsprachigen Raum zur »Neuen Religiosität« festgestellt worden. So hat zum Beispiel M. Schibilsky (1976) in seiner Untersuchung über »Religiöse Erfahrung und Interaktion« auf der Basis von zehn biographisch orientierten Interviews mit jugendlichen Anhängern der »Neuen Religiosität« die Funktion religiöser Erfahrung zu klären versucht. Schibilsky zeigt darin exemplarisch auf, daß mit der Neuen Religiosität auch eine *neue Sozialform* der Religion entsteht, die gekennzeichnet ist durch ein »*. . . hohes Maß an religiöser Kompetenz, . . . Subjektivität, . . . Distanzierung gegenüber alltäglicher nichtreligiöser Wirklichkeit, . . . Marginalitätsbewußtsein (und) . . . Risikobereitschaft*«. (172 f.)

Die gegenwärtige Sinnkrise im »angeblich religionslosen Zeitalter« sieht er verdichtet in der »Suche nach Sinn in neuen Formen religiöser Erfahrung und Existenz«. Allerdings bleibt bei Schibilsky unklar, was denn nun das spezifisch Religiöse von Erfahrungen ausmacht. Ebenso wird der Begriff der Erfahrung selbst in seiner Untersuchung unzureichend reflektiert.

Auch die Dokumentation von H. Mynarek (1983) »Religiös ohne Gott?« versucht der »Neuen Religiosität« der Gegenwart in Selbstzeugnissen auf die Spur zu kommen. Er stellt darin eine erstaunliche Vielfalt religiöser Bewußtseinsprozesse fest, die gekennzeichnet sind durch eine »Abwendung vom (kirchlich geprägten) Glauben an einen persönlichen Gott« und eine »Hinwendung zu einer anderen Form religiösen Lebens, eben zu einer optimal gelebten Religiosität ohne Gott« (17). Er konstatiert in dieser religiösen Renaissance eine Art »Globalhäresie«, in der der Glaube an einen persönlichen Gott als nicht mehr notwendig für das Funktionieren von Religion angesehen wird.

Mynarek geht es in seiner Untersuchung nicht um die philsophische und ontologische Wahrheitsfrage, vielmehr sieht er in dem religiösen Bewußtseinswandel einen Trend, der »*. . . gesellschaftlich wahr in dem Sinne ist, daß er die gesellschaftliche Situation zu einem bestimmten Zeitpunkt und in einer bestimmten Hinsicht maßgeblich widerspiegelt. Ein Trend kann auch . . . psychologisch wahr sein*«. (18)

Dieser Trend der Neuen Religiosität, der eine bestimmte Art des Denkens und Erkennens, Erlebens und Erfahrens hervorbringt, muß doch, so Mynarek, »irgend etwas mit der Wirklichkeit an sich zu tun haben«.

Die religionssoziologischen Untersuchungen zur Religiosität haben im deutschen Sprachraum nach 1945 die »Dimension der Erfahrung« kaum näher bestimmt, und die Frage nach einer nicht kirchlich gebundenen Religiosität war jahrzehntelang nicht relevant. Dies ist hauptsächlich auf den Einfluß der dialektischen Theologie K. Barths zurückzuführen. Die von Barth (1924, XI) geforderte Trennung von Religion und Glauben und seine Forderung nicht nach Erforschung des Glaubens, sondern nach »Verkündigung« hatte entscheidende Wirkung auf die deutsche Religiositätsforschung bis in die sechziger Jahre hinein.

Zentral für Barths Theologie ist der radikale »qualitative Unterschied«, den er zwischen Gott und Mensch macht. *»Jedes Einswerden des Menschen mit Gott in der Welt fällt dahin. Um so klarer wird, daß Gott aller Menschen Gott ist, der Heiden wie der Juden. Um so klarer wird, daß Gott keine seelische und geschichtliche Größe ist, sondern als das Maß und der Inbegriff und der Ursprung aller Größe absolut verschieden von allem, was uns Licht, Kraft und Gut ist . . . So verstanden, ist mit dem Wort ›Gott‹ nicht etwas, sondern alles gesagt, nicht etwas Vorletztes, sondern das Letzte.«* (88)

Für Barth bildet die Religion den äußersten Gegensatz zum Glauben. Mit Religion will sich der Mensch Gott verfügbar machen. Denn in ihr greift der Mensch nach Gott, indem er versucht, Gott zu erkennen. *»Warum nicht das Naheliegendste aussprechen . . ., daß gerade die Religion, die kühne Überheblichkeit des Menschen, der sich nach Gott ausstreckt, selber der Raub an Gott und damit jener Abfall von Gott sei, der den unheimlichen Hintergrund unseres ganzen Daseins bildet?«* (223)

Im Glauben dagegen kommt Gott zum Menschen, und im Akt des Glaubens wird den Menschen etwas geschenkt, was in der Religion mit ihrer »Ehrfurchtlosigkeit und Unbotmäßigkeit« nicht gelingt: *»Denn keine menschliche Gebärde ist an sich fragwürdiger, bedenklicher, gefährlicher als eben die religiöse Gebärde . . . Vor Gott des Übermuts und vor den Menschen sehr mit Recht der Phantasterei verdächtig, nach oben wie nach unten von einem Duft höchster Zweifelhaftigkeit umgeben, ist die ganze reiche Erscheinungswelt der Gottesverehrung, von der plumpsten Deisdämonie bis zum feinsten Spiritualismus, von der ehrlichsten Aufgeklärtheit bis zur saftigsten Metaphysik.«* (112)

Der Glaube ist immer das erste, die Voraussetzung und Begründung, zu der es keinen Heilsweg und keine Stufenleiter gibt. *»Glaube ist darum nie fertig, nie gegeben, nie gesichert, er ist, von der Psychologie aus gesehen, immer und immer aufs neue der Sprung ins Ungewisse, ins Dunkle, in die leere Luft. Fleisch und Blut offenbart uns **das** nicht (Matth. 16,17): kein Mensch kann es dem andern, keiner sich selber sagen.«* (73)

Barths Ausgangspunkt seiner theologischen Reflexion ist die unüberwindbare Trennung von Mensch und Gott. Das Einswerden des Menschen mit Gott in der religiösen Erfahrung ist für ihn die maßlose Anmaßung des Menschen, der Gottheit Gottes habhaft zu werden. Diesem Zweck dient auch die Religion als »kühne Überheblichkeit des Menschen, der sich nach Gott ausstreckt«. Somit wird jede religiöse Gebärde zu einem ehrfurchtslosen Greifen nach Gott. Religion ist für Barth nichts weiter als Menschenwerk. Dagegen ist der *Glaube* für ihn die einzige Möglichkeit des Menschen, von Gott berührt zu werden, denn im Akt des Glaubens kommt Gott zum

Menschen. Barth wendet sich gegen jeden Versuch, von der religiösen Erfahrung des Menschen auszugehen, um auf diesem Wege die Frage nach der Gewißheit des christlichen Glaubens zu beantworten. Damit richtet er sich vor allem gegen die Theologie Schleiermachers und ihre Folgen in der liberalen Theologie.

Mit seiner Verteidigung des Glaubens gegen die Erfahrung hat Barth jedoch den *Begriff* der Erfahrung kaum inhaltlich entwickelt und definiert, sondern weitgehend auf die »äußere« Erfahrung eingegrenzt. Der Theologe G. Hasenhüttl bemerkt dazu: *»Weil Barth das Gotteswort . . . in die Verfügbarkeit und in den Besitz des Menschen geraten sieht, ist es für ihn notwendig, die Erfahrung einzuschränken und ihren Sinn in der Transzendenz anzusetzen.«* (1974, 628)

Nach Hasenhüttl (624 ff.) ist jedoch einzig die Erfahrung die Weise, in der sich die »Wahrheit der Dinge« enthüllt. Ihre Objektivität erhält sie durch ihre intersubjektive und gesellschaftliche Vermittelbarkeit und Teilbarkeit. Deswegen muß sich jede diskursive rationale Argumentation und jedes Reden von Gott innerhalb der Grenzen der Erfahrung bewegen, denn der »einzig legitime Ort der Theologie ist die Erfahrung«. Erfahrungslosigkeit dagegen macht ein Wort wie zum Beispiel »Gott« zur Leerformel. Auch die Theologin D. Sölle (1974, 543) betont: *»Alle heutigen tastenden Versuche, Religion wieder oder neu zu artikulieren, bleiben unverbindlich ohne den zentralen Begriff der Erfahrung.«*

Im deutschen Sprachraum erfuhr die neuerliche Bezugnahme der Theologie auf die Dimension der Erfahrung und Religion jedoch erst in den siebziger Jahren eine Renaissance. Bevor jedoch die Erfahrung wieder Ausgangspunkt der theologischen Reflexion wurde, bezogen sich die religionssoziologischen Untersuchungen vorwiegend auf kirchen- und pastoralsoziologische Fragestellungen, zum Beispiel auf das Verhalten der Christen, ihre Glaubenshaltung, ihre Einstellung zum Gottesdienst, ihren Kirchenbesuch und auf die Einhaltung bestimmter religiöser Bräuche. Nach F. Fürstenberg/J. Mörth (1973, 4) hatten die meisten dieser Untersuchungen vorwiegend soziographischen und teilweise rein sozial-statistischen Charakter. Religiosität wurde buchstäblich »vermessen«. Anders in den USA, in denen traditionellerweise eine erheblich pluralistischere Religionsstruktur herrscht als im Zweikirchensystem des deutschen Sprachraums. So kommen denn auch die ersten religionssoziologischen Untersuchungen zur Religiosität, die nicht kirchengebunden sind, vorwiegend aus den USA. Hier ist v. a. C. Glocks Untersuchung (1965)[6] zu nennen, der das Phänomen der Religiosität in fünf Dimensionen differenziert hat:

1. Die Dimension der Erfahrung (experimental dimension),
2. die ideologische Dimension, der religiöse Glaube (ideological dimension),
3. die rituelle Dimension, die religiöse Praxis (ritualistic dimension),
4. die intellektuelle Dimension, das religiöse Wissen (intellectual dimension),
5. die religiösen Wirkungen (consequential dimension).

Mit der ersten »Dimension der Erfahrung« meint er die »subtilen und weniger öffentlich hervortretenden Erlebnisformen« (169), die er allerdings kaum weiter untersucht, weil seiner Auffassung nach der Zugang zur Alltagserfahrung fehlt, da die persönlichen religiösen Empfindungen im Alltagsleben nicht offen ausgedrückt werden. Glocks Ansatz von den fünf Dimensionen der Religiosität hat U. Boos-Nünning (1972) in ihren Untersuchungen angewendet und einer kritischen Reflexion unterzogen. Sie faßt Religiosität als eine psychische Disposition auf, die jedoch nicht als Religiosität des einzelnen Menschen, sondern als Religiosität einer Gruppe von Menschen zu erfassen sei. Mit der quantitativen Erforschung der »allgemeinen Religiosität« will sie die gegenwärtig gültige *Sozialform der Religion* bestimmen. Ihre Faktorenanalyse ist dementsprechend nicht psychologisch, sondern soziologisch orientiert.

Problematisch erweist sich bei dieser schematischen Untersuchung der Religiosität ebenso wie bei Glock die Dimension der Erfahrung. Erfahrung als zentrale und übergreifende Kategorie der Religiosität wird hier reduziert auf *eine* Dimension und nicht als eine wesentliche Grundlage jeder religiösen Tradition angenommen.

Dennoch haben die religionssoziologischen Untersuchungen einen Beitrag dazu geliefert, die Innerlichkeit von Religion und Religiosität um die Dimension der Gesellschaftlichkeit zu erweitern. Auch die von der Kritischen Theorie beeinflußten Untersuchungen zur religiösen Sozialisation machten deutlich, daß mit der Erforschung von Sozialisationsprozessen die wichtige Perspektive der Gesellschaftlichkeit des Individuums aufgezeigt wird, die zur Herleitung des Begriffs vom »sozialisierten Subjekt« führte. Denn der Begriff der ›Sozialisation‹ bringt zum Ausdruck, daß sich die menschliche Persönlichkeit in keiner Phase ihrer Entwicklung und in keiner ihrer Dimensionen gesellschaftsfrei herausbildet, sondern »stets in einer konkreten Lebenswelt, die gesellschaftlich-historisch konkret ist« (K. Hurrelmann 1976, 12). Der einzelne Mensch ist also zugleich Objekt und Subjekt der Geschichte, sowohl der gesellschaftlichen als auch der persönlichen. Sozialisation vollzieht sich an ihm und durch ihn. Nach D. Geulen (1977, 24) ist die Sozialisationstheorie ». . . *sozusagen eine Brücke, über die man von dem Punkt aus, wo der Schmerz fühlbar ist (im Subjekt), fortschreiten kann zur Analyse seiner gesellschaftlichen Ursachen.«*

Sozialisationstheorie fragt deswegen nicht nur in Richtung auf das Individuum, sondern, von diesem ausgehend, ebenso in Richtung auf die strukturellen Mechanismen der Gesellschaft. Betrachtet man vor diesem Hintergrund Religiosität auch unter sozialisationstheoretischen Aspekten, so zeigt sich, daß Religion und Religiosität nie »an sich«, sondern immer in Verflechtung mit anderen »Sozialisationsagenturen«, wie zum Beispiel Familie, Kirche, Schule, Beruf usw. auftritt und vermittelt wird. Deswegen ermöglichte die Untersuchung der religiösen Sozialisation, mehr noch als die rein kirchen- und pastoralsoziologischen Untersuchungen, den Einfluß der Religion auf die »innere Natur« des Menschen zu verdeutlichen. *»Nur so kann nachgewiesen werden, warum Religion überhaupt im menschlichen*

Leben wirksam wird. Nur so kann sich zeigen, welche individuellen Momente es sind, die dazu führen, daß etablierte religiöse Systeme sich in tausend verschiedenen, individuellen Formen brechen und in der individuellen Aneignung verändert werden.« (Ch. Morgenthaler, 1976, 96)

Die Erforschung der »religiösen Sozialisation« hilft zwar, die subjektiven psychischen Strukturen und Vorgänge, die von Religion beeinflußt, geprägt und herausgebildet werden, zu untersuchen, bleibt allerdings begrenzt hinsichtlich der Bestimmung von Religiosität, die sich nicht an den etablierten religiösen Systemen orientiert. Die Untersuchung dieser »freischwebenden« Religiosität bedarf zudem auch anderer Methoden als sie die Sozialisationsforschung entwickelt hat.

2.2. Auf der Suche nach dem »innersten Kern« der Religiosität

> *»Jener erste geheimnisvolle Augenblick, der bei jeder sinnlichen Wahrnehmung vorkommt, ehe noch Anschauung und Gefühl sich trennen, wo der Sinn und sein Gegenstand gleichsam ineinandergeflossen und eins geworden sind, ehe noch beide an ihren ursprünglichen Platz zurückkehren – ich weiß, wie unbeschreiblich er ist und wie schnell er vorübergeht, ich wollte aber, ihr könntet ihn festhalten . . . Die geringste Erschütterung, und es verweht die heilige Umarmung, und nun erst steht die Anschauung vor mir als abgesonderte Gestalt, ich messe sie, und sie spiegelt sich in der offenen Seele wie das Bild der sich entwindenden Geliebten in dem aufgeschlagenen Auge des Jünglings, und nun erst arbeitet sich das Gefühl aus dem Innern empor und verbreitet sich wie die Röte der Scham und der Lust auf seiner Wange. Dieser Moment ist die höchste Blüte der Religion.«*
> (F. Schleiermacher, 1799, 38 f.)

Um die Inhalte von Religiosität bestimmen zu können, um das »Unsagbare im Sagbaren« zu entziffern, hat sich die Religions*psychologie* bemüht, mittels unterschiedlichster Methoden die spezifische Qualität der religiösen Erfahrung wissenschaftlich zu untersuchen. Die Darstellung der »Religionspsychologie« von W. Gruehn (1926) zeigt, daß sich die religionspsychologische Forschung um die Jahrhundertwende bereits weit entwickelt hat[7]. Gegenstand der Religionspsychologie dieser Zeit war vor allem die Untersuchung des religiösen Erlebens und der religiösen Erfahrung, der Entstehung der einzelnen religiösen Akte und des religiösen Bewußtseins, die religiösen Anfänge beim Einzelindividuum, die Entstehung der Religion innerhalb verschiedener Gesellschaftsformen, die Analyse des Werdens der religiösen Heroen und das Problem der irreligiösen Entwicklung. Die Methoden der Religionspsychologie unterschied Gruehn (26 ff.) in die der »reinen Psychologie« und die der experimentellen Psychologie. Zur »reinen Psychologie« zählt er die *Methode der Selbstbeobachtung* als »Beobachtung des eigenen Innenlebens« und die phänomenologische Methode der Husserlschen Schule, verwandt der »verstehenden« Psychologie sowie die *religionspsychologische Biographienforschung,* die vor allem durch W. James »zu großer Fruchtbarkeit gebracht wurde«. Darin inbegriffen war die Analyse spontan entstandener Selbstbekenntnisse, Dichtungen, Briefe, Aufsätze und Aufzeichnungen.

Nach Gruehn haften jedoch dem Gesamtmaterial, das restlos auf die naive Selbstbeobachtung zurückgeht, große Fehlerquellen an. Es stellt für ihn eher eine Bereicherung dar unter dem »Gesichtspunkt der Mannigfaltigkeit«, nicht aber unter dem der wissenschaftlichen Präzision. Deswegen ist für Gruehn das wichtigste und zuverlässigste Hilfsmittel moderner empirischer Forschung das *Experiment.* Er glaubt, mittels des religionspsychologischen Experiments so nahe an das religiöse Erleben heranzukommen, wie dies überhaupt möglich ist (1960, 22). So versucht er (1926), auf dem Hintergrund der Untersuchung der Struktur des religiösen Grunderlebnisses zum Beispiel die Versenkungsstufen, die gedanklichen Variationen des religiösen Grunderlebnisses, die Bewußtseinsstufen und die entsprechenden Variationen des religiösen Erlebens zu erforschen.

Die experimentelle Religionspsychologie hat jedoch letzten Endes auch nur eine Fülle an Material produziert, und deren experimentelle Einzeluntersuchungen stellen letztlich verschiedene Variationen über das gleiche Thema dar, nämlich die Beschreibung dessen, was religiöses Leben überhaupt ist. Der Kritik H. Müller-Pozzys (1979, 80) ist deswegen zuzustimmen: »*In ihrem krampfhaften Bemühen, empirische Psychologie zu sein, beschränkt sich die experimentelle Religionspsychologie auf das reine Feststellen von Tatsachen und verzichtet, zumindest vordergründig, auf jede psychologische Deutung. Das Deuten der erhobenen Daten sieht sie als Aufgabe der Theologie. Damit fehlt ihr eine psychologische Theorie der Religion, und sie wird gerade deshalb für die Psychologie und die Theologie bedeutungslos.*«

Verdienst der experimentellen Religionspsychologie ist jedoch, daß sie sich von den naiven Vorstellungen und dem Psychologismus der frühen religionspsychologischen Schule abgesetzt und dennoch nicht, wie die Dialektische Theologie, grundsätzlich religionspsychologische Fragestellungen verneint hat. Ihr ist es jedoch nicht gelungen, die Fülle des gesammelten Materials systematisch auszuwerten. Da sie im deutschen Sprachbereich vor allem von Theologen (zum Beispiel von Gruehn und Girgensohn) betrieben wurde, kann sie sich auch eines gewissen Ideologieverdachts nicht erwehren[8]. Nach Müller-Pozzy (1975, 56 ff.) hat zudem ihr wissenschaftliches Selbstverständnis (reine Tatsachenfeststellung ohne Deutung), die einseitige Bestimmung des Gegenstandes (der Begriff »religiöses Erleben« bleibt unhinterfragt und wird schlicht als das bewußte Erfahren von »Etwas« verstanden), ihr Verhaftetbleiben an die Bewußtseinspsychologie sowie eine zu enge und naive bzw. gar keine Persönlichkeitstheorie dazu geführt, daß die experimentelle Religionspsychologie relativ erfolglos blieb und sich durch die »Fesseln des Experiments« ihre eigenen Schranken wies.

Die Religionspsychologie geriet somit zunehmend in eine Krise, die W. Trillhaas (RGG³, Bd. V, 1024) schon in der Konzeption selbst angelegt sieht, da sie sich von Anfang an dem Ideal einer Objektivität und neutralen Exaktheit verschrieben hat, um sich so der Wahrheits- und Sinnfrage zu enthalten. *»Aber kann man den religiösen Akt je verstehen, wenn man ihn seines Herzens, eben der Frage nach der Wahrheit beraubt?«* (ebd.)

Um zu untersuchen, was Religiosität ist, reicht es also nicht aus, lediglich eine Fülle von Material – sei es experimenteller oder selbstbeobachtender Art – zu sammeln, ohne dieses auch zu interpretieren und zu deuten. Dieses Problem berücksichtigte W. James. Er trug der Forderung F. Schleiermacher's Rechnung, zwischen dem eigentlichen religiösen Erlebnis und der reflektierenden Deutung der religiösen Erlebnisse des Menschen zu unterscheiden. James' Werk (1907) brachte nachdrücklich zu Bewußtsein, daß das Irrationale mit zum Wesen der Religion gehört. Hauptgegenstand seiner Untersuchung waren religiöse Gefühle und religiöse Willensregungen, die er als zur *persönlichen Religion* gehörend kennzeichnete.

Der amerikanische Religionspsychologe P. W. Pruyser entwirft in Anlehnung an James eine Religionspsychologie auf psychoanalytischer und klinisch-psychologischer Grundlage. In seiner Arbeit »Wurzeln des Glaubens« (1972) beschreibt und klassifiziert er religiöse Phänomene innerhalb der Bereiche der Wahrnehmungsprozesse, der intellektuellen Prozesse, des Denkens, der Sprache, der Gefühle und der Motorik sowie der zwischenmenschlichen Beziehungen zu Personen, Dingen, Ideen und dem Ich. Nach Pruyser gehen religiöse Phänomene und andere psychische Erscheinungen ohne scharfe Abgrenzung ineinander über; in der Religion, wie auch in anderen menschlichen Bestrebungen, sind Gefühle oft wichtiger als Gedanken. Es gibt nach ihm keinen isolierten psychischen Ursprung für die Religion. Deswegen läßt sich Religion auch nicht auf *eine* psychische Funktion zurückführen (1972, 14). Die Wurzel menschlicher Religiosität liegt für ihn im Dynamisch-Unbewußten, dem »inneren tremendum«. Die Religion des Menschen ist wie ein Bildschirm, und die interkulturell entstandenen Projektionen auf diesem Bildschirm, das »Mehr«, das »Numen«, das »Unbedingte«, das »ganz Andere«, verhüllen und verbergen sich hinter diesem Schirm: *»Ich könnte mir vorstellen, daß auf der anderen Seite des Schirms eine zweite Vorstellung abläuft. Dort spielen das ›Mehr‹ von James, das ›Numen‹ von Otto und das ›Unbedingte‹ von Tillich, Schopenhauer's ›Wille‹, Allah, Jehova, die Dreieinigkeit und das ›Es‹, indem sie sich enthüllen und verbergen und ihrerseits Bilder auf den Schirm werfen. Es spielt keine Rolle, wer den Schirm aufgestellt hat; für jede Partei hat er einen diesseitigen und einen jenseitigen Bereich. Es ist auch belanglos, auf welcher Ebene der Schirm aufgestellt ist. Die Horizontale bringt den gleichen Effekt hervor wie die Vertikale. Jeder Blickwinkel ist möglich. Was aber eine Rolle spielt, ontologisch und erkenntnistheoretisch, psychologisch und theologisch, ist der Grad der* **Angemessenheit** *zwischen den beiden projizierten Bildern.«* (332)

Pruyser läßt dabei offen, wie diese beiden Projektionsebenen miteinander in Verbindung stehen und sich beeinflussen, und ob es sich dabei um einen undurchlässigen Bildschirm handelt oder ob sich beide Projektionen gegenseitig durchdringen. Er hat jedoch damit einen wichtigen Gedanken formuliert hinsichtlich einer angemessenen Methode der Religionspsychologie: jeden Blickwinkel religionspsychologischer Forschung für möglich und dementsprechend für überprüfenswert zu halten.

Der schwedische Religionspsychologe H. Sundén (1966, 27) betont, daß religiöse Erlebnisse ohne religiöses Referenzsystem, ohne religiöse Tradition, ohne Mythos und Ritus undenkbar sind. *Religiöse Tradition* ist demnach die Bedingung für religiöse Erfahrung überhaupt.

In seiner Religionspsychologie von 1970 entfaltet der französische Religionspsychologe A. Vergote verschiedene Problembereiche unter einem einheitlichen, dynamisch-genetischen Aspekt. *»Die eigentlich genetische Psychologie hat strukturalen Charakter. Als komplexes Wesen **wird** der Mensch in dem Maß, wie sich seine verschiedenen Aspekte strukturieren: Erfahrungen, Triebe, Gefühle, Gedanken, Entscheidungen, Einbruch des Wirklichen und Anwesenheit des Andern. (. . .) Der Mensch **ist** nicht religiös. Er **wird** es.«* (33) Das bedeutet, der Mensch ist nicht von Natur aus religiös, sondern er wird es im Laufe seiner Lebensgeschichte.

Nach Vergote hat sich die Religionspsychologie als positive Wissenschaft nur mit den *Erscheinungen* der Religion zu befassen. Deswegen ist nur diejenige Seite der Religion zu erforschen, die sich im Menschen manifestiert und strukturiert. Jedoch sollen die Erscheinungen der psychischen Phänomene nicht nur beobachtet, sondern auch begriffen werden. Den »methodologischen Ausschluß des Transzendenten« (15) begründet er damit, daß Gott grundsätzlich nicht zum Forschungsfeld des Psychologen gehört, denn keine empirische Methode werde jemals imstande sein, Gott wahrzunehmen. Zwar betont er, daß man sich auf den Weg der Wahrheitsproblematik begibt, sobald man die Frage nach dem »Warum« eines Verhaltens stellt, jedoch verbietet es das wissenschaftliche Prinzip des »Ausschlusses der Transzendenz«, sich als Erklärungsfaktor auf den transzendenten Gott zu berufen, da Transzendenz als solche keiner wissenschaftlichen Beobachtung zugänglich ist.

Die methodischen Grenzen zur psychologischen Untersuchung der Dimension der religiösen Erfahrung weisen nach Vergote in ihrer Überschreitung auf etwas Transzendentes hin, das jedoch außerhalb der gültig überprüfbaren Erfahrung des Menschen nicht objektivierbar ist, will sie sich in ihren Beschreibungsversuchen des Transzendenten nicht im theologisch, philosophisch Spekulativen verlieren.

Die Bedeutung des genetisch-entwicklungspsychologischen Ansatzes liegt darin, daß es Religiosität nicht »an sich«, sondern immer nur in gesellschaftlich-historischen und dementsprechend lebensgeschichtlichen Entwicklungen, Veränderungen und Wandlungsprozessen gibt. Eine Vorstellung, die noch für die ältere religionspsychologische Forschung bestimmend war, daß nämlich Religiosität direkt von Gott komme[9], bzw. auf der genetischen

Anlage des Menschen sitze, hat sich somit – zunächst – als unhaltbar erwiesen. Der Mensch ist sowohl in seiner religiösen Entwicklung, wie auch im aktuellen Erleben von Religion umweltabhängig und traditionsgeprägt. Bezeichnenderweise wird in der Religionspsychologie immer wieder das »Prinzip des Absehens von Transzendenz« betont. Dieser Ausschluß der Transzendenz aus dem Forschungsbereich bedeutet zwar weder deren Negierung oder Leugnung, aber wie H. Müller-Pozzy (1975, 37) zu Recht bemerkt, wird dadurch die Methodik der Religionspsychologie durch Ausgrenzung bestimmt, das heißt diese religionspsychologische Reduktion »besagt, was Religionspsychologie nie sein darf, aber nicht, was sie positiv sein kann«. Es wird also nicht bestimmt, was »Transzendenz« ist, sondern wie die Erfahrung von Transzendenz im religiösen Erlebnis oder im religiösen Gefühl beobachtbar und somit bewertbar zum Ausdruck kommt. Das »Absehen von der Transzendenz« hat es jedoch ermöglicht, ansatzweise den Begriff der Erfahrung von Transzendenz genauer zu bestimmen und die Frage nach Transzendenz auf den Menschen als den erlebenden »Untersuchungsgegenstand« zu beziehen.

Zusammenfassend ist festzuhalten: Der Mensch ist nicht von Natur aus religiös, sondern er wird es. Religiosität ist entwicklungsbedingt, umweltabhängig und traditionsgeprägt. Es ist zu unterscheiden zwischen dem »eigentlichen religiösen Erlebnis« und der reflektierenden Deutung dieses Erlebnisses. Die Wurzel menschlicher Religiosität ist im »Dynamisch-Unbewußten«[6] zu suchen. Denn die »Tiefendimension« der Religiosität ist nicht nur auf der Ebene des Bewußtseins angesiedelt, sondern wesentlich im Unbewußten. Zum Unbewußten muß methodisch jedoch ein anderer Zugang gefunden werden, als es zum Beispiel die bewußtseinsorientierten, auch noch so raffiniert gestalteten Befragungen ermöglichen. Müller-Pozzys Vorschlag, den er in seiner »Psychologie des Glaubens« (1975) entfaltet, nämlich die psychoanalytische Methode als Heuristik der religiösen Sprache und Symbole zu nutzen, scheint richtungsweisend dafür zu sein, die unbewußte Dimension der Religiosität genauer zu untersuchen. Grundlage dafür könnte der von Th. Leithäuser/B. Volmerg entwickelte methodische Ansatz der »Psychoanalyse in der Sozialforschung« (1988) sein.

2.3. Das »ozeanische Gefühl« als Quelle der religiösen Energie

»Es ist das tiefste und erhabendste Gefühl, dessen wir fähig sind. Aus ihm allein keimt wahre Wissenschaft. Wem dieses Gefühl fremd ist, wer sich nicht mehr wundern und in Ehrfurcht verlieren kann, der ist seelisch bereits tot. Das Wissen darum, daß das Unerforschliche wirklich existiert und daß es sich als höchste Wahrheit und strahlendste Schönheit offenbart, von denen wir nur eine dumpfe Ahnung haben können – dieses Wissen und diese Ahnung sind der Kern aller wahren Religiosität.«

(A. Einstein)[10]

Ein zentraler Untersuchungsgegenstand der psychologischen Religiositätsforschung ist das »religiöse Gefühl«, das in enger Verbindung steht mit religiöser Sprache und religiösen Symbolen, weil es dadurch seinen Ausdruck findet. Das religiöse Gefühl kann als Quelle der Religiosität bezeichnet werden, wie es S. Freud 1930 in seiner Schrift »Das Unbehagen in der Kultur« beschreibt, in dem er sich auf den Brief seines Freundes Romain Rolland bezieht, dem er die Arbeit »Die Zukunft einer Illusion« zugeschickt hatte. Sein Freund sei, schreibt Freud, »*... mit meinem Urteil über die Religion ganz einverstandern, bedauerte aber, daß ich die eigentliche Quelle der Religiosität nicht gewürdigt hätte. Diese sei ein besonderes Gefühl, das ihn selbst nie zu verlassen pflege, das er von vielen anderen bestätigt gefunden und bei Millionen Menschen voraussetzen dürfe. Ein Gefühl, das er die Empfindung der ›Ewigkeit‹ nennen möchte, ein Gefühl wie von etwas Unbegrenztem, Schrankenlosem, gleichsam ›Ozeanischem‹. Dies Gefühl . . . sei die Quelle der religiösen Energie, die von den verschiedenen Kirchen und Religionssystemen gefaßt . . . werde.«* (StA. Bd. IX, 197)

Auch F. Schleiermacher (1799) hat in seinen »Reden über Religion« das religiöse Grundgefühl als »schlechthinnige Abhängigkeit« bezeichnet und über das Denken und Handeln gestellt. Das religiöse Gefühl ist für ihn der *Ursprung* von Religion überhaupt und Religion ist »Sinn und Geschmack fürs Unendliche«: »*Alles Endliche besteht nur durch die Bestimmung seiner Grenzen, die aus dem Unendlichen gleichsam herausgeschnitten werden müssen. Nur so kann es innerhalb dieser Grenzen selbst unendlich sein und eigen gebildet werden . . .*« (1913 (1799), 28)

Das religiöse Grunderlebnis als die Erfahrung absoluter Abhängigkeit, das allen Theorien darüber vorausgeht, bezeichnete Schleiermacher später als »unmittelbares Selbstbewußtsein«. Er hält das Gefühl selbst für Erkenntnis, und zwar für Erkenntnis des Selbst. Dieses Gefühl des Unendlichen sei weniger dem Wiegen und Zählen und Messen zugänglich als vielmehr der Ahnung und erhalte durch das Mitteilenwollen seine Gestalt. Jedoch sei religiöse Mitteilung nicht in Büchern zu suchen, da zu vieles vom ursprünglich Darzustellenden im Medium der Sprache durch vervielfältigte Reflexion verlorengehe: »... *nur wenn sie verjagt ist aus der Gesellschaft der Lebendigen, muß sich ihr vielfaches Leben verbergen in toten Buchstaben*«. (93) Religiöses Gefühl der religionswissenschaftlichen Forschung zugänglich zu machen, ist dennoch gebunden an die Beschreibung religiöser Gefühle. Denn auch die intimsten religiösen Gefühle lassen sich in der Regel nur durch Sprache vermitteln und ermitteln[11] und finden ihren Ausdruck in literarischen oder persönlichen Niederschriften oder in mündlichen Gesprächen. Diese Quellen lassen sich nur qualitativ analysieren und deuten. Eine solche qualitative Analyse muß auf quantifizierbare Beschreibung und auf Repräsentativität weitestgehend verzichten. Dabei besteht allerdings das Problem, wie die qualitative Untersuchung des religiösen Gefühls nicht nur bewußtseinsorientierte Verarbeitungen, sondern auch die im Unbewußten liegenden Wurzeln religiösen Gefühls aufdecken kann. Zwar gehört es zum Wesen des Gefühls, daß es verspürt, und somit dem Bewußtsein bekannt wird (vgl. S. Freud, 1915, STA, Bd. 3, 136 f.), aber wie jedes Gefühl liegt auch das religiöse Gefühl im *Zwischenbereich* von Bewußtem und Unbewußtem.

Die qualitative Methode der Erlebnisbeobachtung und der Introspektion ermöglicht die subjektiven Gefühlsinhalte annähernd wissenschaftlich zu untersuchen. Die Annahme, daß man das Erleben selbst beobachten könne, ist allerdings ein Irrtum. Deswegen besteht auch nicht die Möglichkeit einer reinen Selbstbeobachtung. W. Traxel (1974, 154) stellt dazu fest: »*Was man als die Besonderheit der Selbstbeobachtung angesehen hat, ist in Wirklichkeit keine Beobachtungsleistung, sondern vielmehr eine Leistung des Interpretierens, und zwar des Interpretierens von Beobachtungen gewöhnlicher Art unter einem psychologischen Gesichtspunkt.*«

In diesem Sinne ist jede subjektive Reflexion von religiösen Gefühlen und Erlebnissen nicht nur ein beobachtender und beschreibender, sondern zugleich auch ein interpretativer Akt. Denn das religiöse Erlebnis selbst ist im Augenblick des Geschehens zunächst sprachlos. Erst im deutenden Akt des Nachdenkens und Sprechens wird es der objektiven Realität als Erfahrung zugänglich. Denn auch das Unsichtbare und Unsagbare muß sprachlich verfaßt sein, damit es als Erfahrung kommunizierbar wird. So zeigt auch die Geschichte der Mystik das immer wieder transkulturell auftretende Bedürfnis, sich um sprachlichen Ausdruck des erlebten Geschehens zu bemühen (vgl. R. Otto, 1929). Um dabei das Wahre und Echte vom Fragwürdigen, Falschen und Klischeehaften dieser Aussagen zu unterscheiden, ist es notwendig, wie der Ethnologe und Schriftsteller M. Leiris (1982, 21) fordert, darin die »... *Geschraubtheiten zu entdecken, auch faule Tricks, welche die Ungewißheiten des Denkens mit dem Rauschgold der Wörter maskieren sollen, und die danach trachten, rein sprachliche Evidenz an die Stelle einleuchtender Bilder zu setzen*«.

Der sprachliche Ausdruck religiösen Erlebens bleibt jedoch immer eine »Annäherungswahrheit«, muß immer ein Vorhaben bleiben, ist ein fortlaufender und zugleich immer vorläufig bleibender Erkenntnisprozeß, an den das erkennende Subjekt den anderen (die Leser, Zuhörer, Wissenschaftler) teilhaben läßt. Auf diese Weise wird die Sprache zum »Orakel«, zu einem »Faden, der uns durch das Babel unseres Geistes führt«. So kann es gelingen, mit ». . . *dem Erlebten als Grundstoff und der Sprache als Werkzeug bestimmte Annäherungswahrheiten zu schmieden, die einige als die ihren annehmen und die, allein durch diese Teilhabe, nicht mehr die Wahngebilde eines einzelnen oder eitel Schein sein werden.*« (M. Leiris, 1986, 255)

Schon W. James (1907) unterschied zwischen dem eigentlichen religiösen Erlebnis und der reflektierenden Deutung dieses Erlebnisses, betonte dabei allerdings, daß jede rationale Reflexion über religiöse Erlebnisse »wie Übersetzungen eines Textes in eine andere Sprache« sind (James, 1972, 337). Damit muß nun aber die Frage gestellt werden, was überhaupt das spezifisch »Religiöse« am religiösen Gefühl ist. Läßt sich das Spektrum der religiösen Gefühle überhaupt von der Vielfalt der gesamten menschlichen Gefühle trennen und gibt es demzufolge ein religiöses Gefühl »an sich«? D. Neumärker (1973, 74f.) kam in ihrer Untersuchung zum Ergebnis, daß es das religiöse Gefühl als besonderes psychisches Vermögen nicht gibt. »*Von einem spezifischen religiösen Gefühl, das als menschliche Reaktion dem religionsphänomenologisch beschriebenen ›Heiligen‹ entspräche, kann wohl nicht die Rede sein.*«

Wenn es aber kein religiöses Gefühl »sui generis« gibt, muß danach gefragt werden, was innerhalb der Gefühlswelt das Spezifische des Religiösen gegenüber dem Nichtreligiösen ist. Dazu äußerten sich die Befragten folgendermaßen:

K̲ʟᴀᴜs:

»*Religiöses Gefühl, das ist der Moment, in dem ich hier und jetzt ganz sein kann und offen bin und zeitlos. Man kann es sich nicht selbst verschaffen und es selbst machen, sondern es ist ein Geschenk. Das sind ganz seltene Momente. Man kann darüber hinweggehen, indem man es zum Beispiel nicht wahrnimmt. Es ist eher eine Seinsform . . ., ein Gefühl von innerer Verbundenheit mit allem, was ist. Einssein mit allen Seinsformen. Und ein Gefühl von Sicherheit, Geborgenheit, und ganz bewußt spüren, daß man ein Teil des Kosmischen ist. Am stärksten ist dieses Gefühl, wenn ich spüre, wie diese Vernetzung von allen Teilen von mir, auch allen Körperteilen, mit allem anderen in der Natur und dem Kosmos vernetzt ist. Und das ist wieder dieses Gefühl von Geborgenheit und Sicherheit und Teilsein von allem. Wichtig ist, daß durch dieses Gefühl der Verbundenheit auch so eine Achtung vor allem entsteht. . . . Klarheit, ganz bewußt sein, Ruhe, Stille, sich ganz konzentrieren und Offenheit . . . Entspannung, Gelöstheit, aber auch Anspannung und Konzentration. Das gehört zusammen . . . Ich habe gerade dieses Wiesen-Beispiel vor Augen. Das war eine Situation, wo es so ähnlich war, dieses Gefühl, aber ich hätte mich nicht öffnen können dafür, ich hatte auch Angst davor, vor diesem Verströmen . . . Das habe ich vielleicht zwei bis drei Mal in meinem Leben erlebt. Es ist auch Achtung vor der Natur und dem Menschen. Dann bekommt das Wechselspiel von Tod und Leben auch eine ganz andere Bedeutung. Und der Wert davon ist Sicherheit.*«

MARIA:
»Ich habe solche religiösen Gefühle während des Gebetes. Ich kann das nur so beschreiben, daß ich mich dann innerlich total entspannen konnte und das Empfinden hatte, mit Kraft vollgegossen zu werden und voll positiver Energie zu sein. Und zugleich das Gefühl anschließend, voll Spannkraft zu sein.«

SILVIA:
»Religiöse Gefühle, das ist schwer zu sagen. Die können so verschieden sein. Ich will mich da nicht festlegen, das zu beschreiben. Ein Medium für mich ist ein Kind. Ein kleines Kind. Zu sehen, wie ein Kind einfach etwas nehmen und tun kann. Diese Geste war so einfach und so schön, das hat mich ganz tief sprirituell geöffnet. Diese Situation war in Oregon, als Bhagwan kam. Wir standen da mit diesem kleinen Kind und dann tanzten wir etwas, und das Kleine machte uns nach, und dann nahm die Mutter den Kleinen auf den Arm und gab ihm eine Rose in die Hand. Dann kam Bhagwan, und er legte mit so einer unglaublichen Selbstverständlichkeit diese Rose vor ihn hin und strahlte ihn mit so einer Selbstverständlichkeit so klar an, das war so einfach, so völlig einfach, und das hat mich in dem Moment völlig geöffnet. Das bedeutete für mich dann auch, mich für Bhagwan zu öffnen. Ich glaube, ein religiöses Erlebnis hat viel zu tun mit dem Öffnen für die Lebensenergie und wenn du dich ein Stück weit ihr überlassen kannst. Das sind die Erfahrungen, die ich habe. Ich weiß nicht, was Satori ist und was das alles ist ... Es gibt bestimmt ein Wort dafür, ich komme jetzt nicht darauf ... Es war eine Mischung von Ganz-Glücklich-Sein, aber auch Tränen waren dabei, es war diese Rührung durch die Anmut des Kindes. Ich denke, in dem Moment war mein Herz offen, meine Augen waren offen, das heißt ich war offen für eine Begegnung. Offen für etwas, um etwas in mir fallen zu lassen.«

JUDITH:
»Zum Beispiel: ein ganz kleines Kind, was noch keine Erfahrungen gemacht hat, wenn es erste Erfahrungen aufnimmt, zum Beispiel bei Gewitter mit riesen-großen Augen in den Himmel starrt und innerlich mitbebt, das ist für mich ein religiöses Erlebnis. Weil das Kind noch ganz leer ist und ohne Vorurteile. Das Kind verbindet noch nichts. Es ist eine Art Zustand, wie man ihn erreichen sollte wie bei der Meditation, wo man abschalten sollte, um eine Art Leerheit im Geiste zu entwickeln, um dann danach fruchtbarer arbeiten zu können. So ähnlich ist es auch bei einem Kind. Es ist noch ganz leer. Es ist wie ein wunderschöner Behälter, in das die Erfahrungen des Lebens hineinkommen. Man wünscht, daß das immer sehr schöne sind, es ist aber nicht so. So ein religiöses Erlebnis hängt mit der Natur zusammen und wie der Mensch die Natur aufnimmt. Und wie er versucht, damit eins zu werden. Um dieses Einssein zu erreichen, darum geht es letztendlich, und um die Furcht zu überwinden. Dem nahe kommen auch meine Erinnerungen an S. in Griechenland, weil es eine unheimliche Insel ist und weil ich dort meistens im Winter gelebt habe. Absolute Einsamkeit, man war so ausgeliefert und

ganz selten, manchmal, da gab es so ein Gefühl, wo diese Einsamkeit keinen Schrecken mehr hatte, sondern wo man sich eins fühlen konnte. Dann war ich glücklich mit dieser Einsamkeit. Eins mit dieser Insel, mit dieser Natur – auf der einen Seite das unglaublich Bedrohliche des Vulkans, auf der anderen Seite im Frühjahr die blühenden Margeriten. Es war so eine Art Todesinsel. Man weiß, hier ist schon einmal dreiviertel der Insel in die Tiefe gerissen worden, man lebt also nur auf Bergesruinen. S. ist für mich ein Bild für das Leben an sich. Man ist Gratwanderer. Einfach schauderhaft, sich zu überlegen, wie man als Gratwanderer ständig auf Messers Schneide ist. So kommt es mir vor, wenn ich in S. im Winter durch die Straßen laufe oder besser: lief. Es ist wie das Leben selbst, du gehst immer auf schmalem Grat. Immer, ständig die Möglichkeit vor Augen, entweder abzurutschen und tief zu sinken in die tiefste Stelle der Ägäis. Es ist einfach schauderhaft, sich vorzustellen, so tief ins schwarze Meer zu sinken. Das ist mir dort so deutlich geworden. Diese Gratwanderung. Das erleb' ich hier in der Hektik der Großstadt natürlich nicht so. Nur manchmal, wenn ich mich zurückziehe.

Es ist so, wie sich eins zu fühlen und sich zu ergeben. Ich habe mich dieser Situation ergeben. Ich habe begriffen, daß mein Leben so ist wie diese Insel: begrenzt. Und daß ich für mein Leben verantwortlich bin. Genauso, wie ich verantwortlich war, daß das Leben im Winter dort nicht langweilig wurde, so bin ich für mein Leben verantwortlich und dafür, daß es nicht langweilig ist. Wenn man so etwas begreift, ist das auch ein geistiger Prozeß, aber auch ein schauderhaft schönes Körpergefühl. Es ist so ein Wärmegefühl, weil man etwas begriffen hat und sich entscheiden konnte zum Guten. Nicht abzuwarten, sondern etwas dafür zu tun. Aber ich habe viel zu viel Angst davor abzustürzen. Dieses Schaudern, zum Beispiel wie Storm das im »Schimmelreiter« ausgedrückt hat, das habe ich auch auf diesem Berg in S. erlebt. Dahinter steht eine so große Kraft. . . Das ist sehr wertvoll. Weil einen die religiösen Gefühle auch weitertragen in die Richtung, auch mehr Ehrfurcht und Achtung zu empfinden. Das zu erleben, das sind Momente, die einen auch weiterbringen. Das sind Gefühle, die größer sind als die Sorgen um den Alltag und den täglichen Teller Suppe, den man kocht.«

EVA:
»Ein religiöses Gefühl war für mich das Gefühl, beten zu wollen, oder zum Beispiel das Gefühl und die Erfahrung, das Licht gesehen und gespürt zu haben und die Erfahrung der . . . ja, das selbst zu sagen, kommt mir noch komisch vor, aber es war die Erfahrung der Existenz für mich. Ich habe die Existenz einer Göttin des Lichts erfahren. Es ist eine ganz große Macht, aber es ist nicht eine Sehnsucht nach Macht und Allmächtigkeit. Sondern es ist eher eine Sehnsucht nach etwas Allumfassendem, nach dem Aufgehobensein, es ist diese Geborgenheit, in der wir auch als Menschen sind. Es ist eher die Erfahrung von der Existenz unseres Lebens. Von dem Grund des Lebens. Oder von den Wurzeln. Von dem Zusammenhang zwischen der Erde und dem Leben auf der Erde und dem Kosmos. Und dieses Gefühl hat ein Kind auch. Diese Art von Geborgenheit kann dir nur das göttliche Prinzip – will ich

jetzt mal sagen – vermitteln. Was sich auch für mich äußert im Sternenhimmel oder auch bei einem lauen Sommerregen.

Es ist konkreter in der Meditation, wo ich es fühlen kann und spüre, wie es von oben kommt, schräg von oben aus dem Himmel. Also hauptsächlich kommt es erstmals auf meine Stirn, auf das dritte Auge, auf den Punkt der Erleuchtung. Und danach wird es mir manchmal möglich, es auch von unten, also als inneres Licht, aus meinem Bauch kommend, aus meiner Existenz herausstrahlend zu spüren. Aber das fällt mir noch sehr viel schwerer. Ich kann es sehr viel leichter von außen aufnehmen, als es von innen aus mir herauszulassen. Ja, man kann es vielleicht mit Durchdrungensein beschreiben. Dieses Aufnehmen, von dem ich erzählt habe, ist zuerst da, dann die Offenheit, und dann, wenn das Licht kommt, dann kommt dieses Durchflossensein. Das hat viel mit dem Herz zu tun, und ich habe sehr viele Herzschmerzen gehabt in der Zeit und hab manchmal sehr schmerzhaft gespürt, wie mein Herz sich öffnet. Es hat richtig gekracht und geknackt und gezogen. Oder zum Beispiel rein körperlich, in den Chakren habe ich so eine Art Schmerz gehabt, also nicht so einen körperlichen Schmerz, sondern eher ein ganz durchlässiges Gefühl. Dann war auch diese Offenheit kaum auszuhalten.

Und im dritten Auge, auf der Stirn, hatte ich das Gefühl, daß dort etwas unheimlich arbeitet und daß es dort manchmal zu offen ist und daß ich zuviel sehe. Oder auch körperlich jetzt wieder diese Schmerzen in den Augen. Oder auch dieses Kribbeln in den Armen und Händen, was auch zusammenhängt mit diesem Gefühl der Sehnsucht, die Hände aufmachen zu wollen und zu empfangen. Und das war ein Schritt für mich, dieses Kribbeln, was mir dann zum Schmerz wird, wenn ich es nicht äußere. Also zum Beispiel die Hände einfach aufzumachen, zu empfangen. Dann geht der Schmerz weg. Dann ist es auch kein Schmerz mehr. Und was noch körperlich ist, ist dieses Gefühl im Bauch. Da ist allerdings gerade mehr das Gefühl von Dunkelheit und nicht von Licht. Die Verbindung zur Erde entsteht für mich aus dem Bauch heraus, und es ist eher eine dunkle Kraft, die mich da festhält, und ich denke, das ist auch eher der Gegenpol zum Licht, das heißt zur Stirn, zum Kopf, zum dritten Auge. Das ist es, was ich jetzt verbinden muß. Und diese Kraft im Bauch ist so, daß sie auch zehrt und eher zum Gefühl der Übelkeit und Ohnmacht hinführt.

Ja, der Schmerz ist immer vorhanden, er ist eine Art Vorstufe, und der Schmerz vergeht auch wieder. Z. B. wenn du das merkst, dann spürst du auch, wie das Licht einströmt. Es tut weh, das aufzumachen. Auch diese Erfahrung von Licht ist Schmerz. Schmerz steht auch nicht immer in Verbindung mit dem Dunkel. Anfangs ist diese Lichterfahrung sehr schmerzhaft, und ich hoffe, wenn ich weiter bin, daß es mir nicht mehr so wehtut. Das, was daran wehtut, ist auch das Glück und die Freude. Genauso, wie du auch vor Freude weinen kannst oder zittern. Tiefe Erfahrung enthält auch immer, daß du weinst, ob vor Freude oder Schmerz. Dein Körper äußert sich, und ich denke, so wie wir leben, ist normalerweise diese Erfahrung gar nicht möglich. Und deswegen ist es sehr schwierig, überhaupt mit dem Licht zu leben.

Deswegen ist ja auch die Dunkelheit, die hier herrscht auf der Welt, auch so tief in uns drin. Und die Erkenntnis, wie weit das Licht von uns und der Welt weg ist, das ist sehr schmerzhaft.

Ich denke, ohne die Atemübungen zum Beispiel und überhaupt ohne meine ganze intensive Auseinandersetzung mit meiner Körperlichkeit in den letzten Jahren wäre ich da nie hingekommen. Jedenfalls ich für meine Person nicht. Weil es nicht etwas ist, was man über den Geist oder durch Lesen erreichen kann, sondern nur durch körperliche Offenheit, so, daß die Poren offen sind und daß die Aura auf ist, daß die Chakren auf sind und du empfinden kannst, was da ist. Sonst geht es nicht.«

JOHANNES:
»Wenn ich auf die Frage ›religiöses Gefühl‹ antworten soll und doch von Religion furchtbar wenig halte – bei aller Unsicherheit, die ich auch skizziert habe –, also wenn du mich danach fragst, was ich darin positiv sehe: Religiöses Gefühl generell, würde ich sagen, ist Rückbindung und ist ein Abhängigmachen von Setzungen. O.K. Und dann kam der Schleiermacher mit seiner schlechthinnigen Abhängigkeit. Bei allem, was man heute wieder positiv über Schleiermacher sagen muß, nämlich so natürliche Theologie, also jemand, der sich bemüht hat, auch mal als Theologie Erfahrung in dieser Wirklichkeit ernst zu nehmen: Diese schlechthinnige Abhängigkeit kommt meistens in der Gestalt von . . . (unverständlich) . . . der Theologe daher, und damit habe ich nichts am Hute. Und doch hat natürlich alles Für-Wahrhalten, alles Für-Wichtig-Nehmen eine emotionale Dimension. Wie soll ich das beschreiben? Als Glück? Als Erfahrung? Als etwas, was immer verbunden ist mit jeder Erfahrung der Lösung, der Befreiung, gelingender Gemeinschaft? Ich könnte zum Beispiel eine Szene erzählen, wo wir zusammen bei einem bestimmten Anti-AKW-Prozeß gesessen haben, und dann fuhren die Bosse in der Prozeßpause mit ihrem Mercedes zum Essen, alle ab, und man sah schon, wie sie da mehr oder weniger vereinzelt ihr Essen einnahmen, und wir anderen Leute, Prozeßbeobachter, packten unser Brot aus, unseren Käse, einer fuhr los und holte noch etwas Frisches dazu, und wir saßen auf der Wiese und haben miteinander die Sachen, die da waren, gegessen, geteilt. Man hat dicht zusammengesessen, es war auch kalt, man hat die Körperlichkeit gespürt dabei, und ja, da war das dabei in diesem Teilen, in diesem Fröhlichsein, irgendwie ein Seiner-Sache-Gewiß-Sein, das geht durch den Magen. Und nicht nur durch die Poren. Demonstrationen, sich unterhaken, sich einhaken, sich anfassen, gerade wo sie gewaltsam geworden sind, jemanden bergen, jemanden auch mal an die Brust nehmen und sich gegenseitig vergewissern.

Religiöses Gefühl: Ich denke mir, dieses Bemühen ist zum Scheitern verurteilt. Aber gut, indem ich darin noch etwas Besonderes glaube herausdestillieren zu können, aus dem Erleben, wo es echt ist. Das nenne ich eine Frage der Neugier, also religionshistorisches Raritätenkabinett. Wenn man fragt, was ist das Besondere an Jesus gegenüber zum Beispiel Mohammed, ich denke, daß der Glaube so nicht fragen kann. Ich kann die Frage deswegen, oder will sie auch nicht beantworten, denn der Glaube hat daran kein Interesse. Der ist nicht neugierig auf das Besondere. Aber ich müßte dir natürlich Rechenschaft geben, wenn du mich fragst, und das kann ich, glaube ich, nur indem ich sage, ich weiß darauf keine Antwort. Wenn aber Menschen, die miteinander etwas erleben und dann sagen, da war ich authentisch, wie man heute sagt, und sie selbst interpretieren das als religiöses Gefühl und sagen, da habe ich verstanden, was der Jesus wollte, dann würde ich nicht mehr nach dem Besonderen fragen.«

THOMAS:

»Religiöses Gefühl, das würde mich zu Tränen rühren, ich glaube, dann würden mir die Tränen kommen. Etwas, was mich ganz nah anpackt und wo es schwierig wird, auch etwas zu beschreiben. Mit Worten. Als erstes denke ich an weinen, ja. Es ist eigentlich ein Gefühl von großer Hilflosigkeit, allerdings ohne, daß es mir etwas ausmacht, dann hilflos zu sein. Hilflosigkeit, ich weiß nicht, wohin es dann geht. Ich bin dann . . . ach, ich schwimme dann und bin aufgelöst, vielleicht in einem gewissen Sinne geborgen. Da frage ich nicht danach, wohin es geht. Hilflos, aber ich kümmere mich nicht darum, daß ich hilflos bin und habe in dem Augenblick auch keine Abwehrmechanismen.

Das, was mich so sehr berührt, das ist vielleicht das Unerwartete. Die unerwartete Nähe, möglicherweise. Es könnte auch Mehreres sein, zum Beispiel unerwartete Nähe zu anderen Menschen oder zu einem anderen Menschen, was ganz unerwartet ist und gar nicht auf Berechnung hinausläuft, sondern wo es einfach als Geschenk Gottes – wirklich! – erscheint. Das könnte auch religiös sein, religiöses Gefühl. Was mir spontan dabei einfällt und was mir häufiger passiert, ist, wenn ich wunderschöne Musik höre. Das ist für mich am ehesten vergleichbar mit religiösem Gefühl. Ja, dann fühle ich mich auch so, dann schwimme ich weg, dann löst sich alles auf und wird in Noten und Tönen weggetragen. Wohin? Ja, gar kein Ziel, einfach so, das ist so ein ganz ruhiges In-Sich-Auflösen. Das Bild ist vielleicht ganz gut, daß so ein Block, ein verhärteter Block, der in mir sitzt, sich löst und einfach weich wird. Es ist ein Fallenlassen ohne Angst. Ich glaube, Musik ist für uns alle in der Familie ein Bereich gewesen, wo . . . Ich habe zum Beispiel häufig gesehen, wie mein Vater Tränen in den Augen hatte, wenn er schöne Musik hörte. Auch meine Mutter. Das kam häufig vor.

Für mich gibt es Gefühle, die eher im Randbereich so ähnlich wie religiöse Gefühle sind, ich meine damit, daß es auch Gefühle sind, die versuchen, diesem Kern näher zu kommen. Die umkreisend sind, vielleicht in immer näheren Kreisen. Ja, das ist ein ganz gutes Bild, daß man im ungeübten Sinne erst sehr weit entfernt bleibt, dem Kern des Gefühls noch weit entfernt bleibt, weil man keine richtigen Ausdrucksmöglichkeiten hat, und dann, je mehr Übung man hat, desto mehr kommt man vielleicht in einer Art konzentrischer Kreise an dieses Gefühl heran. Ich glaube, das ist auch eine alte Weisheit, die im östlichen Bereich eine Rolle spielt, im Buddhismus, wo durch Meditation versucht wird, diesem Gefühl nahezukommen. Ich glaube, daß es dieses religiöse Gefühl wirklich gibt und auch im Kern ein religiöses Gefühl ist und nicht nur in der Farbe, die uns einen bestimmten angenehmeren Lebenseindruck verschafft.

Aber dieses Gefühl widersetzt sich der Vernunft. Auf der einen Seite steht Geborgenheit, auf der anderen Seite jedoch eher diese vernünftige Redeweise und das vernünftige Nachdenken. Da ist so ein Unterschied zwischen Gefühl und vernünftiger Gewißheit. Für mich ist das in gewisser Weise ein Gegensatz, der sicher auch, gerade auch mit meiner Geschichte zu tun hat. Weil das, was meinen Vater angeht, eben dieses Denken und das Vernünftige, eine große Rolle gespielt hat und was ich immer tun sollte in Bezug auf Schule, aber das nie so richtig konnte und ständig unter Druck stand und immer versuchen mußte, alles zu begründen. Auf der anderen Seite war auch mein Gefühl, auch mein religiöses Gefühl, meine Hinwendung zu Gott, mein Gefühl zu Gott, mein Verhältnis zu Gott stark mit meinem Vater verbunden. Weil er auch mein intellektuelles Verhältnis zu der Wissenschaft bestimmte, hatte er mich dadurch doppelt im Griff. Deswegen ist das für mich in gewisser Weise ein Gegensatz, weil beides auf den Markt kam, beides offengelegt und beides der Kritik unterzogen wurde. Deswegen ist dieses Gefühl mit einem Ort der Zurückgezogenheit verbunden, was selten aus mir herauskommt. Ich glaube, es kommt wirklich darauf an, wie weit man überhaupt gewohnt ist, dieses Gefühl zu kultivieren. Jedes Gefühl muß kultiviert werden. Das ist ja nicht von vornherein präsentierfähig. Es gibt für mich einen Unterschied, ein Gefühl zu haben und über das Gefühl zu sprechen. Ich merke jetzt zum Beispiel bei diesem Interview, daß es mir sehr schwer fällt, speziell über religiöses Gefühl zu sprechen. Obwohl ich glaube, daß es dieses Gefühl gibt. Ich halte mich in Randbereichen auf, wo ich glaube, daß ich diesem Gefühl recht nahe komme, zum Beispiel wie ich Musik erlebe. Das ist ein Randbereich zum religiösen Gefühl hin, das habe ich häufig so erfahren, aber das religiöse Gefühl selber ist etwas, wo es sehr schwer wird, darüber zu sprechen, weil es so wenig Worte gibt dafür und weil die Auseinandersetzung damit fehlt. Und ich denke, es kommt darauf an, sich damit auseinanderzusetzen, um sich dessen bewußt zu sein und dessen einsichtig zu werden und eine Möglichkeit zu finden, dieses Gefühl zu verbessern, zu äußern, zu kultivieren.«

Auffällig an fast allen Beschreibungen der Befragten zum religiösen Gefühl, ist die schon von F. Schleiermacher beschriebene Zusammengehörigkeit von »Anschauung und Gefühl«. Das sich darstellende und handelnde Universum anzuschauen und mit allen Sinnen wahrzunehmen wie zum Beispiel »den Sternenhimmel«, »warmen Sommerregen«, »eine Vulkaninsel«, »eine Wiese«, das erregt das Gefühl.

Das Universum anschauen, heißt Religion haben, betont Schleiermacher, weil es den »Sinn und Geschmack für das Unendliche« weckt. »So wie die besondere Art, wie das Universum sich Euch in Euren Anschauungen darstellt, das Eigentümliche Eurer individuellen Religion ausmacht, so bestimmt die Stärke dieser Gefühle den Grad der Religiosität.« (35) Somit wird sinnliche Wahrnehmung zur Voraussetzung des religiösen Gefühls.

Religiöses Gefühl wird von den Befragten als etwas zwiespältig Erlebtes beschrieben: Auf der einen Seite stehen die Gefühle von Einsamkeit, Schmerz, Ausgeliefertsein, Schaudern, Hilflosigkeit, Fallengelassensein und Angst. Auf der anderen Seite sind die Gefühle von Einssein, Nähe, Verbundenheit, Freude, Geborgenheit, Rührung, Selbstauflösung, Weichheit. Diese beiden Gefühlsseiten markieren gleichsam zwei Seiten derselben Medaille. Die eine Seite betrifft Gefühle, die aufgrund von Grenzerfahrungen entstehen, sie sind also eher »Kontingenzgefühle«[12]. Die andere Seite betrifft diejenigen Gefühle, die entstehen, wenn diese Grenzen überschritten wurden. Voraussetzung dieser Gefühle an den Grenzen ist Offenheit und die Fähigkeit zur Hingabe. Offenheit und Hingabe sind jedoch vielfach angstbesetzt und stellen für viele Menschen ein Risiko dar, hinsichtlich der Sicherung der Ich-Grenzen und der Wahrung der Ich-Identität. Denn durch Offenheit und Hingabe wird nicht nur die oberflächliche Seite der Person, sondern tiefgehender der innerste Persönlichkeitskern berührt. Dabei besteht neben der Erweiterung auch die Gefahr der Verletzung der Persönlichkeit.

Die Fähigkeit des Individuums zu Hingabe und Distanz ist von der Stärke des Ichs abhängig. E. Erikson[13] weist darauf hin, daß das Ich umso eher zur Hingabe (self-abandon) fähig wird, desto stärker es ist, da es weniger den »Selbstverlust« bei der Hingabe fürchten muß. Das schwache Ich hingegen steht in Gefahr, sich selbst zu verlieren, oder es ängstigt die Möglichkeit, das Objekt der Hingabe könne sich als unwürdig erweisen, und deshalb fürchtet es die Hingabe generell. Das starke Ich dagegen wird in der Hingabe gestärkt. Allerdings empfinden ich-starke und ich-schwache Persönlichkeiten gleichermaßen »verschwendete« Gefühle als schmerzhaft.

In den Äußerungen der Interviewten zum religiösen Gefühl fällt auf, daß die »Gefühle an den Grenzen« häufig erlebt werden in der Natur, durch Erfahrungen mit Kindern oder Musik. Diese Grenzgefühle stehen also in *Beziehung* zu einem anderen Menschen oder zu etwas anderem und äußern sich als Gefühl von Nähe, Verbundenheit oder Einssein. Zugleich sind mit diesen Gefühlen, laut Aussagen der Befragten, auch konkrete körperliche Empfindungen verbunden, die sich äußern als »Wärmegefühl«, »mit Kraft vollgegossen zu werden«, als Gefühl von Entspannung, als Weinen, Zittern oder Schaudern.

Gefühle entstehen dann, wenn wir etwas anschauen, wahrnehmen und darin eingebunden sind. So kennzeichnet A. Heller (1981, 19) Fühlen als »in etwas involviert sein« und Gefühl als »wesensmäßige Bindung meiner selbst an etwas«. »*Dieses ›Etwas‹ aber, in das ich involviert bin, ist als unbestimmte Gegenständlichkeit in jedem Fall vorhanden.*« (21)

Die Skala des Involviertseins reicht von »ich bin gleichgültig, also fühle nichts« bis hin zu ekstatischen Höhepunkten, die in vielfältiger Weise im Orgiastischen oder auch im Erleben des Einsseins, Vollkommenseins, Seligseins ihren Ausdruck finden. Die Grenzen werden sowohl durch den menschlichen Organismus, der individuell unterschiedlich ist, wie auch durch soziale Umstände bestimmt, die in *verschiedenen* Gesellschaften und

Schichten unterschiedlich sind. Dabei ist das Involviertsein von starker Intensität zeitlich weitgehend begrenzt, es tritt Erschöpfung auf und die psychisch-physische Energie nimmt ab. Gleichzeitig gibt es keine Gesellschaft, in der die Intensität des Gefühlsausdrucks (und im Falle vieler Gefühle auch deren Inhalte) nicht reguliert würde, dies vor allem in Form von Gewohnheiten und Riten. Die gesellschaftlich obere Grenze der Gefühle wird meistens so durch gesellschaftliche Gewohnheiten und Riten reguliert, daß die gesellschaftlich akzeptierte und vorgeschriebene obere Grenze, die der biologischen Homöostase, weder ihrer Intensität noch ihren Inhalten nach je erreicht wird. So ist zum Beispiel die Regelung des Trauergefühls in jeder Gesellschaft verschieden, d. h. wie lange, über wessen Tod, unter welchen Umständen und mit welcher Intensität Gefühle geäußert werden dürfen.

Grenzgefühle entstehen wie fast alle Gefühle durch die Beziehung zu »etwas«, sind also nicht abstrakt, sondern kommen immer auf Menschen oder Dinge bezogen vor. Zugleich sind diese Gefühle, wie auch in den Interviewaussagen deutlich wird, mit Körperprozessen verknüpft und dadurch an das subjektive seelisch-körperliche Erleben gebunden. Die Fähigkeit des Menschen, Gefühle zu haben, ist, wie Freud feststellte, dem Menschen angeboren. Aber die Ausgestaltung und Entwicklung der Gefühle hängt von der weiteren lebensgeschichtlichen Prägung des Kleinkindes durch die Familie und die kulturelle Umwelt ab. Dies wird zum Beispiel auch deutlich, wenn Thomas im Interview religiöses Gefühl mit Musik verbindet und es als etwas beschreibt, was ihn »zu Tränen rührt«. Als Kind erlebte er, daß seine Eltern beim Musizieren oft Tränen in den Augen hatten. Die Wahrnehmung dieses Gerührtseins muß ihn als Kind tief berührt haben und seine Sensibilität und Empfänglichkeit für Musik angeregt haben. Musik ist dadurch für ihn zu einem »Grenzbereich« der Gefühle geworden, und die damit verbundenen Gefühle kann er am ehesten als religiöse Gefühle deuten.

Insgesamt werden diejenigen Gefühle im Kontext von Grenzerfahrungen und Grenzüberschreitungen von fast allen Befragten als religiöse Gefühle interpretiert. Dabei bleibt zunächst unklar, was das *spezifisch Religiöse* dieser Gefühle ist, außer daß es häufig mittels religiöser Symbole oder Handlungen zum Ausdruck gebracht wird.

2.4. Religiöse Symbole als verstehende Aneignung religiöser Erfahrung und Tradition

»Auch Träumen ist Symbolbildung«
(A. Lorenzer, 1984, 27)

Gefühle entstehen, wie im Vorhergehenden ausgeführt, nicht an sich, sondern durch die Bindung meiner selbst an »Etwas«, in das ich involviert bin. Gefühl muß also durch etwas vermittelt sein, damit es kommunizierbar wird. Denn das eigentliche religiöse Erlebnis und Gefühl ist im Augenblick des Erlebens und Fühlens sprachlos und noch nicht bewußt. Ähnlich beschreibt dies Th. W. Adorno (1951, 143) hinsichtlich des Glücksgefühls: »*Mit dem Glück ist es nicht anders als mit der Wahrheit: Man hat es nicht, sondern ist darin . . . Darum aber kann kein Glücklicher je wissen, daß er es ist. Um das Glück zu sehen, müßte er aus ihm heraustreten.*« So ist es im Augenblick jeglichen Fühlens. Denn um ein Gefühl zu vermitteln, müssen wir auch aus ihm heraustreten, Distanz dazu gewinnen und es in Mitteilungen kleiden, die von anderen verstanden werden können. Diese Vermittlung des religiösen Gefühls wurde von den Interviewten jedoch als sehr problematisch empfunden:

Maria
»*Also ich muß sagen, wenn ich mal darüber mit anderen gesprochen habe, dann hat mich nie jemand verstanden. Ich glaube, insofern kann man es verbal auf keinen Fall vermitteln. Ich glaube, es wird einen nur dann jemand verstehen, wenn er es selbst erfahren hat, Und ich glaube, es sieht bei allen Leuten sehr unterschiedlich aus, Gott zu erfahren. Ein Mensch, der sich ganz stark vollfüllen kann mit diesem Geistigen, der hat auch eine starke, intensive Ausstrahlung, die auch für andere spürbar wird und sich übertragen kann. Vielleicht über Bilder und Musik, ja, ganz stark.*«

Judith:
»*Ein religiöses Gefühl zu vermitteln, das ginge vielleicht durch Kunst. Durch Sprache auch, aber dazu muß man auch poetische Kraft besitzen, zum Beispiel in einem Gedicht. Ich glaube, wenn man jemanden kennt, der die passenden Worte einsetzen kann, wenn man damit selber nicht mehr weiterweiß, dann könnte es gehen. Aber einfach so, an eine anonyme Masse zum Beispiel, also ich könnte das nicht.*«

Eva:
»*Ja, ich könnte es zum Beispiel vermitteln, indem ich mit anderen meditiere. Ich habe mir auch überlegt, ob ich das nicht irgendwann in Zukunft machen werde, also indem ich auch davon erzähle und versuche, die anderen anzuleiten, damit sie das, was ich erlebt habe, auch sehen oder fühlen. Einmal auf diesem Weg und dann auf dem Weg des Ausdrucks durch die Kunst. Und natürlich auch durch mein Wesen, durch meine Existenz, so daß es fühlbar wird für andere. Wenn ich mich selbst als überhaupt nicht religiös oder gar nicht als spirituell begreife, werden mich andere auch nicht so erleben. Aber wenn ich das verkörpere, dann bin ich es auch. Und ich denke, daß es dann auch andere beeinflußt.*«

Thomas:
»*Vermittelbar durch Sprache? Nachvollziehbar in dem Sinne, daß jemand anderes es verstehen kann, so in der Art: Aha, das hat die und die Tiefe, dieses Gefühl, das hat ein Gewicht? Also, ich glaube, das geht schon, aber weniger durch Worte, vielleicht auch durch Worte, aber dann eher im poetischen*

Bereich, aber hauptsächlich im malerischen, künstlerischen Bereich oder auch mit Musik. Ja, mit Musik könnte ich mir das vorstellen. Aber es ist sehr schwer, weil sich das der Vernünftigkeit der Sätze widersetzt.«

JOHANNES:
»Also, ich halte sehr viel von Meditation und meine damit aber die aus unserer christlichen Tradition. Ich bin selbst ein Anhänger des autogenen Trainings und könnte gar nicht so viel arbeiten, wenn ich das nicht könnte. Ich halte sehr viel von Stille. Ich glaube daher, daß christliche Meditation immer im Zusammenhang gestanden hat mit dem ›wozu meditieren?‹ Meditation als Selbstzweck, als ein Sich-Öffnen für das Göttliche in dir, was dann durch Meditation quasi schon wieder magischen Charakter bekommt, weil ich ja durch eine bestimmte Technik des Göttlichen teilhaftig werden kann: Die würde ich natürlich ablehnen. Nicht aber die Aufmerksamkeit, die man bisweilen notwendigerweise gegenüber seinen Hirn- und Körperfunktionen aufbringen muß, um nicht zum Allerlei, zum Vielerlei, zum Flattergeist zu werden, um nicht zu zerflattern. Konzentration halte ich für wichtig.«

SILVIA:
»Ich glaube, es geht sehr schwer durch Sprache. Ich denke, es ist ähnlich, wie über einen Sonnenaufgang zu sprechen, wenn man ihn noch nicht gesehen hat. Und es ist vielleicht wie das Wissen über den Sonnenuntergang: Wenn du weißt, daß die Sonne aufgeht und untergeht, dann steigen auch vielleicht mehr Ahnungen darüber hoch, wie ein wirklicher Sonnenuntergang sein könnte, und eine tiefe Sehnsucht danach entsteht. Ich glaube, darüber zu sprechen ist schwer. Und ich spüre auch Verantwortung dafür, ob ich über diese Dinge reden kann . . .«

Von allen Befragten wird die Schwierigkeit konstatiert, religiöses Gefühl sprachlich zu vermitteln, da es sich der »Vernünftigkeit der Sätze« widersetzt und eher durch künstlerische, poetische, bildnerische, musikalische oder meditative Ausdrucksformen vermittelbar ist.

Religiöses Gefühl braucht wie jedes Gefühl einen Gefühls-»Träger«, um es zu vermitteln: Es kann zum einen sprachlich vermittelt werden, durch Worte oder Symbole, zum anderen aber auch körperlich, zum Beispiel durch Tanz oder Gesten. Je größer und komplexer die Fülle der bereitstehenden Gefühls-Träger ist, umso komplexer kann die subjektive Gefühlswelt erlebt werden und ihren Ausdruck finden.

Die Schwierigkeit, religiöse Gefühle zum Ausdruck zu bringen, liegt auch darin begründet, daß es in unserer Kultur verpönt ist, überhaupt Gefühle zu zeigen.

Diese »Verschwörung gegen das Gefühl« ist vor dem Hintergrund einer kulturgeschichtlichen Entwicklung zu sehen, in der Gefühlezeigen eher als Störfaktor galt, und ein zweckrationales, von Emotionen freies Handeln im Rahmen der naturwissenschaftlich-technischen Beherrschung der Natur zweckdienlicher erschien: *»Offenbar wird in verschiedenen Kulturperioden jeweils ein anderer Aspekt des Menschseins in den Hintergrund gedrängt:*

einmal die Vernunft, dann wieder die Triebe, gegenwärtig das Gefühl.«
(P. C. Kuiper, 1980, 15)

Das jahrhundertelange Bestreben, Gefühle in den Griff der Rationalität zu
bekommen, hat nicht nur eine Verdrängung der Gefühle zur Folge, die sich
auch in »Angst vor Nähe« (W. Schmidtbauer, 1984) äußert, sondern führt,
wenn die innere Gefühlswelt keine adäquaten Begriffe mehr vorfindet, bei
dem einzelnen zunehmend zu einer Gefühlsdiffusion, die sich bis hin zur
Gefühlsarmut und Gefühlsverkümmerung entwickeln kann[14]. Diese Beschädigungen des Gefühls lassen sich nicht so ohne weiteres und schnell
beheben, wie manche gerne glauben machen möchten, wenn zum Beispiel
in den Nischen des neumodischen Psycho-Marktes durch teure sensivity-
trainings »in 14 Tagen Gefühle neu belebt« werden sollen. Denn die Verdrängung des Gefühls hat auch die »Vernunft des Gefühls«, die »Logik des
Herzens« (Pascal) zum Verstummen gebracht und vergessen gemacht, daß
das Gefühl im Sinnlich-Körperlichen wurzelt, und deswegen nicht im
Schnell-Verfahren belebt werden kann.

Wie in den Interview-Äußerungen deutlich wird, werden Gefühle dann
»religiös« genannt, wenn sie sich auf Erfahrungen mit Grenzen oder Grenzüberschreitungen beziehen und im innerpsychischen wie auch zwischenmenschlichen Kommunikationsprozeß mittels religiöser Sprache, Symbole
und Tradition artikuliert werden können. Religiöses Gefühl kann durch die
unterschiedlichsten inneren oder äußeren Ereignisse und Impulse ausgelöst
werden, zum Beispiel durch die Natur, einem anderen Menschen oder auch
bei Massenkundgebungen. Es ist hervorrufbar durch eine bestimmte »Kom-
position« von Gegenständen oder Zuständen, und bestimmte Komponenten begünstigen die Herstellung dieses Gefühls (Musik, Tanz, Farben). Es
kann auch hervorgerufen oder intensiviert werden durch Drogen oder
Meditation, zum Beispiel durch Zazen.

Die religiösen Symbole, die diese Gefühle ›an den Grenzen‹ bildlich und
sprachlich zum Ausdruck bringen, werden kulturell geprägt und tradiert
und vom einzelnen unterschiedlich ausgewählt, was wiederum vom jeweiligen lebensgeschichtlichen Hintergrund abhängt, so zum Beispiel ob und
wie jemand religiös sozialisiert wurde und ob und wie die religiösen Begriffe
im Sozialisationsprozeß tradiert, aufgenommen, verarbeitet und schließlich
verinnerlicht wurden. Innerhalb der Lebensgeschichte gibt es bestimmte
Stationen, an denen dieses Gefühl auftritt und mittels religiöser Sprache
ausgedrückt wird. Besonders in der Kindheit wird der einzelne auf die Art
und Weise ›programmiert‹ wie und wodurch ein religiöses Gefühl ausgelöst
wird. Dieses Gefühl wird solange durch religiöse Begriffe ausgedrückt und
somit kommunizierbar, wie diese persönlich als sinnvoll gelten und Identifikationsmöglichkeiten für das Gefühl bieten. Die Sinnhaftigkeit der religiösen Begriffe wird häufig vor allem in der Pubertät angezweifelt oder völlig
verworfen, wenn die Symbole und Bilder keine Identifikationsmöglichkeiten
mehr für die sich entwickelnden und verändernden Gefühle bieten und
somit sinnentleert werden[15]. Oder aber die eigentlich sinnentleerten religiösen Begriffe werden ängstlich beibehalten, und es wird versucht, sie

verzweifelt mit den erlebten Gefühlen zu verbinden, aus Angst vor dem strafenden Gott, wie es zum Beispiel T. Moser in seinem Buch ›Gottesvergiftung‹ beschreibt. So wird Erfahrung mit Religion häufig als Enttäuschungsgeschichte artikuliert, und die religiösen Begriffe werden zu leeren Worthülsen oder »neutralen Begriffen«. Wenn Sprache und andere Symbole und Zeichen der Verständigung (zum Beispiel Gesten) ihren inneren Gehalt und damit auch die Bedeutung für den einzelnen verlieren, werden sie zu funktionalen Codes, die fremd und sinnentleert mit dem realen, erlebten Gefühl nicht mehr in Einklang gebracht werden können. Auf diese Weise werden Gefühle immer weniger kommunizierbar und drohen schließlich abhanden zu kommen.

Durch »begriffene Empfindung« konstituiert sich Gefühl, das immer auch verbunden ist mit der Erinnerung an das, was das Subjekt schon erfahren hat, bzw. was anthropologisch erfahren wurde und kulturhistorisch durch Sozialisation und Bildung wie auch genetisch[16] weitervermittelt wird. Der Prozeß des Begreifens geschieht im Körper und durch Symbole. Wahrgenommenes wird im Prozeß des Symbolisierens zur psychisch-physisch empfundenen und kommunikationsfähigen Erfahrung. Für das erkennende Subjekt ist Wahrnehmung nicht lediglich passives Aufnehmen, sondern wird Bestandteil der aktiven Lebenstätigkeit des Menschen[17].

Damit individuelle und kollektive Erfahrungen ausgedrückt werden können, ist es, in Anlehnung an C. Lévi-Strauss[18], erforderlich, sie in ein System zu gliedern, welches zur Kultur des einzelnen oder der Gruppe gehört und dessen Aneignung erlaubt, daß »subjektive Zustände«, wie zum Beispiel Gefühle objektiviert werden, daß unformulierte Eindrücke formuliert und ungegliederte Erfahrungen in ein System (Sprache, Bilder usw.) gegliedert und somit verständlich und nachvollziehbar werden. Alle Religionen als »Deutungssysteme der Wirklichkeit«[19] tradieren eine Fülle von Deutungs-, Verstehens- und Interpretationsmöglichkeiten der persönlichen, alltäglichen wie auch der anthropologischen Wirklichkeitserfahrung. Für die christliche Religion bedeutet dies, daß in den religiösen Symbolen, biblischen Gleichnissen, Bildern und Geschichten existentielle Erfahrungen thematisiert werden, die auch heute noch Träger und Identifikationsmöglichkeit für Gefühle und Erfahrungen sein und der subjektiven und sozialen Alltagswelt eine Gefühls- und Erfahrungsqualität vermitteln könnten, die uns heute angesichts der sinn(en) leer gewordenen Sprache und Lebenswelt mehr und mehr abhanden zu kommen droht. Religiöse Symbole enthalten komplexe Bedeutungen, die eine Möglichkeit darstellen, bestimmte Gefühle und Erfahrungen mit »Grenzen« (Grenzerfahrungen, Grenzüberschreitungen) in einen Deutungszusammenhang zu bringen, der diese subjektiven Zustände in ein System von Sprache, Symbole und Bilder gliedert, in denen die Begegnung mit »heiliger« Wirklichkeit thematisiert wird. Müller-Pozzy (1979, 145) sieht in der Symbolisierungsfähigkeit des Menschen die Bedingung der Möglichkeit religiösen Glaubens und schlägt in Anlehnung an A. Lorenzer und Beres zum Verständnis dessen eine »psychoanalytische Hermeneutik des Symbols« vor. Diese müsse zeigen, welche Symbole ihren

Symbolcharakter bewahrt haben, welche Symbole durch Verdrängungsprozesse zu Klischees geworden sind und welche Symbole durch Isolierung und Besetzungsverschiebung schließlich zu Zeichen geworden sind. *»Religiöse Symbole sind keine Offenbarungen, sondern sie werden wie andere Symbole von Menschen gebildet. Sie enthalten aber als Signifikant das Transzendente, Unbedingte, Absolute, das was lediglich im Offenbarungserlebnis erkannt werden kann, und ihre emotionale Qualität ist die des Erhabenen, Übermächtigen, Heiligen.«*

Als religiös lassen sich dementsprechend diejenigen Gefühle bezeichnen, die mittels religiöser Symbole, Bilder und Vorstellungen artikuliert werden. Sie thematisieren häufig Grenzerfahrungen oder Grenzüberschreitungen, die den Menschen in seinem »Innersten« berühren. So beschreibt P. W. Pruyser (1972, 64) religiöse Erfahrung als ». . . Wahrnehmung der ›Einbruchstellen‹ des Ganz-Anderen im Menschlichen und Irdischen«. Das Gefühl stellt dabei naturgemäß den »Ort der religiösen Erfahrung« dar. *»Die religiöse Affektivität führt den Menschen zu einem undifferenzierten Unendlichen hin, das sich gerade so gut als irdische Gottheit, als unendliche Lebensfülle oder gar als Dämon ausgeben kann.«* (115)

Die symbolische Sprache der Religion bietet die Möglichkeit, Gefühle zu artikulieren, und das gleichermaßen, ob die Gefühle nun abscheulich oder edel sind. Dies wurde auch in den Aussagen der Befragten deutlich, wobei die von ihnen als »religiös« bezeichneten Gefühle eher das »Erhabene«, »Übermächtige« und »Heilige« betreffen, allerdings auch ambivalent erlebt werden. Schon Schleiermacher hatte in seinen »Reden über Religion« (1799) das religiöse Grundgefühl, das er als »Gefühl der Grenzenlosigkeit« einerseits und als »Gefühl der schlechthinnigen Abhängigkeit« bezeichnete, die tiefste Wurzel der Religion genannt. Für ihn war der Ort der Religion das Herz, nicht der Geist oder der Kopf. Er hielt die Gefühle der Sehnsucht, Ehrfurcht, Demut, Dankbarkeit, Mitleid, Reue und Verlangen für besonders numinos und ging davon aus, daß die Stärke dieser Gefühle den Grad der Religiosität bestimmt.

Die Wiederentdeckung des Gefühls als grundlegendes und konstitutives Element der Religion war in einer von der technischen Machbarkeit geprägten Rationalität der Aufklärung, die vernünftiges Handeln mit der Beherrschbarkeit der Natur gleichsetzte und als Materie dem menschlichen Geist zu unterwerfen antrat, auch ein Protest gegen das Herausfallen des Menschen aus dem dunklen Paradies der Verbundenheit und »schlechthinnigen Abhängigkeit« mit dem Ganzen des Universums. So kann das heutige Bedürfnis nach »starken« Erlebnissen innerhalb einer mehr und mehr entfremdeten und entsinnlichten Lebenswelt, als ein Ausdruck des Sich-zur-Wehr-Setzens gegen diese »Verkopfung« und Verkümmerung des Gefühlslebens verstanden werden.

Hinsichtlich der Möglichkeiten, welche Religion zur Identitätsfindung und -stabilisierung bieten kann, gilt es nach J. Lott (1984, 147), »sich mit der Frage auseinanderzusetzen, ob religiöse Überlieferung Konstruktionsmittel für den Aufbau von Ich-Identität zur Verfügung stellen kann«. Diese Frage stellt sich vor allem im Kontext der Religionspädagogik, wenn es darum geht, nicht nur einen Wissens-, sondern auch einen *Erfahrungsbezug* zur Religion herzustellen.

In der religionspädagoischen Diskussion der 70er und 80er Jahre läßt sich ein »gesteigertes Reflexionsniveau des Themas ›Glaube und Erfahrung‹ erkennen« (W. H. Ritter, 1989). Eine solche erfahrungsorientierte Religionspädagogik, die sich um Integration der »geschichtlich entstandenen Dichotomie« von Glaube und Erfahrung bemüht, ist in der Lage, Gefühle an religiöse Symbole sinnvoll und tragfähig zu binden. Allerdings muß in diesem Kontext der Begriff der Erfahrung genauer geklärt werden, der immer noch zu einem der »unaufgeklärtesten Begriffe« (Gadamer, 1986, 329) gehört. Nach S. Vierzig (1979, 13) ist »die Frage nach den eigenen Erfahrungen weit mehr als eine Methode der Motivation, sie ist konstituierend für jedes Verständnis und jede Praxis von Religion«. Denn damit sich religiöse Tradition dem Menschen erschließt, muß er neben Einsichten auch Erfahrungen damit machen, um so auch partiell für diese Tradition erschlossen zu werden. Ein wesentlicher Erschließungsfaktor ist die *gefühlsmäßige Bindung.*

Die neuere Diskussion zur Symboldidaktik, in der der wechselseitige Aneignungsprozeß von Tradition (Symbole) und Subjekt reflektiert wird, bietet Ansätze, dies annähernd zu realisieren. J. Scharfenberg (1986, 141) definiert Symbole als Vehikel von Vorstellungen, »die es dem Menschen ermöglichen, ihre eigenen subjektiven Vorstellungen zu bilden, die aber nicht subjektiv allein bleiben, sondern auf etwas verweisen, was jenseits der eigenen engen Subjektivität steht«. Religiöse Symbole haben demnach Vermittlungsfunktion zwischen Subjektivität und Objektivität, und der bewußte (zum Teil auch unbewußte) Umgang mit ihnen bedeutet sowohl Selbsterfahrung wie auch Aneignung von religiöser Tradition. Denn in den religiösen Symbolen und Geschichten verdichten sich gesellschaftliche Erfahrungen, die über Einfühlung und partielle Identifikation auch subjektiv reaktivierbar sind. Durch diesen subjektiven Nachvollzug als »Erfahrungslernen« (C. Looks, 1993, 170) können historische Ereignisse im schöpferischen Akt wiederbelebt werden, was zu einem vertieften Verständnis von historischen Erfahrungen führen und auch gegenwärtige subjektive Erfahrungen bedeutungsgebend binden und verankern kann. In einer solchen »verstehenden Aneignung christlicher Tradition« kann nach J. Lott (1984, 177) auch die Bibel als »Ur-kunde« dazu dienen, »Symbole zu bilden, aus innerem Sprechen in das äußere Sprechen zu übersetzen, Geschichten zu erzählen und Identitäten zu finden«. Diese Art des Religions- und Kulturverstehens könnte zu einem intensivierten biographischen Selbstverstehen führen.

In dieser Hinsicht hat die christliche Religion und ihre Kirchen offensichtlich etwas versäumt. Denn die Zahl der Christen ist sowohl der Kirchenzugehörigkeit als auch dem Glauben nach in den letzten 25 Jahren stark zurückgegangen, wie auch die *Spiegel*umfrage von 1992 feststellt: »Die Kirchen kranken an Schwindsucht«. (ebd, 38)

Bereits vor 200 Jahren wies Schleiermacher darauf hin, daß immer, wenn eine Religion ihre innerste Kraft »Anschauung und Gefühl« verliere, sie allmählich verschwinden werde und neue Bildungen der Religion hervorgehen und sich aus »unzähligen Veranlassungen und in neuem Boden« zu einer neuen Gestalt bilden würden. Ursprünglich gehörte die christliche Religion zur Legitimierung der Gesellschaft, war Bestandteil des kollektiven Selbstverständnisses, zum Beispiel im katholischen Staat des Mittelalters. Seit der Säkularisierung ist das jedoch nicht mehr so. Religion ist zur Privatsache geworden. *Jeder kann glauben, was er will.* Erfahrungen mit Außergewöhnlichem, Liebe, Tod, Einssein und anderen Grenzerfahrungen, die das »Erhabene«, »Heilige« betreffen, werden immer weniger durch die öffentliche Religion zur Sprache gebracht und legitimiert. Religion markiert Sinnzusammenhang, und es stellt sich die Frage, wo dieser Sinnzusammenhang verbindlich bleibt, wenn er ins Private abgedrängt wird. Religion als geschlossenes Deutungssystem von Wirklichkeit, die den »anomischen Erfahrungen« (Berger) Sinn verleiht, existiert für den einzelnen kaum noch als für sein Leben bedeutendes Sinnsystem. Vielmehr muß heute jeder die Sinngebung seines Lebens und seiner Erfahrungen selber leisten. Dabei ist der einzelne nach wie vor bemüht, seine Erfahrungen und Gefühle an den Grenzen in einen Kontext »höherer, allumfassender Wirklichkeit« zu interpretieren, allerdings nicht unbedingt bezogen auf eine einzige Religion, das heißt derjenigen seines eigenen Kulturkreises, sondern er bedient sich häufig verschiedener Versatzstücke aus dem Angebot der unterschiedlichsten ihm bekannten Religionen. Gleichzeitig wird damit die Schwäche individueller Religiosität deutlich, da Religion immer danach strebt, etwas Gemeinschaftliches zu sein.

Trotz dieser Privatisierung der Religiosität gibt es nach wie vor bei vielen Zeitgenossen ein »Bedürfnis nach Religion« im Sinne von, sein Leben nach einem religiösen Sinnsystem auszurichten, dies findet heute seinen Ausdruck eher in der individualistischen »Neuen Religiosität«.

Diese Neue Religiosität gibt es nicht als uniforme und originale Erscheinung, sondern »Selektivität und Synkretismus gehören zum Wesen dieser Bewegung, die ihre Einheit in tendenziellen Grundüberzeugungen, nicht in festen Formen hat.« (S. Vierzig, 1991, 19)

3. Die Erfahrung von Transzendenz als Grenzüberschreitung

»Das Ganze ist das Unwahre.«
(Th. Adorno, 1984, 57)

3.1. Transzendenz als Grenzbegriff

Die Sehnsucht nach Erfahrung von Transzendenz ist die Bedingung für Religiosität. Mit dieser These ist das Problem der Bestimmung dessen, was überhaupt Transzendenz ist, aufgeworfen.

Mit Transzendenz ist hier ein grundlegender Sachverhalt gemeint, der die Frage nach den Grenzen des Menschen betrifft und die Überlegung, wie diese Grenzen erfahren oder überschritten werden können. Transzendenz wird traditionell in den Zusammenhang mit Religion gebracht und bezeichnet dort den Bereich »Gottes«, der jenseits menschlicher Vernunft und Erkenntnismöglichkeit liegt. In der religiösen Praxis äußert sich die Suche nach Transzendenzerfahrung darin, mit den Mitteln des Ritus, des Gebetes oder anderer Formen der Versenkung Gottes teilhaftig werden zu wollen. Solange die christliche Religion unwidersprochener Ort des Rückbezugs des einzelnen zum »Ganzen« bedeutete, konnte das Transzendenzbedürfnis in der Tat hier erfüllt werden. Die Kirchen als Repräsentanten der christlichen Religion haben im Säkularisierungsprozeß jedoch ihre umfassende Autorität hinsichtlich der Einbindung des Menschen in einen vorgegebenen, umfassenden Sinnzusammenhang weitgehend verloren, so daß sich auch das Verständnis von Transzendenz grundlegend veränderte in Richtung *diesseitsbezogener Erfahrbarkeit:* Warum sollte der selbstbewußte Bürger sich nicht in seiner eigenen Arbeit und seinem erarbeiteten Besitz transzendieren oder durch die Anhäufung immer neuer Erkenntnisse über die Bausteine der Natur und der Welt?

Im heutigen alltagsprachlichen Gebrauch wie auch in den wissenschaftlichen Diskursen[1], schwingt jedoch in der Art und Weise, wie das Wort *Transzendenz* gebraucht wird, immer noch etwas Geheimnisvolles, Heiliges, etwas »ohne Worte« mit. Der Begriff Transzendenz scheint für etwas Unaussprechliches per se zu stehen und dementsprechend keiner weiteren Erläuterung zu bedürfen. So bleibt er in der Regel verschwommen oder zu allgemein, erscheint mal als Chiffre für Gott oder wird überhaupt synonym für Gott gebraucht. *»Ob nun der Verlust an Transzendenz beklagt oder der Glaube an eine transzendente Macht bezeugt wird – das Wort signalisiert, ähnlich wie ›Jenseits‹, ein religiöses Problem, drückt aber zugleich eine gewisse Scheu aus, ein ›Objekt‹ der religiösen Beziehung direkt namhaft zu machen, eine Art neuerlicher Scheu vor dem Gottesnamen.«* (H. Holzhey, 1979, 6)

Der Begriff der Transzendenz wird zwar selten genauer definiert, scheint heute aber so etwas wie die Verfallsform der Gottesidee auszudrücken. Die Religionspsychologie hat durch das Prinzip des Absehens von der Transzendenz die *Erfahrung* von Transzendenz zu bestimmen versucht und somit das Problem umgangen, den Begriff des Transzendenten näher zu definieren. In den religionssoziologischen Diskursen von P. L. Berger und Th. Luckmann wird Religon zwar im Kontext von Transzendenzerfahrung bestimmt, wobei Transzendenz allerdings als säkulares Konstrukt für Gott erscheint. In der Theologie dagegen wird Transzendenz in der Regel synonym für *Gott* gebraucht. Der Begriff Transzendenz ist also äußerst schillernd und soll deswegen im folgenden näher beleuchet werden.

Transzendenz bedeutet ganz allgemein »Grenzüberschreitung«. Als Nomen bezeichnet der Begriff in der Regel eine nicht objektivierbare Wirklichkeit, die jenseits der vorgestellten Grenze des Gegebenen und Verfügbaren liegt und die zugleich Bedingung alles Diesseitigen ist; also die absolute Differenz zwischen der Welt (als dem Bedingten) und dem Grund allen Seins (dem Bedingungslosen), das sich jeder theoretischen Annäherung und praktischen Verfügbarmachung entzieht. Als Verb hingegen zeigt der Begriff »transzendieren« eine Aktivität an: die des Grenzüberschreitens, Hinübersteigens; durch sie geht das begrenzte, endliche Wesen über sich, über seine natürlichen Grenzen[2] hinaus.

Transzendieren ist also stets an menschlicher Erfahrung geknüpft. Somit läßt sich das Wesen der Transzendenz nur über die Erfahrung ermitteln, die Menschen damit machen. Über ihre Erfahrungen mit Transzendenz äußerten sich die Befragten folgendermaßen:

Silvia:

»Transzendenz, das passiert, wenn man die Augen ein bißchen offenhält und nicht blind in die Situation abfährt. Aber ich muß sagen, ich kann mit dem Begriff eigentlich nicht so viel anfangen. Ich denke, alle möglichen Leute verbinden damit etwas Verschiedenes, zum Beispiel die Verbindung mit dem Jenseits. Transzendenz ist auch da, wenn es Übereinstimmungen gibt zwischen meinem Innern und dem äußeren Geschehen. Wo ich nicht mehr ein abgeschlossenes System bin, sondern es einfach Wechselwirkungen mit anderen Systemen gibt und die miteinander korrespondieren und sich Wesentliches verbindet. Das ist für mich dieses Bild von der Lebensspirale, wo Trauer plötzlich Freude wird. Und es hat auf verschiedenen Ebenen mit Durchlässigkeit zu tun. Das heißt: auch offen sein für etwas.

Also, ich habe keine fertige Theorie dazu. Es gibt einige Erlebnisse. Ich habe einmal ein Seminar mit Stanislav Grof mitgemacht und dabei habe ich Dinge erfahren und gesehen, das war unheimlich schön. Diese innere Übereinstimmung mit der Symbolik, zum Beispiel mit dem Delphin. Zu erleben, ich weiß etwas über ihn, habe darüber gelesen usw., aber wenn ich ihn dann plötzlich innerlich sehe und merke, ich tauche ein ins Meer und sehe diese Delphine, und es heißt ja, daß diese Tiere jenseits der Dualität existieren und sozusagen immer erleuchtet sind, dann ist das in dem Moment, wo ich die innerlich sehe, auch verbunden mit einem ganz bestimmten Gefühl. Das Gefühl des Eintauchens.«

MARIA:

»Also, ich muß sagen, mit dem Begriff kann ich unheimlich wenig anfangen. Ich höre den zwar ständig, aber ich verbinde damit nicht viel . . . Transzendenz ist vielleicht Grenzüberschreitung auf dem Weg zum Du, auf dem Weg zum anderen Menschen, wodurch es erst möglich wird, dem anderen ganz nahe zu kommen. Das ist aber nur die Überschreitung zu einer anderen Person, zu einem anderen Persönlichkeitskern, während es im Bereich der Religiosität so ist, noch viel mehr übersteigen zu können . . . Mit Religiosität verbinde ich diesen Begriff ganz stark. Das ist vielleicht die ganze Sehnsucht danach, die irdischen Grenzen zu überschreiten und die ganze Begrenztheit des menschlichen Körpers und des Menschen überhaupt und seine Begrenztheit in Gedanken und Gefühlen loswerden zu wollen. Und die Möglichkeit besteht, darüber hinauszusteigen, und wenn es nur für Augenblicke ist. Für mich hat sich ganz stark damit verbunden, daß es nicht nur für Augenblicke ist.«

JUDITH:

»Also, dazu kann ich eigentlich noch gar nicht viel sagen, weil ich darin noch Anfängerin bin. Ich weiß nicht, ob ich das jemals erleben werde, weil: Ich bin eigentlich mehr ein erdiger Mensch . . .
Vielleicht sind das Momente, wo man glaubt, an Wahnsinn zu grenzen. Das sind so Momente, wie ich sie kenne von der Insel S. Auch jetzt so in der Nachschau weiß ich, daß ich selten so einsam gewesen bin wie in der Zeit. Trotz dieser seelischen Verbundenheit mit diesem anderen Menschen war ich unglaublich einsam. Und dann diese Insel und dieser Vulkan und dieses schwarze Meer und dann, wenn du das alles siehst und weißt, und dann plötzlich in einem Moment, da spürst du, daß du lebst. Du hast dein Leben in der Hand, du machst was draus und du läßt dich nicht unterkriegen. Ja, das ist ein Wahnsinns-Gefühl, denn das grenzt an Wahnsinn. Wenn man sich in einem solchen Moment überschwappen läßt, dann glaube ich, kann man auch abdriften.«

KLAUS:

»Transzendenz ist etwas Symbolisches. Ich kann mir das auch als Erlebnis vorstellen: Ein Glücksgefühl . . . Transzendenz . . . schweben . . . geborgen sein . . . vereint sein . . . indem ich mich quasi durch die Vereinigung verbunden fühle und mich sozusagen transzendiere . . . indem ich mich mit meinem Körper bewege, völlig wolkenlos bin. Das hat auch was mit Bewußtsein zu tun, und das ist irgendwie irdisch.«

THOMAS:

»Transzendenz, das ist Grenzüberschreitung. Eine normale Grenze zu überschreiten bedeutet zum Beispiel, eine normale Fassung zu verlieren oder einen Schritt weiter zu tun als normalerweise, zum Beispiel in Richtung eines

anderen Menschen noch einen Schritt näher zu gehen. Transzendenz hat zu tun mit meinen eigenen Grenzen um mich herum, meinen Regelsystemen. Wenn es mir gelingt, gewisse Grenzen dieser inneren Regeln zu überschreiten, bedeutet das für mich, einen Schritt in die Transzendenz zu tun. Im religiösen Sinne bedeutet es eher etwas, was jenseits dieser Welterfahrung liegt, jenseits der Welterklärungsmöglichkeiten, jenseits aller Vernunft. Für mich hat die Frage nach der Transzendenz etwas viel stärker Kognitives. Das Reden über Transzendenz ist auch das Reden über die Grenzen der vernünftigen Wahrnehmbarkeit, das was außerhalb des Weltraums ist, und die Frage, wer hat eigentlich die Welt erschaffen? hat für mich merkwürdigerweise viel weniger mit der Äußerung eines Gefühls zu tun, sondern ist für mich eher eine Art wissenschaftliche Diskussion oder eher eine theologische Diskussion.

Transzendenz heißt, einen Schritt weiterzugehen und sich zuzugestehen, die eigenen Grenzen, die ich mir gezogen habe, zu überschreiten. Z. B. sexuell ganz neue Erfahrungen zu machen oder mich noch mehr in Neuland vorzuwagen, mich noch mehr fallenzulassen. Oder auch die eigenen Bahnen des Geistes zu verlassen und mich außerhalb meiner eigenen Selbstkontrolle zu begeben.«

JOHANNES:
»Die erschütterndste Erfahrung von Transzendenz mache ich immer im anderen, in der unübersteigbaren Jenseitigkeit des jeweils anderen. Und der Überraschung und Tiefe dabei. Das ist nicht das »ozeanische Gefühl«. Oder wenn, dann erleb ich das an der Küste, wo ich gerne bin, oder beim Blick in den Himmel . . .
Erfahrung von Transzendenz in der Sexualität, ja. Man spricht ja vom Akt des Beischlafs. Das ist für jemanden, der glaubt, auch ein Akt des Glaubens. Also, wenn ich es ganz ketzerisch sage, dann mit dem ollen Horkheimer und seinem »Ganz Anderen«. Sexualität ist dann vielleicht materialisierte Suche nach dem »Ganz Anderen«. Und zugleich dem eigenen ähnlich. Das ist dann wieder die Ambivalenz . . . Ich muß da mit der Transzendenz noch etwas ergänzen, sonst wird es mißverständlich. Was ich die ganze Zeit versuche, hat mit soziologischer Phantasie oder mit dialektischem Denken zu tun. Und ich versuche, weil ich überzeugt bin, etwas zu entwerfen wie den sich selbst aussagenden Glauben – ich kann nicht anders davon reden als unter diesem Theorem, unter solchen Kategorien. Und dann würde Transzendenz eigentlich etwas sein, was über meine Individualität hinaus gefühlt, gedacht, gewünscht wird, auch als Totalität, von der ich aber weiß, daß es für sich nicht zu haben ist, sondern nur in dieser dialektischen Spannung, die unauflösbar ist. Z. B. Verliebtsein ins Gelingen, das ist natürlich dabei.
Ich halte Transzendenz prinzipiell für erfahrbar. Aber diese Erfahrung hat ihre Bedingungen. Und ich würde bestreiten, daß wir in unseren gegebenen Bedingungen diese Erfahrung als etwas anderes als subjektiven Schein, als Täuschung machen können. Sie kann sehr glücksam und sehr wirklich sein für den Betroffenen, das kann ich nicht bestreiten, das können Leute zwar von

sich sagen, subjektiv redlich und überzeugt, daß sie dieses erfahren. Aber nur unter dieser Einschränkung. Ich bestreite nicht von vornherein jemandem seine Redlichkeit. Es gibt ja auch immer wieder Leute, die sagen, ich habe Jesus gesehen. Da kann ich nicht sagen: Hör mal zu, du bist ein Lügner, du bist krank. Nein, nein, sondern ich würde dann gerne mit dem in ein Gespräch eintreten und versuchen herauszufinden, welche Bedingungen haben daran mitgestrickt, welche Erwartungen, Wünsche, Sehnsüchte, welche Knoten, daß ihm das so erscheinen muß.«

EVA:
»Das ist für mich immer das Überschreiten der alltäglichen Ebene, und das kann ich mit verschiedenen Methoden und auf verschiedenste Art und Weise erreichen. Das kann ich durch Religiosität und Sexualität, aber auch durch Tanz. Wichtig erscheint mir die Verbindung, daß sich die Sexualität, bzw. meine Sexualität mich auch mit der Erde verbindet, mit dem Animalischen und mit dem Irdischen. Und dieses Erdige führt mich gleichzeitig zu einem anderen Element, zum Himmel.
Religiosität, die müßte eigentlich wieder zur Erde zurückführen, zur Sexualität, das ist wie ein Kreislauf oder wie ein Kreis oder eine Spirale, die immer weiter nach oben geht, aber auch ganz fest auf der Erde bleibt. Dieses Gefühl von Erde oder von Blut oder von Samen, das sind für mich auch Urkräfte, die nicht nur mit mir selbst zu tun haben. Ich habe sie so gespürt, wie sie auch durch mich leben. Und diese Kräfte sind so stark, daß sie nicht nur bei mir selbst da auf dem Bett bleiben, sondern sie sind so stark, daß sie eine Verbindung schaffen zum Kosmos. Diese Kräfte, die schleudern dich hinaus in andere Sphären und bleiben nicht in einem gewöhnlichen Zimmer und einer gewöhnlichen Sexualität stehen . . .«

In fast allen Interviewäußerungen zur Transzendenz fällt zunächst einmal die anfängliche Unsicherheit auf, darüber zu sprechen. Erst das Sprechen über die damit verbundenen Erlebnisse und Gefühle ermöglichte es den einzelnen Befragten, sich diesem Begriff anzunähern und ihn mit eigenen Vorstellungen und persönlich Erlebtem zu füllen. Transzendenz wird von allen Befragten als »Grenzüberschreitung« aufgefaßt und als etwas, das in Bezug auf etwas Anderes oder jemand anderes erlebt werden kann (»auf dem Weg zum Du . . .«). Betont wird also der Beziehungsaspekt. Mit Transzendenz wird aber auch die Erfahrung der eigenen Begrenztheit verbunden. Voraussetzung grenzüberschreitender Erfahrungen ist laut Aussagen der Befragten »Offensein«, »Durchlässigkeit«, »sich fallen lassen«, »Aufgabe der Selbstkontrolle«, »die normale Fassung verlieren«. Das eigentliche Erlebnis von Transzendenz wird beschrieben als »Glücksgefühl«, »Übereinstimmung zwischen meinem Inneren und dem äußeren Geschehen«, »Vereintsein« und »Geborgensein«, als Möglichkeit, plötzlich etwas »aus dem Leben zu machen«, ein Gefühl des »Eintauchens«, die »Verbindung zum Kosmos« oder die Umwandlung von Gefühlen wie »Trauer wird zur Freude«. Die Erfahrung von Transzendenz hat aber neben den inneren auch äußere Bedingungen, ohne die sie nicht möglich ist. Johannes verbindet damit zum Beispiel die Meeresküste oder den Blick zum Himmel; Silvia hat die Erfahrung in »innerer Übereinstimmung mit der Symbolik« gemacht. Ähnlich wie bei dem religiösen Gefühl gilt also, daß die Erfahrung von Transzendenz das »Involviertsein in Etwas« voraussetzt, wobei dieses »Etwas« zum Beispiel ein Naturereignis oder ein Symbol sein kann. Allerdings wird die Erfahrung von Transzendenz nicht von vornherein und selbstverständlich in einen religiösen Deutungszusammenhang gebracht, sondern auch mit anderen Lebensbereichen und außergewöhnlichen Erfahrungen, wie zum Beispiel in der Sexualität verbunden.

In den Äußerungen deutet sich bereits an, daß die Erfahrung von Transzendenz eine *gefühlsmäßige* und eine *körperliche* Seite hat und daß ganz bestimmte Grenzerfahrungen und Grenzüberschreitungserfahrungen im Bereich von Religiosität und Sexualität als Transzendenzerfahrungen gedeutet werden.

Vor allem das körperlich spürbare Erlebnis von Transzendenzerfahrung wird mit Sexualität verbunden. Doch die Erfahrung von Transzendenz, die in der »Körper-Seele-Geist-Einheit« erfahren wird, was sich teilweise auch in den Interviewäußerungen widerspiegelt, ist im Laufe der abendländischen Geistesgeschichte, die den Begriff der Transzendenz entscheidend prägte, durchaus nicht auf das Körperliche, geschweige denn das Sexuelle bezogen worden. Im Gegenteil. Die Abspaltung des Körperlichen vom Geistigen, wie es sich durch die gesamte europäische *Geistes*geschichte zieht, hat auch die begriffliche Bestimmung von Transzendenz entscheidend geprägt.

Zusammenfassend lassen sich bei den Befragten hinsichtlich der Erfahrung von Transzendenz grob zwei Thematisierungsebenen feststellen. Auf der einen Ebene wird mit Transzendenz alles das bezeichnet, was ganz allgemein mit »Grenzüberschreitung« verbunden wird. Das kann *psychisch* eine Überschreitung des Unbewußten ins Bewußte sein oder in der Beziehung zwischen zwei Personen geschehen. Hier wird der Begriff der Transzendenz also eher auf den persönlichen und *zwischenmenschlichen Bereich* bezogen und kennzeichnet besondere, nichtalltägliche Beziehungserfahrung. Dabei wird auch Sexualität als Erlebnismöglichkeit von Transzendenz thematisiert. Auf der anderen Ebene kennzeichnet der Begriff der Transzendenz ein im Immanenten wirkendes »Jenseitiges«, beinhaltet also so etwas wie den *säkularisierten Begriff für Gott*. Mit dieser Bedeutung taucht der Begriff der Transzendenz in den philosophischen und theologischen Diskursen auf, hat dort also immer etwas mit Religion zu tun, insofern, als damit das Problem der *Beziehung* zwischen Gott und Mensch, Diesseits und Jenseits, Bedingtem und Unbedingtem, Relativem und Absolutem angesprochen wird.

3.2. Der philosophische Versuch, Transzendenz durch das Denken zu erkennen

»Ich denke, also bin ich.«
(R. Descartes, 1641)

Im folgenden soll beispielhaft die Entwicklung beleuchtet werden, die die Beschäftigung mit dem Thema Transzendenzerfahrung in der europäischen Geistesgeschichte genommen hat. Dabei werden hier nur Grundlinien dieser Entwicklung skizziert, die in ihren Konsequenzen heute noch Geltung besitzen. Der Terminus »Entwicklung« braucht in diesem Zusammenhang übrigens keineswegs einen Fortschritt anzudeuten oder die »Auswicklung« und Freilegung eines wie auch immer gearteten Kerns. Es kann auch ausgehen wie für Ibsens Peer Gynt, der auf der Suche nach dem Wesentlichen anfängt, die Zwiebeln zu schälen und nur Schalen findet, aber keinen Kern. Entscheidender Einschnitt in der europäischen Geistegeschichte, der bis heute fortwirkt, war das wissenschaftliche Denksystem R. Descartes' (1596-1650), mit dem er die bis dahin gültige katholische Metaphysik scholastischer Prägung mit ihren ontologischen, kosmologischen und teleologischen Gottesbeweisen nachhaltig ablöste. Zwar ist für ihn weiterhin der christliche Gott Ursprung allen Seins und Sinngarant, gewisser noch ist jedoch die endliche Subjektivität. Das heißt, in Abgrenzung von dem theologischen Denken ist für Descartes die grundlegende Gewißheit nicht das Absolute oder Gott, sondern die endliche Subjektivität. Ausgehend von der Tatsache, daß das Subjekt zweifelt und, während es das tut, denkt, beweist es, daß es Selbstbewußtsein und damit Wirklichkeit besitzt: ego cogito, ergo sum.

Dieser reflektierende Rückgang auf die endliche Subjektivität konzentriert sich in seiner Gewißheitsproblematik im wesentlichen nicht mehr auf das Gottesproblem, sondern auf die Herausbildung des menschlichen Selbstbewußtseins. Dies trifft nicht nur für Descartes zu, sondern für die neuzeitliche Metaphysik überhaupt[3]. Gleichzeitig tritt überall dort, wo die endliche Subjektivität nach ihrem Grund fragt, immer wieder die Idee einer übergeordneten Transzendenz auf: »*Transzendenz ist das der endlichen Subjektivität mit innerer Notwendigkeit zugehörende Andere ihrer selbst.*« (W. Schulz 1957, 28)

Descartes versteht unter dem Namen Gott »eine Substanz, die unendlich, unabhängig, allwissend und allmächtig ist« (Medit. III, § 22). Neben der Substanz Gottes, der »res perfectissima«, sieht Descartes noch zwei andere Substanzen, das menschliche Denken, die »res cogitans«, und die Welt der ausgedehnten Dinge und Körper, die »res extensa«. Beide sind der Gottessubstanz untergeordnet. Menschliches und Weltliches stehen dem Göttlichen als das Andere dual gegenüber. Dabei ist Gott als das Absolute, als Geist unteilbar. Dem ordnet Descartes das *Denken* zu, da er das Absolute als eine denkende Substanz annimmt. Dagegen ist die Welt der Körper und

Dinge (die Existenz), das Materielle und Sinnliche teilbar und somit unvollkommen. Aus dem Begriff des Absoluten wurde damit die Existenz als nicht-absolut und unvollkommen ausgeschlossen. Diese Grundannahme von der Antinomie: Gott – Absolutes – Denken = vollkommen versus Welt – Körper – Sinnliches = unvollkommen wurde grundlegend und richtungsweisend für nahezu die gesamten etablierten neuzeitlichen philosophischen Denksysteme und manifestierte sich schließlich in der Antinomie von Körper und Geist, bzw. Materie und Geist. Bezogen auf das Individuum als realen Menschen bedeutet dies: Der Körper ist unvollkommen (relativ, negativ, schlecht), da vergänglich, und der Geist ist vollkommen (absolut, positiv, gut), bzw. kann es sein oder werden, da überdauernd. Bezogen auf die Natur bedeutet das: Sie ist eine Maschine, die nach mechanischen Gesetzen funktioniert. Natur hat kein Leben, keinen Geist, keinen Sinn in sich. Sie kann mittels der Kenntnisse der Naturwissenschaft vollständig erkannt und beherrscht werden. Dementsprechend zeigt sich Gott auch nicht mehr in der Natur als einem lebendigen Organismus, sondern nur in der Selbstgewißheit des Denkenden. *Einssein mit dem Sinn ist nur durch das Denken hindurch möglich.*

Die Argumentation dieser Philosophie entsprach sehr genau dem sich entwickelnden Selbstbewußtsein der Naturwissenschaften. Deren Universalgesetze waren der Gesellenbrief, mit dem das denkende und handelnde Subjekt aus der aktiven Vormundschaft Gottes entlassen werden mußte. Zugleich trat der einzelne Mensch zumindest ideell aus der festen Bindung der feudalen Ständegesellschaft heraus, die für ihn bisher zugewiesener, natürlicher Ort gewesen war. Dort hatten nicht seine eigene Meinung und seine Gefühle darüber entschieden, ob er das Heil und den ihm zugedachten Sinn erreichte, sondern das Maß seiner Einführung in die vorgegebene göttliche Ordnung, deren Prinzipien er allenfalls in der Lage war nachzuvollziehen, einzusehen, nicht mit den Mitteln des Verstandes, sondern denen des Glaubens: »Credo ut intelligam« (Augustinus) – Die Erlösung im Glauben finden. Wo vorher Transzendenzerfahrung im wesentlichen möglich wurde durch gesellschaftlich vermittelte Rituale – in der Gemeinschaft der Gläubigen oder der mystischen Versenkung –, eröffnet sich mit Descartes die Möglichkeit, durch Entdeckung der Gesetze des Universums des Geistes Gottes teilhaftig zu werden.

Die Erfolge der neuen exakten Wissenschaften und das neue Menschenbild wurden für die Aufklärer des 18. Jhds. zur Grundlage für die Ausarbeitung eines streng nach den rationalen Prinzipien der *Vernunft* funktionierenden Gesellschaftssystems: Der gebildete, denkende Mensch braucht die Autorität des positiven Dogmas nicht mehr, er ist kraft seiner Vernunft in der Lage, selbst die umfassende Wahrheit zu finden und anzuwenden. Er ist autonom.

Der Begriff der Vernunft wird vor allem von *I. Kant* in seiner »Kritik der reinen Vernunft« (1787) entwickelt. Er richtet ihn gegen die für ihn methodisch unsaubere Auffassung Descartes', das Subjekt könne durch die ratio, den Verstand, zur Erkenntnis der alles bedingenden Wahrheit kommen. Nach

Kant ist der Anfang aller Erkenntnis die Erfahrung. Dabei ist die Bedingung von Erkenntnis sowohl Anschauung, die der Erkenntnis vorausgeht, wie auch subjektive Erkenntnisformen, die »transzendentale« Funktionen haben, das heißt sie stehen *vor*, a priori aller Erfahrung, nicht wie »transzendent« *über* aller Erfahrung. Kant nennt den apriorischen Faktor, der aus dem Subjekt stammt, die »Form«, den aposteriorischen Faktor, der aus dem »Ding an sich« stammt, nennt er die »Materie aller Erfahrung«. Aposteriorische Erkenntnisse unterscheidet Kant von den empirischen, »die ihre Quellen a posteriori, nämlich in der Erfahrung haben« (1787, I).

Das apriorische Element ist sowohl unabhängig von aller Erfahrung, liegt aber zugleich aller Erfahrung zugrunde. Von diesen apriorischen Formen gibt es zwei Arten: Die Formen der Anschauung (Raum und Zeit) und die Formen des Denkens (Kategorien). Für Kant ist demnach jede Erkenntnis durch subjektive Erkenntnisform bestimmt, zugleich kann der Mensch niemals den zu erkennenden Gegenstand als »Ding an sich«, sondern nur als Erscheinungsform erkennen. Die aus dieser Annahme resultierende grundlegende Antinomie zwischen »Dingen an sich«, und den »Erscheinungsformen« löst sich nach Kant nur dadurch auf, indem die Dinge an sich und ihre Erscheinung streng auseinandergehalten werden. »... *also werden wir zuerst die Sinnlichkeit isolieren, dadurch, daß wir alles absondern, was der Verstand durch seine Begriffe dabei denkt, damit nichts als empirische Anschauung übrigbleibe. Zweitens werden wir von dieser noch alles, was zur Empfindung gehört, abtrennen, damit nichts als reine Anschauung und die bloße Form der Erscheinungen übrigbleibe, welches das einzige ist, das die Sinnlichkeit a priori liefern kann.*« (Elementarlehre I, § 1)

Zwar gibt es in der Erscheinungswelt keinen absoluten Anfang, da alle Erscheinungen sich durchgehend kausal bedingen. Dennoch ist es nach Kant denkbar, daß es eine letzte unbedingte Bedingung aller Erscheinungen gibt. Dieses Unbedingte ist jedoch weder als Bestimmtes denkbar noch erkennbar, aber es ist als »intelligibles Wesen« denkmöglich. Kant verankert dieses denkmögliche Unbedingte in der reinen Vernunft als »transzendentales Ideal« (Elementarlehre II). Im Wesen der menschlichen Vernunft liegt nach Kant die Suche nach dem Unbedingten begründet, da der Mensch sich niemals mit der bedingten Erkenntnis der Erfahrung begnügen kann. Dem Menschen gelingt das nicht mehr durch die Urteile seines Verstandes, sondern durch die Vernunft, die Kant als das Vermögen zu schlußfolgern kennzeichnet.

Während sich die Verstandesbegriffe, die »Kategorien«, auf etwas Erfahrbares beziehen, kennzeichnen die Vernunftbegriffe, die »Ideen«, etwas Nicht-Erfahrbares, Unbedingtes. Die Ideen sind keine Erkenntnisse, sondern zielen auf eine Totalität ab, die in der Erfahrung nicht gegeben ist und nirgends objektiv in der Realität existiert.

Kant unterscheidet drei solcher Ideen voneinander:

1. die Idee der Seele, 2. die Idee der Welt und 3. die Idee Gottes. *»Aber noch weiter als die Idee scheint dasjenige von der objektiven Realität entfernt zu sein, was ich das Ideal nenne, und worunter ich die Idee nicht bloß in*

concreto, sondern in individuo, das heißt als einzelnes, durch die Idee allein bestimmbares oder gar bestimmtes Ding verstehe.« (Elementarlehre II)
Dieses »transzendentale Ideal« der reinen Vernunft erweist sich für Kant als die letzte Bedingung alles Bedingten und ist als »Wesen aller Wesen« der vernünftige Begriff für Gott.

Während Descartes das Absolute als ein »Objekt« bestimmt, das dem menschlichen Subjekt als ein »Anderes« dual gegenübersteht und dem sich der Mensch nur denkend annähern kann, definiert Kant das transzendentale Ideal der reinen Vernunft als ein aller Objektivität vorausgehendes und diese erst bedingendes »Subjekt«. Diese Absolutsetzung des Subjekts ist verbunden mit dem Ideal von der reinen Vernunft. Vernünftigkeit und Subjektivität bedingen sich gegenseitig.

Bei Kant ist der Begriff der Erfahrung gleichbedeutend mit Wahrnehmung, obwohl er zwischen Wahrnehmungs- und Erfahrungsurteilen unterscheidet. Erfahrung wird von Kant als »Möglichkeit empirischer Erkenntnis« charakterisiert. Diese scharfe Trennung zwischen Wahrnehmung und Erkenntnis zieht sich durch die gesamte »Erkenntnis- und Verständnisgeschichte«, wobei die Erfahrung bzw. Wahrnehmung dem Vernunfttakt gegenüber steht. Damit konnte, wie G. Hasenhüttl (1974, 692) feststellt, ein Verständnis von Erfahrung als »Verinnerlichung und passiver Anschauung« entwickelt werden, »die dem Akt der Vernunft gegenüberstehe . . ., der vornehmlich mit der Tätigkeit des Denkens assoziiert« wurde.

Daß die Form der reinen Anschauung auch eine Form der praktischen menschlichen Tätigkeit darstellt, wurde nach Ansicht B. Nitzschkes (1981) durch das »dem Machtrausch anheimgefallene Denken« verdrängt. Nach J. Habermas (1985 (I), 483) zerreißt die Kantsche Theorie zwar unbarmherzig die metaphysischen Illusionen der vorangegangenen Epoche und untergräbt die »dogmatischen Ansprüche der objektiven Vernunft«, aber, um die »Annahme, daß die rationell-formalistische Erkenntnisweise die ›uns‹ einzig mögliche Art der Erfassung an Wirklichkeit ist«, zu rechtfertigen. Bei aller »Richtung auf das Subjektive« (Schelling) zielt Kants Philosophie doch auf die Errichtung einer aufgeklärten Gesellschaft. Das tätige Subjekt, dessen Tätigkeit »von der Richtschnur der Vernunft geleitet« ist, muß sich in der Öffentlichkeit beweisen. Zum Beispiel in den Handlungen eines gerechten, aufgeklärten Herrschers. Nicht der Gedanke für sich, sondern die praktische Konsequenzen ziehende Vernunft ist entscheidend. Ebenso beschreibt es Lessing in der Ringparabel des Nathan, nach der über den jeweiligen Wahrheitsanspruch der großen Religion nur in der praktischen Humanität, der »vorwurfsfreien Ausübung freier Liebe« entschieden wird.

Diese Bindung an die öffentliche Tat schwindet in der Philosophie G. W. F. Hegels dahin. Das Denken reflektiert zunehmend nur noch über sich selbst. Die Notwendigkeit sinnlicher Anschauung und Erfahrung entfällt. Die Einbildungskraft siegt über die Realität. Doch Philosophie ist stets Reflexion gelebter Erfahrung, auch wenn sie sich noch so sehr von aller Sinnlichkeit und Körperlichkeit abgrenzt. Dabei war die hartnäckige Verweigerung der politischen und ökonomischen Freiheitsrechte für das Bürgertum in

Deutschland einerseits und die ambivalenten Erfahrungen mit dem Fortgang der Französischen Revolution andererseits, ein wesentlicher Grund für diese weitere Akademisierung und Entmaterialisierung philosophischen Denkens gewesen.

G. W. F. Hegel entwickelt in seiner »Phänomenologie des Geistes« (1807) die Lehre von den verschiedenen Erscheinungsformen des Denkens, das sich stufenweise vom natürlichen Bewußtsein über das »Vernunftbewußtsein« bis hin zum »absoluten Wissen« entfaltet. In der menschlichen Form des Denkens begreift sich das Absolute und kommt darin zu sich selbst: ».. . im tiefsten Sinne des Wortes, denn sein Prinzip, seine unvermischte Selbstheit ist das Denken.« (1817, Bd. V, § 11)

Damit setzt auch Hegel wie Descartes und Kant das Denken an die Stelle des Absoluten, nimmt jedoch wesentliche Differenzierungen vor. Nach Hegel bilden das Absolute und das Bedingte nicht den unüberwindbaren Gegensatz von Jenseits und Diesseits, sondern entfaltet sich als »Geist« in einem dialektischen Prozeß. Im natürlichen Bewußtsein steht das Ich einer »fertig« gegebenen, fremden Welt gegenüber, deren Gegenstände durch das Ich erkannt werden. Kant stellte fest, daß die Gegenstände nicht nur »an sich« so sind, wie sie erkannt werden, sondern die Gegenstände der Erkenntnis werden durch das Ich erst konstituiert. »Hinter« dieser subjektiv wahrgenommenen Erscheinungswelt setzte Kant eine zweite, unsichtbare Welt »an sich« an. Hegel kritisiert daran, daß diese »Welt an sich« schließlich auch nur eine Gedankenkonstruktion ist, da sie der gedanklichen Reflexion entstammt. Jedoch bringt dieser reflexive Rückgang von einer »jenseits« des Subjekts liegenden Welt auf das Denken des Subjekts eben dieses Subjekt eigentlich erst »zur Vernunft«. »Die Vernunft ist die Gewißheit des Bewußtseins, alle Realität zu sein; so spricht der Idealismus ihren Begriff aus.« (1807, 176)

In seiner stufenweisen Entwicklung vom natürlichen Bewußtsein zum »Vernunftbewußtsein« kann das Bewußtsein sogar »absolutes Wissen« erreichen. Dieses absolute Wissen ist das Bewußtsein des Absoluten, in dem sich der absolute Geist seiner selbst begreift. Jedoch ist der absolute Geist nicht einfach gleichzusetzen mit dem Bewußtsein, sondern er umfaßt auch das Noch-Nicht-Bewußtsein und das Unbewußtsein. »Es ist von dem Absoluten zu sagen, daß es wesentlich Resultat, daß es erst am Ende das ist, was es in Wahrheit ist; und hierin eben besteht seine Natur, Wirkliches, Subjekt oder Sichselbstwerden zu sein.« (1807, 21)

Weiterhin differenziert Hegel zwischen dem »verstandesmäßigen« Begriff und dem »vernünftigen« Begriff. Der »verstandesmäßige« Begriff bezieht sich auf den Gegenstand, den er zu begreifen sucht, nur äußerlich und bleibt somit im Denken; ebenso bleibt das Denken dem Gegenstand äußerlich. Deswegen hält Hegel den »verstandesmäßigen« Begriff für ungenügend. Der »vernunftmäßige« Begriff hingegen ist nicht von dem Gegenstand getrennt und somit nur ein Denkgebilde, sondern er ist das objektive Wesen der Wirklichkeit, das nicht »über« dem steht, was er zu begreifen sucht, sondern »in« ihm: »Der Begriff ist das schlechthin Konkrete.« (1817, § 164)

Vernünftiges Denken bedeutet nach Hegel dialektisches Denken, welches davon ausgeht, daß die darin benutzten Begriffe mit anderen Begriffen in Beziehung gesetzt werden und dadurch ihre logische Bedeutung modifizieren. Auf diese Weise werden sie in einem organischen Ganzen lebendig und sind zu einer inneren Entwicklung fähig.

Das Absolute ist dementsprechend ein sich dialektisch entwickelnder Begriff. Das heißt, es entwickelt sich nicht gradlinig empor, sondern immer in Auseinandersetzung mit Widerständen, die dem Absoluten jedoch nicht von außen entgegentreten, sondern aus ihm selbst heraus. Diese dialektische Entwicklung des Absoluten veranschaulicht Hegel an folgendem Beispiel: »*Die Knospe verschwindet in dem Hervorbrechen der Blüte, und man könnte sagen, daß jene von dieser widerlegt wird; ebenso wird durch die Frucht die Blüte für ein falsches Dasein erklärt und als ihre Wahrheit tritt jene an die Stelle von dieser. Diese Formen unterscheiden sich nicht nur, sondern verdrängen sich auch als unverträglich miteinander.*« (1807, 10) Diese dialektische Entfaltung der verschiedenen Formen erweist sich als etwas zutiefst Lebendiges: Die »flüssige Natur« dieser Formen »*. . . macht sie zugleich zu Momente der organischen Einheit, worin sie sich nicht nur nicht widerstreiten, sondern eins so notwendig ist als das andere; und diese gleiche Notwendigkeit macht erst das Leben des Ganzen aus.* (ebd.)

Das Absolute ist bei Hegel das »Ganze«, in der das Diesseits und Jenseits, das Endliche und Unendliche eine konkrete Einheit bilden, die sich als Teile des »Ganzen« gegenseitig konstituieren: Das eine ist nur wirklich durch das andere. Das Absolute ist gemäß Hegel auch nicht bloß der Anfang, sondern ist wesentlich das Resultat einer Entwicklung, bis es schließlich auch das Ende wird, als das Resultat des sich durch die Welt prozeßhaft entfaltenden Geistes, der im menschlichen Denken zum Bewußtsein seiner selbst kommt. Das Ziel ist es, diese ideale Einheit von Subjekt – Objekt und Idealem – Realem denkend zu erreichen.

In Hegels philosophischem System erfährt die Reduktion von Wirklichkeit auf das Denken ihre schärfste Zuspitzung: Das Denken hat nur noch mit sich selber zu tun. Gleichzeitig wird die vormals noch auf öffentliche Vernunft zielende Erkenntnis des bürgerlichen Subjekts zum Selbstzweck. Die notwendige Anbindung an gelebte Realität fehlt. Aber auch der Glaube daran, daß sie kommen wird, fehlt. Der Geist wird zum großen Simulator von Wirklichkeit, die, körperlos geworden, ihrerseits zunehmend reiner Ausdruck des Geistes wird und mit jeder Art von Sinnlichkeit nichts mehr gemein hat.

A. Sohn-Rethel (1985, 192) kritisiert zu Recht an Hegel, daß er das »Absolute« als eine Einheit von Denken und Sein bestimmt, »*. . . bei dem folglich die Subjektivität aus aller und jeder Bedingtheit herausspringt und sich als ›das Absolute‹ und als die dialektische Einheit von Denken und Sein installiert, . . . womit letztlich der Widerspruch der Philosophie perfekt wird, da ja das ›Absolute‹, wenn es wirklich die Einheit von Denken und Sein wäre, die Synthesis und also die Dialektik gar nicht mehr nötig hätte.*«

Bei Hegel deutet sich schon kräftig an, was später mit Nietzsches Ausruf

»Gott ist tot« und der Existenzphilosophie Heideggers oder Jaspers zentrales Thema der Philosophie wird: Das bürgerliche, aufgeklärte Subjekt steht allein da. Ohne Schutz der allmächtigen Autorität Gottes, ohne Schutz der Gemeinschaft und ohne Erfolge des einst trotzigen Selbstbewußtseins. Der Sinn zum Leben ist abhanden gekommen. Zwar hat der Siegeszug der cartesianischen Naturwissenschaft bewiesen, zu welchen Leistungen der menschliche Verstand fähig ist; auf der anderen Seite aber stehen Militär- und Kriegserfahrungen, die das bisher Gekannte ebenfalls weit in den Schatten stellen. Der Mensch ist ein in die Welt geworfener. Es entsteht die Erkenntnis von neuer Anonymität und Einsamkeit des Menschen in der kapitalistischen Massengesellschaft.

Damit ist das Denken im aufklärerischen ebenso wie im idealistischen Sinne an seine Grenzen gestoßen. Angeblich edelste Fähigkeit des Menschen und hoch über jede Wahrnehmungsfähigkeit des Körpers gestellt, hat es doch nicht dazu geführt, daß der Mensch eins werden konnte mit einem absoluten Sein.

3.3. Das Aufspüren von Transzendenz im numinosen Gefühl

»Ich fühle, also bin ich.«
(frei nach Descartes)

Die maßgeblichen Wortführer der neuzeitlichen Philosophie gaben dem philosophischen Diskurs die Richtung auf das Subjektive, indem sie das Absolute als das Transzendente auf *einen* Bereich der menschlichen Subjektivität bezogen, den des Denkens, damit jedoch die Erkenntnis von Transzendenz auf eine Dimension menschlicher Tätigkeit reduzierten. K. Jaspers kritisiert in seiner Metaphysik (1932) diesen Anspruch der neuzeitlichen Philosophie, das Transzendente zu denken und begrifflich bestimmen zu können. Er hält Transzendenz für nur »fühlbar«. Er sieht die empirische Wirklichkeit als Vergegenwärtigung eines ihr zugrundeliegenden, aber nicht vollständig erkennbaren Seins. Die darin liegende verborgene »Sprache« des Transzendenten ist im Lesen alles Seienden zu entziffern. Jaspers nennt diese Sprache »Chiffreschrift«. In der erlebenden Existenz des einzelnen Menschen kann jeder beliebige Gegenstand und jede zufällige Situation zur Chiffre werden, in der sich ein Tieferes zu offenbaren scheint: Die Begegnung mit einem anderen Menschen, ein Wort, ein Kuß, eine Blume am Wegesrande, die Betrachtung des Meeres, das Erleben eines Gewitters . . . Je nach der individuellen Existenz des Menschen zeigen sich die Unterschiede, was in einer Situation zur Chiffre wird und wie sich darin Transzendenz offenbart. Die Chiffre bewirkt jedoch nicht Erkenntnis, sondern ist ein Appell an die Existenz. In der »Leibhaftigkeit der Chiffre« erschließt sich dem Menschen das Sein, nicht durch Begriffe oder der »metaphysischen Hypothese«. Deswegen stellt Jaspers die appellative Chiffre der begrifflichen Erkenntnis gegenüber. Allerdings gibt es nach ihm keine Methode der Chiffredeutung, denn die Chiffre entzieht sich jeder rationalen Deutung. Das Unbestimmbare der Transzendenz »offenbart sich im Gefühl« (1932, 34). Da die Chiffren dem sprachlichen Ausdruck und damit dem rationalen Denken und Deuten nicht zugänglich sind, sind sie auch nicht eindeutig verobjektivierbar. Man kann nur in »unbegründbarem Vertrauen« an diese transzendenten Wahrheiten glauben. Es ist dies ein philosophischer Glaube, kein Gnadengeschenk Gottes, sondern das Ergebnis einer aktiven Haltung des Menschen.

Nach Jaspers ist Transzendenz als innerweltliches Überschreiten der sinnlich erfahrbaren Wirklichkeit aufzufassen, die jedoch nicht empirisch faßbar ist. Transzendenz wird so zur Leerstelle, die zwar fühlbar, jedoch nicht sprachlich faßbar und somit nicht denkbar ist. Die »Lokalisierung« von Transzendenz im Gefühl allein muß jedoch letztendlich zu einem Verstummen des Sprechens von Transzendenz überhaupt führen, bis sich letztlich jegliche Stimme und Spur von Transzendenz im Nichtssagenden verliert.

Die Verbindung von Transzendenz mit dem Gefühl des Menschen bedeutet allerdings eine Hinwendung des religiösen Denkens von der Autorität der Kirche und Theologie zum »subjektiven Faktor« der Religion. Die Ähnlichkeiten Jaspers' Philosophie mit der F. Schleiermachers und R. Ottos sind unübersehbar.

F. Schleiermacher kennzeichnete das »Gefühl der schlechthinnigen Abhängigkeit« als religiöses Grundgefühl. Er hat damit für die Theologie den subjektiven Faktor der Religon, »Anschauung und Gefühl«, über das Denken und Handeln gestellt und es als grundlegendes Element jeder Religion und in jedem Menschen angelegt gesehen. Nicht das Reden von Gott, sondern die Erfahrung von Transzendenz als Erfahrung von »schlechthinniger Abhängigkeit« war für ihn die »innerste Kraft« der Religion.

Auch R. Otto stellt in Anlehnung an Schleiermacher das religiöse Gefühl als wesentliches Element von Transzendenzerfahrung in den Mittelpunkt seiner Überlegungen. Die Erkenntnis von Transzendenz im Gefühl, wie Otto in seinem Hauptwerk »Das Heilige« (1917) betont, steht als »vorbegriffliches Erkennen« vor aller Erkenntnis der Transzendenz durch das Denken und ist für ihn die elementare Grundlage, mit Transzendenz in Berührung zu kommen. Während Schleiermacher das Gefühl für unmittelbare Erkenntnis hielt, und zwar für Erkenntnis des Selbst, läßt Otto (1929, 387) dieses nicht nur für das Selbst gelten, sondern zugleich auch für die Transzendenz Gottes. Nach Otto wird die Transzendenz Gottes im Gefühl a priori erkannt. Gefühl versteht er als »sensus«, als Sinn und sinnliches Wahrnehmen« (384); es ist für ihn der Anfang des Erkenntnisprozesses. In diesem Sinn ist Gefühl unmittelbares, intuitives, vorbegriffliches und ganzheitliches Erkennen. »Wir meinen hier mit ›Gefühl‹ nicht subjektive Zuständlichkeiten, sondern einen Akt der Vernunft selber, eine Weise des Erkennens, das sich unterscheidet von der Weise des Erkennens durch den ›Verstand‹ ... Aber wir wissen auch, daß fast alle unsere Erkenntnisse anheben in der Form eines *zunächst nur erst gefühlsmäßigen Erfassens, und daß vieles davon, auch wenn es uns nicht gelingt es überzuführen in verstandesmäßige Form, gleichwohl zum Sichersten unserer Überzeugungen und Gewißheiten gehören kann.«* (1932, 327)

Die Auflösung des religiösen Gefühls ist, wie Otto betont, zugleich dessen Versprachlichung. Denn das religiöse, numinose Gefühl ist an sich unauflösbar und nicht in Begriffe zu überführen. Deswegen hat die im numinosen Gefühl gegebene Irrationalität Gottes ihren Ausdruck im Schweigen. Das im numinosen Gefühl gegebene »Heilige« bezeichnet Otto als Kategorie a priori, das heißt, sie ist auch unabhängig von der Erfahrung einsichtig und gültig. Im Gegensatz zu Jaspers, der die subjektiven Gefühle von Transzendenz für unüberprüfbar hält, ist es Ottos Absicht, die Geschichtlichkeit und Irrationalität Gottes, die er im »numinosen Gefühl« begründet sieht, herauszustellen. Zwar hält auch er das numinose Gefühl für unauflösbar, jedoch unternimmt er in zahlreichen Untersuchungen den Versuch, die »Spuren von Transzendenz«, wie sie sich zum Beispiel in den Schriften von Mystikern zeigen, phänomenologisch zu erkunden und zu deuten. Der wesentliche Unterschied zwischen Jaspers auf der einen und Schleiermacher sowie Otto auf der anderen Seite besteht allerdings in der entschiedenen christlichen Glaubensgrundlage letzterer. Beide können sich somit auf ein geschlossenes Sinnsystem beziehen. Das kann Jaspers nicht. Bei ihm liest man überall das Bedauern über das Scheitern des Denkens, über den Verlust der Vorherrschaft des Geistes zwischen den Zeilen mit. Die Verankerung der Transzendenzerfahrung im sprachlosen Gefühl scheint für ihn lediglich eine Verlegenheitslösung zu sein, eine nur zweitbeste Möglichkeit, gegenüber der Auffassung, Gefühl und Körperlichkeit seien im Vergleich zum Geist inferior und sündenbeladen.

Wenn jedoch Transzendenzerfahrung als sinngebende Erfahrung zur Leerstelle wird, nicht mehr kommunizierbar und kritisierbar, dann ist der Schritt in die vollkommene Isolierung des Subjekts getan. Der Sinnzusammenhang menschlicher Existenz wird vorrangig zur Privatsache jedes einzelnen. Die kritische Instanz fehlt: Es gibt keine auf gleiche Interessen gerichtete Öffentlichkeit und keine gültigen Urteile mehr. Die Abdrängung der Sinnfrage in das Private verschärft das Bedürfnis des einzelnen Menschen nach Sinn, spitzt es zu auf seine eigene Person. Denn sie belastet jeden einzelnen auf engstem Raum mit dem gesamten Gewicht gescheiterter Sinnversprechungen der europäischen Geschichte. Die Wissenschaften haben die Sinnleere mit dem Etikett der Wertfreiheit überklebt. H. Blumenberg ist zuzustimmen, der schreibt:*»Man könnte sagen, Transzendenz sei ein ›kritischer‹ Grundbegriff für eine Welt ohne kodifizierbare Normen geworden, die sich dennoch nicht im Faktischen und Objektivierbaren verlieren darf. Das Gefährlich-Gefährdende der leeren Transzendenz ist freilich ihre ›Bestechlichkeit‹, das ideologisierte Aufgehenlassen der nicht ausgehaltenen Spannung.«* (RGG³, Bd. VI, 997)

Dennoch bedeutet die »Wiederentdeckung« des Gefühls als »intuitives, vorbegriffliches Erfassen«, als ein Bestandteil von Transzendenzerfahrung eine Rehabilitierung dieser von der abendländischen Philosophie aus dem Begriff der Transzendenz ausgegrenzten Dimension. Während Descartes im menschlichen Geist und in der Aktivität des *Denkens* die Brücke zum transzendenten Heil sah, den Körper und die Materie vom Geist abspaltete und als ihm minderwertig unterordnete, ist das Sinnliche und der Körper bei Jaspsers, Schleiermacher und Otto immerhin Teil ihrer Auffassung vom *Gefühl*. Auch wenn bei ihnen das (religiöse) Gefühl zuoberst rangiert, ist für sie das Denken und das Sinnlich-Körperliche immer auch härenter Bestandteil ihrer Auffassung von Erfahrung von Transzendenz. Die Thematisierung von Transzendenzerfahrung jedoch als eine Erfahrung, die allein aus dem Gefühl resultiert, ist ebenfalls Ausdruck einer Reduktion. Denn Erfahrung beinhalten sowohl die Wahrnehmung und das Sehen, das Erkennen und Verstehen, die im Prozeß des Deutens »verarbeitender Vollzug« (Hasenhüttl 1974, 630) wird, der sich immer im ganzen Menschen abspielt: im Denken, im Fühlen und im Sinnlich-Körperlichen. Sowohl die »gedachte« als auch die »gefühlte« Transzendenzerfahrung ließen lediglich nur jeweils Teilfähigkeiten des Menschen die Ehre zukommen, die Grenzen zum Transzendenten überschreiten zu können. Damit schlossen sie andere Fähigkeiten aus und desavouierten sie als unzureichend und minderwertig.

Die Aneignung von Erfahrung hat jedoch nicht nur im Denken, nicht nur im Gefühl ihren Ort, sondern ebenso und grundlegend im Körper. Doch die tatsächlich im Menschen angelegte ». . . innige *Verbindung von Denkform und körperlicher Verwirklichung (tritt jedoch) unserem europäisch intellektuellen Denken grundsätzlich gegenüber«.* (R. zur Lippe, 1979, 86)

Mit der Philosophie M. Merleau-Pontys und seinem »Leib«-Begriff eröffnet sich die Möglichkeit, Transzendenzerfahrung aus der Vorstellung eine absoluten Seins herauszulösen und stattdessen auf der Grundlage des »aktiven Transzendenzverhältnisses von Subjekt und Welt«, welches durch den »Leib« gegeben ist, neu zu bestimmen. Die daraus sich ableitende leibzentrierte Erkenntnisform von Transzendenz ermöglicht eine Sichtweise, nach der alle Fähigkeiten des Menschen gleichwertig daran beteiligt sind, zur Transzendenzerfahrung zu gelangen: in der Einheit von Körper-Seele-Geist.

3.4. Das Leiblich-Sinnliche als Grundbedingung für Transzendenzerfahrung

*»Der Körper ist nicht etwas, was der Mensch hat, son-
dern der Mensch ist der Körper.«*
(H. V. Guenther 1976, 67)

Der französische Philosoph M. Merleau-Ponty[4] will die klassische Philosophie überwinden, die insbesondere seit Descartes mit ihren antithetischen
Konstruktionen von Denken und Sein, von empirisch und transzendental,
Subjekt und Objekt versuchte, »Subjekt und Bewußtsein von ihrem Welt-
bezug loszulösen . . .« (Ph. W., 5) Er lehnt das cartesianische Weltbild mit
seinem Dualismus von res extensa und res cogitans ab, zugunsten einer
existentiellen Theorie der Leiblichkeit. Von der Phänomenologie Husserls
ausgehend entwickelt er einen Ansatz, in dem das Individuum konsequent
als in Situationen eingebunden gedacht wird, was von ihm mit »in-der-Welt
sein« und »zur-Welt-sein« bezeichnet wird. Das Verhältnis von Individuum
und Welt ist nicht das einer Subjekt-Objekt-Relation, sondern die Welt
wurzelt im Innern des Individuums. »*Universalität und Welt wurzeln im Innersten von Individualität und Subjekt selbst. Nie wird das verständlich,
solange man aus der Welt einen Gegenstand macht. Doch man versteht es
unmittelbar, wenn die Welt das Feld all unserer Erfahrung ist und wir selbst
nichts anderes sind als eine Sicht der Welt . . .«* (Ph. W., 462)
Dieses aktive Transzendenzverhältnis zwischen Subjekt und Welt ist nach
Merleau-Ponty durch das Medium des Leibes gegeben. Leiblichkeit ist das
zentrale Thema seiner Philosophie. Mit dem Leibbegriff will er das alte
cartesianische Problem des Dualismus von Materie und Geist lösen. »*Wir
vertreten nicht etwa einen Spiritualismus, der Geist und Leben oder den Geist
und das Psychische als zwei ›Seinspotenzen‹ voneinander abhebt. Es handelt
sich um einen ›funktionellen Gegensatz‹, der nicht verwandelt werden kann
in einen ›substantiellen Gegensatz‹ . . .«* (S. V. 207)
Die integrierende Mitte zwischen Körper und Seele ist der phänomenale
Leib, der »das Problem der Beziehungen zwischen Seele und Leib« kennzeichnet (Ph. W., 490). Der Leib betrifft nicht allein das Somatische des
Menschen, sondern den nicht von der Psyche unterscheidbaren Körper[5].
Der Begriff des phänomenalen Leibes ist im Normalfall nicht allein definiert
durch den anatomischen Körper, sondern als »Leib-zur-Welt«, das heißt nur
anhand von Begriffen wie Verhalten, Wahrnehmung, Intentionalität und
Transzendenz. Der Leib ist nie fertig gegeben, und die im Normalfall gegebene Einheit von Körper und Seele muß immer wieder im Laufe des Lebens
neu hergestellt werden: »*. . . die Integration ist niemals eine absolute und
scheitert immer wieder . . . Es kommt immer wieder der Augenblick, wo wir
uns aus Müdigkeit oder aus Eigenliebe der Leidenschaft entziehen«.* (S. V.,
243)
Merleau-Ponty betont ausdrücklich, daß der Leib nicht eine Vorstellung

innerhalb des Subjektes und auch nicht ein Ding außerhalb dessen sei: »*Der Leib ist also kein Gegenstand. Aus demselben Grunde aber ist auch mein Bewußtsein des Leibes kein Denken, ich kann den Leib nicht auseinandernehmen und wieder zusammensetzen, um eine klare Vorstellung von ihm zu gewinnen.*« (Ph. W., 234)

Wahrnehmung ist nach ihm nicht Gegenstand, sondern Bedingung von Erkenntnis. Dementsprechend ist Erkenntnis in der Struktur der Wahrnehmung begründet. Phänomenologie der Wahrnehmung muß Strukturanalyse sein, die Bezüge in der Erfahrung auslegt, um ihre Evidenz als Wahrheit zu etablieren. Die Wahrnehmung ist das eigentliche Erkennen, sie ist »ursprüngliches Erkennen« (66). Sinnliche Wahrnehmung wird somit zum Grundphänomen allen Erkennens, in der die Wahrheit »ihren Ursprung findet« (67). Daher ist Erfahrung für ihn »die nächste Quelle und das letzte Richtmaß aller Erkenntnis« (43). Erkennen ist aber nur das lebendige Denken, die Wahrnehmung, und nicht allein auf das verstandesmäßige Denken reduziert. Demnach ist Wahrnehmung ein ganzheitlicher Prozeß, der in der reflexiven Analyse aber niemals als Ganzes erfaßt werden kann.

Deswegen mißtraut Merleau-Ponty einem methodisch geregelten Vorgehen, das der Erfassung der Wahrnehmungserfahrung dient, und lehnt festgelegte Methoden ab. Vielmehr fordert er »verflüssigte«, »fließende« Begriffe, die es ermöglichen, zu den ursprünglichen Phänomenen zurückzukommen (Ph. W., 73). Seine Einwände gegen den »Methodenzwang« richten sich vor allem gegen die Verabsolutierung der gelebten Erfahrung und gegen die Loslösung wissenschaftlicher Modelle von den historisch konkreten Erfahrungen, denn die Grenzen zwischen den Wissenschaften und der Phänomenologie sind für ihn fließend[6]. Wahrnehmung ist nach Merleau-Ponty nicht bloßes Aufnehmen sinnlicher Eindrücke, sondern ein Akt, der sich durch die *Deckung von Sinn und Sinnlichem* auszeichnet. Im Wahrnehmungsakt wird dem Gegebenen ein Sinn gegeben (Ph. W., 32) Wahrnehmen ist ein Akt, der sich nicht nur aus der Verstandestätigkeit ableitet, sondern ist ein »Erfassen eines jedem Urteil zuvor dem Sinnlichen eigenen Sinnes« (57). Der Sinn eines Dinges liegt im Objekt selbst und ist zugleich »dem Sinnlichen eigen«.

Erfahrung definiert Merleau-Ponty als Offenheit für die faktische Welt. Wirklichkeit hat das Individuum dadurch, daß es »situiert (ist) in einer intersubjektiven Welt« (Ph. W., 407). Da Wahrnehmung niemals den totalen Zugang zum Wirklichen eröffnet, ist Wahrnehmen immer unvollständiges Wissen. Der Leib als Gesichtspunkt zur Welt bedingt diese Einschränkung und Unvollkommenheit menschlichen Wissens, die auch durch das Denken nicht überschritten werden kann. Denn auch das Denken ist an den Leib gebunden. Im Denken wird immer ein Gegenstand durch das Fixieren aus seiner Umgebung herausgelöst und isoliert, das heißt aus einer Perspektive betrachtet. Demzufolge kann ein Gegenstand niemals absolut im Denken erfaßt werden, da Perspektive eine Einschränkung des Denkens ist (376). Um zum phänomenalen Feld der lebendigen Erfahrung Zugang zu finden, ist der »Rückgang auf die diesseits der objektiven Welt gelegenen Lebenswelt« notwendig (80). Nach Merleau-Ponty muß dieses Feld, diese Lebenswelt von allen objektivierenden Tendenzen freigehalten werden, eben dem Denken. Für ihn ist Denken kein unkörperlicher Prozeß, der sich »im Geiste« als eines imaginären, inneren Ortes vollzieht[7], sondern ist in jeder Form an den Leib gebunden: *»Das Denken ist nichts ›Innerliches‹, das außerhalb der Welt und außerhalb der Worte existierte. Was uns darüber täuscht und uns an ein allem Ausdruck zuvor für sich existierendes Denken zu glauben verleitet, ist bloß die Existenz bereits konstituierter und schon ausgedrückter Gedanken . . ., die auf diese Weise die Illusion eines Innenlebens des Denkens erwecken. In Wahrheit aber ist auch . . . jenes Innenleben des Denkens ein inneres Sprechen. Das ›reine‹ Denken ist nichts als . . . ein augenblicklicher Wunsch.«* (217)

Das Denken des Absoluten bzw. das Absolute im Denken zu erfassen, ist nach Merleau-Ponty unmöglich, denn »alles, was wir erleben oder denken, hat stets einen mehrfachen Sinn« (202), kann niemals eindeutig sein und dementsprechend das Absolute eindeutig erfassen. Diese Zweideutigkeit, die sich sowohl im Erleben wie auch im Denken äußert, drückt sich durch den Leib aus. Der phänomenale Leib als Fundament sinnlicher Wahrnehmung ist sowohl die Möglichkeit eines Bewußtseins als auch das »Vermögen einer Welt«, ist also auch nicht eindeutig zu erfassen (122). Der lebendige Leib ist durchdrungen von einem »Leibbewußtsein« und »weiß« sich in einer Welt, auf die hin er ausgerichtet ist und über die er seine eigene Struktur bestätigt (100). Er ist nicht Objekt, sondern Subjekt seiner Handlungen. Zugleich hat der Mensch nicht den Leib, sondern er ist sein Leib. Der Leib ist eins mit der Existenz.

Merleau-Ponty bestimmt Existenz als die Art und Weise, wie der Leib ist. Leib und Existenz setzen sich wechselseitig voraus, so wie der Leib »geronnene oder verallgemeinerte Existenz« ist, so ist die Existenz »unaufhörliche Verleiblichung« (199). Die Existenz ist ebenso wie der Leib kein Faktum, sondern ein *Geschehen*, das als Verstehen des Leibes in jedem Augenblick neu vollzogen werden muß und nie garantiert ist. *»Verstehen heißt, die Übereinstimmung erfahren, zwischen Intention und Vollzug, zwischen dem, worauf wir abzielen, und dem, was gegeben ist; und der Leib ist unsere Verankerung in der Welt.«* (174)

Alles Verstehen und Begreifen erweist sich letztlich als Trug oder Illusion, wenn »Erkenntnis keinen Halt an einem Gegenstand« findet (34).

Im Begriff der umfassenden Transzendenz faßt Merleau-Ponty die Verschränkung von Mensch und Welt. Transzendenz ist demnach eine doppelte: Zum einen nennt er Transzendieren »eine umfassende Weltverfangenheit« (282). Wir sind in der Welt, weil wir ». . . in dieser beständig schon verwurzelt sind, weil unablässig, wie Wellen, die am Strande ein Wrack umspülen, die Welt die Subjektivität überströmt und umgibt«. (244).

Zum anderen kann die Welt »nur existieren, sofern ich sie fasse und erlebe« (416). Wir erfassen die Welt, indem wir sie übersteigen, und so »eignet mir eine Art prinzipieller Allgegenwart und Ewigkeit« (417). In diesem »aktiven Transzendenzverhältnis zwischen Subjekt und Welt« (488f.) steht das denkende Erfassen der Welt dem cogito des cartesianischen Subjekts zu, wohingegen dem »Subjekt des Verhaltens« das sogenannte »schweigende cogito« zusteht. Das Subjekt des Verhaltens bestimmt sich nicht allein durch das Denken, sondern durch die »Praxis«, die in der »Kommunikation mit Welt« entsteht. (18) »*Der tiefe philosophische Sinn des Begriffs der Praxis ist der, daß er uns in einen Bereich einführt, der nicht der der Erkenntnis ist, sondern der der Kommunikation, des Austausches, des vertrauten Umgangs.*« (1968, 70)

Im Vertrautsein mit der Welt drückt sich Praxis aus, nur dadurch sind wir »zur Welt«. Erfahrung ist nach Merleau-Ponty zu verstehen als »die Offenheit für unsere faktische Welt« (Ph. W., 259) und ist im Leib begründet und deswegen nicht davon zu trennen. Auch die Erfahrung von Transzendenz ist demnach im Leib begründet und entspricht etwa der Erfahrung der Integrität zwischen Leib-Seele und Welt, einer Art Identität oder »Einssein«-Erfahrung zwischen der Welt, der Zeit und der Person.

Merleau-Ponty bestimmt Transzendenz nicht als etwas Absolutes, das der Mensch in irgendeiner Weise erkennen könnte. Die Erkenntnis von Transzendenz ist vielmehr im Leib begründet und dadurch immer relativ und partikular. Weder als Erfahrung noch als Erkenntnis ist deswegen Transzendenz absolut. Die Bestimmung von Transzendenz als Absolutes und die daraus resultierende Idee eines transzendenten Seins hat zwar den Vorzug, daß das menschliche Tun nicht fruchtlos erscheint, jedoch trägt »die Setzung Gottes nicht das mindeste« zur Aufklärung unseres Lebens bei: »*Wir haben keine Erfahrung von einem ewig Wahren und einer Teilhabe am Einen, sondern von konkreten Akten der Übernahme, durch die wir, nach dem Zufall der Zeit, Beziehungen zu uns selbst und zu Anderen knüpfen, Erfahrung mit einem Wort einer Teilhabe an der Welt – ›Sein-zur-Wahrheit‹ unterscheidet sich nicht vom Zur-Welt-sein.*« (Ph. W., 449)

Merleau-Pontys Transzendenzverständnis läßt sich folgendermaßen zusammenfassen: Die Erfahrung von Transzendenz betrifft das »aktive Transzendenzverhältnis zwischen Subjekt und Welt« und nicht das Verhältnis zwischen Subjekt und Gott bzw. dem Absoluten. Jede Erfahrung und Wahrnehmung ist bedingt durch den Leib. Zugleich ist Erfahrung die »Quelle und das letzte Richtmaß aller Erkenntnis«. Die aus der Erfahrung resultierende Erkenntnis kann nicht durch die verstandesmäßige, reflexive Analyse der Erfahrung als Ganzes erfaßt werden. Denn die Wahrnehmung und Erfahrung eröffnet niemals den totalen Zugang zum Wirklichen, so daß die aus der Erfahrung resultierende Erkenntnis immer unvollständig bleibt. Der Versuch, im Denken das Absolute zu erfassen, muß scheitern, da durch das Denken der fixierte Gegenstand perspektivisch betrachtet werden muß und somit immer begrenztes und eingeschränktes Erkennen zur Folge hat. Zugleich ist das Denken kein unkörperlicher, »innerlicher« Prozeß, sondern in jeder Form an den Leib gebunden. Das reine Denken, das Denken des Absoluten ist für Merleau-Ponty eine Illusion, ein »augenblicklicher Wunsch«. Das reine Bewußtsein, der »reine Geist« (Hegel), in dem das Absolute im Denken zu erfassen versucht wird, bzw. wie Hegel sagt, »zu sich selbst kommt«, ist nicht denkbar ohne den Leib. Dieser jedoch ist wie das aus ihm resultierende denkende Erkennen oder das Erleben niemals eindeutig, sondern mindestens zweideutig. Geist und Leib stehen nicht in einem dualistischen Verhältnis zueinander, sondern bedingen sich gegenseitig.

Merleau-Ponty begründet die Erfahrung von Transzendenz immanent. Nur in der Welt und durch den Leib entsteht ein aktives Transzendenzverhältnis (nämlich eines zwischen Subjekt und Welt). Damit richtet er sich ebenso wie Jaspers gegen den cartesianischen Anspruch, das Absolute als das Transzendente denken und begrifflich bestimmen zu können. Jaspers jedoch begründete Transzendenz im Gefühl und nahm diese »fühlbare« Transzendenz als »absoluten« Orientierungspunkt an, der aus dem Bewußtsein des Menschen erwachse, sich selbst nicht genug zu sein.

Merleau-Pontys Interesse richtet sich dagegen nicht auf ein mögliches, jenseits von Mensch und Welt liegendes Absolutes oder Transzendentes, da er von vornherein davon ausgeht, daß dieses sich der menschlichen Erkenntnisweise entzieht, weil alle Erkenntnis durch den Leib bedingt, begrenzt, zweideutig und nicht absolut ist. Mit dem Begriff des Leibes stellt er den Menschen wieder in die Welt und verweist damit implizit den Griff zum Absoluten zwar in den Bereich des Denkmöglichen; es hat jedoch den Menschen entzweit. Er hat mit dem Begriff des Leibes als integrierende Mitte ein Konzept vorgelegt, das den Menschen als ganzheitlich annimmt, wobei Geist und Körper im Leib eine dialektische Einheit bilden und sich gegenseitig bedingen im »Zur-Welt-sein«. Transzendenzerfahrung bestimmt er als durch den Leib gegeben, und da dieser abhängig, begrenzt, zweideutig und endlich ist, ist die Erfahrung von Transzendenz, wie er sie implizit auffaßt, eben diese Erfahrung der Negativität: Die Erfahrung der Abhängigkeit, Begrenztheit, Zweideutigkeit und Endlichkeit.

Die »Wiedervereinigung der Denkformen mit den Gefühlen und dem Körper« (zur Lippe) führt das abgespaltete Leiblich-Sinnliche wieder in das bewußte Erfahrungsfeld des Menschen zurück. Damit muß die Endlichkeit, Begrenztheit und schließlich der Tod wieder in das Leben mit hineingenommen werden. Nur dadurch wird eine Verabschiedung von den Wünschen nach absolutem Heil möglich und eine Hinwendung zum »aktiven Transzendenzverhältnis von Subjekt und Welt« und deren prinzipiellen Veränderbarkeit.

3.5. Transzendenz ohne Grenzen?

»Die Dialektik der Erfahrung hat ihre eigene Vollen-
dung nicht in einem abschließenden Wissen, son-
dern in jener Offenheit für Erfahrung, die durch die
Erfahrung selbst freigespielt wird.«

(H.-G. Gadamer 1986, 361)

Im Prozeß der allmählichen Bewußtwerdung ihrer selbst waren die Menschen stets bestrebt, sich auf das Objektive, das Ganze und das Absolute zu
beziehen. Die Thematisierung von Transzendenz in Religion und Philosophie
macht dabei stets auch Aussagen darüber, welche Qualität bestimmten
Erfahrungen und Erkenntnismöglichkeiten hinsichtlich des »Ganzen« zugesprochen wird. Damit sind bestimmte Formen der Erkenntnis des »Ganzen«
idealisiert worden.

In der neuzeitlichen Philosophie stand seit Descartes das vernunftmäßige
Denken für lange Zeit ganz oben in der Skala der Erkenntnismöglichkeiten,
bevor Zweifel dafür sorgten, daß auch das Gefühl als Quelle von Transzen-
denzerkenntnis angesehen wurde. Das Denken zu erlernen war höchstes
Ziel, es in seiner Reinheit durchzusetzen gegen die störenden Faktoren,
etwa die Gefühle oder die Körperlichkeit, konnte die Beschäftigung damit
zu einer durchaus asketischen und mönchischen Angelegenheit machen.
Gleichzeitig trat das Denken aus seiner Abhängigkeit von der katholischen
Kirche des Mittelalters heraus und wurde selbstbewußt: »Cogito ergo sum«.
Der Mensch als das Maß aller Dinge eignete sich als selbstbewußtes Subjekt
die Welt an, ordnete sie sich unter, machte sie seinen Zwecken verfügbar.
Alle Erkenntnis, auch die der Transzendenz, konnte demnach begriffen
werden, versprachlicht, der kritischen Reflexion zugänglich. Aus der Kultur
der Versprachlichung der Erfahrung wurde das »Unsagbare« und Fremde
ausgegrenzt und für unwirklich erklärt. Damit einher ging das Verstummen
des Fühlbaren und eine Verdinglichung und Instrumentalisierung des Körpers. Die Erfahrung von Transzendenz verschwand dabei allmählich hinter
der »begrifflichen Organisation der Erfahrung« (P. Henle, 1969, 12). Jene
Abspaltung des Leiblich-Sinnlichen aus dem bewußten Erfahrungsfeld führte dazu, daß Bewußtwerdung und Bewußtsein nur an das Denken geknüpft
wurde. Die Sehnsucht nach Transzendenz wurde dabei in den Kopf trans-
portiert. Dieser Prozeß der Spaltung von Körper − Seele − Geist, resp. der
Spaltung von Materie − Natur − Geist, hat nicht erst zur Zeit Descartes'
begonnen. Der aufkommende Rationalismus zu Beginn des bürgerlichen
Zeitalters, die Entwicklung der Naturwissenschaften stellten jedoch eine
neue Stufe insofern dar, als jetzt systematisch begonnen wurde, die Natur
samt den Menschen als Objekte bis in die kleinsten Verästelungen hinein zu
untersuchen, zu vermessen und rationaler Handlungsweise zu unterwerfen.
Der Prozeß selber ist weit älter, so wie sich in der gesamten Geschichte der
christlichen Religion die mehr oder weniger scharfe Verdammung alles
Körperlich-Sinnlichen unschwer nachweisen läßt.

Vielfach wird diese Entwicklung der Abspaltung des Körperlich-Sinnlichen vom Geistigen in den Zusammenhang mit der Entstehung patriarchalischer Kulturen gebracht und als eine ihrer zentralen Folgen analysiert. So sieht zum Beispiel J. J. Bachofen (1861) in diesem Prozeß eine vertikale Entwicklung des Menschen von unten nach oben, von der Natur zum Geistigen, vom niederen Sinnlich-Stofflichen des Körperlichen und Triebhaften zu höheren Vernunft- und Bewußtseinsebenen. Die Patriarchalisierung erscheint ihm als notwendig, damit sich der Mensch unter der Vorherrschaft des Mannes aus der Macht der Natur, der Frau und des Mutterrechts befreien konnte. Diesen Prozeß bewertet er im Sinne eines gradlinigen gesellschaftlichen Fortschritts durchaus positiv.

In den letzten Jahren haben jedoch zahlreiche Forscher[8] auf die Kehrseite des so verstandenen Fortschritts aufmerksam gemacht, der im Namen der Vernunft mittlerweile nicht nur zu einer fortschreitenden Naturzerstörung geführt, sondern auch eine politische Weltlage hervorgebracht hat, die die gesamte Menschheit atomar und biochemisch zu vernichten droht. Der Preis eines solchen eindimensionalen, »vernünftigen« Fortschritts ist letztendlich die Zerstörung. Im Prozeß dieses Fortschritts ist die »Dialektik des Lebens in den Schraubstock des höheren Bewußtseins gespannt« worden (R. zur Lippe, 1979, 174). Ein Grund dafür ist nach Ansicht G. Lloyds (1985, 11), daß die Vernunftideale des vorherrschenden, patriarchalen höheren Bewußtseins »schon immer einen Ausschluß des Weiblichen verkörpert haben«. Sie gehen einher mit der Behauptung, daß »die Vernunft kein Geschlecht« kenne (143). »*Frühere Vernunftideale sind weit davon entfernt, zur Überwindung von Geschlechtsunterschieden beigetragen zu haben, sie haben stattdessen die Herausbildung solcher Unterschiede unterstützt. Daß sich Ideen der Männlichkeit unter dem Deckmantel vermeintlich neutraler Vernunftideale entwickeln konnten, gereicht Männern und Frauen gleichermaßen zum Nachteil.*« (143 f.)

Das Fernbleiben der Frauen aus der philosophischen Tradition hat nach Lloyds zur Folge, daß die »Begriffsbildung bei der Vernunft ausschließlich von Männern durchgeführt wurde« (144). Sie hält die Ideale der Vernunft jedoch nicht für geschlechtsneutral bzw. geschlechtslos, sondern von den Idealen und Ideen der Männlichkeit durchdrungen. Wenn wir heute von einer »Wiedervereinigung von Körper und Bewußtsein« träumen, ist es notwendig, sich klarzumachen, daß die menschliche Erkenntnisfähigkeit in den leiblichen Erfahrungen wurzelt. »*Nur wo unser Wachsen, Erkennen und Wissen in unseren leiblichen Erfahrungen wurzelt oder mit ihnen sich noch einmal lebendig verbindet, bilden wir in uns die notwendige Einheit von Fortschritt, Befreiung und Entfaltung der Lebenszusammenhänge aus.*« (R. zur Lippe, 1979, 42)

Wie Lloyds zu Recht anführt, sind unsere leiblichen Erfahrungen jedoch nicht geschlechtsneutral, ebensowenig das damit verbundene Erkenntnisstreben.

Die Abspaltung des Leiblich-Sinnlichen vom Seelisch-Geistigen führte – wie gezeigt – zur Verbegrifflichung von Erfahrung. Die begriffliche Wahrnehmung rangierte dabei vor jeder sinnlichen und handgreiflichen Erfahrung. Dies hat auch Auswirkungen auf das Verhältnis von Erfahrung und Realität: *»Es liegt in der Struktur des Denkens begründet, daß durch das Denken Barrieren erschaffen werden, die unter ungünstigen Umständen eine ›naive‹ Erfassung der Realität nicht mehr zulassen. Bis zur vollkommenen Realitätsblindheit, die oft einhergeht mit dem Bewußtsein, der Realität ganz nahe zu sein, sind verschiedene Abstufungen der Realitätsausblendung möglich, die sich durch unterschiedliche Distanz zur unmittelbaren Erfahrung auszeichnen. Die Realität wird zwar noch verstanden, aber nicht mehr ›gesehen‹; die Sinne geraten unter das Diktat des Begriffs. Umgekehrt ist unmittelbare Erfahrung ohne die Fähigkeit zum Denken nur sehr begrenzt möglich; je mehr Erfahrung in sich selbst eingeschlossen bleibt, desto weniger kann sinnvoll von Erfahrung gesprochen werden.«* (B. Nitzschke 1981, 77)

H. J. Gadamer kritisiert die gängige Auffassung, daß Erfahrung in der Regel auf ihr Resultat hin betrachtet werde. In Wirklichkeit handelt es sich seiner Auffassung nach jedoch stets um einen Erfahrungsprozeß, um eine produktive Auseinandersetzung mit den Gegenständen. *»Wenn wir an einem Gegenstand eine Erfahrung machen, so heißt das, daß wir die Dinge bisher nicht richtig gesehen haben und nun besser wissen, wie es damit steht. Die Negativität der Erfahrung hat also einen eigentümlich produktiven Sinn.«* (1986, Bd. 1, 359)

Erfahrung führt an »einen neuen Horizont . . ., innerhalb dessen . . . etwas zur Erfahrung werden kann« (ebd.). Dagegen führte nach Hegel der Weg der Erfahrung zu einem »sich wissen«, einer Gewißheit seiner selbst im Wissen, die kein Anderes und Fremdes außer sich hat. Die Vollendung der Erfahrung war für Hegel die Wissenschaft, weshalb die Dialektik der Erfahrung mit der Überwindung aller Erfahrung enden mußte, die im absoluten Wissen erreicht sei. Gadamer dagegen sieht die Dialektik der Erfahrung gerade nicht vollendet in einem abschließenden, absoluten Wissen, »*. . . sondern in jener Offenheit für Erfahrung, die durch die Erfahrung selbst freigespielt wird«.* (361) Die Voraussetzung dafür ist das Bewußtsein, die eigene grundsätzliche Verletzlichkeit anzuerkennen und sich damit der Erfahrung von Endlichkeit zu stellen. Erfahrung wird meistens durch Enttäuschung erworben, durch Unangenehmes und Schmerzliches. In der Regel lernt der Mensch durch Leiden und kommt dadurch zur Erfahrung. Diese »Negativität der Erfahrung« als Erfahrung der menschlichen Endlichkeit und damit der eigenen Geschichtlichkeit ist die eigentliche Erfahrung. Das Anerkennen der menschlichen Grenzen aufgrund von Grenzerfahrungen, sowohl als Entfremdung wie auch als Erfahrung des Anderen und Fremden, ist die Voraussetzung für Selbsterfahrung und Selbstbewußtsein. Dieses sich seiner Endlichkeit bewußte Selbst ist ein anderes als das, welches sich in der Tradition des cartesianischen Denkens entwickelt hat. Aus der Erkenntnis der Abhängigkeit, Begrenztheit und Endlichkeit als der »schlechthinnigen Grenze« erwächst Spielraum und Offenheit für neue Erfahrung.

Gadamer stellt zwar die Frage nach dem Absoluten – »Fragen heißt ins Offene stellen« (369) –, er faßt jedoch das Absolute nicht als vom Menschen erfahrbare Gegebenheit auf und läßt damit auch die Beziehung zwischen dem Individuum und Absoluten offen. Diese »Offenheit für Erfahrung« bedeutet für die Erfahrung von Transzendenz, daß die Grenze zum Absoluten immer bestehen bleibt und sich weder in der Erfahrung auflöst noch im Denken überschritten werden kann. Ähnlich, wenngleich radikaler hat dies für die Theologie K. Barth bestimmt. Das Absolute als das »Ganze«, vorgestellt in Gottesbildern und Denkgebäuden, ist nicht vollständig erkennbar und erfaßbar, wie mit der Philosophie Merleau-Pontys verständlich wird.

Das Entscheidende an den Ausführungen Merleau-Pontys und Gadamers für die hier zu behandelnde Thematik der Transzendenzerfahrung ist die Erkenntnis, daß bei aller Endlichkeit menschlicher Erfahrung diese dennoch stets im Prozeß der »Offenheit für Erfahrung« bleiben muß. Das schließt ein die Verabschiedung der Vorstellung von einer Selbstvervollkommnung des Menschen im Absoluten, wie sie sich u.a. Hegel dachte und die einerseits dazu diente, die Verantwortung für eigenes Handeln zu delegieren, andererseits mittels dieser Projektion sich ewigwährender Macht zu vergewissern.

Wenn Erfahrung von Transzendenz nicht eindimensional an *eine* Fähigkeit des Menschen geknüpft wird und als Voraussetzung von Erkenntnis der Mensch als Leib-Seele-Geist-Einheit angenommen wird – dann wird sie tatsächlich an Erfahrung als *Prozeß* gebunden. Jegliche Grenzerfahrung und Erfahrung von Grenzüberschreitung als Aktivität in einem Prozeß allmählicher Entgrenzung, hat immer etwas mit Transzendenz zu tun und ermöglicht so verstanden auch die prinzipielle Veränderbarkeit von Person und Gesellschaft. Die daraus resultierende Hinwendung zur Diesseitigkeit der Realität könnte dem Menschen neue und andersartige Erfahrungshorizonte eröffnen, die die Projektion von Idealen ins Absolute bislang aussperrte. Denn weil die Gottesvorstellungen stets auch Projektionen der menschlichen Ideale an den Himmel beinhalten, sind sie auch mit unendlich vielen Sehnsüchten beladen worden (vgl. L. Feuerbach, 1841), deren Erfüllung und Erlebbarkeit in der Realität unverrückbare und unüberschreitbare Grenzen entgegenstanden. Im Sinne einer angemesseneren Realitätsbewältigung stellt sich die Frage, ob nicht auf solcherlei Hoffnungsträger der Sehnsucht *verzichtet* werden sollte, um stattdessen zu versuchen, die vielen – verschütteten – Dimensionen der Erfahrung wiederzuentdecken.

Heute ist die Erfahrung von Transzendenz als Grenzüberschreitung und Erfahrung der Einheit von »Subjekt und Objekt«, »Körper und Bewußtsein«, »Kopf und Bauch«, »Geist und Materie«, »Leib und Seele« vor allem als Sehnsucht und Wunsch vorhanden. In den Wunschbildern, wie sie im Kontext von »new age« auftauchen, wird dies deutlich: Sie entfernen sich leicht meilenweit von der erlebten Wirklichkeit, indem euphorisch der Anbruch eines »neuen Zeitalters« annonciert wird, welches schon jetzt anfange, die vorherrschenden Gegensätze zu versöhnen und das Bewußtsein der Menschen zu verändern. Aber Erfahrungen bilden sich vor allem an schmerzhaft empfundenen Grenzen aus und nicht im Schnellehrgang amerikanischer comic-strips. Chr. Thürmer-Rohr (1984, 53) kritisiert dies zutreffend: *»Die Bereitschaft, den verbalen Veränderungsverheißungen zum Besseren zu vertrauen, scheint grenzenlos; nicht so die Lust, sie zu analysieren.«* Das modische Vokabular »Vernetzung«, »Verschmelzung«, »Interdependenz« »Schwingung«, »Integration«, »Paradigmenwechsel« usw. könnte sich als eine neue Art religiösen Ablenkungsmanövers herausstellen, mit dem angesichts der realen Konflikte und Verhältnisse und ihrer tödlichen Drohungen sanft versprochen wird: Das Paradies ist nahe. Die daraus resultierenden Wünsche können wie eine Droge wirken, mit der der Schmerz über die realen Verhältnisse betäubt wird und von der »sanften Veränderung« weitergeträumt werden kann, was häufig gar nicht so weit von einer »sanften Verblödung«[9] entfernt zu sein braucht. Die Sehnsucht nach Grenzüberschreitung muß deswegen mit einem kritischen Denken konfrontiert werden, das *». . . den Rückfall in Naivität oder Schwärmerei oder Gesundbeterei verhindern muß. Solche Gefahren sind angesichts der Nostalgiewelle, der Flucht in mißverstandene Meditationsübungen oder in Drogen greifbar gegenwärtig«.* (R. zur Lippe, 1979, 22)

Die abendländische Philosophie hat in Abgrenzung von der Gottesvorstellung der christlichen Religion mit dem Begriff der Transzendenz einen Erfahrungsbereich gedanklich-begrifflich zu erfassen versucht, der sich einer existentiellen Reflexion entzieht, solange er abgetrennt wird vom Sinnlich-Körperlichen und allein logisch-sprachlich zu erkennen versucht wird. Dadurch relativiert sich auch das Absolute. Transzendenz wird somit zu einem Orientierungspunkt, mit dem das begriffliche Resultat derjenigen Kategorien umschrieben wird, die sich historisch im Auseinandersetzungsprozeß um das »Subjektive« im Kontext des »Ganzen« herausgebildet haben.

Bewußte Grenzerfahrung ist die Voraussetzung für die Herausbildung von Subjekt- und Selbstbewußtsein. Die Fähigkeit, die Grenzen der eigenen Erfahrungsmöglichkeiten bewußt wahrnehmen und erkennen zu können, ist eine Bedingung der Möglichkeit, subjektive und objektive Grenzen zu überschreiten.

Transzendenz thematisiert Grenzerfahrung und Grenzüberschreitung als bewußtseinstiftendes Element des Menschen. Die »Unmenschlichkeit« der Transzendenz als Absolutes wird auf diese Weise wieder zu dem, was sie ursprünglich einmal war, etwas »Menschliches«. So verstanden erfährt der Begriff der Transzendenz zwar eine Reduktion bezüglich seines traditionellen theologischen Gebrauchs, zugleich jedoch auch eine Neubestimmung im Sinne eines kritischen Grundbegriffs innerhalb einer Welt ohne kodifizierbare Normen, »die sich dennoch nicht im Faktischen und Objektivierbaren verlieren darf« (H. Blumenberg).

Damit stellt sich allerdings die Frage, ob auf diese Weise die Erfahrung von Transzendenz gänzlich aus dem Kontext der Religion entlassen wird. Wenn nicht mehr der unerreichbare Gott, nicht das Absolute und auch nicht die jenseits geglaubte Transzendenz im Kontext von Transzendenzerfahrung thematisiert wird, sondern die »Selbst-Transzendierung«, das »aktive Transzendenzverhältnis von Subjekt und Welt«, die Einheit von Körper-Seele-Geist als Ausrichtung auf immanent erfahrbare Überschreitungsmöglichkeiten, als »Teilhabe«, dann ist nach dem Verhältnis solcher Transzendenzerfahrung zu Religion zu fragen.

Was bleibt von der Bedeutung der Religion noch übrig, wenn es ihr allenfalls gelingt, ein Deutungssystem von »Welt« und »Sinn« anzubieten, und in diesem Kontext auch die Erfahrung von Transzendenz thematisiert?

Der Rückgang der Bedeutung von Religion im Prozeß der fortschreitenden »Verweltlichung« und Verselbständigung ehemals religiös gedeuteter Lebenszusammenhänge – dem historischen Prozeß, den die Religionssoziologie als »Säkularisierung« beschreibt – ist auch eine Folge des zunehmenden Selbstbewußtseins und der Autonomie des Individuums. Dieser Rückgang des traditionalistisch-institutionellen Elements der Religion ist auch abzulesen an dem Schwinden der Bedeutung der Subjektivität in der Religion. Die Aufspaltung der Begriffe *Religion* und *Religiosität* macht das deutlich: *Religion* – das ist die offizielle, institutionalisierte, äußere Seite, *Religiosität* hingegen die subjektive, private, innere Seite. Aus dem Bereich der offiziellen Theologie und Kirche der christlichen Religion ausgegrenzt, führt die Religiosität ein nicht-öffentliches Eigenleben in der persönlichen Sphäre der *Innerlichkeit*. Damit besteht die Gefahr, daß auch die letzten Reste der noch vorhandenen Möglichkeiten verschwinden, diese Gefühls- und Erfahrungsbereiche sinnlich erfahrbar an bestimmte christliche Symbole und Bilder zu binden und zu artikulieren. Sie werden »unaussprechlich«, »intim« und ähnlich wie Spiritualität zu einem tabuisierten Thema. So bemerkt R. Riess (1983, 305), daß die »Schwierigkeit, über Spiritualität zu reden«, zusammenhängt mit einer ». . . *Art Schamhaftigkeit, sich öffentlich über einen inneren Vorgang wie Spiritualität zu äußern. Es geht mir dabei wie mit anderen intimen Themen, der Sexualität beispielsweise oder dem Sterben. Ich spüre eine seltsame Scheu, mich so ohne weiteres zu öffnen, mich schutzlos, berührbar und verletztlich zu machen.«*

Diese Berührungsangst hängt vermutlich auch damit zusammen, daß der Spiritualität im Kontext der Kirchen als »Geistigkeit« immer auch ein »leibdistanzierter Touch« gegeben wurde (J. Sudbrack, 1983, 329). Religiosität, Frömmigkeit und Spiritualität führen im intimen Innern des einzelnen ein »vergeistigtes« Eigenleben, das, herausgelöst aus dem öffentlich-institutionellen Rahmen der Kirchen, keine sinnlich erfahrbaren Grundlagen mehr hat, mithin auch keine gesellschaftsprägende, öffentliche Kraft besitzt. Auch wenn diese Abspaltung zum Verlust der Kirchen führte, Macht über die Menschen auszuüben, ist doch gerade diese Wirkungslosigkeit andererseits nützlich für die Aufrechterhaltung der gebliebenen Machtstrukturen der institutionellen Seite der Religion. Die Spaltung in Religion und Religiosität und die Privatisierung der letzteren sichert zwar der Kirche als institutioneller Seite der Religion ihre äußere Macht, beraubt sie jedoch gleichzeitig einer ihrer wichtigsten Grundlagen: der sinnlichen Erfahrung. Die Entwicklung und Folgen dieses Prozesses der »Zerstörung der Sinnlichkeit« weist A. Lorenzer (1984) nach, am Beispiel der Selbstveränderung der katholischen Kirche und ihres »sinnlichen Symbolsystems« durch das zweite Vatikanische Konzil. Lorenzer deutet die in diesem Konzil zum Ausdruck kommende »religiöse Wendung« als Veränderung einer immer noch sehr bedeutsamen Sozialisationsagentur, der katholischen Kirche, durch »Umstrukturierung der religiösen Formen«. Dem ». . . entspricht und antwortet zunehmend deutlicher ein neuartiger Typus des Gläubigen, der keine inneren und äußeren Bilder mehr besitzt, über die er sich selbst und die anderen verstehen könnte. Seine Religiosität ist zu einer Technik geworden, abstrakt, ohne Anschaulichkeit, monologisch, ein Formalismus ohne lebendige Formen.« (1984, 2)

Der daraus resultierende Verlust der sinnlichen Erfahrbarkeit religiöser Sprache und Symbole als »äußerer« Existenz, an die das »Innere«, die Gefühle und Phantasien gebunden werden könnten, hat schließlich auch eine Destabilisierung von Bewußtseinsvorgängen im Kontext von Religion zur Folge. Die Gefühle bleiben sprachlos und ohne Möglichkeit, sich zu vergegenständlichen oder an vorhandene Symbole gebunden zu werden[10]. Dieser Prozeß der subjektiven »Säkularisierung des Bewußtseins« (P. L. Berger) ist eine weitere Folge der Trennung von Religion und Religiosität.

Religion als ehemaliger gesellschaftlicher Bereich, in dem Transzendenzerfahrung thematisiert und legitimiert wurde, hat den gesamten Bereich der religiösen Erfahrung als Religiosität in den Bereich des Privaten verdrängt. Die Erfahrung von Transzendenz führt dort, beraubt ihrer öffentlich-kirchlichen Legitimation, ein nicht mehr im Sozialen verankertes Eigenleben. Sie verkümmert dort allmählich und löst sich faktisch los von den Themen der Kirche und Religion. Religiosität ist zu einer intimen Angelegenheit ohne Rückbindung an die öffentliche Seite der Religion geworden. Dieser historische Ablösungsprozeß der Religiosität von der Religion hat zugleich die Freisetzung der Gefühle und Phantasien, die das »Ganze« und die Erfahrung von Transzendenz betreffen, zur Folge, die einst von der Religion thematisiert, legitimiert und gesteuert wurden. Diese freigesetzten sinnlichen Selbsterfahrungsmöglichkeiten sind heute weitgehend verdrängt oder freischwebend, ohne »Chiffre«, ohne Kontext. Sie suchen sich in anderen persönlichen und intimen Lebenszusammenhängen Ausdrucks- und Realisierungsmöglichkeiten. Dabei hat sich der Bereich der Sexualität als besonders geschützter und intimer Ort angeboten, ein letzter Ort, an dem das Erlebnis von Transzendenz versprochen wird, und der von der gesellschaftlich bedingten Entsinnlichung der Erfahrung und Wahrnehmung noch nicht völlig durchdrungen zu sein scheint. Die Hintergründe und Auswirkungen dieser Entwicklung werden im nächsten Kapitel beleuchtet.

Die heutige, größtenteils kritiklose Wiederentdeckung der Religion als Sinn- und Deutungssystem von Welt und Wirklichkeit[11] verwundert nicht angesichts einer immer sinnloser und menschenverachtender sich gerierenden Welt. Die Sinnfrage wird auf dem Hintergrund der Erfahrung der Sinnlosigkeit und des Sinnverlustes wieder als Frage nach dem »Ganzen« und als Gottesfrage gestellt. Nach dem »Tod Gottes« (Nietzsche) und im Angesicht eines drohenden »Tod des Menschen« (Foucault) erscheint die Religion wieder als »Hoffnungsträger« (E. Bloch), verbunden mit dem Versprechen von Glück, Sinn, Sinnlichkeit, Lebendigkeit und Ganzheitlichkeit, Werten, die in der herrschenden Realität und Alltagswelt im Schwinden begriffen sind. Diese neue Hinwendung zur Religion kann jedoch nur scheinbar ein Ausweg sein, denn auch die hier angebotene »Spiritualität« und »Religiosität« bewegt sich großteils in vermarkteten Bereichen. Der Scheinwerferglanz des Modischen, der auf diesen neuen Bewegungen liegt, sollte nicht darüber hinwegtäuschen, daß in Wirklichkeit auch hier Aufspaltungen der Realität und des Erlebens stattfinden. Dadurch verändert sich nichts, im Gegenteil: Diese von der Lebenswelt abgespaltene Religiosität wirkt eher wie eine beruhigende, einschläfernde Droge. Nur die Annäherung an eine Einheitlichkeit von Körper-Seele-Geist und die daraus resultierende »Offenheit für Erfahrung« ändert. B. Nitzschke (1981, 120) ist zuzustimmen, wenn er vermutet, ».. . daß die Suche nach dem ›Übersinnlichen‹ vielleicht am Ende eben dorthin führt, wo sie ihren Erkenntnisgegenstand am allerwenigsten vermutet – zur Sinnlichkeit, die eine Realität konstituiert, die noch vor aller ›Realität‹ liegt, die den Teilsinnen zugänglich ist und durchs Denken nicht nachvollzogen werden kann.«

4. Sexualität und Erfahrung

> *»Sexualität wurde zum Stück Nacht, das jeder von uns*
> *in sich trägt.«*
>
> (M. Foucault, 1983, 89)

Die mit der Sexualität verbundenen Gefühle, Wünsche und Sehnsüchte entstehen aufgrund individuell sehr unterschiedlicher *Erfahrungen*. Diese persönlichen Erfahrungen mit Sexualität berühren immer etwas Intimes in uns, das es zu schützen aber auch auszuleben gilt. Wenn wir über Sexualität reden, darüber nachdenken oder forschen, gilt dafür eine noch viel unmittelbarere Betroffenheit und »Verwandtschaft« zum Thema in dem Sinne, wie J. Wach (1951[1]) über die Religion sagte, daß sich »der Forscher mit seinem Gegenstand verwandt fühlen« muß. Wir können deswegen auch gar nicht »frei« und unbefangen von Sexualität sprechen, da wir selbst davon umwoben und durchdrungen sind; weil unsere Geschlechtlichkeit durch eigene Erfahrungen mit Sexualität bestimmt und geprägt ist. Aber wir können Aufklärung und Kommunikation darüber ermöglichen.

Über Sexualität zu sprechen fällt den meisten Menschen schwer. In den Interviews wurde diese Schwierigkeit zum Beispiel darin deutlich, daß lange Pausen entstanden, zögernd oder stellenweise ganz leise gesprochen wurde. Zugleich war jedoch bei den Befragten in der Gesprächssituation auch eine Lust zu spüren, über die eigene Sexualität zu reden, und eine Atmosphäre des Ins-Vertrauen-Gezogen-Werdens entstand, auch ohne daß wir uns vorher näher kannten.

Eine Ursache für die Scheu wie auch die Lust ist, daß die eigene persönliche Sexualität etwas Intimes ist, worüber in der Regel nicht gesprochen wird, jedenfalls nicht öffentlich. Da aber die Sexualität offensichtlich ein Bereich ist, der die Menschen häufig und intensiv beschäftigt, ist entgegen der Sprachlosigkeit das Bedürfnis, sich darüber mitzuteilen, sehr groß.

Um die allgemeine vielschichtige Bedeutung des *Begriffs* der Sexualität von der persönlichen *Erlebnisebene* genauer zu differenzieren, bat ich die Befragten, zunächst ihre Assoziationen zum Begriff »Sexualität« zu nennen und schließlich ein persönliches »rein sexuelles Erlebnis« zu schildern.

SILVIA:

»Schon alleine das Wort ›Sexualität‹ ist für mich schwierig als Ganzes zu erfassen. Ich gehe da auch wieder von den Kindern aus, die ihre Liebe nie von ihrem Körper abschneiden. Wenn Kinder etwas empfinden, dann kommen sie auf dich zugeflogen und wollen auf den Arm genommen werden. So sehe ich das auch mit der Sexualität. Das heißt ich empfinde etwas, und es gibt auch ein körperliches Bedürfnis dazu. Das gehört zusammen. Sexualität ist wichtig in meinem Leben.

Ein reines sexuelles Erlebnis ist, wenn nicht genug Zärtlichkeit da war, oder ich mir nicht genug Zeit gelassen oder mir nicht eingestanden habe, daß ich als Ganze gesehen werden will. Oder ich habe mich nicht getraut, den Partner mit dem zu konfrontieren, was ich will. Es kann auch sein, daß rein sexuelle Begegnungen völlig o.k. sind, wenn genau das mein Bedürfnis ist. Aber wenn ich auch noch ganz andere Bedürfnisse habe, die mir auf der Seele sitzen, und mache dann ein sexuelles Erlebnis daraus, dann ist das für mich falsch. Dann wird es zum Ersatz, um überhaupt ein bißchen Liebe zu bekommen.«

MARIA:
»Sexualität . . . Da fällt mir zuerst ein: Zeugung und Kinderkriegen. Das kommt wohl davon, weil ich selber gerade Mutter geworden bin. Sexualität ist etwas Schönes, aber auch etwas, was mit Schwierigkeiten behaftet ist. Jedenfalls zum Teil. Wenn es nicht gelingt, wirkliche Übereinstimmung zu erlangen mit dem Partner. Im Moment ist für mich ganz wichtig Homosexualität und Heterosexualität, damit setze ich mich ganz stark auseinander. Ein Erlebnis wird für mich in dem Augenblick sexuell, wo bestimmte Körperzonen in Anspruch genommen werden. Dann tauchen automatisch sexuelle Gefühle auf. Das erlebe ich sehr deutlich. Es gibt bestimmte Zärtlichkeiten, die in mir noch keine sexuellen Gefühle auslösen, während andere dagegen mich gleich sexuell erregen können. Reine sexuelle Erlebnisse, ja, da ist früher oft etwas abgelaufen, was ich gar nicht mehr wollte, und mir ging es auch oft viel zu schnell. Das hat mich dann zwar angerührt, aber nur so peripher. Und es hat mich auch unglücklich gemacht, weil es nicht tiefer griff und nur so oberflächlich lief. Früher war etwas rein Sexuelles etwas Oberflächliches. Während es jetzt einfach heißt, mich total in meinen Körper hineinzugeben. Und das erlebe ich positiv. Ich muß jetzt differenzieren zwischen früher und heute. Früher konnte ich mich kaum richtig entspannen bei der Sexualität. Vielleicht habe ich die falschen Männer kennengelernt. Jedenfalls war es oft so, daß ich innerlich dabei gar nicht entspannt war, und mich so hingeben konnte. Und das war dann rein sexuell, wenn ich innerlich nicht so beteiligt war und mehr so danebengestanden habe und zugesehen und abgewartet habe, als daß ich da richtig in mir dringesteckt und aktiv gewesen und mit meinem Gefühl voll dabei gewesen wäre. So hätte ich es früher definiert. Heute jedoch würde ich sagen, rein sexuell ist es auch in Momenten, wo ich mich ganz hineingeben kann und nicht mehr denke, sondern nur noch fühle und nur noch in meinem Körper bin.«

JOHANNES:
»Sexualität ist für mich eine sehr wichtige Äußerungsform meines Lebens, eine sehr wichtige Kommunikationsform, eine sehr intensiv gestaltbare Dimension. Körperlich bedeutet Sexualität für mich bewußt wahrgenommene Steigerung des Blutdrucks, Steigerung des Interesses, der Herztätigkeit, der Neugier, vermutlich könnte man auch die Aktivität der Augen untersuchen, es gibt da ja Messungen, daß die Lider etwas feucht werden. Also eine gesamte Erregungssteigerung, und da würde ich nicht den Koitus einordnen,

sondern das Aufmerken und die damit verbundene auch geistige und körperliche Aktivität.
Reine Sexualität, nein, die kann ich mir nicht vorstellen. Sexualität, die nur körperlich ist, muß scheitern. Meine Erfahrung ist eine andere. Denn das ist Fetischisierung, Warencharakter. Das ist das, was daraus gemacht wird. Die Frau als Sexualobjekt, die auf ihre Körperlichkeit reduziert ist. Nackte Frauen im Hintergrund und im Vordergrund so ein Hahn . . . Ich weiß nicht, ob du diese Dinge kennst, das ist Warencharakter des Körpers. Mir käme es schon auf Ganzheitlichkeit an.«

EVA:
»Für mich war Sexualität, die ich jetzt seit etwa 15 Jahren lebe, ein ganz wichtiger Lebensbereich. So etwas wie eine Energiequelle. Eine Art Kraftspender. Jetzt in letzter Zeit wird es immer mehr ein Einswerden nicht nur mit dem Partner, sondern auch mit dem Kosmischen oder dem Göttlichen.
Ein rein sexuelles Erlebnis hat für mich einen negativen Beigeschmack, und ich habe es ganz selten erfahren, weil ich hauptsächlich sehr tiefe und lange Beziehungen hatte. Reine Sexualität heißt für mich nur Körperlichkeit und eine gewisse Oberflächlichkeit, das ich glücklicherweise nicht so oft erlebt habe. Wenn ich jetzt ›rein‹ im Sinne von ›Klarheit‹ verstehe, von ›Reinheit‹, dan ist es auch wieder etwas sehr Tiefgehendes, sehr Intensives, aber dann ist es auch etwas, was verbunden ist mit Gefühlen, mit Emotionen und Geistigem. Ich habe einmal eine nur körperliche sexuelle Begegnung erlebt, aber die hat mich überhaupt nicht befriedigt, das war so wenig, und ich habe das sehr schnell wieder abgebrochen, weil es mir nicht wert erschien, das zu leben.«

THOMAS:
»Sexualität bedeutet für mich als erstes miteinander zu schlafen, küssen, streicheln, Körper, Geschlechtsorgane, Begierde, Lust. Es bedeutet für mich eine Wirklichkeit, und es ist auch ein schwieriger Bereich. Ich denke, daß Sexualität etwas mit Geschlechtsorganen zu tun hat. Ein sexueller Moment wäre für mich einer, wo ich auch geschlechtlich erregt bin. Obwohl es dort auch so eine Grauzone gibt, es braucht nicht unbedingt in einem Orgasmus zu enden oder mit einem richtigen Koitus. Das muß nicht sein. Das Sexuelle fängt schon vorher an. Das fängt mit der körperlichen Erregung an.
So rein Sexuelles gibt es eigentlich nicht. Ich hätte das manchmal ganz gut gefunden, wenn es das in meinem Leben gegeben hätte, das war etwas, wonach ich mich gesehnt habe und im Grunde auch noch immer sehne. Diese Möglichkeit, mir jetzt nicht so viele Gedanken zu machen, ohne in irgendeiner Weise gleich meine Gefühle in Anspruch zu nehmen. Das wäre für mich ganz gut, wenn es möglich wäre. Positiv wäre für mich ein rein sexuelles Erlebnis in Bezug auf eine Therapie, um etwas zu lernen, um etwas in mir zu heilen. Ob ich das generell sagen würde, weiß ich nicht.«

JUDITH:
»Je älter ich werde, desto mehr weiß ich, wie unglaublich wichtig und schön Sexualität ist. Sexualität bedeutet für mich unglaubliche Hingabe. Wärme,

Vereinigung. Seelische, geistige, körperliche Geborgenheit. Sich fallen lassen dürfen. Sich anlehnen dürfen. Aber auch geben dürfen. Sexualität ist ein Trieb im Menschen, der befriedigt werden muß wie Hunger und Durst. Ich möchte in Bezug auf meine Sexualität, meinen Trieb nicht mehr so lieblos handeln, das heißt auch, dem nicht einfach so nachzugeben. Ich möchte das für mich irgendwie unter Kontrolle haben und Sexualität immer mit Liebe durchdringen. Dazu ist auch nicht immer unbedingt ein Mann notwendig. Denn das bedeutet auch liebevollen Umgang mit dem eigenen Körper.
Reine sexuelle Erlebnisse habe ich erlebt, ja. Es gibt eine momentane körperliche Befriedigung und Entspannung, die aber auch ebenso schnell wieder weggeht, wie wenn du hinterher geduscht hast. Es bleibt kein anhaltendes Erlebnis, so wie ich es jetzt erleben kann, jetzt wo ich reif genug bin. Ich weiß heute, daß ein unglaublich schönes sexuelles Erlebnis geil ist (um es nicht immer so nonnenhaft auszudrücken). Wenn also alles stimmt, dann hat das ein Nachschwingen. Und das finde ich heute wertvoller als reine, kurze Bettszenen, die ich früher oft erlebt habe. Aber es schwingt danach nichts mehr nach. Im Gegenteil, oft hat man danach ein schales Gefühl und denkt, o Gott, jetzt hast du deinem Trieb wieder nachgegeben, aber du hättest es ebenso gut sein lassen können. Und es bleibt ein unschönes Gefühl, und es gibt im Nachhinein dem meinetwegen noch halbwegs gut verlaufenden Sexualakt als solchem noch eine negative Färbung. Deswegen möchte ich mich heute so mit niemandem mehr verbinden.«

KLAUS:
»Also, da stehe ich erstmal auf dem Schlauch, Sexualität: Ich assoziiere einfach mal: Lust, Vergnügen, Zusammensein, geben, Zärtlichsein, Körperlichkeit, Ruhe, zwei unterschiedliche Menschen ... Wichtig ist das andere Geschlecht. Für mich ist es das weibliche. Und es hat mit Lust zu tun. Sexuell ist dann etwas, wenn ich Lust empfinde. Aber ich erlebe nicht nur dann etwas sexuell, wenn mein Penis erregt ist.
Das rein Sexuelle ist das Triebhafte. Dieses sich Leiten lassen von den Trieben, das ist auch etwas Animalisches, ja Tierisches. Wollend, nehmend, gebend.«

Sexualität ist für alle Befragten ein sehr wichtiger Lebensbereich, der etwas Schönes ermöglicht, aber auch mit Schwierigkeiten behaftet ist und dementsprechend auch ambivalent erlebt wird. Sexualität ist für sie eine Form der Kommunikation, die im positiven Sinne die Zeugung von Kindern, das Erleben von Lust und das Einswerden mit dem Partner ermöglicht. Sexualität hat in erster Linie mit dem Körper zu tun, allerdings gibt es Grenzbereiche körperlichen Erlebens, die nicht von vornherein sexuell sind. Sexuell wird ein Erlebnis erst durch die körperliche Erregung, vor allem der Geschlechtsorgane.
Bestimmte Zärtlichkeiten können zur sexuellen Erregung führen, andere dagegen nicht: Wichtig ist also sowohl die Situation wie auch die jeweilige Befindlichkeit. Ein »reines« sexuelles Erlebnis wird von allen Befragten als eher negativ bewertet, weil es zu oberflächlich ist. Es verschafft zwar eine

momentane körperliche Entspannung, aber sie geht zu schnell vorbei und hinterläßt einen »schlechten Beigeschmack«. »Reine« Sexualität ist nach Aussagen der Befragten gekennzeichnet durch mangelnde Zärtlichkeit, Zeit, Liebe und Hingabe. Sie wird häufig zum »Ersatz, um überhaupt etwas Liebe zu bekommen«. Die mit jeder (sexuellen) Begegnung verbundenen Gefühle, Phantasien und Wünsche werden verdrängt oder abgespalten und die Kommunikation auf die gegenseitige oder einseitige körperliche Befriedigung reduziert. Im »reinen« sexuellen Erlebnis wird das Emotionale aus der Beziehung herausgehalten. Dadurch wird der Körper fetischisiert und sexualisiert. Der Partner bzw. die Partnerin ist letztlich nur Mittel zum Zweck sexueller Triebbefriedigung. »Reine Sexualität« wird von den Befragten nur in dem Zusammenhang positiv bewertet, als ihr therapeutische Funktion zugeschrieben wird, wenn die Sexualität, wie zum Beispiel bei Thomas als gefühlsüberladener Bereich empfunden wird (»es muß Liebe dabei sein . . .«). Die daraus resultierende Triebhemmung kann zu sexuellen Funktionsstörungen führen, die gelingende Sexualität ebenso verhindert wie die Gefühlsabspaltung.

Von fast allen Befragten wird die Schwierigkeit konstatiert, Sexualität als *Ganzes* zu erfassen. Zu Recht, denn der Begriff der Sexualität ist ausgesprochen vielschichtig und beinhaltet viele Tätigkeiten, Verhaltensweisen, Phantasien und Wünschen, die das Geschlechtliche betreffen, die ursprünglich andere Namen hatten. Schließlich ist der Begriff der Sexualität erst im 19. Jahrhundert entstanden, nämlich als die Botaniker entdeckten, daß die Fortpflanzung des Menschen der der Tiere ähnelt. Durch die Übertragung auf das menschliche Geschlechtsverhalten wurde die Vielfalt der Verhaltensweisen, die das Erotische, Lustvolle, Sinnliche, Verspielte und Zweckfreie des geschlechtlichen Verhaltens betrafen, sprachlich auf *einen* wesentlichen Aspekt reduziert: die *Fortpflanzung*.

Das bedeutete eine Einengung des Geschlechtlichen vorrangig auf die Genitalien, gleichzeitig wurden viele Verhaltensweisen und Spiele über den Weg einer unverhältnismäßigen Sexualisierung *genitalisiert*. Damit wurde der Blick weniger auf das schwer faßbare, weil subtilere Zwischenmenschliche und Erotische des Geschlechtsverhaltens gerichtet, sondern auf das Greifbare und die sichtbaren »harten Fakten«, zum Beispiel auf den Nachwuchs als eine Folge der geschlechtlichen Beziehungen oder auf die Praxis der Autoerotik, der Onanie.

Mit dem Aufkommen des Subsumierungsbegriffs *Sexualität* haben sich im Laufe der Zeit auch die *kulturellen* Umstände und der *Bewußtseinszustand* hinsichtlich der geschlechtlichen Verhaltensweisen verändert. Denn die begriffliche Vielfalt von bestimmten Verhaltensweisen oder Zuständen ist immer auch Ausdruck der Vielfalt und Differenziertheit der zu begreifenden Gefühle und Aktivitäten. So kennen zum Beispiel die Eskimos nicht nur *ein* Wort für »Schnee«, sondern zahlreiche Wörter für die verschiedenen Sorten, weil sie in einer »Schneekultur« leben; dagegen kennt man am Äquator nur ein gemeinsames Wort für »Schnee«, »Kälte« und »Eis« (J. van Ussel, 1979, 17 f.). Übertragen auf die geschlechtlichen Verhaltensweisen kann auch hier die Menge der Begriffe Aufschluß darüber geben, ob das Sexuelle entfaltet und kultiviert worden ist oder nicht. Mit dem Begriff *Sexualität* wurden zahlreiche, das Geschlechtliche betreffende Verhaltensweisen zusammengefaßt und generalisiert, bis viele Einzelbegriffe dafür allmählich aus dem allgemein gebräuchlichen Sprachbereich ausgegrenzt wurden und verschwanden. Die daraus resultierende Sprachlosigkeit hinsichtlich vieler sexueller Aktivitäten, Wünsche und Sehnsüchte sind ein weiteres Resultat der gesellschaftlichen Durchdringung des Sexuellen. Trotz dieser offensichtlich gesellschaftlichen Determiniertheit der Sexualität stellt sich jedoch die Frage, was *wesenhaft* am Sexuellen naturbedingt und was kulturell überformt und tradiert ist.

4.1. Natur und Kultur der Sexualität

»Am Anfang war das Wort.«
(Joh. 1.1)

Alle erfahrbaren Regelmäßigkeiten versucht der Mensch systematisch zu beobachten, um deren Prinzipien und Gesetze zu erkennen und zu deuten. Die damit verbundene genauere Kenntnis der eigenen Lebensumstände resultiert aus dem Wunsch und der Notwendigkeit diese besser selbst bestimmen und steuern zu können. Auch die Schöpfungsmythen aller Völker sind genauso wie die *Theorie* der Evolution Deutungsversuche, die dunklen Ursprünge der Schöpfung zu beleuchten und zugleich dem Menschen das Besondere seines »Woher?« und »Wohin?« möglichst plausibel zu erklären. In allen Schöpfungsmythen, so auch in der biblischen Schöpfungsgeschichte von Adam und Eva, wird die Besonderheit der Zweigeschlechtlichkeit des Menschen von der der Tiere abgehoben und in einen anderen, komplexeren Begründungszusammenhang gestellt. Daß in den Schöpfungsmythen zugleich ganz bestimmte Interessenskonflikte zwischen den Geschlechtern zum Ausdruck kommen[1], macht deutlich, daß eine an den Tieren orientierte Rollenzuweisung von Männchen und Weibchen für die Menschen nicht mehr als selbstverständlich galt. So wurden für die menschliche Zweigeschlechtigkeit immer andere Erklärungsmuster gesucht als für die der Tiere. Dies deutet auf ein Bewußtsein hin, das Geschlechtliche des Menschen sei anders als das der Tiere und müsse andere, besondere Ursprünge und Gründe haben.

Bis heute sind jedoch die Gründe für die Zweigeschlechtlichkeit nicht ganz geklärt. Seit dem Beginn der wissenschaftlichen Erforschung der Sexualität im 19. Jahrhundert ist die Frage nach dem Grund der Zweigeschlechtlichkeit in der Pflanzen- und Tierwelt sowie beim Menschen erneut zum Gegenstand des Erkenntnisinteresses geworden.

Die Verhaltensforschung hat aus der Beobachtung und dem Vergleich des tierischen und menschlichen Verhaltens Rückschlüsse darüber gezogen, wie es in der Evolutionsgeschichte zur Entstehung und Entwicklung der

Geschlechter gekommen sei. Nach W. Wickler/U. Seibt (1983, 10) sieht die Evolutionstheorie in der Evolution eine zwangsläufige Entwicklung, ». . . *die mit der Entstehung des Lebens begann, und bei allen Arten höherer Lebewesen, einschließlich des Menschen, zu zwei verschiedenen Individuentypen geführt (hat), die wir männlich und weiblich nennen und von deren Zusammenwirken der Fortbestand des Daseins aller dieser Arten abhängt«.*
Die Frage, welchen Vorteil und Nutzen die Trennung der Geschlechter im Laufe der Evolution hatte, ist eng mit der nach der Entstehung der menschlichen Fortpflanzung verbunden. Nach Wickler/Seibt geschah der erste Schritt zur Sexualität der Lebewesen unter dem Druck der Feindabwehr als eine Art *Selbstschutzverfahren*, bei dem es für die vorläufig noch eingeschlechtlichen Lebewesen darauf ankam, anders zu werden und sich von den anderen zu unterscheiden, um dadurch einen Vorsprung gegenüber den Veränderungen der Mutation und Mutasis – als Umweltanpassung und Feindschutz – zu erlangen. Dabei liegen die Vorteile durch die mit der zweigeschlechtlichen Fortpflanzung erzielten Veränderungen allein im *Unterschied* begründet. Die Minimalbedingung ist dabei der »Austausch von genetischem Material«, bei dem die beiden Geschlechter Kontakt miteinander haben müssen. Dabei braucht es noch nicht einmal eine klare geschlechtliche Unterscheidung zu geben. R. Fox (1984, 10) beschreibt zum Beispiel primitive Lebewesen, bei denen ». . . *von zwei Organismen (. . .) jeweils der Schnellere per definitionem das ›Männchen‹ (ist), weil es ihm dank der größeren Beweglichkeit gelingt, dem trägeren sein Material einzupflanzen. Der Unterschied ist nur relativ. Bei höheren Lebewesen wird er fixiert. Doch die Grundmerkamale bleiben erhalten – die Spermien sind beweglicher als das Ei.«*
Der Austausch und die Neukombination von genetischem Material vollzieht sich immer zwischen *zwei* Zellpartnern. Wickler/Seibt (1983, 47) betonen, daß eine größere Anzahl von Geschlechtszellen keinerlei Vorteil ergeben hätte, die der Variabilität, also der individuellen Besonderheit der Lebewesen hätte dienen können, weil zum Beispiel bei drei statt zwei Geschlechtszellen, die sich zur Befruchtung treffen, die Treffwahrscheinlichkeit noch geringer wäre. Der Austausch von genetischem Material hat ursprünglich noch nicht einmal etwas mit der Vermehrung der Lebewesen zu tun:»*Wenn zwei Bakterien oder Pantoffeltierchen über eine Plasmabrücke Erbmaterial in kleinen Portionen austauschen, dann finden wir hinterher nicht mehr Bakterien oder Pantoffeltierchen als vorher. Es gibt sogar den Fall, daß die beiden Individuen völlig miteinander verschmelzen – dann sind danach weniger als vorher da.«* (32)
Die Koppelung der Zweigeschlechtlichkeit mit der *Vermehrungsfunktion* erfolgte erst viel später im Laufe der Evolution. Die bipolare geschlechtliche Differenzierung macht in der Tierwelt Männchen und Weibchen voneinander abhängig und führt zu einer Fülle von Interessenskonflikten (164). Bei den Tieren beziehen sich diese im wesentlichen auf die Geschlechts- und Fortpflanzungsfunktionen. Beispiele dafür sind das Konkurrieren und die Rivalenkämpfe der Männchen untereinander, das Anlocken des Partners,

die Partnerwahl des Weibchens, Monogamie oder Polygamie, die Dauer der Paarbeziehung und die davon betroffenen Verhaltensbereiche, die Brutpflege in väterlicher oder mütterlicher Zuständigkeit usw. (90-146). Die daraus resultierenden Verhaltensweisen der unterschiedlichsten Gattungen und Tierarten zielen dabei im wesentlichen auf die *Fortpflanzungsmaximierung* ab, wobei sich das männliche und das weibliche Geschlecht in der Tierwelt im Dienste effektiver Vermehrung verschieden spezialisiert haben. Die Taktiken der Geschlechter zur Fortpflanzungsmaximierung hatten eine funktionale Rollenzuweisung zur Folge. *»Bei einigen sozialen Tieren gibt es stark traditionsabhängiges, sogenanntes vorkulturelles Verhalten, mit dem die Basis für Geschlechterrollen im anthropologischen Sinn bereits gegeben scheint.«* (149)

Diese aus den biologischen Geschlechtsfunktionen stammenden evolutionsgenetisch gesteuerten Verhaltensweisen der höheren Säugetiere werden gerne als Beweis für biologisch bedingte Verhaltenswurzeln des Menschen herangezogen, vor allem um eine naturgegebene Dominanz des Mannes gegenüber der Frau zu begründen und zu rechtfertigen. Wickler/ Seibt weisen darauf hin, daß für diese Dominanz von manchen Autoren auch gerne die Anzahl und Zusammensetzung der Chromosomen und Hormone verantwortlich gemacht werden, was jedoch ebenfalls – mit Blick auf die Tierwelt – ein Trugschluß ist. *»Hätte die Dominanz grundsätzlich etwas mit den y-Chromosomen zu tun, dann müßte sie bei Vögeln gerade umgekehrt aussehen, weil bei ihnen das y-Chromosom im Weibchen liegt. Aber auch bei den Vögeln dominieren die Männchen. Die Dominanz der Männchen über die Weibchen zeigt sich sogar bei denjenigen Wirbeltieren, deren Geschlecht gar nicht genetisch festliegt, sondern zum Beispiel von der Temperatur abhängt, mit der das Ei bebrütet wird.«* (158)

Vielmehr schlagen in den kulturellen Rollenzuweisungen beim Menschen zwar die ursprünglich verschiedenen Taktiken der Geschlechter zur Fortpflanzungsmaximierung durch, diese werden jedoch hauptsächlich in den gesellschaftlichen Rollenmustern von Mann und Frau fixiert und tradiert. Zudem sind nach Wickler/Seibt (167 ff.) die meisten Beziehungen zwischen lebenden Organismen im wesentlichen kooperativer Art und auf verschiedene Weise symbiotisch.

Schon diese knappen Ausführungen über Erkenntnisse der Evolutionstheorie machen deutlich, daß die Verhaltensweisen im Tierreich nicht viel dazu taugen, die vorgegebenen Rollenmuster für Mann und Frau als naturgegeben anzunehmen. Im Gegenteil: Sexuelle Verhaltenweisen und Rollenzuweisungen sind im Tierreich wie in der Pflanzenwelt stets funktional begründet, um die Überlebenschancen der Gattung zu erhöhen. Wenn die äußeren Lebensverhältnisse sich ändern, stehen auch sexuelle Verhaltensweisen und Rollenzuweisungen zur Disposition. Ein Zurückkehren zu bzw. Festhalten an bestimmten Rollenvorgaben von Mann und Frau kann deswegen nicht ernsthaft mit deren Naturbedingtheit begründet werden.

Statt dessen versucht eine solche Argumentation eine falsche Vorstellung von dem, was Natur und was natürlich sei, unterzuschieben. Natur sei das

Ursprüngliche, Statische, Unwandelbare, der Fels in der Brandung ge⹂
schaftlicher Veränderungen. Natur aber ist selber ständige Veränderu⹂
eine Veränderung, die vor nichts haltmacht, wenn es der Arterhaltur⹂
dient. Nur so konnte eine gigantische Vielfalt des Lebens und der Lebens-
beziehungen vom »primitiven« Einzeller bis zum Menschen langsam herausgebildet werden. »Zurück zur Natur« bezieht sich in Wirklichkeit
hauptsächlich auf gesellschaftliche Einstellungen und kulturelle Werte, die
gerettet werden sollen. Der Hinweis auf die Natur ist dabei ideologisch.
Durch die Etikettierung »natürlich« soll das angestrebte Verhalten möglicher
Kritik entrückt und entzogen werden. Denn pure Natur kann es in der vom
Menschen geprägten Welt auch deswegen nicht geben, weil der Mensch,
der in ihr und vor allem durch sie lebt, sie ständig verändert hat und sie auch
weiterhin verändern wird. Die Propagierung einer »Rückkehr zum Natürlichen« bezeichnet also entweder einen Aufruf zu einer Lebensweise, die
mehr als bisher an dem Bewußtsein der Vernetzung menschlichen Lebens
mit dem seiner stofflichen Umwelt orientiert ist, oder sie bezieht sich auf die
gewünschte Wiederherstellung und damit Rettung gesellschaftlicher Einrichtungen und kultureller Werte, die als »natürlicher« empfunden werden.
Genausowenig wie die reine Natur gibt es also eine »natürliche« Sexualität
des Menschen, abgesehen von der Funktionsweise der Geschlechtsorgane.
Selbst die »Natürlichkeit« der sog. »Wilden« in Omarakana und Kiriwina, die
B. Malinowski[2] auf den Trobriand-Inseln entdeckte und untersuchte, erweist
sich bezüglich der Sexualität vor diesem Hintergrund nicht als reine Natur
des Sexuellen, sondern ist Ausdruck ganz bestimmter gesellschaftlicher und
ökonomischer Verhältnisse. Dort herrscht zwar ein *anderer Umgang* zwischen den Geschlechtern, aber das sexuelle Verhalten unterliegt ebenso
einer Ordnung und bestimmten Gesetzen wie in unserer abendländischen
Kultur; es sind nur *andere Gesetze* und andere Ordnungen als unsere.
»Geschlechtliches . . . wird nicht als ›natürlich‹ empfunden oder betrachtet,
vielmehr als etwas, das man in der Öffentlichkeit und in der Unterhaltung
natürlicherweise vermeidet und in seinem Betragen verbirgt . . .« (1929, 32)
Durch die Brille vieler Europäer erschien dieses Verhalten zunächst wilder,
ungezügelter, ungehemmter, sinnlicher und freier gegenüber dem eigenen
verklemmten sexuellen Verhalten und konnte so ungeachtet der auch in
dieser Stammesgesellschaft herrschenden Gesetze und Tabus als »natürlich« erscheinen.
Nun stellt sich jedoch die Frage, ob es trotz der nicht vorhandenen natürlichen Sexualität so etwas wie einen naturhaft bedingten Ur-grund der
Sexualität gibt. Dies soll mit Hilfe des Trieb-Begriffs von S. Freud geklärt
werden.
In den »Drei Abhandlungen zur Sexualtheorie« von 1905 führt S. Freud den
Begriff des Triebes ein, den er aus der Beschreibung der menschlichen Sexualität heraus entwickelt[3]. Demnach setzt sich der menschliche Sexualtrieb aus Partialtrieben zusammen, die in bestimmten Stadien der kindlichen Entwicklung jeweils eine führende Rolle spielen und später in den
Sexualtrieb einmünden, der in der Pubertät ausgeformt wird. Freud loka-

lisiert die Triebe als *Reizquellen im Körperinnern.* Sie sind also von äußeren Reizen zu unterscheiden. *»Unter einem ›Trieb‹ können wir zunächst nichts anderes verstehen als die psychische Repräsentanz einer kontinuierlich flie-ßenden, innersomatischen Reizquelle, zum Unterschied vom ›Reiz‹, der durch vereinzelte und von außen kommende Erregungen hergestellt wird. ›Trieb‹ ist so einer der Begriffe der Abgrenzung des Seelischen vom Körper-lichen.«* (76)

Nach Freud besitzen die Triebe *an sich* keine Qualität, sondern durch sie lassen sich die »Arbeitsanforderungen für das Seelenleben« messen. Er un-terscheidet dabei zwischen dem Sexual- oder Geschlechtstrieb und dem Ich- oder Selbsterhaltungstrieb, die für den Erhalt des Individuums uner-läßlich sind, wobei der letztere mit dem Hunger und der Nahrungsaufnah-me zusammenhängt. Beim Sexual- oder Geschlechtstrieb unterscheidet er die *Quelle,* das *Objekt* und das *Ziel* dieses Triebes.

Die *Quelle* des Sexualtriebes ist ein körperlicher Reiz, die Erregung eines Organs und ein daraus resultierender Spannungszustand.

Das *Ziel* des Sexualtriebes ist die Aufhebung des Spannungszustandes, der bedingt ist durch den Organreiz.

Das *Objekt* des Sexualtriebes ermöglicht es dem Trieb, sein Ziel, nämlich die Aufhebung der Erregung, zu erreichen.

Die Ziele können wie die Quellen (somatischer Reiz) sehr vielfältig sein. Sie sind nicht auf ein Organ (zum Beispiel die Geschlechtsorgane) beschränkt, sondern betreffen die unterschiedlichsten erogenen Zonen und die von ihnen ausgehenden sexuellen Partialtriebe, da jeder Körperbereich fähig ist, Quelle einer sexuellen Erregung zu werden. Dementsprechend können auch die Objekte, die der Befriedigung der Triebe dienen, sehr unterschied-lich sein.

Der *Trieb,* als ein Begriff der »Abgrenzung des Seelischen vom Körperlichen« ist zu unterscheiden von dem »natürlichen« *Instinkt* des Tieres, zum Beispiel dem Instinkt, sich zu begatten. Der Triebbegriff wird verständlicher im Kon-text des Begriffes der *Triebrepräsentanz.* Repräsentanz bezeichnet den »psychischen Ausdruck endosomatischer Erregungen« (J. Laplanche/J. Pon-talis, 1986, 441) und äußert sich in den Vorstellungen, Phantasien und Affekten. Das heißt, der Trieb wird an eine *Vorstellung* bzw. Triebrepräsen-tanz fixiert, wobei »der als somatisch verstandene Trieb seine psychischen Repräsentanzen delegiert.« (442)

In seiner späteren Arbeit »Jenseits des Lustprinzips« von 1920 setzt Freud den Sexualtrieb dem *Lebenstrieb* oder *Eros* gleich. Eros ist eine Kraft, die nach *Bindung* strebt, nach Herstellung und Aufrechterhaltung lebender Einheiten[4]. Dem entgegen steht der *Todestrieb,* der sich zunächst nach innen wendet und nach Selbstzerstörung strebt, sekundär jedoch nach außen gerichtet werden kann und sich in Form des Aggressions- und De-struktionstriebes äußert.

Die Energie des Sexualtriebes als Kraft und als Drang definiert Freud durch die *Libido.* Zwar ist diese Energie derzeit noch nicht meßbar, aber sie ist die »Energie solcher Triebe, welche mit all dem zu tun haben, was man als Liebe zusammenfassen kann«[5]. Libido hat zu tun mit dem sexuellen Wunsch, der nach Befriedigung strebt.

Die Libido bezeichnet den *psychischen Aspekt* des psychosomatischen Grenzbegriffs des Triebes. Freud betonte immer wieder seine Hoffnung, diese »psychologischen Vorläufigkeiten« später einmal »auf den Boden organischer Träger« stellen zu können.

Diese knappen Ausführungen zur Triebtheorie Freuds zeigen, daß der Trieb nicht als reine Naturkraft beschrieben werden kann, da er als *psychosomatischer Grenzbegriff* ebenso kulturellen wie lebensgeschichtlichen Prägungen und Anforderungen unterliegt wie die mit ihm verbundene Sexualität. Da der Trieb »nicht von außen, sondern vom Körperinnern her angreift, kann auch keine Flucht gegen ihn nützen« (StA., Bd. III, 82). Der Trieb ist also da, zeigt sich, macht sich bemerkbar, ist etwas, was sich erst im *Ausdruck* als triebhaftes Verhalten nachweisen und interpretieren läßt.

Der Trieb ist im Körper – *im Körperinnern* – verankert und äußert sich auf psychischer Ebene. *»Ein Trieb kann niemals Objekt des Bewußtseins werden, nur die Vorstellung, die ihn repräsentiert. Er kann aber auch im Unbewußten nicht anders als durch die Vorstellung repräsentiert sein.«*[6]

Der Trieb wird an eine Vorstellung, bzw. Triebrepräsentanz fixiert. An diesem Fixierungspunkt vollzieht sich der Übergang vom Somatischen zum Psychischen. Dabei repräsentiert die *Triebrepräsentanz* sozusagen den *Körper in der Seele.*

Hier läßt sich eine Parallelität des Freudschen *Triebbegriffs* mit dem *Leibbegriff* von Merleau-Ponty aufzeigen. Mit dem Begriff des »Leibes als integrierende Mitte zwischen Körper und Seele« versucht Merleau-Ponty auf philosophischer Ebene, den untrennbaren Zusammenhang von Seelischem und Körperlichem zu bestimmen. Während Freud mit dem Begriff des Triebes die Grenze und den Übergang zwischen Somatischem und Psychischem auf das *einzelne* Individuum bezog, wollte Merleau-Ponty mit dem Begriff des Leibes nicht nur die Einheit von Seele – Leib hervorheben, sondern auch die Einheit des Subjekts mit der Welt.

Die Triebtheorie ist die zentrale Grundlage der Freudschen Sexualitätsauffassung. Zugleich war Freud sich dessen bewußt, daß der Trieb ein durchaus spekulatives Element in seiner Theorie ist. *»Die Trieblehre ist sozusagen unsere Mythologie. Die Triebe sind mythische Wesen, großartig in ihrer Unbestimmtheit.«*[7]

Das entscheidende Kriterium für seine Annahme der Triebe war, daß sie in Erscheinung treten und wirksam werden. Die Frage, ob dem Drängen des Triebes nachgegangen werden sollte oder nicht, stellt Freud in den Kontext von Triebbefriedigung und Triebverzicht. Hier ist er parteilich, er hält zwar ein »gewisses Maß direkter sexueller Befriedigung« für »unerläßlich«, jedoch sei es notwendig, den Trieb zu bekämpfen und die Lust zu bändigen, um überhaupt die Arterhaltung und schließlich die Kultur des Menschen zu ermöglichen (vgl. zum Beispiel StA., Bd. IX, 18 f.). Denn der Trieb dränge danach, befriedigt zu werden, und wenn er nicht zurückgedrängt oder auf eine Befriedigung« verzichtend sublimiert – also auf ein nicht-sexuelles Ziel und Objekt gerichtet – werde, werde er zum uferlosen Chaos, zur Zerstörung und zur Anarchie auf individueller wie auf gesellschaftlicher Ebene führen. Deswegen sei es notwendig, das *Lustprinzip* dem *Realitätsprinzip* unterzuordnen, denn die Anerkennung des Realitätsprinzips erfordere es, in Teilen auf Lust zu verzichten.

Freuds Forderung nach Unterordnung der Lust unter das Realitätsprinzip erinnert stark an die Bestrebungen des 19. Jahrhunderts, Sexualität zu kontrollieren und zu bürokratisieren, was mit dem Aufkommen des Begriffs der Sexualität verstärkt möglich wurde. Freud redet einer restriktiven Auffassung das Wort, nach der der Trieb etwas Dunkles, Gefährliches sei, das Tier im Menschen, welches an die kurze Leine der Kultur genommen werden müsse. Diese Auffassung scheint für viele Kritiker der Freudschen Triebtheorie der wesentliche Sündenfall Freuds gewesen zu sein, von dem aus sie die gesamte Triebtheorie in Frage stellen.

In seiner Kritik an der Freudschen Triebtheorie setzt G. Schmidt (1984) an zwei Grundannahmen an, auf die er Freuds Triebtheorie gestützt sieht: *»Die erste ist eine Reiz-Akkumulations-Hypothese, der zufolge sexuelle Motivation aus ständig und spontan sich summierenden inneren Störreizen gespeist wird.«* (302 f.)

Diese leite sich nach Freud von Bedürfnissen ab, die wie Hunger und Durst auf einem physiologischen Bedarf gründen. Schmidt bestreitet dagegen, daß es für die Sexualität eine solche physiologische Mangelsituation gibt. *»Die zweite dem psychohydraulischen Modell implizierte Grundannahme ist eine Reiz-Reduktion-Hypothese, nach der sexuelle Lust und Befriedigung identisch ist mit dem Löschen von Spannungen.«* (303)

Schmidt bezeichnet diese »Vorstellung vom Entleerungstrieb« als eine Art »Dampfkesseltheorie«. Seiner Auffassung nach gilt jedoch nicht das Reiz-Vermeidungsverhalten für die Sexualität, sondern vielmehr ein *Reiz- oder Lustsucheverhalten.*

Schmidts Lustsuchemodell leugnet nicht die biologische Fundierung der Sexualität, aber anders als das Triebmodell fragt er nicht danach, »welche sexuellen Motive nicht-sexuellen Verhaltensweisen zugrundeliegen (305), sondern er faßt Sexualität als eine »Bereitschaft oder Möglichkeit zur Lust« auf, der vielfältigste Motive zugrundeliegen und die größtenteils erlernt sind. Das Freudsche Triebmodell ist nach Schmidt der motivationstheoretische Ausdruck der spezifischen Sexualfeindschaft des 19. Jahrhunderts. Deshalb könne das Lustsuchemodell verstanden werden als Abkehr von der Sexualfeindlichkeit und als »Ausdruck desjenigen gesellschaftlichen Prozesses, den wir sexuelle Liberalisierung nennen« (315). Mit der Liberalisierung der Sexualität habe sich auch der Forschungsgegenstand »Sexualität« verändert, der ein anderer geworden sei, als zu Freuds Zeiten der repressiven Sexualmoral. Die Zeit der intensivsten Sexualunterdrückung sei zugleich die Zeit der Entdeckung des Sexualtriebes gewesen. Während einerseits sexuelle Wünsche abgedrängt und gezügelt wurden, wurde der Trieb zum »fremden Teil im Menschen« und »dieses Fremde, Abgespaltene war der Trieb« (313). Auf jeden Fall verliere Sexualität ihren beunruhigenden

Charakter, wenn heute das Triebmodell bestritten und der Trieb zur Lustsuche werde. *»Da Sexualität nicht mehr abgeblockt, sondern angelockt werden soll, ihrer ›Naturkraft‹ entledigt, wird sie friedlich und hedonistisch, verliert ihre aufbegehrliche gesellschaftliche Destruktivität; ihr kompensatorischer Charakter, ihre Auffüllung mit nicht-sexuellen Motiven wird so sehr betont, weil es gar nicht mehr zu übersehen ist.«* (316)

Zwar will Schmidt seinen Beitrag zur Freudschen Triebtheorie nicht als »kleinliche Rechthaberei« verstanden wissen, es stellt sich allerdings die Frage, ob er mit seinem »Lustsuchemodell«, in dem er das friedlich-hedonistische der Sexualität in den Vordergrund stellt, letztlich nicht doch nur das Beängstigende, Unbezähmbare und Gefährliche des Triebes *verleugnet*.

Der Entwurf des Lustsuchemodells wird heute vor allem von manchen Feministinnen gerne aufgenommen. Sie verstehen den Triebbegriff nicht mehr als einen *neutralen* Begriff, der etwas Allgemeingültiges kennzeichnet, sondern das Parteiliche, das Männlich-Patriarchale des Triebbegriffs und das damit verbundene Sexualitätskonzept wird herausgestellt und kritisiert.

Nach M. Mitscherlich (1984, 49) macht die Triebtheorie deutlich, daß wissenschaftliche Erkenntnisse abhängig sind von der Sehensweise der jeweiligen Gesellschaft und ihrer Erklärungsbedürfnisse.

Darin stimmt mit ihr auch A. Schwarzer (1984) überein, die in der Triebtheorie eher die Auffassung vom männlichen Trieb wiedergegeben sieht, dessen »patriarchalisches Pendant die ›weibliche Hörigkeit‹« sei. Deswegen reiche es nicht aus, diesen wissenschaftlichen Irrtum jetzt nur wissenschaftlich zu korrigieren: *»Die Triebtheorie ist ein Politikum. Sie war und ist ideologischer Freifahrtschein für Männer, deren sexuelle Aggressionshandlungen gegen Frauen (und Kinder) in diesem Licht als quasi unvermeidliche Urgewalt gelten − Männer ›können eben nicht anders‹«* (34)

Gegen diese massive Kritik wird die Freudsche Triebtheorie hingegen von Juliet Mitchell in Schutz genommen[8]. Sie wirft den feministischen Kritikerinnen vor, sie setzten sich nicht mit der *Grundlage* der Triebtheorie, dem *Unbewußten*, auseinander und stellten sich »die nachpatriarchalische Gesellschaft als primitives Matriarchat« vor: »als Reich der Geborgenheit, der Emotionalität und der Repressionsfreiheit« (477). Dagegen nimmt sie ebenso wie S. Freud, F. Engels und C. Lévi-Strauss an, daß die Geschichte der Zivilisation und Kultur als *solche* patriarchalisch sei. Die Macht und Freiheit der Frauen im frühgeschichtlichen Matriarchat sei demgegenüber prähistorisch, präkulturell und präödipal (418 f).

Diese Annahme hat gravierende Auswirkungen: J. Mitchell hält die Strukturelemente der patriarchalischen Zivilisation, den Frauentausch, den Ödipuskomplex und die symbolische Bedeutung des Phallus und des Vaters für *universell* gültig und für heute noch gesellschaftlich und individuell wirksam.

Im Unbewußten und den darin vorhandenen − verdrängten − Triebrepäsentanzen, die den »Kern« des Unbewußten bilden, sind nun alle diese phylogenetischen Erfahrungen gespeichert. Sie werden auf ontogenetischer Ebene in den frühkindlichen Erfahrungen reaktiviert und sind somit immer noch wirksam. Freuds Einschätzung der *phylogenetischen* Erbschaft ging sogar soweit, daß er annahm, ».. . *daß die archaische Erbschaft des Menschen nicht nur Dispositionen, sondern auch Inhalte umfaßt, Erinnerungsspuren an das Erleben früherer Generationen«.* (StA., Bd. IX, 546) Die universelle Gültigkeit der patriarchalen Strukturelemente – Frauentausch, Ödipuskomplex und symbolische Bedeutung des Phallus – ist nach wie vor umstritten. Dennoch ist J. Mitchell zuzustimmen, wenn sie in der Kritik an der Triebtheorie auch eine *Leugnung der Triebe* und damit eine *Leugnung des Unbewußten* feststellt. Diese Leugnung des Unbewußten führt, wie J. Mitchell zu Recht konstatiert, zu einem eklatanten Fall von Wunschdenken: nämlich allein das Bewußtsein, die Rationalität und die soziale Aktivität seinen wirkungsmächtig.

Statt dessen ist es notwendig, die im Unbewußten wirksamen Kräfte der patriarchalischen Zivilisation überhaupt erst aufzudecken, bewußt zu machen und dann erst mittels kultureller Möglichkeiten verantwortungsbewußt zu zügeln, zu entfalten oder gar zu verändern.

Der *Trieb* als *psychosomatischer Grenzbegriff* macht den *untrennbaren* Zusammenhang von Seelischem und Körperlichem deutlich. In einem ständig wechselseitigen *fließenden* Prozeß wirkt der Körper auf die Seele ein und umgekehrt. Deswegen läßt sich auch nicht exakt festlegen, was an den sexuellen Äußerungsformen ursprüngliche Natur und was erlernte überlagerte Kultur ist.

Wie Sexualität als »weitgehend unspezialisiertes Grundbedürfnis« durch gesellschaftliche Normen überformt und determiniert worden ist, hat H. Schelsky (1955) nachzuweisen versucht. Seine Position soll im folgenden dargestellt und kritisch erörtert werden. Sie verdeutlicht auch die Verquickung von »Erkenntnis und Interesse« (Habermas, 1968), die meistens mit der Analyse und Aufklärung der Sexualität verbunden ist.

Ausgangspunkt der »Soziologie der Sexualität« von H. Schelsky[9] ist die Freudsche Triebtheorie, von der aus er die sozio-anthropologischen Grundlagen der Sexualität, unter Einbeziehung der Ergebnisse des Verhaltensforschers K. Lorenz und des Anthropologen A. Gehlen, untersucht. Auf diesem Hintergrund will er einen Zusammenhang herstellen zwischen Geschlechtstrieb, Gesellschaftsstruktur und Moral.

Ausgehend von der Tatsache, daß die Sexualität des Menschen kein biologisch in sich »gesichertes Instinktverhalten« mehr ist, sondern vielmehr ein »weitgehend unspezialisiertes Grundbedürfnis«, formuliert Schelsky folgende Thesen, nach denen die menschliche Geschlechtlichkeit sich von der tierischen durch zwei wesentliche Merkmale unterscheide, nämlich: ».. . *in einer weitgehenden Instinktreduktion, die mit der Bildung eines sexuellen Antriebsüberschusses Hand in Hand geht, und in der Ablösbarkeit des sinnlichen Lustgefühls vom biologischen Gattungszweck, womit die Lust als ein neuer Zweck des Sexualverhaltens unmittelbar intendierbar wird.«* (11)

Die Instinktreduktion, die nicht mehr eindeutig nach einem »angeborenen Schema« (K. Lorenz) verlaufe, habe zu einer fast universalen »Plastizität« (A. Gehlen) des menschlichen Sexualverhaltens geführt. Dadurch erwachse dem Menschen die Chance, aus dem »Zwang der Umweltgebundenheit und der Instinktstarre« (12) heraus, zu kulturellen Leistungen fähig zu werden. Die unmmittelbare sexuelle Triebkraft, von der immer die Gefahr ausgehe, die kulturellen Leistungen und Normen zu zerstören, könne durch »kulturelle Überformung« sublimiert werden. Schelsky mißt ihr überragende Bedeutung bei. »*Die kulturelle Überformung der sexuellen Antriebe gehört sicherlich ebenso zu den ursprünglichen Kulturleistungen und Existenzerfordernissen des Menschen wie Werkzeug und Sprache, ja es spricht nichts dagegen, in dieser Regelung der Geschlechts- und Fortpflanzungsbeziehungen die primäre Sozialform alles menschlichen Verhaltens zu erblicken.*« (12) Schelsky geht davon aus, daß sich das soziale und kulturelle Leben aller Gesellschaften weitgehend auf den Unterschied der Geschlechter und der daraus resultierenden Verschiedenheit des festgelegten Rollenverhaltens von Mann und Frau aufbaut. Nach ihm wird der Unterschied zwischen Mann und Frau über seine biologisch bedingte Festgelegtheit hinaus auch noch sozial fixiert, um damit auch den Bereich der verfügbaren Verhaltensveränderungen auszublenden. »*Die wirklich vorhandenen biologischen Unterschiede zwischen den Geschlechtern sind demgegenüber verhältnismäßig belanglos und mehr Anlaß zur Ursache für die sozial verschiedenartige Formung der Rolle von Mann und Frau im sozialen und kulturellen Leben.*« (16)

Ausgehend von der Einsicht, daß »jede Kultur in irgendeiner Weise die Rolle des Mannes und der Frau standardisiert und institutionalisiert« (16), sieht Schelsky mit dieser Standardisierung der Geschlechtercharaktere und -verhaltenskonstanten eine Art »soziale Superstruktur« gegeben. Die mit ihr verbundenen sozialen Normen dienen der »Kontrolle und Führung des geschlechtlichen Verhaltens« (17).

Die tragenden »sozialen Schichten der Sexualnorm« (24) und mit ihnen die vorherrschenden sozialen Institutionen leisten dabei vornehmlich die soziale »Regulierung der Geschlechtlichkeit« (27). Die Regulierung der Geschlechts- und Fortpflanzungsbeziehungen werde gesichert durch die »Normierung der Geschlechtlichkeit«, die zu den grundlegenden Kulturleistungen überhaupt gehöre und gleichsam »die soziale Superstruktur der Gesellschaft« bilde. Zwar sieht Schelsky, daß diese Geschlechternormen zeitlich und kulturell bedingt, deshalb veränderlich und relativ sind, dennoch konstatiert er, daß in allen Gesellschaften diese Normen mit »tiefer Notwendigkeit den Charakter des Absoluten« haben (50). Das »Natürliche« der Sexualität sieht Schelsky deswegen nicht mit dem Biologischen gegeben, sondern durch die »anerkannte Sitte«, als »Anzeichen dafür, daß die Norm unbezweifelt ist« (50). Zwar werde die Idealität der Normen nie erreicht, »... aber sie ist erforderlich, um die Sitten und Gewohnheiten zu stützen, und eine Sitte ist voll wirksam, wenn ... sich 75% der davon Betroffenen danach richten«. (53)

Aus dieser »normativen Kraft des Faktischen« leitet Schelsky denn auch mühelos ab, daß alles dieser Norm Widersprechende abgeschafft und der Anspruch auf Sexualethik und Sexualerziehung aufgegeben werden müsse.

Denn »Aufklärung« gefährde die gegenwärtig (das war 1955!) bestehenden Sexualnormen und untergrabe ihre Stabilität, wie Schelsky insbesondere anhand der »erschütternden und verderblichen Wirkung« (55) der Kinsey-Reporte nachzuweisen versucht. Dadurch, daß die Instinktreduktion der menschlichen Sexualität zur kulturellen Formung des sexuellen Verhaltens geführt habe, sei es zu einer Entwicklung gekommen, durch die »die Lustempfindung des Triebverhaltens beim Menschen vom Gattungszweck ablösbar ist« (13). *Dieses »von der Bindung an einen biologischen Gattungszweck befreite leibliche Luststreben bildet als Bereich der Erotik eine stets vorhandene Schicht des menschlichen Sexualverhaltens«.* (14)

Der Gefahr der »Verselbständigung der Antriebe« (61) könne man nur durch ihre Institutionalisierung entgegentreten. Als sicherste und stabilste Form der Geschlechterbeziehungen erweise sich dabei die Ehe und Familie, die nach Schelsky in erster Linie eine »ökonomische Einrichtung und Gemeinschaft« (29) ist, die der sozialen Stabilität, der gegenseitigen Lebensfürsorge und der Kinderaufzucht dient. Sie ermögliche außerdem dem sexuellen Trieb eine gesellschaftlich legitimierte Äußerungsmöglichkeit. Auf diesem Hintergrund sieht Schelsky die Stabilität der Geschlechterbeziehungen »wesentlich aus nichtsexuellen Tatbeständen« abgeleitet (29) und er plädiert deswegen dafür, die Geschlechterbeziehungen durch die Ehe zu monopolisieren »oder wenigstens die außerehelichen unter ihre Kontrolle zu bringen« (30), damit die Triebe sich nicht verselbständigen und das Gleichgewicht und die Stabilität der Geschlechterbeziehungen nicht gefährden. *»Indem der Mensch durch die Verselbständigung, man kann auch sagen, durch die Entfremdung seiner Antriebe ins Institutionelle sich der Subjektivität seiner Triebe und seiner Konstitution entzieht, wird er überhaupt erst zum Träger sozialer und kultureller Ordnungen.«* (62)

Die gefährliche Kraft des sexuellen Triebes zu bannen und zu sublimieren, ist ein zentrales Anliegen Schelskys, damit die Normierung und Institutionalisierung des Geschlechterverhaltens und -verhältnisses als der elementaren Grundlage kultureller Leistungen vor ihrem eigenen Verfall geschützt werde.

Schelsky liefert zweifellos eine präzise Beschreibung und Analyse der Geschlechterbeziehungen, wie sie vor der Liberalisierung der Sexualität, vor dem Einfluß der Frauenbewegung auf die »sexuelle Frage« und vor der weitgehenden Kommerzialisierung und Vermarktung der Sexualität bestanden haben. Sein Anliegen war es, den vorherrschenden gesellschaftlichen Moralkodex hinsichtlich der Sexualität zu retten und zu erhalten. Die Absicht seiner Analyse war also eindeutig konservativ, gegen jegliche Veränderung des Geschlechterverhältnisses und -verhaltens gerichtet; sie ist eine Verteidigungsrede für die bestehenden patriarchalischen Geschlechterverhältnisse.

Die Tatsache, daß das Normensystem der Sexualität – zumindest nachweislich auf diskursiver Ebene – hauptsächlich von Männern errichtet und geprägt worden ist, gibt Anlaß zur Vermutung, daß ein Plädoyer für die vorherrschenden Geschlechterverhältnisse Ausdruck ganz bestimmter männlicher Interessen ist. So ist auch die gesamte wissenschaftliche Erforschung der Sexualität vor allem von Männern geleistet worden. Ausgangspunkt der Analyse der Sexualität ist dabei stets der männliche Blick, das männliche Erleben und die männliche Wahrnehmung der Sexualität. Die Normierung des Geschlechterverhaltens und der sozialen Konstruktion der Geschlechterdifferenz durch Sexualität hat dabei zu einer unheilvollen Dominanz des Mannes gegenüber der Frau geführt, wobei *ihre Werte* und *Würde* nicht anerkannt und geachtet, sondern im Gegenteil als minderwertig angesehen wurden. Schon im siebzehnten Jahrhundert schrieb Poulain de la Barre:»Alles was die Männer über die Frauen geschrieben haben, muß verdächtig sein, denn sie sind zugleich Richter und Partei« (zitiert nach S. de Beauvoir, 1968, 15). So wundert es nicht, daß Schelsky auf diese Problematik nirgendwo eingeht. Offensichtlich berührt diese institutionell legitimierte Herabwürdigung der Frau nicht sein Erkenntnisinteresse. Dennoch liegt Schelskys Verdienst, jenseits seines zu kritisierenden patriarchalischen Konservatismus, in der Herausarbeitung dieser bedeutungsgebenden »Superstruktur«, die, wie die noch folgenden Ausführungen über M. Foucaults Sexualitätsanalyse zeigen werden, ähnliches meint wie Foucaults »Sexualitätsdispositiv«.

4.2 Die Repression der Sexualität und die christliche Sexualmoral

> *»Heute lernen wir nichts von der Sexualität; stattdessen begeben wir uns auf eine endlose, enttäuschende Suche nach dem Selbst — vermittels der Genitalien.«*
> (R. Sennett 1983, 20)

Der Zusammenhang von Sexualität und Macht stellt sich vordergründig auf dem Hintergrund der Frage nach den gesellschaftlich bedingten Einflüssen auf die individuelle Sexualität. Schelsky plädierte 1955 dafür, mittels der »sozialen Superstruktur« das geschlechtliche Verhalten gesellschaftlich zu kontrollieren und die bestehenden *Sexualnormen* zu stabilisieren.

Zweifellos kann der Mensch allein mit Hilfe seiner Triebstruktur sein Leben als Individuum und sein Leben innerhalb der sozialen Gebilde nicht regeln. Deswegen braucht er Richtlinien für sein Verhalten und ethische Grundüberzeugungen und Zielvorstellungen, die ihm im Laufe seiner Erziehung vermittelt werden müssen. Sie dienen ihm als Ersatz für mangelnde Instinktgebundenheit und entlasten ihn von der permanenten Reflexion über »gut« und »böse«. Verinnerlichte Werte und Normen binden das Individuum an das soziale System, wodurch dieses wiederum stabilisiert wird. Solange gesellschaftliche Systeme nach innen und außen relativ übersichtlich und stabil sind, kann dieser ritualisierte und reglementierte Integrationsprozeß des Individuums in das soziale System weitgehend gelingen. Mit zunehmender Komplexität der Gesellschaft können Normen jedoch auch eine bedrohende Wirkung haben, die den einzelnen in seiner Entscheidungs- und Handlungsfreiheit einschränkt. Vor allem dann, wenn die Einsicht in die Vernünftigkeit und Notwendigkeit von Normen und Werten vom Individuum nicht mehr vollzogen wird, identifiziert es sich auch nicht mehr mit den Normen der Gesellschaft, da diese nur reglementierend oder repressiv und nicht mehr *sinnvoll* erlebt werden. Dadurch wird sowohl die Ausbildung einer stabilen Ich-Identität wie auch die Integration des Individuums in das soziale System verhindert. Bezogen auf die, vor allem auch mit der christlichen Moral begründeten Sexual-Normen der 50er und 60er Jahre ist deren repressive Wirkung für viele eklatant geworden.

Sehr unmittelbar und intensiv spiegelt sich die mit christlichen Moralvorstellungen untermauerte Unterdrückung des Sexuellen wider in den Lebenserfahrungen vieler Menschen des christlichen Abendlandes. Sie läßt sich auch heute noch in der christlich begründeten Gesetzgebung des Staates nachweisen[10]. Das Bild vom strafenden Gottvater bei Nichteinhaltung der 10 Gebote wirkte sich dabei stets insbesondere in Hinblick auf das 6. Gebot »Du sollst nicht unkeusch sein« (in Taten, Worten und Gedanken) wirksam aus. Daß es sich hierbei nicht nur um Relikte längst vergangener Zeiten handelt, sondern um immer noch aktuelle, sehr lebendige Erfahrungen, zeigen auch die im 1. Kapitel geäußerten Erfahrungen der Interviewten sowie zahlreiche Beispiele aus der neueren autobiographischen Literatur.

Die christlichen Moralvorstellungen haben wesentlich dazu beigetragen, das Verhältnis zum eigenen Körper, zur Sinnlichkeit und dem Geschlechtlichen als etwas Schlechtes, Unkeusches, Scham- und Schuldbeladenes zu erleben. Wie tiefgreifend die Verunsicherung gegenüber jeglichen körperlichen Regungen und der eigenen und fremden Nacktheit sein kann, beschreibt M. Wimmer (1978) in ihrer Erzählung »Die Kindheit auf dem Lande«: »*Einmal fiel es mir besonders schwer zu beichten. Ich hatte gegen das sechste Gebot gesündigt, ich hatte etwas Unkeusches angeschaut. Aber ich mußte es sagen, sonst war alles ungültig. Im Religionsunterricht hatten wir gelernt, man kann Unkeusches tun, allein oder mit anderen; man kann Unkeusches anschauen, denken oder hören, auch lesen. Was Unkeusches war, wußten wir nicht genau ... Wir wußten nur, daß es das war, worüber die Eltern nicht sprachen. Ich beichtete, daß ich Unkeusches angeschaut hatte. Er fragte nach, und ich sagte ihm, daß ich dabei gestanden hätte, als meine Tante ihren Säugling wickelte. Der Geistliche sagte, wenn ich mir dabei nichts weiter gedacht hätte, sei es keine Sünde.*« (59)

In einem weiteren Beispiel, B. Frischmuths Roman »Die Klosterschule« (1979), wird deutlich, daß der Körper im Rahmen der klösterlichen Erziehung allein als »Gefäß« und Diener des Geistes Lebensberechtigung hat. »*Unseren Leib hätten wir von Gott, so wie alles, und wir dürften ihn nicht willkürlich schädigen und nicht wissentlich vernachlässigen, noch ihm Nötiges entziehen, es wäre denn zum Zwecke der Läuterung ...*.« (11)

T. Moser rechnet in einer leidenschaftlichen Anklage gegen die zwanzig Jahre währende und 35 Jahre nachwirkende »Gottesvergiftung« (1976) in seinem protestantischen Pastoren-Elternhaus mit dem Gottesbild ab, diesem »ewig-kontrollierende(n) big-brother Gesicht über unsere(r) Decke« (14), das ihm Jahre seines Lebens gekostet habe. Im Hinblick auf Sexualität erscheint ihm die Onanie als einziger Trost in der »gottesvergifteten« Atmosphäre seiner Kindheit und Jugend. *»Um mich zu trösten, hatte ich nicht viel mehr als Gebet und Onanie, und das Händefalten vor dem Bauch und die Einleitung des Selbsttrostes liegen nicht allzuweit auseinander. Ich will Dir[11] sogar verraten, daß beides etwas miteinander zu tun hat, will die Onanie ein Gebet an das eigene Selbst nennen und das Beten zu Dir eine Selbstbefriedigung auf einem riesigen Umweg. Schau doch in die andachtsvollen Gesichter von Masturbierenden und lies im erregten Antlitz vieler Beter, am deutlichsten auf den Kunstwerken der Länder, die sich am frömmsten wähnen! Aber Du hattest Verdammnis in diesen Zusammenhang gebracht, ihn mit Schuld vergiftet, obwohl gerade Du ihn geschaffen hast. Du hast es fertiggebracht, daß ich während langer Zeit mein Leben als grausames Experiment in Deiner Hand erfuhr, bei dem Du unentrinnbar der Stärkere warst.«* (97 f.)

J. Richter beschreibt in ihrer Ich-Erzählung »Himmel, Hölle, Fegefeuer« (1985) die Auswirkungen der Unterdrückungsmechanismen ihrer katholischen Erziehung in der Kindheit und Jugend und ihren Versuch der Befreiung. *»Im Religionsunterricht lasen wir die Apostelgeschichte. Rektor Koop redete ohne Unterbrechung, er stellte keine Fragen, er rief niemanden auf, zwischen ihm und uns bestand ein schweigendes Abkommen. Wer Zweifel an der Lehre der Kirche äußerte, würde keine gute Note bekommen. Wir lernten das Schweigen. Das hohe Lied lasen wir heimlich unter der Bank. Claudia Kettelhaak streichelte die Innenseiten meiner Schenkel, wir stellten uns vor, Geliebte und Geliebter zu sein, wir kicherten hinter vorgehaltener Hand. ›Deine zwei Brüste sind wie zwei Kitzen, wie Zwillinge einer Gazelle, dein Nabel ist eine runde Schale, nicht mangele der Würzwein.‹ In der Pause gingen wir zu zweit in eine Toilette, schlossen uns dort ein, schoben den Pullover hoch, verglichen unsere Brüste, küßten uns auf den Mund und schämten uns sofort, das tut man nicht, das ist ein Verstoß gegen das sechste Gebot. Aber es war erst Montag und der Beichtsamstag noch weit. Außerdem, sagte Claudia Kettelhaak, außerdem spielen wir es ja nur nach, das muß man nicht mal beichten. Was in der Bibel steht, kann nicht verboten sein . . .«* (37)

Ein Verstoß gegen das sechste Gebot der Keuschheit sind diejenigen Berührungen, die erregen und Befriedigung verschaffen. Die Suche nach Lust und Befriedigung, »das wenig schöne Wort«[12], ist dabei zugleich immer mit Schuld, Verbot, Zwang und Minderbewertung beladen, wie auch die entsprechenden Interviewäußerungen in dieser Arbeit zeigen.

Repressive Erfahrungen mit der Sexualität haben keineswegs nur katholische Jugendliche gemacht und machen sie noch heute. Der Protestantismus läßt es zwar an kraftvollen Ausdrücken und barocker Ausmalung der Strafen für die Sünden des Fleisches fehlen und gibt sich eher nüchtern, die Auswirkungen auf Schulderfahrung und Verunsicherung sind jedoch ähnlich.

Einen solchen schmerzhaften Loslösungsprozeß vom verinnerlichten protestantischen Elternhaus beschreibt U. Krattiger in ihrer Erzählung »Die perlmutterne Mönchin« (1987). Bei ihrer Suche nach neuen Formen der Religiosität setzt sie sich auch mit dem Katholizismus auseinander, der ihr jedoch noch unmenschlicher erscheint als der in ihrer Lebensgeschichte erfahrene Protestantismus. *»Und plötzlich zitterte ich vor Wut auf diese Männer, die es sich so bequem machen und ihre Wunderfrau aus Holz und Wachs, hinter Brokat und Edelsteinen, besingen und anbeten. Ihre irreale Traumfrau, die ein Kunststück zustande bringt – jungfräuliche Mutter zu sein –, das ihr eine andere, eine gewöhnliche, eine reale Frau nie nachmachen wird . . . Der Zölibat dieser Männer, ihr Nein zur Sexualität und damit zu mir, zu uns Frauen, schlägt mir ins Gesicht, definiert mich als unrein, als Gefahr, befleckt mein Geschlecht, erniedrigt meine Geschlechtlichkeit, wertet meinen Körper ab, so wie es ihren eigenen Leib, ihre eigene Sinnlichkeit herabmindert . . . Und es beleidigt mich, es beschämt mich, dieses grundsätzliche Nein, es sperrt mich ein, kreuzigt mich auf den alten Gegensatz Eva – Maria. Als Nicht-Maria . . . bleibt mir nur die Kategorie Eva übrig: . . . die erste Sünderin, . . . die Frau, die den Mann verführt hat, die Frau, die Schuld und Tod in die Welt gebracht hat, die unreine, die sexuelle, die labile, die man/n nicht ernst zu nehmen braucht, die als Person, als Geist, als Mit-Mensch eigentlich nichts zu bestellen hat . . ., ein für allemal . . . nur eine Frau! . . . Geschändetes Geschlecht.«* (53 f.)

Diese Textbeispiele zeigen ergänzend zu den Interviews, wie stark die persönliche Sexualität durchdrungen ist von christlichen Geboten und Verboten und sich tief bis in die Körper festsetzt. Fast alle, die christlich erzogen wurden, können vermutlich Beispiele aus eigener Erfahrung beisteuern.

Auf diesem Hintergrund persönlichen Leids kann dem zornig-engagierten Resümee K. Deschners in seiner Arbeit zur »Sexualgeschichte des Christentums« (1982, 388) Verständnis entgegengebracht werden: *»Die Kirche will keine Befriedigung – alles was irgendwie mit Frieden kohäriert (ihre Geschichte beweist dies), mißfällt ihr. Sie treibt zur Attacke gegen den Trieb, den Hedonismus, den Kultus des Fleisches, sie zwingt zur Abstinenz, zur deformierenden Kasteiung, außerhalb der Ehe immer, und oft genug auch in ihr.«* Erlaubt ist innerhalb der von der christlichen Religion stets als unglücklich angesehenen Liaison von Körper und Geist bzw. Seele nur diejenige sexuelle Betätigung, die der Fortpflanzung dient. Die Lüste und die Triebe hingegen stehen unter ständiger Kontrolle und Korrektur durch höhere, geistige Werte. In der Kirchengeschichte gibt es unzählige Beispiele für pädagogische Traktate, in denen das, was erlaubt ist, beschrieben wird. Aus heutiger Sicht muten die Beweisführungen in ihnen zum großen Teil grotesk an. So ein lehrreicher, erbaulicher Text des Hl. Franz von Sales (1567-1622): *»Ich will von der Rechtschaffenheit des Elefanten sprechen. Ein Elefant verläßt niemals seine Gefährtin. Er liebt sie zärtlich. Er paart sich mit ihr nie öfter als einmal in drei Jahren, und das nur fünf Tage lang, und so versteckt, daß er beim Akt nicht gesehen wird. Am sechsten Tag läßt er sich wieder sehen, und das erste, was er tut, ist, daß er schnurstracks zum Fluß geht und darin seinen*

ganzen Körper wäscht und daß er zu seiner Herde überhaupt nicht zurückkehren will, bis er nicht gereinigt ist. Ist das nicht eine gute und ehrenhafte
Gemütsart bei einem Tier, durch die es die Eheleute lehrt, sich nicht zu sehr
den sinnlichen und fleischlichen Lüsten hinzugeben?«[13]
Die sinnlichen Lüste sollen eingeschränkt und lediglich in den Dienst der
Fortpflanzung gestellt werden. Dieses Muster eines vorbildhaften Sexualverhaltens ist jedoch nicht erst vom Christentum erfunden worden. Beispiele dafür finden sich ebenso in der römischen und griechischen Literatur
der Zeit vor Entstehung der christlichen Gemeinden. Das »Elefantenmodell«
war auch nicht das einzige bekannte und praktizierte, sondern es konkur-
rierte mit verschiedenen anderen: »Aber dieses Modell wurde bald vorherr-
schend, weil es auf eine gesellschaftliche Transformation bezogen war, die die
Auflösung der Stadtstaaten, die Entwicklung der imperialen Bürokratie und
den wachsenden Einfluß der provinziellen Mittelklasse einschloß.« (M. Foucault, o. J., 39)
Im Christentum allein läßt sich also nicht die Wurzel des »antisexuellen
Syndroms«[14] suchen. Auch das Alte Testament zeichnet sich sowohl durch
prosexuelle Standpunkte wie auch durch die Negation des Sexuellen aus, so
daß auch dem Judentum, aus dem heraus sich das Christentum entwik-
kelte, diese anti-sexuelle Einstellung nicht angelastet werden kann. Auch im
Neuen Testament ist kein Wort zu finden über Verbote der Masturbation,
Homosexualität, vorehelichem Geschlechtsverkehr, Verhütung und Abtrei-
bung. Vielmehr vergibt Jesus der Ehebrecherin, und Paulus (1. Kor. 7,25)
betont zum Beispiel, daß der Herr kein Gesetz über die Jungfrauen gab.
Das Christentum hat also das typische »christliche« Sexualverhalten nicht
erfunden, sondern es aus der griechisch-römischen Umgebung übernommen, es dabei verfeinert und verstärkt und ihm eine »viel umfassendere
Strenge gegeben, als es vorher hatte« (Foucault, o. J., 39). Die Minderbewertung des Körperlich-Sinnlichen und die restriktive Kontrolle des Sexuellen, ist angelegt in den antiken Gesellschaftsformationen, die das
Christentum mit hervorgebracht haben. Gerade die Gnosis ist ein Beispiel
für den extremen Dualismus von Leib und Seele, in dem die Seele als
außerirdisches, höheres Wesen gedacht wurde, welches im materiellen
Körper gefangen sei und auf Erlösung warte[15].
In den ersten christlichen Gemeinden hat es zunächst durchaus unterschiedliche Riten gegeben, was nicht verwundern kann, da das Anbrechen
des Jüngsten Tages für unmittelbar bevorstehend gehalten wurde und die
Gemeindeglieder durch ekstatische Zustände sich kollektiv der Teilhabe am
kommenden Heil versicherten. Die Briefe des Paulus und die Schriften der
Kirchenväter lassen darauf schließen, daß in einigen Gemeinden auch sehr
sinnlich-körperliche Riten praktiziert wurden. Es war auch noch nicht
durchgängig die spätere Degradierung der Frau zum zweitrangigen Wesen
durchgesetzt, auch nicht die damit verbundene Vorstellung ihres unreinen
und sündigen Leibes[16].
Erst mit dem Kirchenvater Augustinus (»Die Hölle ist das Brennen der Lust«)[17]
und den späteren Moraltheologen des Mittelalters entsteht aus den diver-

gierenden Standpunkten zur Sexualität ein geschlossenes, einheitliches System. Insofern ist auch das androzentrische Christentum, wie wir es kennen, ein Produkt des frühen Mittelalters. Die bei der Herausbildung des christlichen Lehr- und Dogmengebäudes entstandenen Schriften der Kirchenväter wurden zur Grundlage, auf der die christliche Kirche bis in die heutige Zeit hinein ihre Diskurse über Sexualität gebildet hat und zur zentralen Sozialisationsagentur in Fragen der Sexualmoral wurde. Theologie und Kirche haben damit auch entscheidend zum Entstehen des Konstrukts »Sexualität« beigetragen. Offensichtlich vertrug sich diese, im Dualismus von Leib und Seele begründete, repressive christliche Sexualmoral ganz ausgezeichnet mit den politischen und ökonomischen Machtinteressen der kirchlichen Institutionen.

Dieser langandauernde Prozeß stand mit der sozio-ökonomischen Entwicklung des Kapitalismus und der Machtentfaltung des Bürgertums in Zusammenhang, und ist später im Kontext der kritischen Analyse der Ideologie der Sexualität als »Sexualunterdrückung« und Sexualfeindschaft interpretiert worden.

J. van Ussel (1977) beschreibt und analysiert diesen Prozeß der Überwachung, der subtilen Kontrolle und zunehmenden Reglementierung des sexuellen Verhaltens durch die Institutionen der Medizin, der Pädagogik, der Psychologie und der Kirchen als einen Prozeß der »Repression der Sexualität«. N. Elias (1976, Bd. 2, 380 f.) hatte schon 1936 darauf hingewiesen, daß im »Prozeß der Zivilisation« nicht nur die Sexualität unterdrückt wurde, sondern auch bestimmte Gefühle, Affekte und Stimmungen verändert und umgestaltet wurden. Die Verinnerlichung der Kontrolle von außen, die durch den »Fremdzwang« eines Polizeiapparates und die Anwendung von physischer Gewalt herrschte – führte zur Kontrolle des Innen und damit zum »Selbstzwang«. Die Notwendigkeit, bestimmte Affekte und Lüste zu kontrollieren, wurde zumindest ansatzweise von außen nach innen verlagert. Diese Verinnerlichung der »äußeren« Kontrollen ermöglicht dem einzelnen seine Triebe und Affekte besser zu beherrschen. Im positiven Sinne kann dies zur Dämpfung von Spontaneität und Aggressivität und damit zu einer innengeleiteten Selbstkontrolle und Gewissensbildung führen. »Der frühere Kampf zwischen Individuum und Autorität hat dem Kampf im Individuum, zwischen verschiedenen innerpsychischen Instanzen (Es, Ich, Über-Ich) Platz gemacht . . . Jetzt ist das Individuum mehr horizontalen Spannungen ausgesetzt als Folge verinnerlichter Furcht vor dem Ausbruch kasernierter Gefühle . . . Man versucht, Ruhelosigkeit und Unzufriedenheit dadurch auszuschließen, daß man bereits bei der Erziehung einige Teiltriebe ausschaltet. Andere störende Elemente werden eliminiert durch Verdrängung, Abspaltung und Einkapselung. Ende des 19. Jahrhunderts hat Freud diese Mechanismen erforscht und systematisiert.« (J. van Ussel, 1977, 42)

Im Verlauf dieser Entwicklung wurden einerseits die geschlechtlichen Verhaltensweisen genitalisiert und durch die öffentlichen Institutionen weitgehend kontrolliert, überwacht und reglementiert. Andererseits erfolgte eine Intimisierung des Geschlechterverhaltens, eine Verinnerlichung der sexuellen Wünsche, Phantasien und Sehnsüchte, denen es auf diskrete und subtile Weise auf die Spur zu kommen galt. Die dadurch entstandene innere Spannung zwischen Innen- und Außenwirkung der Sexualität entlud sich in der sogenannten »sexuellen Revolution« der 60er Jahre, initiiert durch die Studenten- und Jugendbewegung der Großstädte und verbreitet bis in die Dörfer der Provinz durch Presse, Funk und Fernsehen.

Einer der ersten konkreten Anlässe für die heftigen Proteste der Jugend war der offenkundige moralische Widerspruch zwischen christlichem Selbstverständnis und der Reklamierung des Ideals der Freiheitlichkeit für die eigenen Handlungsweisen auf der einen Seite, sowie der skrupellosen Unterstützung des Vietnamkrieges der USA durch die Repräsentanten dieser Gesellschaft auf der anderen Seite. Im Verlauf dieser Proteste geriet auch die repressive Struktur und Doppelmoral der familiären und beruflichen Sozialisation in Schulen, Betrieben und Universitäten in den Blickpunkt der Kritik. Die patriarchalen autoritären Strukturen und ihr Konservatismus sollten fallen. Mit ihnen sollten auch die alten, nicht verstandenen moralischen Werte fallen. Die Elterngeneration, zwischen Verdrängung der »Nazizeit« und »Gott-mit-uns-Pose« bei der Verteidigung der »freien Welt« gegen den Kommunismus festgeklemmt, konnte den Heranwachsenden kein perspektivisches Konzept eines liebevollen, sinnvollen und vernünftigen Umgangs miteinander anbieten. Die Unfähigkeit der Jugend, elterliche und gesellschaftliche Wertvorstellungen soweit zu idealisieren, daß eine Identifikation mit ihnen möglich wird, lag auch in der untergründigen Unaufrichtigkeit und Heuchelei der Eltern begründet. (Vgl. M. Mitscherlich, 1992, 159)

Innerhalb der alten Werteordnung wurde vor allem die prüde christliche Sexualmoral als ein zentraler Stützpfeiler der repressiven Familien-, Ehe- und Gesellschaftsordnung angeprangert. Was anstelle der Sexualmoral der Eltern und Großeltern gesetzt werden sollte, ist bis in die heutige Zeit weitgehend unklar geblieben. Der Protest gegen die unglaubwürdig gewordenen Autoritäten bedeutete jedoch auch eine antiautoritäre *Abkehr vom Realitätsprinzip* zugunsten einer libidinösen Besetzung des eigenen Ich und zugunsten einer neuen Hinwendung zur Dingwelt. »*An die Stelle der inzestuös getönten Auseinandersetzung mit einem geschwächten, zunehmend abwesenden Vater und seinen internalisierten Geboten sowie Verboten sollte die strahlende Selbstbemächtigung eines Ich treten, das sich ebenso spielerisch wie ungezwungen in seine imaginären Entwürfe verliebt. Narziß sollte als Antiheld zeigen, wie sich gegen Leistungszwang und Triebunterdrückung, gegen Bewußtseinszensur und Sensibilitätsverlust protestieren ließ.*« (K. Laermann, 1993, 67)

Diese narzißtisch betonte Selbstbezogenheit zeigte sich in fast allen Experimenten der Jugend, das eigene Leben anders zu gestalten, als das der Eltern. Die Phantasien oder realen Versuche von »freier Liebe«, Leben in Kommunen, Drogenexperimente zur Bewußtseinserweiterung, aber auch die Versuche, eine neue politische Kultur der Zivilcourage und des Bürgerprotestes aufzubauen, bedeutete für viele eine stark narzißtisch besetzte

Hoffnung auf ein sinnvolles und wertvolles Leben. Sexualität entwickelte sich dabei zu einem entscheidenden Moment für die Lebensentwürfe. Gleichzeitig gab es aber auch die Erfahrungen eines kollektiven Radikalitätsdruckes: Gefühle wie Liebe oder Sehnsüchte nach Wärme und emotionaler Verbindung und Hingabe galten häufig als ideologischer Kitt der bürgerlichen, als »verlogen« apostrophierten Ehe- und Sexualmoral. Sexuelles Leistungsdenken und beziehungslose Potenzprotzerei (»Wer zweimal mit demselben pennt, gehört schon zum Establishment.«) machten sich breit. Man tat so, als ließe sich im sexuellen Akt das verinnerlichte Geschlechterrollenverhalten, gesellschaftlicher Status und Berufsidentität ablegen wie ein Kleid. Mit diesem Gewaltakt wurde Sexualität aus sämtlichen zwischenmenschlichen und ideellen Bindungen herauszulösen versucht. Sexualität wurde dabei zwanghaft entkleidet und »befreit« aus allen Zwängen, Gefühlen und Bindungen, bis nur noch das »Geäder des Fleisches« (M. Foucault, 1983, 30) sichtbar war. Mit der daraus resultierenden Unfähigkeit zur Liebe entwickelte sich eine latente Trennungsangst und Bindungsfurcht, ja eine fast »generationsspezifische Bindungsunfähigkeit« (K. Laermann, 1993, 67).

Die neupropagierte »sexuelle Freiheit« erwies sich zudem vorrangig als Freiheit der Männer. Viele Frauen erlebten am eigenen Leib, daß die sexuelle Befreiung auf ihre Kosten stattfand. Sie begannen, ihre persönlichen Erfahrungen von Unterdrückung, Ausbeutung und Entfremdung, die sie in ihren Beziehungen zu Männern erlebten, zu veröffentlichen. A. Schwarzer stellte 1975 fest, daß eben dieser »kleine Unterschied« der Geschlechter es sei, der weitaus größere Folgen habe, als bislang innerhalb der Diskussion über sexuelle Befreiung angenommen wurde.

Mittels einer gewaltigen Flut von Bildern und Texten transportierten die Medien diese so deklarierte »sexuelle Revolution« in jedes Wohnzimmer des Landes. Dabei filterten sie die gesellschaftskritischen Implikationen heraus und produzierten auf diese Weise ein neues Marktprodukt, den modernen Sex. Diese Ware »Sex« wurde fernsehgerecht gestylt präsentiert: entmythologisiert und von religiösen und moralischen Zwängen befreit. Sex wurde ein Spielzeug, dessen verschiedene Funktionsweisen technisch-rational beschreibbar und erlernbar waren: ein biologischer, physisch-psychisch auslösbarer Reiz- und Reaktionsmechanismus mit Erfolgsversprechen. Die Bedürfnisse der Menschen nach Befreiung des Sexes aus obsolet gewordenen und repressiv empfundenen Einbindungen wurde ausgenutzt und umgebogen zu einer ungeheuren Sexualisierung der gesamten Warenwelt. In immer neuen »Sexwellen« wurde eine Verdinglichung der Körper und Lüste vorangetrieben.

Im Zuge dessen wurde auch der Partnertausch zum Bestandteil des Lebens eines modernen Paares: als sexuelles Befreiungsrezept für jedermann. Sexuell frei zu sein gehörte zur modischen Attitüde des modernen Paares. Im Nachhinein erscheint gegenüber dem »Gartenbeet« des Kommunelebens der Partnertausch eher wie eine einsame »Topfpflanze« im bürgerlichen Wohnzimmer.

Dennoch hat die »sexuelle Revolution« eine Veränderung der Sexualpraxis, zumindest in der Mittelschicht, hervorgebracht. Sie hat auch für mehr Aufklärung gesorgt und den Sex aus den wissenschaftlichen Diskursen in das Handgemenge der öffentlichen Diskussionen getragen. Damit hat sie zu einem weniger tabubeladenen Umgang mit der Sexualität beigetragen. Die Pille und andere empfängnisverhütende Mittel gaben vor allem den Frauen des Mittelstandes erstmals die Möglichkeit, ihre Sexualität relativ risikolos und freizügig auszuprobieren. Ob diese Liberalisierung der Sexualität wirkliche Freiheit gebracht hat, ist jedoch zu bezweifeln. Denn obgleich diese Veränderungen unter dem Etikett »sexuelle Befreiung« firmieren, hat das grelle und bunte, immer saubere und fröhliche Klischeebild der Ware »Sex« Gefühle wie Scham oder die faktische Eingebundenheit in die kulturellen Traditionen, die zwar kritisiert, jedoch weiterhin wirkungsmächtig waren, unter den Teppich gekehrt. Stattdessen stieg der Druck, mehr Sex und Sex in unterschiedlichen Verpackungsgrößen zu konsumieren.

Der Prozeß der Enttabuisierung der Sexualität führte zugleich zu einer Herabsetzung der Schamschranken und einem Abbau des Schamgefühls. Dieser fortschreitende Verlust des Schamgefühls förderte die heute offensichtliche Zunahme von Promiskuität, Pornographie und sexueller Gewalttätigkeit, deren Gefühls- und Beziehungslosigkeit ein erschreckendes Ausmaß innerer Verrohung und Verelendung zeigt.

H. P. Duerr (1993, 171) betont in einem Gespräch, daß die körperliche Scham, die zum *Wesen des Menschen* gehört, soziale Spannungen verringert und Partnerbeziehungen begünstig. Dieser Tatbestand mache bestimmte gesellschaftliche *Tabus* und *Repressionen* notwendig: »*Eine Gesellschaft ohne Tabus, ohne Verbote und Vorschriften ist keine Gesellschaft. Würden alle Tabus geknackt, dann hätten wir keine Umgangsformen, keine Orientierungsmöglichkeiten. Im besten Falle würde dann die Biologie unser Verhalten regeln, aber vermutlich würden wir dann betrübt feststellen, daß diese Biologie schon so verkümmert ist, daß wir gar nicht überlebensfähig sind. . . (Deswegen) kann die Frage nicht sein: Repression, ja oder nein. Die Frage kann nur lauten: Welche Formen der Repression sind jeweils gesellschaftlich notwendig und welche nicht.*«[18]

Neben den bereits genannten Gründen für das Scheitern der sexuellen Befreiung ist zudem die Vorstellung von der Sexualität, die von der herrschenden repressiven Politik und Ökonomie samt ihren Institutionen befreit werden müsse, wie im folgenden gezeigt wird, grundlegend falsch.

4.3 Sexualität und Macht

> »Der ›Begehrens-Wert‹ des Sexes bindet jeden von
> uns an den Befehl, ihn zu erkennen, sein Gesetz und
> seine Macht an den Tag zu bringen.«
> (M. Foucault, 1983, 186)

Das Negativverhältnis zwischen Sexualität und Macht sieht M. Foucault
(1983) als eine zentrale *Fehl*voraussetzung der von ihm so benannten »Repressionshypothese«, nach der die unterdrückte Sexualität von der Macht
befreit werden müsse. Nach Foucault ist Macht demgegenüber weitaus
komplizierter.

Macht ist, wie er betont, nicht eine Institution, nicht eine Struktur, auch
nicht eine Mächtigkeit einiger Mächtiger. Macht ist nicht etwas, was man
erwirbt, wegnimmt, teilt, bewahrt oder verliert. Macht erzeugt sich selber
und vollzieht sich von unzähligen Punkten aus. »Die« Macht ist nur der
Gesamteffekt verschiedener Beweglichkeiten und Beziehungen. Wo Macht
ist, gibt es Widerstand. Doch der Widerstand liegt niemals außerhalb der
Macht. Widerstände rühren nicht von ganz anderen Prinzipien her, sondern
sie sind in den Machtbeziehungen die andere Seite, das nicht wegzuden-
kende Gegenüber (116 f.).

Foucault definiert Macht also nicht einfach als Staatsmacht, die von oben
nach unten wirkt. Machtbeziehungen materialisieren sich zwar in Institutionen und Staatsapparaten, reichen jedoch über den Staat hinaus und
konstituieren sich eher von unten nach oben. Dabei wirkt Macht durch die
kleinsten Elemente der Familie, der sexuellen Beziehungen, aber auch der
Wohnverhältnisse, Nachbarschaft usw. *»Die Macht wird nicht besessen, sie
wirkt in der ganzen Dicke und auf der Oberfläche des sozialen Feldes . . .
Soweit man auch geht im sozialen Netz, immer findet man die Macht als
etwas, das ›durchläuft‹, das wirkt, das bewirkt. Sie kommt zur Wirkung oder
nicht, das heißt, Macht ist immer eine bestimmte Form augenblickhafter und
beständig wiederholter Zusammenstöße innerhalb einer bestimmten Anzahl
von Individuen. Die Macht wird deshalb nicht besessen . . . Die Macht ist
niemals voll und ganz auf einer Seite. So wenig es einerseits die gibt, die die
Macht ›haben‹, gibt es andererseits die, die überhaupt keine haben. Die
Beziehung zur Macht ist nicht im Schema von Passivität – Aktivität enthalten.
Sicherlich gibt es innerhalb des gesellschaftlichen Feldes ›eine Klasse‹, die
strategisch gesehen einen privilegierten Platz einnimmt und sich durchsetzen
kann . . . und eine Wirkung von Übermacht zu ihren Gunsten erlangen
kann . . . Jedoch wird Macht nie völlig von einem Gesichtspunkt aus kontrolliert. In jedem Augenblick spielt die Macht in kleinen singularen Teilen.«*
(1976, 114 ff.)[19]

Foucault will analysieren, wie sich im Kontext dieser »Mikrophysik der Macht«
das »Konstrukt Sexualität« herausgebildet hat. Sexualität versteht er nicht als
Triebkraft, sondern sie hat sich auf dem Boden von Machtbeziehungen als
Erkenntnisbereich konstituiert (1983, 119). Er stellt fest, daß der Prozeß der

»Unterdrückung der Sexualität« in den religiösen Institutionen, den pädago-
gischen Maßnahmen, den medizinischen Praktiken begleitet ist von zahlreichen Veröffentlichungen, Debatten und Diskussionen, die ihrerseits wiederum Anlaß und Anreiz zu neuen Diskursen über Sexualität bieten. Sexualität
wird also nicht totgeschwiegen und als Praxis unterdrückt, sondern in und
durch die Diskurse gebildet und konstituiert und damit als eine ganz bestimmte Praxis des geschlechtlichen Verhaltens eingeführt. Vor diesem
Hintergrund lautet Foucaults zentrale These: Nicht die Unterdrückung und
die Verdrängung der Sexualität ist das Entscheidende, sondern die Entstehung der Diskurse über Sexualität und die Untersuchung der Frage, warum es
so wichtig ist, etwas über Sexualität und Sex wissen zu wollen.

Dieser »Willen zum Wissen« hat nach Foucault in den abendländischen
Gesellschaften zu einer Produktion von Diskursen über Sexualität geführt,
die »mit einem Wahrheitswert geladen . . . an die unterschiedlichen Machtmechanismen und -institutionen gebunden« sind. Deswegen will er her-
ausfinden, wie diese diskursive Bindung der Sexualität an die Macht und
ihre Mechanismen aussieht und wie mit den Diskursen über Sexualität
einhergeht, daß Sexualität nicht mehr nur Lust, Begehren und Genuß ist,
sondern eine Frage der Norm und Wahrheit.

Die Einwände Foucaults gegen die Repressionshypothese zielen weniger darauf ab nachzuweisen, daß sie falsch sei, sondern darauf festzustellen, daß sie
selbst einen der vielen Diskurse darstellt, die seit etwa dem 17. Jahrhundert
über den Sex produziert werden (21). Ihn interessiert weniger, ob man ja oder
nein sagt zum Sex, ob man Verbote oder Erlaubnisse ausspricht, sondern
vielmehr, daß man davon spricht, wer davon spricht und schließlich welche
Institutionen, die zum Sprechen anreizen, das Gesagte speichern und ver-
breiten (21). Er will analysieren, wie es die Macht schafft – bis in die winzigsten
und individuellsten Verhaltensweisen vorzudringen, um schließlich die alltägliche Lust zu durchdringen und zu kontrollieren. Diesbezüglich greift für
ihn die Repressionshypothese zu kurz (92).

Die Diskursbildung über die Sexualität hat nach Foucault etwa seit dem
17. Jahrhundert begonnen, wobei sich um den Sex herum eine »diskursive
Explosion« entzündete, die sich seit dem 18. Jhd. noch beschleunigte. Zwar
ging seitdem das Gelächter über den kindlichen Sex und die »unanständige
Rede« zurück, aber die Diskurse über den Sex vermehrten sich, denn es
entwickelte sich gleichzeitig ein ». . . institutioneller Anreiz, über den Sex zu
sprechen, und zwar immer mehr darüber zu sprechen, von ihm sprechen zu
hören und ihn zum Sprechen zu bringen in ausführlicher Erörterung und
endloser Detailanhäufung«. (28)

Die Beichtspiegel machen deutlich, wie die »Geständnisse über das Fleisch«
und über die Lüste nach »minutiösen Regeln der Selbstprüfung« (29) durchgesetzt wurden. Das Fleisch wurde auf diese Weise zur Wurzel aller Sünden
gemacht, und die christliche Seelsorge hatte aus der Aufgabe, ». . . alles was
sich auf Sex bezieht, durch die endlose Mühle des Wortes zu drehen, eine
fundamentale Pflicht gemacht«. (31)

Doch der Anreiz, vom Sex zu sprechen, hat sich nicht allein auf das christliche Pastoral beschränkt, sondern ist durch ein »öffentliches Interesse« gestützt und aufgegriffen worden. In diesem öffentlichen Interesse sieht Foucault »Machtmechanismen« wirken, für »deren Funktionieren der Diskurs über den Sex . . . wesentlich geworden« ist (35). Dies belegt er am Beispiel des Auftretens von »Bevölkerungen«.

Mit den ökonomischen und politischen Problemen der Bevölkerung ist die Frage nach dem Sex und die nach dem individuellen Gebrauch des Sexes aufs Engste verbunden. Man begann die Geburtenrate und das Heiratsalter zu analysieren, die Geschlechtsreife und die Häufigkeit der Geschlechtsbeziehungen, die Mittel, fruchtbar oder unfruchtbar zu machen, die Wirkungen von Ehelosigkeit und Verboten, die Auswirkungen empfängnisverhütender Praktiken (38). Auf diese Weise wird die Frage nach dem Sex des einzelnen verknüpft mit der Zukunft und dem Glück der Gesellschaft. Das sexuelle Verhalten der Bevölkerung wurde schließlich zum Gegenstand der Analyse und zur Zielscheibe von öffentlichen Eingriffen. Sex wird zum »Ausstrahlungspunkt« von Diskursen, der das Bewußtsein einer ständigen Gefahr durch den Sex verschärft hat. Unaufhörlich dreht sich alles um den Sex; es wurden überall ». . . Sprechanreize eingerichtet, Abhör- und Aufzeichnungsanlagen, Verfahren zum Beobachten, Verhören und Ansprechen. Man scheucht den Sex auf und treibt ihn in eine diskursive Existenz hinein«. (46) Dadurch wurden die Körper durchmessen, die Verhaltensweisen durchdrungen und die Lüste reguliert. Die bürgerliche Gesellschaft brachte dabei einen »Machttyp« hervor, »den sie auf dem Körper und dem Sex funktionieren« (63) läßt. Diese Macht besitzt nach Foucault weder die Form des Gesetzes noch die Wirkungen des Verbots. Die Macht setzt der Sexualität keine Grenzen, sondern dehnt ihre verschiedenen Formen aus, indem sie sie auf unbegrenzten Durchdringungslinien verfolgt.

Die Kirchen, die Polizei, die Schulen, das Recht, die Medizin, die Psychiatrie sprechen und verhandeln über den Körper und die Lüste. Diese Zugriffsweisen denkt Foucault sich zu einem »großen Oberflächennetz« verknüpft, das historisch entstanden ist. Er nennt dieses Netz »Dispositiv«. Dieses Sexualitäts-Dispositiv wird von der Macht gestützt, erzeugt und erneuert. Vor diesem Hintergrund erweist sich die Idee von der Befreiung der Sexualität als paradox. Vielmehr ist Sex zu einem »unbedingt zu lüftenden Geheimnis« gemacht worden: »Die modernen Gesellschaften zeichnen sich nicht dadurch aus, daß sie den Sex ins Dunkel verbannen, sondern daß sie unablässig von ihm sprechen und ihn als **das** Geheimnis geltend machen.« (49)

Die Proklamierung der Sexualität als das Geheimnis schlechthin, dem es auf die Spur zu kommen gilt, ist geknüpft an einen Geständniszwang, der sich bis an seinen Entstehungsort – die Beichte – zurückverfolgen läßt.

Die Praxis des »Sich-alles-Sagens« hat nach Foucault schließlich dazu geführt, daß sich »Sexualität« als Erkenntnisbereich konstituiert hat, der mittels der Produktion von Diskursen über die Sexualität auch eine vordem noch nicht dagewesene neue Realität mitproduziert hat. Sexualität erscheint somit als besonders dichter Durchgangspunkt für Machtbeziehungen zwischen Männern und Frauen, Jungen und Alten, Eltern und Kindern, zwi-

schen Erziehern und Zöglingen, Priestern und Laien, Verwaltungen und Bevölkerungen (125). Sexualität stellt also einen Stützpunkt für die unterschiedlichsten Strategien dar, die um den Sex spezifische Wissens- und Machtdispositive entfalten. Vom 18. Jahrhundert an lassen sich nach Foucault vier große Strategien unterscheiden:
1. Die Hysterisierung des weiblichen Körpers mit der Folge der hysterischen Frau;
2. Die Pädagogisierung des kindlichen Sexes mit der Folge des masturbierenden Kindes;
3. Die Sozialisierung des Fortpflanzungsverhaltens mit der Folge des familienplanenden Paares;
4. Die Psychiatrisierung der Perversen mit der Folge des perversen Erwachsenen. (127)

Ziel dieser Strategien war es nicht gewesen, Sex zu unterdrücken, sondern tatsächlich wurde Sex diskursiv produziert. *»Sexualität‹ ist der Name, dem man einem geschichtlichen Dispositiv geben kann. Die Sexualität ist keine zugrundeliegende Realität, die nur schwer zu erfassen ist, sondern ein großes Oberflächennetz, auf dem sich die Stimulierung der Körper, die Intensivierung der Lüste, die Anreize zum Diskurs, die Formierung der Erkenntnisse, die Verstärkung der Kontrollen und der Widerstände in einigen großen Wissens- und Machtstrategien miteinander verketten.«* (128)

Dieses Sexualitätsdispositiv durchdringt die Körper immer detaillierter und macht es schließlich möglich, daß die Bevölkerungen immer globaler kontrolliert werden können. Die Familie wird etwa seit dem 18. Jahrhundert Dauerbrennpunkt des Sexes, sie hat die Sexualität zu verankern und ihren festen Boden zu bilden. Die Familie ist jedoch auch der Ort sexueller Kontrolle und Sättigung: In der bürgerlichen Familie wurde die Sexualität der Kinder und Heranwachsenden zum ersten Mal problematisiert, zugleich herrschte ein ständiger Anreiz zum Inzest, in ihr wurde die weibliche Sexualität medizinisiert, und war zugleich der erste Ort der Psychiatrisierung des Sexes. Das Bürgertum hat damit begonnen, »seinen eigenen Sex als wichtige Sache, zerbrechlichen Schatz, unbedingt zu erkennendes Geheimnis zu betrachten«. (145)

Demgegenüber sind nach Foucault die untersten Volksschichten dem Dispositiv der Sexualität lange Zeit entgangen, was daran deutlich werde, daß es keine einheitliche Sexualpolitik gegeben hat. *»Das Sexualitätsdispositiv scheint keineswegs von den traditionell so genannten ›leitenden Klassen‹ zur Einschränkung der Lust der anderen installiert worden zu sein.«* (147)

Foucault schließt daraus: Es sollte nicht der Sex der auszubeutenden Klassen unterdrückt werden, sondern das Sexualitätsdispositiv wurde installiert, um den Körper, die Stärke, die Langlebigkeit, die Zeugungskraft und Nachkommenschaft der herrschenden Klassen zu sichern. Das Bürgertum hat sich demnach einen Körper gegeben, den es zu pflegen, zu schützen, zu kultivieren, zu schonen, vor Gefahren und Berührungen zu bewahren galt; es hat sich mittels des Sex einen »Klassenkörper« gegeben. Der Körper wurde auf diese Weise sexualisiert.

Auch der Adel verwendete zur Standesmarkierung und -wahrung seinen Körper, nämlich in Form des »blauen Blutes«. Je länger die Ahnenreihe, um so wertvoller der Adelstitel.

Beim Bürgertum dagegen wurde aus der Sorge um den Stammbaum die Sorge um die Vererbung und dementsprechend um die Gesundheit des Körpers. So hat sich für das Bürgertum des 18. Jahrhunderts »das blaue Blut des Adels in einen kräftigen Organismus und eine gesunde Sexualität verwandelt« (151). Das »Blut« des Bürgertums war sein Sex. Sexualität ist demnach ihrem historischen Ursprung nach bürgerlich. (153)

Ende des 19. Jahrhunderts wurde nach Foucault das gesamte Sexualitätsdispositiv in Richtung einer verallgemeinerten Unterdrückung *neu interpretiert*: Repressionsursache des Sexes waren dementsprechend allgemeine Herrschafts- und Ausbeutungsmechanismen. Während man Ende des 18. Jahrhunderts sagte, unsere Sexualität ist kostbar, so sagte man Ende des 19. Jahrhunderts, unsere Sexualität ist im Unterschied zu derjenigen der anderen einem so strengen Unterdrückungssystem unterworfen, daß in dieser Unterdrückung des Sexes die eigentliche Gefahr zu liegen scheint. Daraus entwickelte sich die Idee von der Befreiung des Sexes. W. Reich proklamierte seine »sexuelle Revolution« und den »antirepressiven Kampf«. Die Psychoanalyse dagegen gab dem Geständnisdruck einen neuen Sinn durch den Druck zur Aufhebung der Verdrängungen und durch das Gebot zur Wahrheit, des »Sich-alles-Sagens«. Foucault sieht sowohl Reichs »antirepressiven Kampf« wie auch Freuds Psychoanalyse als Neuinterpretation des Sexualitätsdispositivs. Jedoch spielte sich seiner Auffassung nach beides innerhalb des Sexualitätsdispositivs ab und nicht außerhalb oder dagegen. Nach Foucault wird der Sex im 19. Jahrhundert bis ins kleinste Detail seiner Existenzen hinein verfolgt, man lauert ihm überall auf, verfolgte ihn sogar bis in die Kindheit zurück. So wird Sex der Grund für alles: Sex wird zur »Chiffre der Individualität« (174), was zugleich seine Analyse, aber auch seine Dressur ermöglicht.

Schließlich differenziert Foucault *Sex* gegenüber der Sexualität. Für Foucault hat Sex als Begriff es möglich gemacht, die verschiedensten Lüste und Empfindungen, biologische Funktionen und Verhaltensweisen zu einer künstlichen Einheit zusammenzufassen. Diese fiktive Einheit »Sex« wurde als ursächliches Prinzip, als das zu entschlüsselnde Geheimnis schlechthin genommen. Der Sex ist jedoch zugleich auch ». . . *das spekulativste, das idealste, das innerlichste Element in einem Sexualitätsdispositiv, das die Macht in ihren Zugriffen auf die Körper, . . . ihre Energien, ihre Empfindungen, ihre Lüste organisiert«.* (185)

Die Idee vom Sex hat das Begehren nach dem Sex produziert. Dieses Begehren nach dem Sex, ihn zu haben, seine Wahrheit zu finden, seine Rätsel zu lösen, sein Gesetz zu erkunden, Zugang zu ihm zu haben, ihn zu befreien – dieser Begehrenswert des Sexes macht uns glauben, daß wir die Rechte unseres Sexes gegen alle Macht behaupten. Tatsächlich jedoch kettet uns dieser Begehrenswert des Sexes an das Sexualitätsdispositiv. Es gilt also nicht: Sex ist wirklich; Sexualität dagegen die verworrene Idee und Illusion, sondern: Sexualität ist eine sehr wirkliche historische Realität, die zu ihrem Funktionieren ein spekulatives Element braucht: die Idee des Sexes. Nach Foucault sagt man also nicht »nein« zur Macht, indem man zum Sex »ja« sagt. *»Man muß sich von der Instanz des Sexes frei machen, . . . um die Körper, die Lüste . . . in ihrer Vielfältigkeit und Widerstandsfähigkeit gegen die Zugriffe der Macht auszuspielen. Gegen das Sexualitätsdispositiv kann der Stützpunkt des Gegenangriffs nicht das Sex-Begehren sein, sondern die Körper und die Lüste.«* (187)

»Sexualität« ist, das zeigt die überzeugende Analyse von Foucault, als ein historisch gewordenes soziales »Netz« aufzufassen, das uns umgibt und viele unserer Begierden und Wünsche weitgehend *steuert.*

Im Zentrum der Analyse Foucaults stehen zwei Erkenntnisse: Zum einen verwirft er die gängige Auffassung, Macht habe die Sexualität unterdrückt, es käme also darauf an, die Sexualität aus der Macht zu befreien. Stattdessen ist Sexualität überhaupt erst entstanden im Zusammenhang mit der Macht des Bürgertums. Sie ist ein Konstrukt aus Machtbeziehungen und besitzt keine von der Macht abtrennbare und zu entdeckende Substanz. Diese Erkenntnis korreliert mit der Entstehungsgeschichte des Begriffs »Sexualität«.

Zum andern weist Foucault den Gedanken an eine Eindimensionalität der Beziehung der unterdrückenden Macht des Staates zum unterdrückten Individuum zurück. Beide sind voneinander abhängig. Diese Beziehung durchzieht bis in die feinsten Verästelungen den gesamten Bereich der Sexualität. Eine genaue Zuordnung, wer in diesem Netz aktiver oder passiver Part sei, Subjekt oder Objekt, Herrscher oder Untertan, Täter oder Opfer, läßt sich nicht ohne weiteres vornehmen, denn das Dispositiv Sexualität hat sich um die Körper, die Lüste und die sinnlichen Ausdrucksmöglichkeiten der Menschen wie ein großes Oberflächennetz gelegt.

In dieser Argumentation Foucaults zur Durchdringung der Macht scheint allerdings auch ein entscheidender Schwachpunkt seiner Analyse zu liegen. Zwar hat er recht, wenn er darauf insistiert, daß man nicht mehr säuberlich unterscheiden könne, wo die Grenzlinien zwischen der Macht und ihren Opfern verlaufe. Wohin man sich wendet, überall befindet man sich auf derselben Seite der Barrikade, oder, wie Foucault in der »Mikrophysik der Macht« schreibt: *»Macht ist immer eine bestimmte Form augenblickhafter und beständig wiederholter Zusammenstöße innerhalb einer bestimmten Anzahl von Individuen . . . Die Macht ist niemals voll und ganz auf einer Seite.«* (1976, 114 f.)

Diese Argumentationslinie ist besonders wichtig gegenüber der Auffassung, die »repressive Sexualmoral« des Bürgertums habe eine angeblich unverfälschte Sexualität in die Illegalität, den Untergrund getrieben, von wo aus sie zu günstiger Gelegenheit einen heldenhaften Befreiungskampf führen könne. Dennoch ist es problematisch, unterschiedslos von den gleichen Machtbeziehungen zu sprechen.

Foucaults Machtbegriff besitzt etwas merkwürdig Unterschieds- und Interesseloses. Haben denn wirklich alle Individuen innerhalb des Oberflächennetzes »Sexualität« das gleiche Machtinteresse? Gibt es nicht doch zwischen ihnen fundamentale Interessensunterschiede, auch wenn sie sich innerhalb des Beziehungsgeflechtes nicht spektakulär äußern? Zwar analysiert Foucault das Entstehungsinteresse des Bürgertums am Sexualitätsdispositiv. Aber es bleibt ungeklärt, warum im Zusammenhang mit dem Herrschaftsziel derartige Diskurse über Sexualität gehalten werden mußten, die zum Dispositiv Sexualität führten, und von wem die Diskurse geführt wurden. Der Blick auf die »Zielscheiben und Verankerungspunkte für die Machtunternehmungen« zeigt, wer und was kontrolliert, reguliert und handhabbar gemacht werden mußte, damit die Herrschaft des Bürgertums funktionstüchtig wurde: Es waren dies die »hysterische« Frau, das »masturbierende« Kind, das »familienplanende« Paar und der »perverse« Erwachsene.

Hier wird deutlich: Entgegen dem Eindruck, den Foucault erweckt, handelt es sich keineswegs um ein Gleichgewicht innerhalb der Machtbeziehungen, sondern um Starke und Schwache, um diejenigen, die sprachen, und diejenigen, über die gesprochen wurde und deren Schweigen (aus Schwäche) die Aufrichtung des Dispositivs garantierte.

Zudem wurden die Diskurse über Sexualität hauptsächlich von Männern geführt. Ihre Machtinteressen konstituierten »die« Sexualität, deren Ziel es war, die Frauen, die Kinder, die Perversen und die Lüste zu kontrollieren. Ihr Erfolg war gleichzeitig die Schwäche der Lust an Beziehung und der Lust am Entdecken des Körpers. Durchgesetzt wurden stattdessen die Lust an Macht, die Normierung und Bürokratisierung der Beziehungen und schließlich die Unterwerfung der Sinnlichkeit unter das Hauptziel des Bürgertums, aus dem es sein Selbstbewußtsein schöpfte: das Geschäft.

Foucault spricht zudem geschlechtsneutral von Machtbeziehungen. Dabei diente die Schaffung des Sexualitätsdispositivs letztlich auch einer festen Rangfolge der Geschlechter und der Regulierung des Geschlechterverhältnisses zwischen Männern und Frauen. Bei Foucault wird dieser Aspekt eher am Rande unter dem Aspekt »Hysterisierung der Frau« abgehandelt. Stattdessen ist in dieser Hinsicht eher Schelsky mit seiner Annahme zuzustimmen, wonach der Unterschied der Geschlechter und die *Verschiedenheit des normierten Rollenverhaltens* von Mann und Frau konstituierend für das soziale und kulturelle Leben aller Gesellschaften ist. Durch die von ihm so benannte Superstruktur wird das Geschlechterverhalten standardisiert und kontrolliert. Die Ähnlichkeit der Schelskyschen »Superstruktur« mit dem Foucaultschen »Oberflächennetz« des Sexualitätsdispositivs ist dabei nicht zu übersehen. Schelsky bezieht jedoch eindeutig Partei, im Gegensatz zu der Attitüde des scheinbar unbeteiligten Supervisors Foucault. Schelsky zieht gegen jede Aufweichung des patriarchalischen Geschlechterverhältnisses zu Feld. Dennoch zeigt diese Offenheit seines konservativen Anspruchs mehr von der Substanz bürgerlichen Selbstverständnisses als Foucaults Analyse. Die gibt ihrerseits allerdings – vielleicht gerade wegen der gewollten Unparteilichkeit der strukturalistischen Vorgehensweise – sehr detailliert über die »Mikrophysik« der Machtbeziehungen im Sexualitätsdispositiv Aufschluß.

Die bisherigen Ausführungen zur Sexualität zeigen, daß es vor dem Entstehen des bürgerlichen Konstrukts »Sexualität« nicht so etwas wie ein Paradies der Sinnlichkeit und Natürlichkeit, einen »Garten der Lüste« gegeben habe, der verloren und wiederzufinden sei. Das Sexualitätsdispositiv verdrängte nicht qualitativ völlig andere Geschlechterbeziehungen. Es faßte jedoch die bestehenden patriarchalen Geschlechterverhaltensweisen mit den Insignien der bürgerlichen Macht zusammen, zu einem dichten Gewebe der Kontrolle und Normierung der Lüste und der Beziehungen.

Die Gründe für die Entstehung der patriarchalischen Gesellschaft, Kultur und Ökonomie sind bis heute nicht genau geklärt. F. Engels (1884) hatte sie in Anlehnung an J. J. Bachofen (1861) in Verbindung gebracht mit der »weltgeschichtlichen Niederlage des weiblichen Geschlechts«. S. de Beauvoir (1949) interpretierte diese Entwicklung damit, daß die Frau immer durch Schwangerschaft und Geburt in ihrem Expansionsdrang eingeschränkt war, wohingegen der Mann aktiv die Welt veränderte und sich als unabhängiges Subjekt bejahen konnte und sein Leben »im Kampf gegen die Tiere der Wildnis« aufs Spiel setzte, wodurch sein Ansehen in der Sippe begründet und erhöht wurde. »*Der schlimmste Fluch, der auf der Frau lastet, ist, daß sie von kriegerischen Unternehmungen ausgeschlossen ist . . . Deshalb genießt innerhalb der Menschheit das höchste Ansehen nicht das Geschlecht, das gebiert, sondern das tötende Geschlecht.*« (1968, 72)

S. de Beauvoir geht mit Bezug auf C. Lévi-Strauss davon aus, daß die Gesellschaft »immer eine männliche Gesellschaft gewesen ist; (und) die politische Macht immer . . . in den Händen der Männer gelegen hat (77). Die Frage, ob es tatsächlich Matriarchate gegeben habe, ist nach wie vor heftig umstritten; sie wird einerseits entschieden verneint und als Wunschbild oder Mythos abgetan (wie zum Beispiel von de Beauvoir, vgl. auch S. Heine, 1989), während andererseits eine ehemalige Existenz von Matriarchaten zwar anerkannt, jedoch als »präkulturelle Vorstufe« zum Patriarchat, dem »fortgeschrittenen«, besseren Stadium der Menschheit, angesehen wird[20]. Vor allem von feministischen Forscherinnen[21] wird die These von der einstigen Existenz der Matriarchate neuerdings vielfältig zu belegen versucht, um damit die These von der Naturgegebenheit der »männlichen Gesellschaft« (de Beauvoir) und die von der »Höher-Entwicklung des Menschen vom Matriarchat zum Patriarchat« (Bachofen) zurückzuweisen. Letztendlich läßt sich »das« Matriarchat wohl nicht mit Sicherheit *beweisen*, aber aufgrund des vorliegenden Materials ist die frühere Existenz von Matriarchaten durchaus zu vermuten und vorstellbar.

Es ist anzunehmen, daß im Laufe der Evolutionsgeschichte des Menschen die rein biologisch bedingten Rollenzuweisungen der Tierwelt aufgrund des Fortpflanzungsverhaltens im Laufe der kulturellen Entwicklung allmählich überwunden wurden, was mehr Freiraum und Autonomie für *beide* Geschlechter brachte. Vermutlich veränderte sich dann jedoch mit der späteren Patriarchalisierung von Kultur, Gesellschaft und Ökonomie diese kulturelle Weiterentwicklung wieder zuungunsten der Frauen. Denn die Rollenzuweisungen in der Tierwelt waren stets *funktional* begründet, das

Geschlechterverhalten des Menschen dagegen war zu allen Zeiten hauptsächlich *sozial* und *kulturell* begründet. N. Chodorow (1985, 17) spricht in diesem Zusammenhang mit Bezug auf G. Rubin vom »Sex-Gender-System«, welches das *biologische* und das *soziale* Geschlecht organisiert. Auf diesem Hintergrund ist die biologisch begründete *allgemeingültige* Dominanz des Mannes gegenüber der Frau eher ein Rückfall und eine Rückentwicklung auf bereits überwundene Rollenzuweisungen und tierische Verhaltensweisen, bei denen sich das »Recht des Stärkeren« durchsetzt.

Bezogen auf die heutige Situation des Geschlechterverhältnisses ist zu fragen, ob sich in der Beziehung der Geschlechter zueinander seit der sexuellen Liberalisierung grundlegend etwas geändert hat. Die Antwort auf diese Frage ist nicht so leicht zu geben. Oberflächlich gesehen sind eine ganze Menge von Bastionen des Patriarchats gefallen. Die formelle Gleichstellung der Frau im Berufsleben und die Quotenregelungen in einigen Bereichen bleiben nicht wirkungslos. Frauen sind massenhaft aus den ihnen zugewiesenen Orten des Privaten und der Familie heraus in die Öffentlichkeit getreten; die Stellungnahmen und Meinungen von Frauen sind überall zu hören, und sie sind gefragt. Die Enttabuisierung des Sexuellen aus victorianischer Schamhaftigkeit hinter zugezogenen Plüschgardinen ist insofern ein Fortschritt, wenn wir diese Situation mit den großen, dunklen Ängsten der Unwissenheit vergleichen, die noch auf unseren Großeltern und Eltern lasteten. Das Geheimnis ist gelüftet, Sexualität dient nicht nur der Fortpflanzung, sondern auch der Lust. So gesehen können wir erheblich selbstbewußter sein: Wir wissen zumindest, was wir haben, und Sexualität kann *ein* Mittel der Selbstverwirklichung sein. Aber hier liegt auch das Problem. Sexualität ist fast vollständig privatisiert und in die Verantwortung jedes einzelnen gelegt worden. Sie wurde zur »Chiffre der Individualität« (Foucault), zum Werkzeug der Selbstdefinition. Die Frage »Wer bin ich?« wird nicht mehr durch die Einbindung in die Gruppe oder Gesellschaft beantwortet, sondern immer neu an den einzelnen und an seinen Körper gestellt. R. Sennett (1985, 20) spricht in diesem Zusammenhang von einer »endlose(n), enttäuschende(n) Suche nach dem Selbst – vermittels der Genitalien«. Und er fährt fort: »*Warum mußte das gutgemeinte Streben nach sexueller Freiheit in einer unauflösbaren, undurchdringlichen Verwirrung des Selbst enden? In einer Gesellschaft, in der intimes Erleben zu einem Allzweckmaßstab für die Beurteilung der Wirklichkeit geworden ist, wird das Erleben in zwei Formen organisiert, die zu dieser unbeabsichtigten Destruktivität führen. In einer solchen Gesellschaft werden die grundlegenden narzißtischen Energien des Menschen derart mobilisiert, daß sie alle menschlichen Interaktionen durchdringen. In einer solchen Gesellschaft wird die Prüfung der Frage, ob die Menschen authentisch und ›offen‹ miteinander umgehen, zum entscheidenden Kriterium auf dem Tauschmarkt der intimen Beziehungen.«* (ebd.)

Die narzißtische Durchdringung der Selbstverwirklichung mittels der Sexualität hat schließlich zu einem uferlosen Tauschhandel mit Intimitäten bis hin zu »Tyrannei der Intimität« (R. Sennett) geführt. Auf der Strecke blieben dabei viele wesentliche Werte und die gegenseitige Achtung der Geschlechter voreinander.

4.4 Erotik als Streben nach grenzenloser Lust

> »Indem der Mensch die Erotik aus der Religion ausklammerte, ließ er diese zu einer utilitaristischen Moral verkümmern. Und indem die Erotik den Charakter des Heiligen verlor, wurde sie unrein.«
>
> (G. Bataille, 1981, 78)

Trotz der im vorhergehenden Kapitel aufgezeigten Verluste, Selbstüberschätzungen und destruktiven Grenzverletzungen birgt Sexualität die Möglichkeit zur Transzendenzerfahrung. »Sex ist wichtig, weil er die intensivste Freude ist, die die Menschen einander geben können, und weil er die größtmögliche Nähe zu einem anderen Menschen darstellt – der Zeitpunkt, an dem wir uns völlig offenbaren. Alle Schranken fallen, und wir verbinden uns miteinander als menschliche Wesen«, äußert eine Interviewpartnerin euphorisch im Shere-Hite-Report. (1976, 381)
Transzendenzerfahrung wird im Kontext der Sexualität vor allem dann evident, wenn das »Wahre, Gute, Schöne« der Sexualität zur Sprache kommt. Dies wird auch in den Aussagen der Befragten deutlich, die mit Sexualität viele Sehnsüchte, Gefühle und Wünsche verbinden, die direkt oder indirekt mit positiver Grenzerfahrung und Grenzüberschreitung zu tun haben. Um diesem grenzüberschreitenden Moment der Sexualität auf die Spur zu kommen, habe ich die Befragten in den Interviews darum gebeten, ein besonders schönes sexuelles Erlebnis zu beschreiben.

EVA:
»Im nachhinein bleibt das Gefühl wie von einer Reise und durch etwas ganz tief durchgegangen zu sein oder etwas ganz Schönes erlebt zu haben, was auch in mir ist, zwar nicht mehr so greifbar, aber von dem ich noch zehre und lebe, eine Erfahrung, etwas Bereicherndes. Das Schönste daran waren die Momente von Hingabe oder Ekstase. Von dem Moment an, wo du nicht mehr etwas tust und machst und kontrollierst, sondern wo du wegfließt und dann in einen anderen Bewußtseinszustand kommst.
. . . das Fallenlassen und auch das Aufgehobenwerden durch den Partner, das entsteht durch Vertrauen. Aber es ist nicht nur ein Aufgehobenwerden, denn dann wäre das Erlebnis ja irgendwann zuende, du fällst, wirst aufgefangen, gut. Sondern es ist mehr das Gefühl, endlich und wer-weiß-wie-weit und wohin fließen zu können, zusammen, ohne Angst. Wenn du dich wirklich ganz extrem fallen läßt und hingibst, das hat wirklich ganz viel zu tun mit Sterben. Aber das ist auch etwas unheimlich Schönes. Wenn ich diese Angst losgelassen habe und mich hingegeben habe, dann kommt auch manchmal so ein Schmerz in mir hoch über diese Tiefe und diese Schönheit und über diese Freude und das Glück. Dann hat sich etwas losgelöst. Zum Beispiel

habe ich auch in letzter Zeit, seitdem ich mich noch viel mehr hingeben kann, oft nach dem Orgasmus geweint. Nicht aus Trauer, sondern wie aus einer Erlösung.«

SILVIA:
»Viel Freude ist dabei und, dieses sich gegenseitig völlig zu akzeptieren, und Sinnlichkeit und das Verbundensein mit dem anderen. Für mich ist die gegenseitige Achtung ganz wichtig dabei und das gegenseitige Vertrauen. In dieser Achtung vor dem anderen, da steckt auch schon so etwas wie Andacht.«

JOHANNES:
»Mir fällt das Lächeln ein, ein Blick, geblähte Nasenflügel – ich assoziiere jetzt einmal – Worte, Schweiß, nicht unangenehm, spielen und der herausgezögerte Höhepunkt, immer wieder Du, Verständigung, körperliche Reaktion von den Fußsohlen bis zu den Haarspitzen, miteinander reden und – mir fallen die idiotischsten Assoziationen ein, die scheinbar mit der Situation nichts zu tun haben und die man sagen darf – Offenheit, Ehrlichkeit fällt mir ein. Offensein füreinander, und das nun bei Gott nicht nur körperlich. Sowas fällt mir ein. Ja. Das Haltendürfen, ohne Angst zu haben, verschmelzen zu müssen und wieder loslassen zu können. Das Fallen, miteinander, das Miteinanderfallen ohne kaputtzufallen. Erleben, daß man nicht gefressen wird.«

THOMAS:
»Wie soll ich das beschreiben? Das ist etwas, wozu man tagelang braucht, um sich danach wieder zu fassen, wo es einem ständig durch den Kopf geht, wie schön das eigentlich ist. Aber wo einem trotzdem die Worte dafür fehlen. Es erfüllt mich, es erfüllt mich total, vollständig, und ich denke dann nur noch daran, und das beflügelt mich ungeheuer, in jeder Beziehung, ich bin dann unheimlich guter Laune und in jeder Beziehung befreit, ich kann dann auch alle Sachen hinterher gut machen. Ich kann mich dann gut konzentrieren, zum Beispiel auch bei meiner sonstigen Arbeit, bei der ich normalerweise auch viele Fluchtgedanken habe, und das hält einige Tage vor, wenn es so eine ganz tiefe, glückliche sexuelle Erfahrung ist.
Es ist ein Verströmen, ein Weichwerden, ja, ein sich Auflösen in den Anderen, sehr entspannend. Wobei eine hohe Spannung vorhergegangen ist, dann dieses Gefühl des sich Entspannens, des sich Lösens, des sich Verströmens. Ich glaube, das Schöne ist die Übereinstimmung, das sich Verstehen und auch das Selbstbewußtsein, was sich durch das tiefe gegenseitige Verstehen im sexuellen Akt erweist.«

JUDITH:
»Das ist dann, wenn dem nichts mehr hinzuzufügen ist. Ja, wenn eine Liebesszene mit einem Menschen so ist, daß es nichts mehr zu wünschen gibt. Das muß nicht unbedingt jedesmal körperliche Vereinigung sein.
Das kann so viel in mir auslösen . . . Wenn ich daran denke, fällt es mir

schwer, das Gefühl wieder zu erzeugen, weil das irgendwie festgeschrieben in einem selber ist. Das sind Momente, die möchte man festhalten. Und danach nie wieder in die Realität zurück. So wie dann soll es immer sein. Das kann schon fast meditativen Charakter haben. Wo du dich in die Wärme begibst, du brauchst nicht mehr zu denken, so gut geht es dir. Also du brauchst nicht mehr daran zu denken, wann du Kartoffeln schälst oder wann du Abendessen machen willst, du denkst gar nicht mehr daran. Du kannst dich der Situation hingeben und dich deinen Wärmegefühlen überlassen. Mit einer unglaublichen Sicherheit. Wärme ist für mich der zentrale Punkt überhaupt.

Das ist die größte Energie, die größte positive Kraft, man könnte die ganze Welt umarmen, und es wird ein Energiefluß im Körper wachgerüttelt, der sich auch auf andere übertragen kann. Nach einem schönen sexuellen Erlebnis bin ich zum Beispiel auch bei meiner Arbeit anders drauf, in meinem ganzen Alltag anders, dann geh ich durch die Straßen anders: mit einem Lächeln im Gesicht, weil ich dann einfach gut drauf bin. Das spiegelt sich dann im Äußeren wider. Menschen, die eine kaputte Sexualität haben, machen auch kaputte Sachen. Zum Beispiel Hitler, wie das Alice Miller beschreibt. Aber Menschen, die eine wunderschöne Sexualität haben, strahlen das auch in ihrem Leben aus. Es ist angenehm, mit solchen Menschen zusammenzusein, weil, die wollen nichts Böses, die können ihren − um es mal ganz salopp zu sagen − ihren Streß loswerden. Ja, dazu dient Sexualität ja auch. Alle aufgestauten Energien auch irgendwo herauslassen zu können.«

Klaus:
»Das ist triebhaft, lustvoll, bedenkenlos, gedankenlos, stark, kräftig, erregend. Anspannung, aber auch Entspannung. Das ist Vertrauen, Lust, Drängen, schön.
Es war Liebe da und es war Entspannung da, es war Sicherheit da. Das waren die Voraussetzungen dafür, daß es überhaupt zu einem so schönen Erlebnis gekommen ist. Diese Voraussetzungen sind ja nicht immer da. Ich meine jetzt bei einem sexuellen Erlebnis. Nicht, wenn es einfach kuschelig und schmusig ist. Ich brauche dann nicht mehr die Sicherheit meines Kopfes. Ich konnte meine Macht zeigen, aber sie mir auch nehmen lassen, was ich sonst nicht so gut kann.«

Maria:
»Sehr lustvoll, sehr befreiend, ich kann dann meine Triebe frei herauslassen, es hat etwas Spielerisches und Phantasievolles an sich und es ist schöpferisch. Es ist auch sehr entspannend und mit einem Zufriedenheits- und Glücksgefühl verbunden. Und es gibt ein Wärmegefühl im ganzen Körper, aber das ist anhaltender. Wenn ich jetzt im Augenblick genauer überlege, dann ist von den letzten positiven sexuellen Erlebnissen auch die Erotik mit inbegriffen gewesen. Diese Vermutung kommt mir gerade auf.«

Ein »schönes sexuelles Erlebnis« wird von allen Befragten als eine außergewöhnliche Situation und Begegnung mit einem anderen Menschen cha-

rakterisiert, deren Voraussetzung gegenseitige Akzeptanz, Anziehungskraft, Offenheit und Vertrauen ist. Das »Hohe Lied der Liebe« klingt in den meisten Beschreibungen an: Sexualität wird zur Voraussetzung oder Möglichkeit vollkommener Verbundenheit und Verzauberung. Dabei stellt sich allerdings die Frage, ob Verzauberung nur denkbar ist, wenn von der kulturell oder sozialpsychisch erreichten Banalität der Körper bereits fraglos ausgegangen wird und die Körper dann projektiv mit Bedeutung aufgeladen werden. »*Einige psychisieren den Körper, andere spiritualisieren ihn; vielleicht ist das ein Wiederverzauberungsversuch.*« (Th. Ziehe, 1984, 58)
Die Gefahr eines solchen »Wiederverzauberungsversuchs« besteht darin, einen Schleier des Erhabenen auf vorhandene eigene Beschädigungen zu legen und dabei, durch die Psychisierung und Spiritualisierung des Körpers diese zu verdecken, statt sie genau wahrzunehmen.
Das Schöpferische einer intensiven sexuellen Begegnung wird für die Befragten nicht allein auf den körperlichen Genuß bezogen, sondern auch darauf, daß im Vertrauen auf die gegenseitige Beziehung ungeahnte seelische und körperliche Kräfte freigesetzt werden können. Das Entscheidende eines schönen sexuellen Erlebnisses ist nach ihren Aussagen die Möglichkeit, sich gedankenlos und vertrauensvoll fallenlassen zu können, in der Gewißheit des Aufgehobenwerdens durch den Partner oder die Partnerin, ohne »kaputtzufallen«. Aus dieser Hingabe an den anderen entsteht ein Gefühl der Wärme, des Verströmens, der Auflösung und auch Verschmelzung. Dies verstärkt das Sicherheitsgefühl in der Beziehung zu sich selbst und zu dem anderen. Sexualität als Möglichkeit einer Beziehung zwischen zwei Personen, sich miteinander zu verbinden, »eins zu werden«. Mit dem Begriff der Erotik wird dieses, der Sexualität verlorengegangene Element der Beziehung des Sozialen und Zwischenmenschlichen wieder ausfindig zu machen versucht. Eros als lebensspendende, Vereinigung stiftende Kraft wird in zahlreichen Publikationen in den höchsten und schönsten Tönen besungen[22]. Die darin anklingende Idealisierungstendenz der Erotik ist nicht zu übersehen. Diese wird auch in den Interviews deutlich, wenn die Befragten Erotik und Sexualität unterscheiden:

EVA:
»*Erotik ist für mich eine leichtere Form, eine sanftere Form. Etwas, das auf Schwingungen beruht. Sexualität ist etwas viel Tieferes und hat ganz tiefe Wurzeln. So wie bei einem Baum, so ist Sexualität die Wurzel, die in die Erde geht, und Erotik ist das rauschende Blätterwerk.*
Ich hatte gerade als erstes den Impuls zu sagen, daß ich Erotik richtig bewußt gespürt habe erst sehr viel später nach meiner Defloration, so fünf-sechs Jahre später. Das war nach der Geburt meines Sohnes, mit meinem zweiten Mann. Da wurde Erotik für mich erst dieses Blätterrauschen, so eine Spannung, eine Musik, die über der Sexualität liegt und etwas Bereicherndes ist. Und sie hat ganz viel mit Schwingungen zu tun und ist das, was dich antörnt.
Erotik, diese Anziehung ist für mich manchmal fast körperlich fühlbar gewesen. Es war zum Beispiel das Gefühl von Fäden zwischen beiden Körpern, ja

Energiefäden, oder das Gefühl von Wellen oder ganz starken Vibrationen, was körperlich ein Zittern ist, zum Beispiel zitternde Knie. Alles das hat mehr mit Erotik zu tun und weniger mit Sexualität. Dazu braucht der andere auch nicht dazusein.«

SILVIA:
»Sexualität bezieht einfach mehr das Animalische mit ein, und Erotik ist noch vielfältiger. Zum Beispiel die Mutter-Kind-Erotik. Sexualität ist eher triebhaft und animalisch. Das bedeutet, daß ich meinen Körper machen lasse und daß es mir Impulse gibt, wie mein Körper sich bewegen muß und will, und die ich im Moment auch zulasse und nicht einfach kontrollierte Bewegungen mache. In der Erotik dagegen, da löst sich vieles. Da löst sich das, was sich so im Laufe der Tage, wenn man so im Streß ist, angesammelt hat. Der Unterkiefer wird frei, man bekommt einen anderen Blick. Und Erotik fühlt sich warm an.«

JOHANNES:
»Ja, ich bin da natürlich befangen, weil ich in bestimmter Weise aufgewachsen bin, mit bestimmter Literatur. Ich würde heute sagen, Sexualität ist die Suppe, Erotik ist das Salz darin. Das eine ist der Rohling, das andere die künstlerische Gestaltung dieses Rohlings. Gestalten heißt dabei vielleicht in Begriffe übersetzt: Erotik ist die Kunstform der Sexualität, das Schöpferische. Es ist die Zwiesprache zweier Hautoberflächen. Das Eintauchen in den Dunst, in Geruch . . . Erich Fried hat so ein schönes Gedicht über die Liebe gemacht. Da kommt das Badewasser darin vor: Man kann nicht nur darin plätschern, sondern man muß auch drin sein . . . › . . . ist wie der Geruch Deines Schoßes, man kann nicht nur riechen . . .‹ Jetzt weiß ich nicht mehr, wie es weitergeht. Weißt du? So. Das ist Gucken.«

THOMAS:
»Sexualität ist eher die objektive Seite, die Seite des Geschehens, des fait compli. Und Erotik, das ist für mich der Prozeß der gegenseitigen Annäherung, die vielleicht in einem sexuellen Akt zu einem Höhepunkt kommt. Erotik ist vielmehr dieses Kribbeln, das Spannende, das, was die Beziehung von zwei Menschen ausmacht. Erotik hat etwas mit der Beziehung zu dem anderen zu tun. Erotik ist der Prozeß der Annäherung, der lustvollen Annäherung. Körperlich entsteht eine Erregung, auch eine sexuelle Erregung, die sehr subtil sein kann und sehr lustvoll ist und die dann später eher in die Grauzone des sexuellen Gefühls hinübergeht. Erotik ist spürbar als Kribbeln. Kribbeln und Lust. Noch eine andere Lust als reine, sexuelle Lust. Das umfaßt auch dieses Miteinanderspielen, das kann die Lust sein, bestimmte Blicke auszutauschen oder etwas Bestimmtes zu sagen.«

JUDITH:
»Erotik, da hängt alles mögliche mit zusammen: Das kann ein erotisches Bild sein, erotische Schriften, eine erotische Atmosphäre in einem Zimmer, das

kann erotische Kleidung sein, erotisches Flair, Parfüm . . . Ja, ich glaube, Erotik hat eher mit äußeren Dingen zu tun. Dazu gehört auch meine Umwelt. Ich entdecke gerade einen Widerspruch: Ich wollte gerade sagen, für mich wäre es ein Unterschied, zum Beispiel in einer Garage mit jemandem zu schlafen oder in einem schönen erotischen Zimmer, aber bei diesem Gedanken fällt mir ein, wenn ich jemanden so wahnsinnig liebe, dann ging's auch in der Garage. Ja, das ist ein Widerspruch.

Ich selbst mache zwischen Erotik und Sexualität keinen Unterschied. Meine Sexualität hat nicht mit der 0/8/15-Sexualität der Bildzeitung zu tun, sondern meine ganz persönliche Sexualität ist mit Erotik gekoppelt. Sexualität, wie sie in den Sexblättern auftaucht, kann auch ein anonymer Geschlechtsakt irgendwo sein. Aber so etwas lehne ich mittlerweile für mich ab. Ich möchte das Äußere genauso harmonisch haben wie das Innere. Und das geht eigentlich nur mit liebevoller Durchdringung aller Gefühle.

Mit Erotik ist für mich ganz stark gekoppelt, was üblicherweise mit Sexualität verbunden ist. Erotik ist eher der Bereich, wo man weitergeht, das kann zum Beispiel endloses Streicheln sein, eine ganz intime Atmosphäre, wo es einem nur noch gut geht, wo man etwas genießt. Sexualität selber kann ja auch harte Arbeit sein.«

KLAUS:
»Erotik ist die Anziehungskraft zwischen den Geschlechtern. Sexualität ist auch die Anziehungskraft, aber sie ist direkter. Erotik ist geistiger und spielerischer.«

MARIA:
»Ich glaube, Sexualität ist ein bißchen praktischer. Erotik kann man schon empfinden und spüren, ohne daß man jetzt direkten Körperkontakt zu jemandem hat. Ein Mensch kann zum Beispiel erotische Ausstrahlung haben. Erotik ist etwas, was über das Gespür läuft und nicht so sehr über die Tat. Und praktisch gesehen, denke ich, ist Erotik etwas, was die Verbindung zwischen zwei Menschen beinhaltet. Im Moment ist für mich Erotik und Sexualität noch getrennt. Ich kann mir noch nicht vorstellen, wie eine erotische Begegnung in eine sexuelle überläuft. Erotisch ist für mich eher das, wovon ich noch träume und was ich mir noch wünsche und weniger das, was ich habe in meinem Leben. Erotik beschreibt mein Wunschbild und nicht die Praxis, die ich habe. Praxis ist für mich die Sexualität. Ich glaube, das liegt daran: Entweder bin ich an die falschen Männer geraten, oder es liegt an dem männlichen Verhalten überhaupt. Vielleicht ist Erotik bei Frauen mehr möglich als bei Männern. Es ist sehr schwierig, dafür Worte zu finden. Das ist eine Empfindung, die ich wahrnehme und die durch meinen Körper rieselt und mich erwärmt und in mir ein Gefühl der Zuneigung und Sympathie weckt. Da ist nichts, was mich irritiert. Und die Frage, die sonst schnell auftaucht, wie nahe lasse ich überhaupt einen Menschen an mich heran, spielt dabei keine Rolle. Das ist in dem Moment völlig uninteressant. Es tut mir nicht weh, Erotik zu empfinden. Da ist keine Gefahr für mich, sondern etwas Sanftes und Harmloses, gut verdaulich

sozusagen. Nichts Schwieriges. Nicht so schwer wie die Liebe. Erotik ist ein Wärmegefühl, das durch den ganzen Körper streift.«

Nach den Aussagen der Befragten ist *Sexualität* eher die Seite des Geschehens, der Tat, des Handgreiflichen, wohingegen *Erotik* eher das Spielerische, Schwingende und Leichte umfaßt, in dem sich in einer Beziehung Möglichkeiten der Annäherung andeuten und Anziehungskräfte wirksam sind. Dementsprechend empfinden die Befragten die Sexualität eher als das Animalische, Triebhafte und Rohe, dagegen die Erotik als das Künstlerische, Kultivierte, als das Element der Beziehung, das uns zu einem anderen hinzieht in ein anderes Reich. Erotik beinhaltet den Beziehungsaspekt mehr als die Sexualität.

Die sich hier abzeichnende Auffassung vom Unterschied zwischen Sexualität und Erotik findet sich auch bei Georges Bataille[23]. Bei ihm sind sexuelle Aktivität und Erotik zweierlei. Allerdings beinhaltet Erotik nach ihm keineswegs nur etwas Sanftes, Harmloses, Leichtes, wie in einigen der Interviews geäußert wurde, sondern vielmehr etwas Gefährliches, ja sogar etwas Tödliches. *»Während beim Tier nur die Sexualität festzustellen ist, kennt der Mensch jene mit gewissen ›diabolischen‹ Momenten durchsetzte Aktivität, die der Begriff Erotik umschreibt.«* (1981, 25)

Im »diabolischen Moment« ist nach Bataille das schon sehr frühe Wissen des Menschen vom Tod enthalten, das ihn erschauern läßt. Er sieht in der Geburt dieses extremen Gefühls, »das wir mit dem Wort Erotik meinen und durch das sich der Mensch über das Tier erhebt« (33), eines der bemerkenswertesten Ereignisse in der Vorgeschichte des Menschen. Die auftretende Scheu in Verbindung mit sexueller Aktivität, erinnert Bataille an die Scheu des Menschen angesichts des Todes und der Toten. Es ist die Berührung einer »fremden Gewalt«, wobei ein *fremdes* Geschehen die etablierte Ordnung sprengt. Das Anstößige des Todes ist zwar von anderer Beschaffenheit als das Unanständige des Liebesaktes, dennoch sind Erotik und Todesbewußtsein nach Bataille eine Einheit. Der Übergang von der instinkthaften sexuellen Aktivität des Tieres hin zur Erotik ist für ihn ein entscheidender Schritt zur Menschwerdung. *»Die Erotik unterscheidet sich vom Sexualtrieb des Tieres dadurch, daß sie im allgemeinen, genau wie die Arbeit, die Verfolgung eines bewußten Ziels ist, hier der sinnlichen Lust.«* (45)

Während der Arbeit das Streben nach Erwerb oder Wachstum zugrundeliegt, ist das Ziel der Erotik das der sinnlichen Lust; und, wie auch Foucault betont, ist der *Sinn der Lust einzig die Lust.* Diese zweckfreie, aber auch gefährliche, weil nicht berechenbare Lust, wurde erst mit dem Christentum verdammt, wodurch es gewissermaßen die Entwicklung der geregelten Arbeitswelt unterstützte auf Kosten des Genusses. Denn die mit der Erotik verbundene sinnliche Lust war nicht nur unnütz für das Gemeinwesen und folglich sündhaft (»Müßiggang ist aller Laster Anfang«), sondern sie war in ihrer ekstatischen Form auch durchaus gefährlich. Nach Bataille (1984) geht es in der Erotik um eine Ekstase, die den Menschen im Grunde von der Ausweitung bis hin zur Aufhebung seiner Individualität drängt. Damit jedoch öffnet sie sich dem Tod. Die Erotik »führt uns zum Tod, und durch den Tod zur Kontinuität« (30). Im »heiligen Eros« hängt das Verlangen nach der Grenzenlosigkeit der Kontinuität des Seins mit dem Todesverlangen zusammen. Der »Trieb der Liebe, bis zum Äußersten gesteigert, [ist] ein Todestrieb« (50), sagt Bataille. Die damit verbundene Gewaltsamkeit äußert sich auch in der rituellen Orgie, die die »unbegrenzte Verschmelzung aller mit allen« ermöglicht. Die Orgie war nach Bataille eine ». . . Flucht in die Unterschiedslosigkeit, in der die Konstanten der menschlichen Tätigkeit verschwanden, wo es nichts mehr gab, was nicht versank«. (145)

Auch Nietzsches »trunkene Lied« der Lust endet mit dem Ausruf: »Doch alle Lust will Ewigkeit –,/ – will tiefe, tiefe Ewigkeit!«[24], die – in welcher Form auch immer – erst mit dem Tod erreicht wird. Die hier zum Ausdruck kommende Radikalität der Lust der Erotik wird in dieser Weise von keinem der Befragten angesprochen. Möglicherweise ist die »Grenzenlosigkeit« der erotischen Lust – das Tödliche – nicht Bestandteil ihrer Lebenserfahrung. Eine andere, wahrscheinlichere Ursache dafür ist vermutlich die Scheu, sich dieses Wunsches nach radikaler Entgrenzung bewußt zu werden oder über ihn zu sprechen, ihn damit aus der Intimität heraus öffentlich werden zu lassen. Bataille bestimmt die in der sexuellen Ekstase zum Ausdruck kommende Erotik als ein Grundstreben des Menschen, der ihn über die Grenzen aller innerweltlichen Objekte in eine Grenzenlosigkeit hinaustreibt, die er die »Kontinuität des Seins« nennt. Das damit verbundene Streben nach Transzendenz der Erotik sieht er als grundlegend für die Entwicklung des Sakralen und der Religion an.

Batailles Verbindung der Erotik mit Transzendenz, in dem das Streben nach grenzenloser Lust, nach Ewigkeit (Nietzsche) zum Ausdruck kommt, mündet letztendlich in den Tod, wenn nicht gesellschaftliche und individuelle Schranken dagegengesetzt werden. Hier hat, der Argumentation Batailles folgend, die Religion eine bedeutende Kontrollfunktion übernommen, die im christlichen Abendland zum »Dispositiv der Sexualität« geführt hat, das jeden einzelnen durchdringt, um die freischwebenden Lüste zu binden und in den Dienst der Kultur zu stellen.

Die in diesem kulturellen Netzwerk gebändigten Lüste machen dennoch das Spielerische und Schwingende der Erotik möglich. Die Erotik birgt ein freiheitliches Moment, auch wenn es sich innerhalb des »Sexualdispositivs« befindet. Aber immerhin ermöglicht sie das Spiel der Annäherung in einer Beziehung, die zur Sexualität führen kann, aber nicht muß, sondern auch in der Schwebe bleiben kann. Erotik will weiter als sie kann, sie fädelt die Möglichkeiten sowohl der Sexualität als »fait accompli«, aber auch der Ekstase im Sinne Batailles, des Ausbruchs aus dem Oberflächennetz der Sexualität, ein. Erotik träumt von der Transzendenz, dem Grundstreben des Menschen, sich in seiner Beziehung zu sich selber und zu anderen zu transzendieren.

Erotik – als seelischer Drang – will mehr aus der Sexualität – dem triebhaften Drang – machen, will die Lust des Körpers in all seinen Möglichkeiten erkundigen.

Erotik tritt erst ein, wenn in der Beziehung bestimmte tabuisierte Vorstellungen durchbrochen werden und damit ein hohes Maß an Intimität erreicht ist.

Erotik will spielen und verschwenden. Erst im *Verschwenden* erlangt der Mensch Unabhängigkeit und Souveränität, sagt Bataille. Die erotische Energie drängt über die Grenzen der eigenen Person, des Körpers, der Verbote und der Tabus hinaus. Bei einer solchen Entgrenzung des Ichs muß der Mensch etwas aufs Spiel setzen.

Doch erotische Verschwendung bedeutet nach Bataille nicht Ausschweifung und Genuß auf Kosten eines anderen. Vielmehr heißt Erotik, das sexuelle Erleben nicht in ein Machterlebnis umzusetzen, sondern heißt: *Kommunikation*. Eine solche Kommunikation entsteht aus dem, was den Beteiligten fehlt. Am Fehlenden und damit an der Differenz entzündet sich der Wunsch, das Begehren.

Die für die menschliche Existenz zentrale Differenz der Geschlechter ist nicht aufzuheben, aber wenn wir die Unterschiede genauer kennen, können eher Mittel und Wege gefunden werden, diese zu überwinden, als wenn wir aus blindem Harmoniebedürfnis diese verdrängen. »*Beiden Geschlechtern könnte es dann gelingen, ihre Aggressionen angemessener und lustvoller auszudrücken, d. h. sie weder durch Feindsuche destruktiv auszuleben noch sie selbst nach innen zu wenden, sondern in sinnvolle Aktivität zu verwandeln.*« (M. Mitscherlich 1992, 160)

Das narzißtische Streben nach Verschmelzung könnte sich so auf ödipal reifer Ebene verbinden mit dem triebhaft-genitalen Bindungsbedürfnis als regressiv-progressive Lusterfahrung. Die Sehnsucht nach Transzendenzerfahrung könnte so partiell – in Grenzen – gestillt werden.

5. Religion und Sexualität

*»Das Religiöse und das Geschlechtliche sind die bei-
den stärksten Lebensmächte. . . . Wer über Religion
und Erotik nachsinnt, muß den Finger an eine der
schmerzlichsten Wunden legen, die in der Tiefe des
Menschen blutet.«*

(W. Schubart, 1966, 7)

Die bisherigen Ausführungen zur Entwicklung der Sexualität haben die
normative Kraft der Sexualität deutlich gemacht, deren Ziel es war, das
erotische Leben zu regeln. Allerdings hatten die Regeln schließlich die
Wirkung, die Erotik auf den Bereich außerhalb der Regeln verwiesen. Die
Erotik, als Ausweitung und Erweiterung der Person und damit als Transzen-
denzerfahrungsmöglichkeit wurde in diesem Prozeß in die regellose Privatsphäre gedrängt und ähnlich wie die von der Religion abgespaltene
Religiosität intimisiert und tabuisiert.

Die ursprüngliche Einheit von eros und sexus – die es tatsächlich gegeben
hat und gibt – ist durch die Entstehung von Religion und Sexualität als
grenzziehende, reglementierende und kontrollierende Institutionen getrennt worden.

Bei einigen nicht-christlichen Religionen läßt sich ein Verhältnis von Religion
und Sexualität entdecken, das noch durch diese Einheit und Integration
bestimmt ist. In der Religionsgeschichte lassen sich zahlreiche Beispiele
dafür anführen, daß Sexualität und Gottesdienst sich nicht wie im Christentum gegenseitig ausschließen, sondern auch ergänzen können. Im
Motiv der »heiligen Hochzeit« (hieròs gámos), bei dem die Sexualität ein
wesentlicher Bestandteil des religiösen Lebens war, kommt zum Beispiel
eine solche ehemals bestandene Einheit von religiösem und sexuellem Kult
zum Ausdruck.

5.1. Religion und Sexualität als Einheit von Eros und Sexus

Im kultischen Geschlechtsverkehr war der sexuelle Akt eine heilige Handlung, die dazu diente, die schöpferischen Kräfte und die Fruchtbarkeit des
Stammes bzw. des Volkes zu erneuern. Diese Verbindung von religiösem
und sexuellem Kult findet sich in den Mythen unterschiedlichster Natur-
und Kulturvölker. Sie wurde in drei Hauptformen praktiziert: 1. der sakralen
Entjungferung im Tempel, 2. dem Tempelbeischlaf und 3. der »heiligen Hochzeit« (hieròs gámos)[1].

Das Motiv der »Heiligen Hochzeit« hat in den ursprünglichen Mythen unterschiedlicher Völker seinen Ausdruck gefunden. Himmel und Erde sind in

fast allen Mythen das »ur-erste« Paar, so zum Beispiel in der griechischen Mythologie Gaia und Uranos, später Zeus und Hera[2], oder zum Beispiel in der Mythologie Neuseelands Rangi und Papa[3]. In der sumerischen Religion findet sich das Motiv des hieròs gámos sowohl im symbolischen Ritus der Fruchtbarkeit als auch in der sich darauf gründenden kultischen Berührung mit dem Göttlichen als »unio erotica«.

Der Geschlechtsakt wird so zum Bestandteil bzw. zum Mittel des Heilsweges zu Gott. Über die kanaanäische Religion gelangte der sakrale Beischlaf auch in die israelitisch-jüdische Religion[5], in der intensiv sakraler Prostitution gehuldigt wurde, im Rahmen eines alljährlichen rituellen Festes. Das biblische Hohelied beschreibt ebenfalls die hieròs gámos-Feier eines palästinensischen Götterpaares[6]. Auch die im Alten Testament erwähnten »Geweihten« weisen auf die Tempelprostitution beiderlei Geschlechtes hin.

Innerhalb des *nachbuddhistischen Hinduismus* wurde der rituelle Koitus mit dem Aufkommen des Tantrismus und Shaktismus bedeutend. Der Sanskritbegriff »Tantra« bedeutet soviel wie innerstes Wesen oder Kern und leitet sich ab von dem Verb *tantori*, das weben bedeutet. Daher meint »Tantra« beides: *das Wesentliche* und *das Gewebe*[7]. Der Gott Shiva als die Personifikation der männlichen Kraft und die Göttin Shakti als die der weiblichen Energie vereinigen sich im Geschlechtsakt. Nach deren Vorbild vollzogen die in die tantrische Lehre Eingeweihten diesen Urakt nach, zur göttlichen Verehrung und als Mittel und Weg zur Erleuchtung. Voraussetzung dafür war die Erkenntnis: ». . . der Körper ist . . . nicht etwas, was der Mensch *hat*, sondern der Mensch *ist* der Körper.« (H. V. Guenther, 1974, 67). Es gab eine ganz bestimmte Abfolge ritueller Praktiken und Techniken von *Wahrnehmung* sexueller Lust, sexueller *Kontrolle* und *Kanalisierung* der sexuellen Kraft, wobei die Yantra-Imagination und Mantras ebenfalls Grundbausteine der tantrischen Sexualität sind[8].

Der *Buddhismus*, der sich in seiner überlieferten Form auf Moral und Askese stützte, um den Zustand des Nirwana, der Erleuchtung, zu erlangen, wurde ebenfalls vom Tantrismus beeinflußt und erreichte mit der Sekte des *Mantrayana* oder *Vajrayana* seine spezifische Ausprägung.

Nach der Lehre des Vajrayana[9] ist die Leidenschaft an sich nicht verwerflich, solange sie sich nicht an ein Objekt fixiert. Wenn es gelingt, die Leidenschaft von ihren irdischen Bindungen zu lösen, dann ist sie der beste Weg, das beste »Fahrzeug« auf dem Weg zum Heil, sofern die geschlechtliche Verbindung ein kontrollierter Akt und »keine Kapitulation vor der Begierde« ist[10]. Dabei war der Geschlechtsakt Teil einer sehr strengen Disziplin, deren Ziel eher Meditation als Anwendung war und nicht der Zeugung neuen Lebens diente, sondern der Identifikation mit den Göttern. Allerdings ist insbesondere im buddhistischen Tantrismus die Frau dem Manne nicht gleichberechtigt. Sie kann nicht wie er im tantrischen Akt »erleuchtet« werden, sondern ist vielmehr sein »Mittel«, die angestrebte Erleuchtung zu erreichen.

Der buddhistische Tantrismus unterscheidet sich zwar wesentlich vom hinduistischen, aber beiden gemeinsam ist das Mittel der geschlechtlichen

Vereinigung, um das »absolute Sein« zu erfahren[11]. Der buddhistische Tantrismus hatte auch Einfluß auf den Taoismus in China[12], wobei die taoistische Vorstellung von ying und yang einer sakralisierten Erotik entgegenkam. Nach W. Sheng (1966, 150) hat der Taoismus in China die Sexualität in einen unorthodoxen Mystizismus eingeschlossen, dessen Gefahr darin lag, in einem System raffinierter Techniken und Rezepte zu erstarren.

A. Thirleby (1982, 15) weist darauf hin, daß nach den frühesten tantrischen Schriften die Frau in die tantrischen Rituale einführte und alle organisierten Gruppen von Frauen geleitet wurden, was vermutlich mit der Fähigkeit der Frau zu verlängerter sexueller Aktivität und multiplen Orgasmen zusammenhängt[13]. Erst sehr viel später ist ein großer Teil der tantrischen Literatur von Männern geschrieben und sind auch die Gruppen vorwiegend von Männern geleitet worden.

W. Schubart (1941)[14] sieht in den Ausprägungen der Einheit des religiösen und sexuellen Kultes, wie sie sich in den Praktiken des sakralen Aktes unterschiedlichster Religionen bzw. Sekten z. T. bis heute noch erhalten haben, Bestandteile der »Mutter- oder Naturreligion« matriarchalischer Kulturen gegeben, deren Motiv die *Schöpfungswonne* sei. Dagegen sei das *Erlösungsmotiv* eher Ausdruck der Väterreligion patriarchaler Kulturen, in der die heilsame Berührung des Gottes und die Teilhabe an der Spende seiner Kräfte gesucht werde (33), der »participation mystique« (Lévy-Brühl). Nach Schubart gab es zwischen der »weiblichen und männlichen Religionsform« eine Art »Weltkampf zwischen Schöpfungswonne und Erlösungsmotiv« (34). im Laufe der Patriarchalisierung der Kultur sei dabei die »Schöpfungswonne« im »Erlösungsmotiv« zerronnen (39).

H. Göttner-Abendroth (1980) versucht, die verdrängten, verdeckten und vergessenen matriarchalischen Religionen anhand der Analyse der indoeuropäischen Mythologie nachzuweisen, um die »Göttin und ihren Heros« als die zentralen Gestalten der matriarchalen Religionen und Gesellschaften herauszuarbeiten und deren restlichen Spuren in den Transformationen der Märchen und der mittelalterlichen Epik der patriarchalen Gesellschaften aufzudecken. Ihr Anliegen ist es, nicht nur nachzuweisen, *daß* es Matriarchate gegeben habe, sondern sie will auch ein Strukturmuster einer matriarchalen Religion und Gesellschaft in allen Details entwickeln. Dabei will sie verdeutlichen, daß in matriarchalen Gesellschaften die Sexualität ein wesentlicher Bestandteil von Kultur und religiösem Leben gewesen ist.

In der Geschichte und z. T. auch in der Gegenwart aller patriarchaler Religionen taucht das Motiv der von Schubart so bezeichneten zerronnenen »Schöpfungswonne« immer wieder auf, wird jedoch zumeist an den Rand gedrängt, als Ketzertum verfolgt oder von den »Haupt«-Religionen ins Abseits gedrängt und aufgrund dessen in selbstgewählter Isolierung und Separierung in Geheimbünden praktiziert. So übte man zum Beispiel auch in einigen Kreisen der christlichen Gnosis neben einer mystisch-symbolischen auch die reale, rituelle Liebesvereinigung aus[15].

In diesem Zusammenhang sei hier noch auf die Literatur der mittelalterlichen christlichen Mystik hingewiesen, in der die Verschmelzungssehnsucht bzw. das Einsseinerleben mit Gott und – vor allem bei Frauen – mit Jesus in präzisen erotisch-sexuellen Begriffen und Phantasien ausgemalt wurde, was darauf hindeutet, daß dem vermutlich auch reale sexuelle Erfahrungen zugrunde lagen[16]. Im späteren Christentum des Mittelalters tauchten immer wieder von der Großkirche verketzerte und verfolgte Strömungen auf, die die katholische Lehre vom »sündigen Fleisch« nicht akzeptierten, sondern im Gegenteil den sakralen Beischlaf in den Mittelpunkt ihrer Kulte stellten, so zum Beispiel die Almrizianer, Begarden[17] und die »Brüder und Schwestern vom freien Geiste«. W. Fraenger[18] interpretiert in einer groß angelegten Untersuchung das Triptychon von Hieronymus Bosch »Der Garten der Lüste« (von ca. 1485) als Kultbild der Adamiten, den »Brüdern und Schwestern des freien Geistes«. Diese »Freigeist«-Sekte gehörte z. T. einer radikalen Fraktion der sogenannten Adamiten an, bei denen Männer und Frauen gleichberechtigt aufgenommen wurden und die erstmals von Epiphanius um 350 verfolgt wurde und etwa 1000 Jahre später im nördlichen Europa wieder auftauchte. Ihre Lehre beruhte darauf, daß Adam als christushafter Offenbarungsträger fungierte. Eine unterirdische Höhle des Kultraumes galt als Paradies, und es herrschte rituelle Nacktheit, die verknüpft war mit einer religiös betonten und als unschuldig angesehenen seelisch-körperlichen Liebe. Durch sie strebten die Adamiten eine Neugeburt zu paradiesischer Sündlosigkeit an, auf dem Hintergrund mystisch-pantheistischer Erlösungslehren.

Dieser knappe Blick auf den kultischen Zusammenhang von Religion und Sexualität macht deutlich, daß beide nicht notwendig als getrennte Bereiche bestehen müssen, sondern daß es durchaus den praktizierten, religiös überhöhten und z. T. auch gesellschaftlich legitimierten Geschlechtsakt gegeben hat und gibt. Zudem handelt es sich hier nicht nur um ein Phänomen, das sich lediglich auf sog. Naturreligionen oder präkulturelle Religionen bezieht, also nicht einfach um eine Art »Vorstufe« der späteren patriarchalischen Kulturreligionen.

Zugleich verdeutlichen die hier aufgeführten Beispiele, daß der integrative Zusammenhang von Religion und Sexualität immer auch mit ganz bestimmten gesellschaftlichen Bedingungen zusammenhängt. W. Schubart, H. Göttner-Abendroth und W. Reich (1937) gehen davon aus, daß mit dem Übergang von matriarchalen Gesellschaften zum Patriarchat der ehemals existente religiös-sexuelle Kult zurückgedrängt und das Sinnliche, Körperliche, Lustvolle innerhalb eines lange währenden gesellschaftlichen Prozesses aus dem Bereich der Religion verdrängt wurde.

Auf einen vergleichenden Aspekt zwischen *Mystik* und *sakralem Beischlaf* sei hier noch hingewiesen. Beiden liegt das Bedürfnis nach Verschmelzung mit dem Göttlichen und nach dem Erleben kosmischer Harmonie zugrunde. Im Unterschied zur kultischen Vereinigung mit den Göttern durch den sakralen Beischlaf wird in der Mystik die Verschmelzung auf individueller Ebene zu erreichen versucht, in der Abgeschiedenheit von anderen und häufig begleitet von asketischer Lebensführung. Im rituellen Koitus dagegen ist dies damit verbundene Erlebnis der Einheit weniger von individuellen

Gefühlen der Grandiosität begleitet, sondern vielmehr eingebunden in ein »Wir-Gefühl«, durch das eine Art Gruppenidentität entsteht. Das Erlebnis der Verschmelzung und Ekstase ist zugleich eingebunden und legitimiert durch den sozialen Kontakt der Mitglieder des Stammes, der Gruppe oder des Geheimbundes (vgl. G. Bataille, 1981).

Auch ist die personale Beziehung zwischen den Geschlechtspartnern weniger oder gar nicht bedeutend, wie zum Beispiel im buddhistischen Tantrismus, sondern viel wichtiger ist das Wissen um die spezifische Technik des rituellen Koitus. Dieser Aspekt ist insofern bedeutsam, als die Mystik als individuelle Ekstasetechnik eine aus dem sozialen Kontext weitgehend herausgelöste Praxis ist und allenfalls der Beziehung der Praktizierenden zu einem Meister oder einer Meisterin bedarf. Zudem fand sie zumeist in abgeschiedenen Gebieten statt, in einsamen Bergen, in der Wüste oder der Abgeschiedenheit eines Klosters. Sie war also einer kleinen, exklusiven Gruppe vorbehalten und nicht für die Allgemeinheit zugänglich. Deswegen stellten sie für die politische und soziale Einflußnahme der Religion auch keine größere Gefahr dar und konnten sich relativ ungehindert entfalten. Der sakrale Beischlaf dagegen, wie er auch noch während und nach der Etablierung der patriarchalen Religionen fortbestand, muß eine Gefahr und Störung gewesen sein, wenn man die fast zweitausend Jahre währenden massiven Eingriffe und Operationen der christlichen Kirche gegen das »sündige Fleisch« betrachtet.

5.2. Religion als Triebverzicht und Lustangst

> »Jede Verachtung des geschlechtlichen Lebens, jede Verunreinigung desselben durch den Begriff ›unrein‹ ist die eigentliche Sünde wider den heiligen Geist des Lebens.«
>
> (F. Nietzsche, 1956, 826)

Die Aufspaltung von religiösem und sexuellem Kult, die in den mutterrechtlichen Gesellschaften noch eine Einheit gewesen seien, sieht W. Reich[19] als den Ursprung der Religion.

Erst mit dem Entstehen der patriarchalen Religion wurde nach seiner Auffassung die ehemalige Einheit des Religiösen und Sexuellen getrennt. Dabei ist die religiöse Grundidee: »... in sämtlichen patriarchalischen Religionen das Negativ des sexuellen Bedürfnisses, ... wenn wir von den sexuell bejahenden Urreligionen absehen, in denen noch Religiöses und Sexuelles eine Einheit waren.« (77)

Die Einheit von religiösem und sexuellem Kult zersplitterte, so Reich, am Übergang der gesellschaftlichen Organisation von Natur- und Mutterrecht zum Vaterrecht und somit zur patriarchalischen Klassengesellschaft. Dabei wurde der religiöse Kult der Gegensatz des Sexuellen. Für die verlorengegangene, gesellschaftlich bejahte Lusthandlung wurde die religiöse Erregung gleichzeitig ein *Ersatz*. Reich betrachtet das religiöse Gefühl im Zusammenhang mit der *religiösen Erregung*. Zur religiösen Erregung gehören nach ihm nicht nur die Empfindungen der tief Gläubigen, sondern alle Erregungen, die durch eine bestimmte seelische und körperliche Erregungssituation gekennzeichnet sind.

Er kritisiert an der psychologischen Erklärung von Religion, daß sie zwar die Inhalte der religiösen Kultur erfasse, jedoch nicht die *Energie*, mittels derer sie sich in den Menschen verankere.

Die Affektstruktur des echt religiösen Menschen ist, nach Reich, dadurch gekennzeichnet, daß er biologisch den sexuellen Spannungszuständen genauso unterworfen ist wie alle anderen Menschen und Lebewesen. Durch seine verinnerlichten religiösen Vorstellungen jedoch, hat er die Fähigkeit zu natürlicher sexueller Spannung und Befriedigung verloren. Deshalb befindet er sich ständig in einem chronisch überspannten körperlichen Erregungszustand. Der Mensch als biologisches Lebewesen kann jedoch auf Glück, Entspannung und Befriedigung nicht verzichten, deshalb sucht er das illusionäre Glück auf, das er in der religiösen Vorlustspannung findet, also die bekannten vegetativen Strömungen und Erregungen im Körper. Er verschafft sich deshalb Einrichtungen, die ihm diesen körperlichen Erregungszustand erleichtern, die diesen aber gleichzeitig verschleiern. »*Sein biologischer Organismus baut sich ... eine Orgel, dessen Klänge derartige Strömungen im Körper hervorrufen können. Das mystische Dunkel der Kirchen erhöht die Wirkung einer überpersönlich aufgefaßten Empfindsamkeit für das eigene Innere und für die darauf zugeschnittenen Klänge einer Predigt, eines Chorals etc.*« (78)

In Wirklichkeit entstammt nach Reich die Sehnsucht des Menschen nach Gott der Sehnsucht, seine sexuelle Vorlustspannung auszulösen. Die Erlösung ist nur die Erlösung von den untragbaren körperlichen Spannungen. Das sieht er bestätigt durch die Neigung fanatisch religiöser Menschen zu masochistischen Handlungen, Selbstschädigungen usw. Mit Hilfe ihrer religiösen Vorstellungen geraten religiöse Menschen häufig in starke Erregung. »*Es ist aus Behandlungen kranker Priester bekannt, daß am Höhepunkt religiös ekstatischer Zustände unwillkürliche Samenentleerungen sehr häufig vorkommen.* (79)

Ursprünglich und natürlicherweise ist, wie Reich betont, die Sexuallust das Gute, das Schöne und das Glückhafte gewesen, das, was den Menschen mit der Natur verband. »*Mit der Aufsplitterung des sexuellen und religiösen Gefühls mußte das Sexuelle das Böse, das Höllische, Teuflische werden.*« (ebd.)

Zusammenfassend stellt Reich fest: »*1. Die religiöse Erregung ist eine verschleierte, vegetative sexuelle Erregung. 2. Durch die Mystifizierung der Erregung negiert der Religiöse seine Sexualität. 3. Die religiöse Ekstase ist ein Ersatz der orgiastischen vegetativen Erregtheit. 4. Die religiöse Ekstase bringt keine sexuelle Entspannung, sondern höchstens eine muskuläre und geistige Ermüdung. 5. Das religiöse Gefühl ist subjektiv echt und physiologisch begründet. 6. Die Negierung der sexuellen Natur dieser Erregung bedingt charakterliche Unechtheit.*« (81)

In der *Lustangst* sieht Reich den Kern jeder religiösen Moral. Durch die Teilbefriedigung, die Religion gewährt, ist sie beständig und sinngebend. Um Aufschluß über Reichs These zu erlangen, daß Religion/Religiosität die Negation des Sexuellen sei und die religiöse Erregung ein Ersatz für die sexuelle Erregung, habe ich die Interviewpartner befragt, ob sie dies aufgrund ihrer Erfahrungen bestätigen oder verneinen würden.

SILVIA:
»Ja, ich glaube, das ist möglich. Ich kann meine Sexualität in Aikido oder in Meditation oder in dynamischer Therapie verwandeln. So gesehen ist es eine Kraft, die auch toll genutzt werden kann.«

EVA:
»Nein, das habe ich so überhaupt nicht erlebt. Ich sehe beides als Formen der Bewußtseinserweiterung oder von Ekstase an, die ganz stark zusammengehören, wie zum Beispiel auch im Tantra. Ich kann mir aber auch vorstellen, daß Menschen, denen sexuelles Erleben fehlt, in der Religiosität ihren Halt suchen, was ich ansatzweise auch selbst erlebt habe oder erlebe. Um einfach überhaupt noch einen Halt zu haben. Genauso kann ich mir vorstellen, daß Leute, die viel und intensiv Sexualität leben, keine religiösen Bedürfnisse mehr haben, weil ihnen das als Intensität reicht. Aber als Endziel sehe ich die Verbindung.«

THOMAS:
»Generell kann ich das nicht sagen. Zwar war die Unterdrückung der sexuellen Gefühle bei mir stark mit dem religiösen Überbau und der Religiosität bei uns in der Familie verbunden. Unterdrückung in dem Sinne, daß sie mir Schuldgefühle machte und mich an Sexualität nur denken ließ im Zusammenhang mit Liebe, Verantwortung und Ehe. Aber das muß nicht so sein. Ich kann mir religiöses Gefühl auch ganz anders vorstellen und nicht nur als Ersatzhandlung oder Sublimierung von Sexualität. Das heißt, als eine andere Spielart eines ähnlichen Gefühls. Beides hat mit Hingabe zu tun, mit Fallenlassen, mit Auflösung ineinander. Und da gibt es viele verschiedene Spielarten, die sowohl einen religiösen Charakter haben können als auch sexuellen Charakter. Ich stelle es mir gerade als ein Band vor, auf dessen einer Seite mehr religiöse Gefühle stehen und auf der anderen mehr sexuelle.«

JOHANNES:
»Da kommen wir wieder in Schwierigkeiten mit der Religiosität. Ich habe keine Schwierigkeit, das für eine Art der Religiosität zu akzeptieren, die man als Rückbindung und Unterwerfungshaltung beschreiben könnte. Obwohl ich da meine Zweifel habe, ob das alles ist, was man darüber sagen kann. Ich hätte aber Schwierigkeiten, das für das zu akzeptieren, was ich versucht habe als Glauben zu beschreiben. Wenn das eine Haltung wäre, die umfassend versucht zu beschreiben, hieße das doch, das Freud'sche Theorem zu akzeptieren, nach dem Sexualität Grundlage für alle Äußerungsformen und

Lebensbereiche ist. Das möchte ich aber wohl bestreiten. Ich denke, daß Sexualität überall dabei und darin ist, aber jetzt den Mozart unbedingt in seinen schönsten Stücken zu reduzieren auf seine sexuellen bzw. Sublimationsleistungen – nur deswegen hat er gekonnt oder so – das halte ich für ärmlich. Ich will's aber nicht leugnen.«

Maria:
»Spontan muß ich erstmal nein sagen. Nein, für mich gilt das ganz bestimmt nicht. Mein Geist würde nie befriedigt oder ausgefüllt dadurch sein, daß ich sexuell tolle Beziehungen habe. Mein Bedürfnis und meine Sehnsucht nach Geistigem blieben dadurch ungestillt. Ich könnte eher sagen, Bücher können Ersatz für Gott sein, oder Gott kann Ersatz für Bücher sein. Ich glaube, etwas Geistiges kann nie Ersatz für etwas Körperliches sein. Und das Körperliche kann nicht das Geistige ersetzen. Das finde ich absurd.«

Klaus:
»Ich habe deshalb Schwierigkeiten, darüber zu reden, weil es mein (unbewußtes) Gefühl ist, daß die Religion gegen die Sexualität argumentiert, und das ist im Gefühl drin. Wenn Religion stark ist, dann ist Sexualität schwach. Und umgekehrt bedeutet das, Religion hat nicht mehr die Macht, das zu bekämpfen, weil sie schwächer ist, sie hat nicht mehr die Berechtigung der Argumente, und an ihre Stelle tritt dann die Moral.«

Judith:
»So ein Quatsch! Nein, so hab ich das nicht erlebt und ich möchte das auch nicht so erleben. Ich empfinde das, wie gesagt, als eine Einheit. Für mich ist die Vereinigung mit einem Menschen in Liebe auch etwas Kosmisches – um dieses Modewort mal zu gebrauchen; ich habe das zwar noch nicht erlebt, aber ich kann mir vorstellen, daß einen ein so starkes, inniges Band mit einem anderen Menschen verbindet, daß es auch religiösen Charakter annehmen kann.«

Bezogen auf ihre eigenen Erfahrungen wird die These W. Reichs, Religion sei »Ersatz« für Sexualität, von den Befragten überwiegend abgelehnt. Das religiöse wie auch das sexuelle Gefühl wird von fast allen als eigenständige Gefühlsqualität beschrieben, die in ihrer Unterschiedlichkeit zwar miteinander verbunden sein können, zum Beispiel hinsichtlich der Hingabefähigkeit, sich jedoch nicht gegenseitig ersetzt. Religiöse wie auch sexuelle Erregung werden als »verschiedene Formen der Bewußtseinserweiterung« beschrieben oder als ein »Band mit Vorder- und Rückseite«. Betont wird von den meisten die spezifische Qualität des religiösen Gefühls gegenüber dem sexuellen als etwas Eigenständiges, eher »Geistiges«, das sich nicht durch »Körperlich-Sexuelles« ersetzen läßt.
Reichs These vom grundsätzlichen Ersatzcharakter der Religion/Religiosität gegenüber der Sexualität wird von den Befragten nicht bestätigt, sondern im Gegenteil eher kritisiert. Reich faßt Sexualität als einen universellen Begriff auf, der alle körperlich-physiologischen Erregungszustände impli-

ziert und beschreibt. Dabei bleibt jedoch unklar, was er mit »natürlicher« sexueller Spannung und Befriedigung meint. Sexualität führt für ihn zum Glück, zur Entspannung, zur Befriedigung; Religiosität dagegen führt zum illusionären Glück und zur Vorlustspannung, die nicht in Befriedigung und Erlösung enden. Sexuallust ist nach Reich ursprünglich etwas Gutes und Natürliches. Auch hier bleibt unklar, was »natürlich« und »ursprünglich« beinhaltet. Diese Attribute der Sexuallust weisen eher auf ein romantisches Vollkommenheitsideal hin, das sich historisch so nicht nachweisen läßt, sondern vielmehr einer Wunschvorstellung zu entspringen scheint, angesichts der in der Realität eher repressiv erfahrenen Sexualität. Fraglich bleibt desweiteren, inwieweit die ehemals existente Einheit von sexuellem und religiösem Kult eine allgemeine Sakralisierung des Sexuellen bedeutete, oder ob nicht vielmehr diese Einheit kleinen, exklusiven Gemeinschaften vorbehalten gewesen ist – wie zum Beispiel im buddhistischen oder hinduistischen Tantrismus – und die sich bei der allmählichen Vergesellschaftung des Körperlich-Sinnlichen durch die Sexualität und des Sakralen durch die Religion für die Allgemeinheit nicht durchsetzen ließ.

Reichs Idealisierung der Sexualität, insbesondere seine Annahme von der *ehemals* glückhaften Sexuallust, blendet das Destruktive, Böse und Häßliche aus, die Kehrseite der Sexualität und Sexuallust, wie es Freud dargelegt hat. Denn der Drang, die Sexuallust bis ins Endlose zu steigern, ist zwar auch physiologisch begrenzt[20], aber die damit verbundenen schöpferischen wie auch zerstörerischen Kräfte können ganz real soweit freigesetzt werden, daß sie nicht nur zur körperlichen Erschöpfung, sondern auch zum Tod oder Mord führen können. Bataille hat dies ausführlich nachgewiesen und auch literarisch bearbeitet[21].

Reich hat die destruktiven und repressiven Aspekte der Sexualität auf die Religion schlechtin projiziert. Dabei übersieht er, daß die christliche Sexualmoral zwar mitwirkte, jedoch nicht die einzig wirksame Kraft war, die zur Verteufelung der Sexualität führte[22]. Allerdings impliziert Reichs These von der Religion als Sexualersatz die Möglichkeit, diese These umzukehren. Denn wenn in der sexuellen und religiösen Erregung vergleichbare Spannungs- und Entspannungszustände wirksam sind, müßten diese prinzipiell austauschbar bzw. ersetzbar sein. Sexualität könnte somit Ersatz für Religion sein, Sexuallust die religiöse Erregung ersetzen.

Deswegen fragte ich die Interviewpartner, ob sie sich Sexualität auch als Ersatz für Religion/Religiosität vorstellen könnten.

SILVIA:

»Ja, ich denke, es gibt wirklich so eine Art Sexbesessenheit, wo man süchtig ist nach Sex. Und jede Form von Sucht ist einfach nicht gesund, wenn ich zum Beispiel immer mit einem Mann schlafen muß, um mich selber zu spüren und zu fühlen. Darum geht es ja auch in der Religiosität: in sehr viel verschiedenen Formen sich zu spüren und sich im Einklang mit der Natur zu erleben und dabei auch sich selbst zu erfahren. Wenn das nur möglich ist mit Sexualität, finde ich das nicht gut.«

JOHANNES:

»Das kann ich mir gut vorstellen, jetzt wieder auf der Ebene von Religion als Bindung. Wie alle Fetischisierungen einen Ersatzcharakter haben können, wie ja gut von Marx beschrieben. Wie Religion selbst schon Ersatzcharakter hat. Als Blumen an den Ketten. Und natürlich kann die Sexualität die Blume an den Ketten sein, wie zum Beispiel die Peepshows oder ähnliche Dinge. Das ist die Wurzel oder die Hoffnung, in das alltägliche knechtische Einerlei dann doch irgendwo etwas Würze oder etwas Besonderes hineinzubekommen. Dann hat die Peepshow dieselbe Funktion wie mancher Gottesdienst.«

MARIA:

»Ja, das kann ich mir gut vorstellen. Ich glaube, wenn man Gott nicht findet oder keinen Sinnzusammenhang und sich geistig nicht eingebunden fühlt, dann wird man eher sehr stark zurückgeworfen auf das Sexuelle, weil man ja irgendwo seine Lustgefühle herholen muß und vielleicht versucht, sich damit Trost zu verschaffen für etwas, das einem sehr fehlt. Ich kann mir auch vorstellen, daß Leute, die sexuelle Schwierigkeiten mit ihrem Partner haben und da nicht klarkommen, sich auch in Religiosität flüchten können. Aber ich würde nie sagen, das ist immer so. Das muß nicht so sein, sondern das kann so sein.«

KLAUS:

»Nein, das kann ich mir nicht vorstellen. Ich bin fest davon überzeugt, daß ich durch Sexualität Sachen auslebe, die ich woanders nicht leben kann. Daß ich quasi Gefühle, Bedürfnisse durch Sexualität ausdrücke, Lust. Dadurch bekämpfe ich die Einsamkeit. Und wenn ich mit einer Frau schlafe, kann ich letztlich auch trotz des Sexuellen wahnsinnig einsam sein. Das ist in der Religiosität nicht so extrem.«

EVA:

»Ja, das habe ich auch bei mir selbst erlebt in Zeiten, in denen ich immer und hauptsächlich Sexualität gelebt habe und sonst gar nichts. Da habe ich viele Teile von mir, nämlich meine spirituellen Anteile, abgeschnitten. Denn ich hatte keinen Zugang dazu, weil ich zu körperlich fixiert war. Heute kann ich das nicht mehr. Ich könnte mir sogar heute vorstellen, auch wenn sich das für einige Leute absurd anhört, daß ich nach einem erfüllten Orgasmus anfange zu beten.«

Die persönlichen Erfahrungen der Interviewten bestätigen teilweise die These von der Sexualität als mögliche Ersatzhandlung. Allerdings wird nicht vom grundsätzlichen Ersatzcharakter der Sexualität gesprochen, sondern davon, daß Sexualität zum Ersatz für »etwas« werden kann, im Sinne von »Trost« für das, was fehlt, wie zum Beispiel das »Geistige«, oder um die »Einsamkeit zu bekämpfen« und um »sich selbst zu spüren«, aber auch als »Würze im alltäglichen knechtischen Einerlei«. Diese Ersatzfunktion der Sexualität kann schließlich zur Sucht und »Besessenheit« führen. Aber genauso kann auch umgekehrt die Religion fetischisiert werden. Beide können dazu dienen, »als

Blumen an den Ketten« das normale tägliche Leben erträglich zu machen und können somit Ersatzbefriedigung für andere Bedürfnisse und Wünsche sein. Reichs These von der Religion als Sexualersatz ist demzufolge nur unter bestimmten Bedingungen richtig. Religion *kann* Ersatz für Sexualität sein. Sie braucht es jedoch nicht. Da zudem auch das Gegenteil zutrifft, wird seine These in der von ihr beanspruchten psychologischen Allgemeingültigkeit und Ausschließlichkeit dem Phänomen der Religiosität und Religion insgesamt nicht gerecht.

Reich weist darauf hin, daß in der religiösen wie auch sexuellen Erregung Spannungs- und Entspannungszustände wirksam sind, die einander entsprechen. Dieser Gedanke führt zu der tatsächlichen Verbindung, mit der Sexualität wie auch Religion/Religiosität miteinander verbunden sind: Religion und Sexualität als kulturell unterschiedlich vorgeformte »Phänomene« erlauben verschiedene, kulturell vermittelte individuelle Äußerungsformen spezifischer Bedürfnisse und Wünsche nach Lustbefriedigung, die sowohl Möglichkeiten zur Artikulation bieten, aber auch Grenzen setzen, die eine allzu freie und ungezügelte Entfaltung hemmen. Religion und Sexualität erweisen sich demnach als Kulturträger, die – wenn auch eingeschränkt – spezifische Transzendenz-Erfahrungsmöglichkeiten zulassen, andererseits sich jedoch hinsichtlich der freien Lustentfaltung des Individuums auch repressiv auswirken können.

Das wiederum heißt: Nicht die Religion »an sich« unterdrückt oder verteufelt die Sexualität, sondern sie *kann* als Ideologie dazu dienen, die vorherrschenden Sexual- und Moralvorstellungen gesellschaftlich wie auch individuell zu verankern. Genauso kann umgekehrt eine idealisierte »freie« Sexualität als zwanghafte Umkehrung der vorherrschenden Sexualmoral zur Ideologie werden, wie dies auch T. Nathan in seinem Buch »Ideologie, Sexualität und Neurose« (1979) nachweist. Auf Grundlage der Foucault-'schen Analyse der Sexualität ist nicht nur Sexualität, sondern auch Religion als ein »Stützpunkt« zu bezeichnen, der dazu dient, bestimmte Lüste und Erfahrungen der Selbsttranszendierung zu regulieren und zu kontrollieren, im Zusammenspiel von Fremd- und Selbstkontrolle.

Auch wenn W. Reich Religion allein unter dem Aspekt der *Repression* der Sexualität untersucht, so weist sein Ausgangspunkt, daß nämlich in der religiösen wie auch sexuellen Erregung ähnliche körperliche Spannungs- und Entspannungszustände wirksam sind, auf eine zentrale *ursprüngliche* Gemeinsamkeit von Religion und Sexualität hin. Diese Spannungs- und Entspannungszustände *können* sowohl in der Religion wie auch in der Sexualität artikuliert und ausgelebt werden.

Auf diesem Hintergrund läßt sich das Bedürfnis nach Transzendenz als ein Verlangen des Menschen beschreiben, welches sowohl in der Religion wie auch in der Sexualität versucht wird zu befriedigen. Doch Religion und Sexualität haben dem Streben des Menschen nach Grenzüberschreitung und Grenzenlosigkeit *Grenzen* gesetzt, aber auch, wenngleich eingeschränkte Möglichkeiten – direkter oder auch symbolischer Art – angeboten, diese zu überschreiten.

Die Notwendigkeit der Grenzziehung durch die Religion als kulturschaffendes Element sieht S. Freud darin begründet, die *Triebe*, die nach Befriedigung drängen, auf andere, nicht mehr sexuelle Wege zu verlegen. In diesem Prozeß der Triebsublimierung hat sich Religion konstituiert, wobei Befriedigung aus der *Illusion* gewonnen wird. Denn nach Freud ist Religion eine *Illusion*, die *nicht* mit *Irrtum* identisch ist, sondern sich aus menschlichen *Wünschen* ableitet. Die Lehrsätze der religiösen Vorstellungen seien deswegen auch »*. . . nicht Niederschläge der Erfahrung oder Endresultate des Denkens, es sind Illusionen, Erfüllungen der ältesten, stärksten, dringendsten Wünsche der Menschheit; das Geheimnis ihrer Stärke ist die Stärke dieser Sehnsucht.*« (164)

Freud versteht die religiösen Illusionen als Reaktionsbildungen auf die gattungsspezifische Erfahrung der menschlichen Ohnmacht gegenüber der Natur. In Übereinstimmung mit der materialistisch-atheistischen Religionskritik Feuerbachs, Marx' und Nietzsches ist es nach Freud der Mensch, der sich die Religion macht, wobei die Götter Projektionen und Wunschbilder von Menschen in einer wenig göttlichen Welt sind.

Freuds Annahme einer »Massenpsyche«, »in welcher sich die seelischen Vorgänge vollziehen wie im Seelenleben des einzelnen«[23], führte ihn zu dem »wissenschaftlichen Mythos von der Urhorde«, den er unter Einbezug kulturhistorischer und ethnologischer Theorien und Materialien entwickelt hat. »*Unterzieht man das prähistorische und ethnologische Material . . . einer psychoanalytischen Bearbeitung, so stellt sich ein unerwartet präzises Ergebnis heraus: daß Gottvater dereinst leibhaftig auf Erden gewandelt und als Häuptling der Urmenschenhorde seine Herrschermacht gebraucht hat, bis ihn seine Söhne im Vereine erschlugen. Ferner, daß auf die Wirkung dieser befreienden Untat und in Reaktionen auf dieselbe die ersten sozialen Bindungen entstanden, die grundlegenden moralischen Beschränkungen und die älteste Form einer Religion, des Totemismus.*«[24]

Freud sieht also im *Totemismus* die erste Erscheinungsform der Religion in der menschlichen Geschichte. Dieser ist entstanden durch den Mord am Vater der Urhorde durch seine Söhne, der nach Sitte jener Zeit roh verzehrt wurde. Dadurch – so Freud – ist ein gutes Stück der Machtvollkommenheit des Vaters auf die Frauen übergegangen, womit die Zeit des Matriarchats begonnen hat. Die Erinnerung an den Vater hat durch ein starkes Tier, das als Vaterersatz gefunden wurde, fortbestanden. Freud nimmt an, daß nach der Vatertötung eine längere Zeit folgte, in der die Brüder miteinander um das Vatererbe stritten, das ein jeder für sich allein gewinnen wollte. Jedoch die Einsicht in die Gefahren und die Erfolglosigkeit dieser Kämpfe, die Erinnerung an die gemeinsam vollbrachte Befreiungstat und die Gefühlsbindungen aneinander, die während der Zeiten der Vertreibung entstanden waren, führten schließlich zu einer Einigung unter ihnen, einer Art von Gesellschaftsvertrag. Auf diese Weise entstand die erste Form einer sozialen Organisation mit *Triebverzicht*.

Die ursprüngliche Ambivalenz der Gefühlsbeziehung zum Vater blieb dabei im Verhältnis zum Totemtier erhalten. Durch die allmähliche Vermenschlichung des verehrten Totemtieres entstanden schließlich die Gottheiten. Dabei entwickelten sich nach Freud die Muttergottheiten vermutlich noch vor den männlichen Göttern zur Entschädigung der zurückgesetzten Mütter beim Beginn der Zeiten der Einschränkung des Matriarchats.

Vor diesem Hintergrund nimmt Freud an, daß die Wurzel des religiösen Bedürfnisses die *Vatersehnsucht* sei (StA., Bd. IX, 431). Denn in der Wiederkehr und Wiederaufrichtung des »einen, einzigen, unumschränkt herrschenden Vatergottes« spiegelt sich jener einst ermordete Urvater wider, der das Urbild Gottes war.

Zum Schutz gegen die fremde Übermacht des ermordeten Vaters schaffte der Mensch sich dieses Vater-Gottes-Bild, vor dem er sich fürchtete und das er zugleich zu gewinnen und zu erreichen versuchte und dem er seinen Schutz übertrug. *»So ist das Motiv der Vatersehnsucht identisch mit dem Bedürfnis nach Schutz gegen die Folgen der menschlichen Ohnmacht . . .«* (StA., Bd. IX, 158)

Die Sehnsucht nach dem Vater und der damit verbundene Wunsch nach Sühne, wegen der Schuld durch den Vatermord, habe im Christentum am unverhülltesten ihren Ausdruck gefunden, weil die Versöhnung mit dem Vater durch den Opfertod des Sohnes stattfand. Dadurch sei schließlich die Vaterreligion durch eine Sohnesreligion abgelöst worden (StA., Bd. IX, 437). Dies ist der Hintergrund für Freuds Auffassung über das Verhältnis von Religion und Sexualität.

Im Mythos von der Urhorde veranschaulicht Freud nochmals gleichnishaft und auf die Menschheitsgeschichte bezogen den Ödipusmythos, wonach das aus dem inzestuös motivierten Vatermord resultierende Schuldgefühl zum Triebverzicht und damit zur Kulturentwicklung führt. Freud hat diese psycho-dynamischen Prozesse als bedeutsam für den Entwicklungsprozeß der Religion entdeckt und dabei den *Ödipus-Komplex* ins Zentrum seiner Überlegungen gestellt. Er erklärt »das vom Inzestverlangen beherrschte Verhältnis zu den Eltern für den *Kernkomplex* der Neurose«. Erst der erzwungene Verzicht auf die Befriedigung dieser frühesten und intensivsten Begierden markiert ontogenetisch wie auch phylogenetisch den Übergang von der Animalität zur Kultur. Denn damit überhaupt Kulturentwicklung möglich wird, ist es nach Freud notwendig, die Triebe, die danach drängten, befriedigt zu werden, auf andere Wege zu verlegen und die Bedingungen ihrer Befriedigung zu verschieben. Dieser Prozeß der Triebsublimierung wird ein besonders hervorstechender Zug der Kulturentwicklung. Das wichtigste dabei ist die Tatsache, *». . . in welchem Ausmaß die Kultur auf Triebverzicht aufgebaut ist, wie sehr sie gerade die Nichtbefriedigung (Unterdrückung, Verdrängung oder sonst etwas?) von mächtigen Trieben zur Voraussetzung hat.«* (1930, StA., Bd. IX, 227)

Triebsublimierung beruht dabei auf der Fähigkeit, *». . . das ursprüngliche sexuelle Ziel gegen ein anderes, nicht mehr sexuelles, aber psychisch mit ihm verwandtes, zu vertauschen . . .«*[25]

Demnach hat die Religion sich aufgrund von Triebverzicht als eine der Grundlagen menschlicher Kulturentwicklung konstituiert. In Hinblick auf

Religion wird dabei Befriedigung aus der Illusion gewonnen, die vergleichbar mit den Phantasiebefriedigungen durch die Kunst ist[26]. Deren illusionärer Charakter rührt aus dem Phantasieleben, das sich der Realitätsprüfung entzogen hat und nun zur Quelle von Wunschbefriedigungen wurde und zur Schaffung einer neuen, illusionären Welt führte. Diese in der Vatersehnsucht gründenden Illusionen können, aufgrund der ambivalenten Struktur der religionsbildenden Ödipalphase, über Zwangseinschränkungen schließlich zur Zwangsneurose führen, weshalb Freud Religion als »universelle Zwangsneurose« bezeichnete. Während die individuelle Neurose einen Verzicht auf Triebe »ausschließlich sexueller« Art erfordert, wird in der ›universellen Neurose Religion‹ vorrangig der Verzicht auf eigensüchtige und sozialgeschädigte Triebe verlangt (GW: VII, 138 f.).

Freuds Verhältnis zur Religion ist im höchsten Maße ambivalent. Zwar betont er immer wieder, daß er ein »gottloser Jude« sei, dennoch ließ ihn die Auseinandersetzung mit der Religion Zeit seines Lebens nicht los. Vermutlich ist für ihn die intensive Beschäftigung mit religiösen Themen auch ein Instrumentarium gewesen, die eigene religiöse Sozialisation ein Stück weit aufzuarbeiten[27].

Der Dreh- und Angelpunkt der Freudschen Religionstheorie ist seine Urhordentheorie, an der er im Gegensatz zu anderen theoretischen Konstrukten[28] bis zuletzt festhält. Den Mythos vom Urvatermord hat Freud auf dem Hintergrund seiner klinischen Erfahrung entwickelt. Problematisch ist daran vor allem, wie Freud in einer »klinischen Analogie einen historischen Prozeß mit der Ontogenese«[29] parallelisiert und schließlich den Inhalt dessen (hier: den Urvatermord) als »Phylogenetisches Erbe« deklariert. Dennoch darf, wie R. Vogt (1989, 39) betont, bei aller notwendigen Kritik an Freud's biologisierender Gesellschaftstheorie nicht die *symbolische Relevanz* seiner Urhordentheorie verkannt werden. Denn: »*Die Besonderheit und Stärke von Freud's Theorie des Mythos liegt darin, daß sie eine unübertroffen differenzierte Darstellung vom ›Absolutismus des Wunsches‹ gibt. Ihre Schwäche und Begrenzung ist darin zu sehen, daß sie keinen ausreichenden Begriff vom ›Absolutismus der Wirklichkeit‹ entwickelt hat und aufgrund ihrer Methode auch schwerlich entwickeln kann.*« (ebd. 39)

Die Macht und den »Absolutismus des Wunsches« kannte Freud primär aus seinen Beobachtungen der kindlichen Versuche, die Realität zu bewältigen. Dies verleitete ihn dazu, infantile und religiöse Wünsche analog zu betrachten[30], indem er in der Religion die »repressive Erneuerung der infantilen Schutzmächte« (S. Freud, GW. VIII, 195) sah, einen betont kindlichen Versuch, das Leben zu meistern und die »Sinnenwelt, in die wir gestellt sind, mittels der Wunschwelt zu bewältigen« (GW. XV, 181). Freud stellt dieser regressiven Orientierung sein Plädoyer für eine »Erziehung zur Realität« entgegen, wobei unter Verzicht auf die illusionären Tröstungen des »Narkotikums Religion« die Menschen langfristig befähigt werden sollen, den ödipalen Konflikt realitätsangemessen zu meistern.

Freud nimmt eine für alle Kulturen geltende relativ gradlinige Entwicklung der historischen Herausbildung patriarchaler Religionen an. Dies muß auf dem Hintergrund neuerer religionshistorischer Forschungen bezweifelt werden. Wahrscheinlicher ist eine Entwicklung, die in verschiedenen Regionen ungleichmäßig verlaufen und in der die Vormachtstellung von Frauen oder Männern heftig umkämpft gewesen ist. Dabei hat möglicherweise die Entdeckung des Zusammenhangs zwischen Beischlaf und Schwangerschaft, also die Entdeckung der Vaterschaft, die Stellung der Männer grundlegend verbessert. Der Ethnologe B. Malinowski[31], der in jahrelanger Forschungsarbeit das Geschlechtsleben der Eingeborenen auf den Trobriand-Inseln untersuchte, stellte den Zusammenhang zwischen dem Rechtssystem und der Unkenntnis über die physiologische Vaterschaft als ein wesentliches Merkmal dieser mutterrechtlichen matrilinearen Gesellschaft heraus. »*Der wichtigste Faktor im Rechtssystem der Trobriander ist die Vorstellung, daß einzig und allein die Mutter den Leib des Kindes aufbaue, und daß der Mann in keiner Weise zu seiner Entstehung beitrage. Ihre Anschauungen über den Vorgang der Fortpflanzung verbinden sich mit gewissen mythologischen und animistischen Glaubenssätzen zu der zweifelsfreien, uneingeschränkten Behauptung, das Kind sei von gleicher Substanz wie die Mutter, und zwischen Vater und Kind bestehe nicht die geringste leibliche Verbindung.*« (1929, 20)*

Dabei ist natürlich nicht sicher, ob dieses spezifische Merkmal der matrilinearen Gesellschaft der Trobriander sich soweit verallgemeinern läßt, um es auf sämtliche ehemals existierenden matrilinearen und matriarchalen Gesellschaften zu übertragen, wie es W. Reich in seiner Schrift über den Einbruch der sexuellen Zwangsmoral tat, nachdem er Malinowskis Schilderung des trobriandischen Geschlechtslebens gelesen hatte.

Diese grundlegenden Fragen der Anthropologie sind, wie die damit zusammenhängenden nach der Organisation jener Urgesellschaften, im wesentlichen nur hypothetisch und spekulativ zu beantworten. Eine der größten Hilfen sind dabei die über Jahrtausende hinweg tradierten und veränderten Mythen. Die Aussagen über den Ursprung von Religion und ihrem Einfluß auf die Unterdrückung von Sexualität sind dementsprechend mythisch gefärbt[32]. Nach C. Lévi-Strauss (1969, 224) ist dabei »jeder Mythos eine Suche nach der verlorenen Zeit«. Das gilt für Freuds Theorie der Religion und den ihr zugrundeliegenden Urvatermord genauso wie für Reichs Auffassung von der generellen ursprünglichen Einheit von sexuellem und religiösem Kult.

Interessant ist bei diesen Untersuchungen die Frage, wie weitgehend die Patriarchalisierung der Gesellschaft als Erklärung dafür herangezogen wird, daß die Kontrolle der Lüste durchgesetzt wurde. Freuds Triebverzichts- und Sublimationsthese als Voraussetzung für jede kulturelle Entwicklung bestätigt J. Bachofen (1861), der eine relativ gradlinige Entwicklung von präkulturellen Matriarchaten bis hin zu den Hochkulturen des Patriarchats annahm. Eine solche Darstellung ist jedoch leicht auszumachen als aus der parteilichen Perspektive des Patriarchats und seiner Wertmaßstäbe geschrieben. Wenn man bedenkt, daß die patriarchalen Gesellschaften von Zeugnissen des vermuteten Matriarchats nur noch kümmerliche Reste übriggelassen haben, die historisch gesicherte Aussagen fast unmöglich machen, ist die Sichtweise Bachofens und Freuds, die von einer relativ ungezügelten, nicht sublimierten Lustentfaltung im Matriarchat ausgingen, eher fraglich.

Aus Gründen der jeder organisierten Gesellschaft immanenten Bestrebung sozialer Regulierung und Kontrolle ist vielmehr zu vermuten, daß es auch nicht in möglichen matriarchalen Gesellschaften völlig freie Entfaltungs-möglichkeiten für sexuelle Lüste gegeben hat. Viel wahrscheinlicher ist eine »heilige Angst« vor der allmählich bewußt werdenden berauschenden, dä-monischen Wirkung der geweckten Lüste und ekstatischen Zustände, die deswegen fest in kultische Riten eingebunden wurden und vermutlich den einzelnen Stammesmitgliedern ihren freien Gebrauch untersagten. Da es den ausgeprägten, selbstbewußten Individualismus des bürgerlich-aufge-klärten Menschen in den frühen Gesellschaften noch nicht gab, waren vermutlich auch Lust und Begehren der einzelnen viel stärker eingebettet in das gemeinschaftliche Leben und der dafür geltenden Gebote und Verbote. Deswegen ist wahrscheinlich »von Anfang an« Lusterfahrung sozial kon-trolliert und rituell geleitet worden.

Für die Belegung dieses Gedankens gibt es zahlreiche Beispiele aus Stam-mesgesellschaften, in denen sehr ausgeklügelte, kontrolliert-begrenzende wie auch kontrolliert-verfeinernde Vorschriften beschrieben werden, mit denen die Stammesangehörigen auf Ereignisse eingehen, die ihre Emotio-nen stark berühren: Bekannt sind u. a. ausgedehnte Tanzriten nach Kon-flikten innerhalb von Stämmen in Afrika und Nord-West-Neuguinea, in denen die Erregungszustände der Beteiligten einerseits ausagiert, sogar noch gesteigert, und damit sozial akzeptiert, andererseits durch die Anteil-nahme der Gruppe langsam besänftigt werden[33].

Ein anderes Beispiel ebenfalls aus afrikanischen Stämmen sind die umfang-reichen Regeln, nach denen Menschen, die einen Toten zu beklagen haben, ihre Trauerarbeit leisten, bis sie nach einer Reihe von Trauerphasen die Schmerzen des Verlustes überwunden haben[34].

Die gesellschaftliche Entwicklung, die zur Ausgrenzung des sexuellen Lust-erlebens aus der Gemeinschaft führte, bedeutete den Entzug des öffent-lichen Schutzes und der Kontrolle, aber auch eine Losbindung aus dem göttlich-dämonischen Zusammenhang und verstärkte somit den Prozeß der Individualisierung von Religion und Sexualität.

5.3. Die Spiegelung männlichen und weiblichen Lusterlebens in der Gottessymbolik

> »Und Gott schuf den Menschen nach seinem Bilde,
> nach dem Bilde Gottes schuf er ihn als Mann und
> Frau.«
>
> (Genesis, 1, 27)

Die Geschlechterproblematik steht im Mittelpunkt von L. Irigarays (1980)[35] Auffassung zur Herausbildung des christlichen Gottesbildes, dem »Höchstwert« der abendländisch-christlichen Kultur. Sie deutet das christliche Gottesbild als Projektion des männlichen *Lustempfindens* – unter Ausschluß des weiblichen. Da das männliche Lustempfinden in einem Moment »alles und absolut« sei, sei auch das männliche dominierte christliche Gottesbild »absolut und vollkommen«.

Irigaray geht davon aus, daß jede bisherige *Theorie des Subjekts* dem »Männlichen« entsprochen habe. Der einzige Ort in der Geschichte des Abendlandes, an dem die Frau spreche und handele, sei der des »Mysterischen-Hysterischen«. Vor allem, um als Frau zu sprechen, müsse sie deswegen aus der »geschlossenen Philosophenkammer« ausbrechen und weggehen von der spekulativen Matrix, in der sich die Philosophen »zur klaren Betrachtung des Ganzen« (241) eingeschlossen haben. »*Ausschlüpfen der ›Seele‹ aus sich selbst, wobei eine Höhlenöffnung bleibt, durch die sie (wieder) eindringen kann. Durchbrechen ihrer Trennwand, Überschreitung der (und ihrer) Unterscheidung zwischen drinnen und draußen. Ekstasen, in denen sie sich alsbald zu verlieren riskiert, oder in denen sie jedenfalls die Gewißheit ihrer Identität mit sich selbst (als Selbst) schwinden sieht.*« (240f.) In der Methode der »Mimesis« sieht Irigaray deswegen den einzig möglichen Zugang des Weiblichen zum philosophischen Diskurs, um die »Linearität« und die damit verbundenen Strukturen des männlichen Diskurses aufzusprengen. Dabei geht es Irigaray nicht um die Setzung eines weiblichen Gegensystems oder die Bestimmung eines »weiblichen Wesens an sich« (471). Sondern sie will den »pietätvollen Ernst wissenschaftlicher Theorie« (ebd.) durch das mimetische Wiederholen und das Nachplappern verzerren und karikieren.

Nach Irigaray ist die Frau ein »Volumen ohne Konturen« (282), sie ist das »Nichts vom Ganzen«, sie ist weder »geschlossen noch offen«, sie ist die »Form, die nicht abgeschlossen« ist. Deswegen kann sie sich nicht auf *ein* Sein, *ein* Subjekt, *ein* Ganzes beziehen, das einfach definiert werden könnte (285). Sie sieht in der Geschlechtlichkeit der Frau dieses »Nicht-Eins-Sein« angelegt, im Gegensatz zu dem des Mannes. »Das Geschlecht, das nicht eins ist«, ist das weibliche Geschlecht, und das werde im Abendland als *kein* Geschlecht gezählt. »*Für Freud gibt es nicht zwei Geschlechter, deren Differenzen sich im Geschlechtsakt und allgemeiner in den imaginären und symbolischen Prozessen artikulieren, die das gesellschaftliche und kulturelle*

Funktionieren regulieren. Immer wird das ›Weibliche‹ beschrieben als Fehlen,
als Verkümmerung, als Kehrseite des einzelnen Geschlechtes, das den Wert
monopolisiert: des männlichen Geschlechts. Von daher der allzu berühmte
Penisneid.«[36]
Das Spezifische des weiblichen Geschlechts bleibe dadurch unausgesprochen, nicht definiert. Die »beiden Lippen, die sich unaufhörlich selbst
berühren«, entsprächen einer anderen »Topologie des Lusterlebens« (1980,
285) als der Selbsterotik des Mannes, die eine Individualisierung des Subjekts voraussetze und damit auch des Objekts und des Instruments. Die
Frau berühre sich immerzu, da ihr Geschlecht aus zwei Lippen besteht, die
sich »unaufhörlich aneinander schmiegen« (1979, 23). Das Geschlecht der
Frau ist nicht eins, denn: »*Die Lust der vaginalen Liebkosung kann sich nicht*
derjenigen der klitoralen Liebkosung substituieren.« (27)
Beide Liebkosungen tragen zum Lustempfinden der Frau bei, ebenso wie
»*. . . das Streicheln der Brüste, die Berührung der Vulva, das Aufgehen der*
Lippen, das Zu- und Abnehmen eines Drucks auf die hintere Scheidewand,
das Streifen des Muttermundes usw.« (ebd.)
Die Ökonomie der Lustempfindung der Frau sei deswegen eine andere als
die des Mannes, der sich in der abendländischen Sexualität fast ausschließlich auf die *Erektion* bezogen habe, was sowohl dem *Erleben* wie auch der
Imagination und den *Wünschen* der Frau eher fremd sei. Das Lustempfinden der Frau sei mehr auf den »Körper« bezogen, während das des Mannes
mehr auf das »Organ«, den Phallus bezogen sei (104). Um sich selbst zu
berühren, brauche der Mann ein Instrument: die Frau, die Hand oder auch
die Sprache, die er produziert. Dadurch sei der Mann in seiner Lust »zum
Knecht seiner Macht geworden« (1980, 289).
In der Selbst-Berührung der Frau dagegen »berührt sich ein Ganzes, um
unbegrenzt zu sein« (ebd.), ein Ganzes, das sich nicht schließen könne und
es auch nicht verstanden habe, sich als Unendliches auszudehnen und
»aufzublähen«. Die Selbst-Berührung der Frau verleiht ihr eine Form, »die
sich unendlich und unbegrenzt verändert«, die sich jedoch nicht ver-
schließt und dadurch die Frau in Besitz nimmt.
Im Zusammenhang der unterschiedlichen Art und Weise der sexuellen
Selbst-Berührung von Mann und Frau analysiert Irigaray das christliche,
männliche Gottesbild. Dieser »Gott« sei als »die Wesenheit par excellence,
die völlig autarke Einheit, der Schöpfer aller Natur« (293) begriffen worden
und damit als »vollkommenes Volumen«, »abgeschlossene Vollkommenheit«, als »ein unendlicher Kreis, der die Weite alles Ausgedehnten umschließt«, eher das Resultat des Lusterlebens und der Einbildungskraft des
Mannes gewesen (294).
Ein »Gott« der Frau dagegen müsse ein ebenso anderer sein wie ihre Lust.
Denn das Geschlecht der Frau sei nicht eins, und da sich das Lusterleben in
jeden ihrer »Teile« ausbreite, »können sie sich auch unendlich verschieden
spiegeln« (297). Ihr Lusterleben erfordere, daß sie »offenbleibt, sich über
etwas öffnet, das sich nicht sagen läßt« (298). Dadurch bleibe die Frau das
»Ganze des Ortes«, das sich nicht in einen Raum des Denkens einschließen

lasse, zugleich jedoch sei sie in Funktionen zersplittert, deren verschiedene Abstände zueinander sich nicht wieder zusammenbringen lassen und ihrem Einfluß entzogen seien. Das Bild von Gott als Vater, der Eins ist, das Ganze, und der niemals zuvor *in der Mutter* gewesen ist, in ihrem Bauch, im »Wasser ihrer Höhle« (374), sei von Beginn an »pure Spekulation« (391). *»Er, der Vater, ist ewig, weil er sich stets geweigert hat, geboren zu werden. Sein Sein dauert also an für alle Zeit, identisch mit sich selbst. Ebenso seine Güte, seine Wahrheit, seine Schönheit. Sein Logos: (un-)endlich und (un-)bestimmt, unbeweglich und unveränderbar.«* (404)

Ein Endpunkt der fortschreitenden Progression, »die Überführung in die andere Welt« (406), werde dadurch markiert, an den Attrituben des Vaters zu partizipieren. Die »philosophische Optik« habe deshalb – um die Integrität des Bildes vom Vater zu schützen – *diesem* Bild von Gott «den Gebrauch aller Sinne, die Veränderung bewirken«, entzogen (408). Dieser ewige und unveränderbare Gott-Vater ist *»in einem Moment* alles, was (er) gewesen ist und sein wird« (417). Dieses Bild von Gott als unbewegliches *Zentrum*, von dem alles ausgeht, in das alles zurückgeht, das Anfang und Ende ist, ist nach Irigaray allein aus *männlicher Sicht* produziert worden, das der Mann aufgrund seiner spezifischen *Lustökonomie* entwickelt hat.

Die sinnliche Seite der Dinge sei aus dem Bild des Gottes herausgenommen, dessen Verhältnis zu ihnen nur noch theoretisch sei (1980, 429). Denn das »Sinnliche« wird »niemals zur Perfektion des ›Urbildes‹ von Gott-Vater aufsteigen« (436). *»Der Aufstieg vom Sinnlichen zum Intelligiblen – das heißt: vom ›Unterleib‹ zum ›Kopf‹ – zielt auf die Teilhabe an den Eigenschaften des Urbildes, das auch als Vorbild definiert wird.«* (ebd.)

Das Sinnliche wurde aus dem Urbild Gottes abgespalten und bleibt dem »Anderen« vorbehalten. *»Und das, was man ›sinnlich‹ oder Materie oder Mutter, ja, auch das, was man ›anders‹ nennt, wird sich danach richten müssen, wenn es, wenn sie in diesem ›Universum‹ ein Gesicht haben will.«* (437)

Die *Nachahmung* der Eigenschaften des Gott-Vaters – vollkommen, absolut, autark, eins und ganz zu sein – sei allenfalls dem Sohn und dem Mann auf der Ebene des Intelligiblen, in den Diskursen des Denkens möglich. Das gelte jedoch nicht für das »Sinnliche« – das Mütterliche und das Weibliche. Für deren Eigenschaften gebe es keinen »Ort«, kein »vollkommenes Bild«, sondern dem entspreche eher das Fließende, der »Ort des Flüssigen«, das nicht eindeutig Definierte (457).

Zusammenfassend zeigt Luce Irigaray auf, wie in den philosophischen Diskursen *das Männliche als das Menschliche* schlechthin theoretisch konstruiert wird und in der Folge davon, sich das christliche Gottesbild von Gottvater, Sohn und Heiligem Geist als das Idealbild männlicher Vollkommenheitsvorstellungen herausgebildet hat. Die Produktion und Herausbildung des Gottesbildes leitet sie aus dem spezifischen männlichen bzw. weiblichen Lusterleben ab. Demnach gibt es aufgrund des *ungleichen geschlechtlichen Lusterlebens von Mann und Frau* ein männlich dominantes und ein weiblich dominantes Gottesbild. Im christlichen Abendland hat sich mit der Herausbildung der patriarchalen Klassengesellschaft das männliche Gottesbild von Gottvater und Gottsohn etabliert, unter Abspaltung des Sinnlichen, des Weiblichen und Mütterlichen.

Um Luce Irigarays grundlegende These von der unterschiedlichen Lustökonomie von Männern und Frauen genauer zu untersuchen, habe ich in den Interviews danach gefragt, ob es für die Befragten einen Unterschied im sexuellen Erleben von Mann und Frau aufgrund ihrer persönlichen Erfahrungen gebe.

MARIA:

»Ja offensichtlich. Früher habe ich das nicht geglaubt, aber meine Erfahrungen und was ich so von anderen höre bestätigen eigentlich, daß es einen Unterschied gibt. Zum Beispiel kann ich nicht verstehen, wie Männer mit Frauen schlafen können, die sie nicht lieben, sondern einfach nur um des Sexuellen willen. Das ist mir einfach rätselhaft. Ich kann es mir nicht vorstellen, und das macht für mich den Unterschied aus. Wobei nicht jeder Mann so denkt und vielleicht auch nicht jede Frau so denkt wie ich, aber die Tendenz scheint mir so zu sein. Mir geht es so, wenn es in unserer Beziehung nicht stimmt, dann habe ich auch keine Lust auf Sexualität. Während Männer auch in Situationen plötzlich Lust haben können, in denen sonst nichts stimmt. Das können die, aber das ist mir zu oberflächlich.«

KLAUS:

»Ja, aber ich glaube, das ist auch gesellschaftsbedingt. Die männliche Sexualität ist dadurch so reduziert, und die weibliche ist eher geerdet. Das ist sicher auch naturbedingt durch die Kinder, die Frauen gebären, aber auch sicher psychisch-gesellschaftlich bedingt und kulturell. Dadurch, daß in unserer Kultur der Penis so wichtig ist. Das sexuelle Erleben, scheint mir, ist hauptsächlich dadurch geprägt, wie wir erzogen worden sind. Durch den Einfluß der Eltern auf die Kinder, aber auch durch die Geschlechter selbst. Das Eindringen ist einfach etwas anderes als das Aufnehmen des Penis'. Das ist ein entscheidender Unterschied.

Ich glaube nicht, daß Frauen weniger Angst vor Sexualität haben als Männer, das nicht. Aber das hat auch mit Geschlechtsidentität zu tun, womit man sich zum Beispiel als Mann identifiziert, daß ein Mann vielmehr und öfter beweisen muß, daß er sexuell aktiv ist, um sich seiner Identität als Mann zu versichern. Das heißt, die Sexualität ist ein Erlebnis, wo der Mann unsicher ist. Denn die Frau ist sich ihrer Geschlechtsidentität sicher. Die ist eindeutiger.«

JUDITH:

»Ja, ich glaube, daß Frauen sich viel schneller verbinden können. Frauen sind auch viel hingabevoller und sensibler, und sie können auch vielmehr so ein Nachschwingen erleben, viel intensiver. Frauen leben viel stärker ihre Körperlichkeit. Das hat auch mit den körperlichen Prozessen zu tun: Frauen können schwanger werden, wir haben eine Menstruation, das rüttelt dich immer wieder wach als Frau: Du bist Frau. Und das haben Männer nicht, das können sie nicht nachvollziehen.

Ein anderer Grund ist sicher auch die Erziehung. Ach, ich glaube, daß ein Mann genauso sensibel sein könnte, wenn er entsprechend dazu erzogen wird und auch mehr Mut zur Bindung entwickelt. Wenn sie wirklich dazu stehen würden, zu ihren Tränen, zu ihren Gefühlen, zu ihrer Weichheit, zu ihrer ›inneren Frau‹. Denn ich glaube, wir haben beide Pole in uns. Und ich glaube, wenn auch der Mann diese andere Seite in sich zuläßt, dann kann er sich auch mit einer Frau verbinden. Andersherum können ja Frauen oft auch nicht von ihrem selbstsüchtigen ›Nur-dieses-Frausein‹ herauskommen, so wie es am Anfang der feministischen Bewegung bei vielen der Fall war. Denn auch wir Frauen haben diesen männlichen Teil in uns, und der muß sich auch mit dem Mann verbinden. Trotzdem glaube ich, daß das uns Frauen viel besser gelingt.«

THOMAS:
»Ich weiß nicht, ob das ein grundsätzlicher Unterschied ist, weil ich es nur von mir aus erlebe. Es gibt viele Frauen, die behaupten das. Vielleicht haben sie recht oder auch nicht . . .
Ja, vielleicht gibt es einen Unterschied in der Art des sexuellen Erlebens. Aufgrund der Art, wie die Geschlechtsorgane sind. Denn es ist ein großer Unterschied, ob ich in jemanden eindringe mit meinem Penis als Mann, oder das Gefühl, das die Frau dabei hat, wenn sie einen Penis in sich aufnimmt. Ich glaube, das ist ein unterschiedliches sexuelles Gefühl, das aufnehmende Gefühl und das eindringende Gefühl. Aber ich glaube, das hängt auch von der Geschichte der einzelnen Männer und Frauen ab. Auch mein persönliches sexuelles Erleben ist sehr stark von meiner eigenen Geschichte geprägt, weswegen sich auch mein sexuelles Erleben als solches von allen anderen unterscheidet. In dieser Weise bin ich einzigartig. Einzigartig im Besonderen.
Ich glaube, der Unterschied im sexuellen Erleben zwischen Mann und Frau ist auch erziehungsbedingt, aber ganz wichtig ist auch der biologische Unterschied. Zum Beispiel die Angst des Mannes, sich einer Frau hinzugeben, wenn er eindringt und die Frau empfängt. Ich könnte mir vorstellen, daß dieses Eindringen des Penis auch ein Geben ist, ein Abgeben der Kontrolle, ein Geschenk, also Geben auch als Hin-Gabe, Hin-Geben. Dieses Hingeben setzt im Grunde doch auch Vertrauen voraus, Vertrauen darin, daß die Frau ihn auch aufnimmt, schließlich gibt man seinen Penis auch her, und wer weiß, wie und ob er überhaupt wieder rauskommt. So gesehen müßte man ganz neue Assoziationszusammenhänge entwickeln. Aber normal ist das sicher nicht, das so zu sehen. Normal bedeutet Eindringen einen aggressiven Akt. Man müßte das auch wegholen von den rein biologischen Vorgängen und sehen, daß das mit dem Prozeß zu tun hat, nämlich mit dem Prozeß, daß beide bereit sind, sich wirklich zu vereinigen. Und das ist etwas, was sich der rein biologischen Funktion entzieht, weil das auch mit Hingabe als Tätigkeit zu tun hat. Der Akt ist ja nicht nur ein Punkt, sondern es ist ein Prozeß, der dahin führt. Genauso wie das Wesen der Erotik darin besteht, ein Weg zu sein, eine Entwicklung zur Bereitschaft, sich hinzugeben. Erst dann, wenn

nicht letzten Endes jeder bei sich selber bleibt, kann man auch wirklich von einem Verströmen sprechen.«

SILVIA:
»Ich selber habe das unterschiedlich erlebt, aber ich würde das selbst nicht grundsätzlich unterscheiden. Ich denke, es kommt auch auf den Mann an. Ich glaube, Männer haben Angst, sich auch schwach zu zeigen, aber ich glaube, Männer können das auch, sie müssen nur lernen, femininer zu werden. Wenn sie diesen Weg gehen wollen, dann haben sie auch noch eine Chance.«

JOHANNES:
»Ja und nein. Die Sexualforschung geht ja immer mehr in die Richtung, uns nachzuweisen, daß dieser Unterschied gering ist. Und für meine Generation sind die ersten beiden Kinsey-Reports eine Offenbarung gewesen. Die sind natürlich angetreten unter der Voraussetzung des prinzipiellen Unterschieds zwischen männlich und weiblich und haben dabei aber auch einen Blick gekriegt für die Ähnlichkeit. Ich glaube allerdings, daß es einen unleugbaren Unterschied gibt. Aber ob der qualitativ so schwergewichtig ist, wie so Ideologen des Weiblichen, des ewig Weiblichen und ewig Männlichen als Prinzip der Naturgegebenheit uns wahrmachen wollen, das glaub ich nicht mehr. Ich glaube, das ist viel mehr Kultur, sehr viel Geschichte und auch Ideologie.
Dennoch glaube ich, daß ein Teil der Faszination gerade in der Sexualität liegt, eben auch in der Unterschiedlichkeit, die aber nicht wesenhaft zu sein braucht. Und es gibt da natürlich den einen oder anderen unaufhebbaren Unterschied: Den Penis und die Vagina.
Es ist ja ein Irrtum zu glauben, daß man in einer Biographie die ganze Geschichte aufheben kann. Und selbst, wenn sich nachweisen ließe, daß alles Weibliche am Weibe nur kulturell bedingt wäre, dann wäre es dennoch schicksalsentscheidend für die jeweils Betroffenen, und die Möglichkeit, das alles in einer Biographie aufheben zu wollen, halte ich für eine Überschätzung, für Krampf.
Ich glaube, daß die männliche Sozialisation immer noch stärker auf dem Mechanismus beruht, Emotionalität, zum Beispiel Ängste, eher an das ihn umgebende System abzugeben und selbst nicht auszuleben, also mehr eine Korsettsozialisation darstellt als eine weibliche. Einem Mann ist weniger zugelassen, bestimmte Weisen der Weichheit oder Ängste auszuleben oder gar zuzugeben.
Ich glaube, Männer haben nicht weniger Angst als Frauen, aber es ist ihnen nicht erlaubt, diese Angst so zu artikulieren, weil gewissermaßen stellvertretend die Frauen oder die Untergebenen diese Ängste äußern und sie selbst sie nicht äußern müssen. So nach dem Delegationsprinzip. Und solange das funktioniert, ist natürlich ein Mann aktuell unfähiger – also sozialisationsbedingt –, beispielsweise Emotionen, also Angst zum Beispiel zu äußern. Er verliert. Er gibt sich auf. Er ertrinkt. Er geht unter, wenn er weinen würde. Dann ersäuft er an seinen eigenen Tränen. Dann würde er nicht nur seine

Angst äußern, sondern sein ganzes Rollenkorsett würde kaputt gehen und damit auch das ganze Familiensystem.«

EVA:

»Ja, ich habe das so erfahren und mich deswegen oft alleine gefühlt, weil ich immer diese Verbindungssehnsucht spürte, auch zur Erde. Und beim Mann habe ich es mehr so erlebt, daß er seine Kräfte auslebt, und sie bleiben mehr auf ihn beschränkt, oder eventuell gehen sie noch auf seinen Geist. Während ich vielmehr diese Verbindung zur Erde habe, auch durch meinen Zyklus und durch das Gebären, und dadurch spüre ich ein starkes Verlangen nach Sexualität und Hingabe, und das verlangt nach mehr menschlichen Gefühlen. Das hat mit denen des Mannes immer mehr kollidiert.«

Der von Luce Irigaray angenommene Unterschied im sexuellen Erleben von Mann und Frau wird von allen Befragten bestätigt, allerdings werden interessanterweise von den befragten Männern andere Gründe dafür benannt als von den Frauen. Die Männer nennen als Grund die *sichtbaren physiologischen Unterschiede der Geschlechtsorgane* und ihre Funktion beim Koitus: Der Penis dringt ein, die Vagina nimmt auf, wobei die unterschiedliche Erlebnisqualität des *Eindringens* und *Aufnehmens*, das daraus resultierende Empfangen und Geben betont wird. Dabei wird die kulturell und gesellschaftlich tradierte Fixierung auf den Penis bedauernd herausgestellt und kritisiert.

Die befragten Frauen betonen dagegen eher die *psychischen Unterschiede im sexuellen Erleben von Mann und Frau,* wenngleich auch der Grund dafür in der unterschiedlichen Körperlichkeit gesehen wird. Die mit dem sexuellen Erleben verbundenen Wünsche und Sehnsüchte der befragten Frauen beziehen sich vor allem darauf, sich im sexuellen Akt zu *verbinden.* Diese »Verbindungssehnsucht« wird auf die im weiblichen Körper stattfindenden Prozesse der Menstruation und des Gebärens zurückgeführt. Das binde die Frau »eher an die Erde«, zum Beispiel durch die Dauer und den Einfluß des Mondzyklus auf die Menstruation ebenso wie auf die Gezeiten. Das Zyklische und Erdige ist demnach im Körper der Frauen selbst direkt angelegt, dies bindet sie auch physiologisch stärker als den Mann an die naturhaften Prozesse des Wachsens und des Vergehens.

Abgesehen von den zwangsläufigen Veränderungen, zum Beispiel durch das Älterwerden, die beide Geschlechter betreffen, hat die Eingebundenheit des weiblichen Körpers in Zyklen möglicherweise auch eine intensivere Wahrnehmungsfähigkeit hinsichtlich von »Etwas-sich-Verbindendem« zur Folge. Denn die ständige Präsenz des Verbundenseins mit zyklischen Prozessen macht Frauen permanent bewußt: Du bist eine Frau und abhängig von ganz bestimmten zyklisch verlaufenden Körperprozessen. Dieses Bewußtsein von Eingebundenheit ist es möglicherweise auch, das Frauen stärker für Bindung in Beziehungen sensibilisiert. Gleichzeitig liegt in der damit verbundenen Verschmelzungssehnsucht auch eine der Quellen, die es Frauen schwer macht, Objekte zu bilden.

Die in der Frauenbewegung der 70er Jahre propagierte »Beendigung des Objektstatus« hat nicht zwangsläufig dazu geführt, daß Frauen »befreite Objekte« wurden, um nun ihrerseits Objekte zu bilden, da sie selbst die Objektbildung wohl zuallererst als Zwang und Bezwingung erfahren haben. Objekte bilden heißt Zugreifen, Aneignen, aber auch Sich-Wieder-Distanzieren-Können, um zu beobachten (vgl. B. Sichtermann, 1984). »Das Zugreifen und das Loslassen-Können machen erst ein Objekte-Bilden im Sinne einer souveränen Aneignung, die auch wieder hergeben kann und will, aus.« (ebd. 73)

Das weibliche Unvermögen zur Objektbildung analysiert B. Sichtermann zutreffend als historisch bedingt, entstanden in einem jahrhundertelangen Prozeß. Diese »historische Schwäche« der Frauen, Objekte bilden zu können, bedeutet hinsichtlich der Sexualität, daß es Frauen auch an der Fähigkeit zu begehren mangelt, denn das Trennen, Zerteilen, Zugreifen, Betrachten und wieder Loslassen ist als Prozeß des Objektivierens Begehren, ist die Fähigkeit des Herstellens von Verhältnissen und Dingen, um sie in die Welt zu setzen. »Die Verschonung des potentiellen Objekts mit dem Interesse ist, in der Sexualität, nicht nur eine Kränkung, sondern auch – in versteckter, verschwiegener Form – Anerkenntnis seiner Überlegenheit, seiner Unerreichbarkeit und damit, noch einmal, seiner Unterwerfung.« (76)

Bei Männern wird der Bindungswunsch im sexuellen Erleben von den befragten Frauen vermißt. Männer würden ihre Kräfte eher auf sich selbst beschränken. Dennoch wird ihnen die prinzipielle Fähigkeit zur Bindung nicht abgesprochen. Vor allem betonen die Interviewten dabei eine erziehungsbedingte und kulturell tradierte Angst der Männer vor Bindung, Gefühlsbezeugungen und Hingabe.

Zusammenfassend führen die befragten Männer die differierende Erlebnisqualität des Sexuellen eher auf die unterschiedlichen Geschlechtsorgane zurück, die befragten Frauen dagegen eher auf die spezifische männliche und weibliche Körperlichkeit.

Dieses Ergebnis weist darauf hin, daß spezifische Wünsche auch physiologisch verwurzelt sind. Demnach bringt der Körper des Mannes andere Wünsche hervor als der Körper der Frau. Wenn Frauen den physisch bedingten Wunsch nach Bindung haben, welches könnte der entsprechende physiologisch bedingte Wunsch des Mannes sein?

Einer der befragten Männer – Klaus – hebt insbesondere hervor, daß der Mann sich beweisen muß, indem er sexuell aktiv ist. Dadurch könne er sich seiner Identität als Mann versichern. Da alle befragten Männer als entscheidenden Unterschied im sexuellen Erleben von Mann und Frau den der Geschlechtsorgane hervorheben, nämlich den – sie selbst betreffenden – eindringenden Penis, läßt sich die obige Aussage dahingehend interpretieren, daß männliche Identitätssicherung durch sexuelle Aktivität als genitale Potenzerfahrung (ich bin mächtig, fähig, stark, kräftig . . . und deswegen sicher) erreicht wird. Die Aussagen der Frauen über ihren Wunsch nach Bindung im sexuellen Erleben lassen die Interpretation zu, daß weibliche Identitätssicherung durch sexuelle Aktivität viel stärker als körperlich-seelische *Bindungserfahrung* (ich bin gebunden, geborgen, aufs Innerste mit Dir vertraut . . . und deswegen sicher) erlangt wird.

Diese Deutung deckt sich auffallend mit dem Ergebnis der Arbeit der Soziolinguistin D. Tannen (1991), die in ihrer Untersuchung über den *Gesprächsstil* von Männern und Frauen grundlegende *geschlechterspezifische Unterschiede* festgestellt hat. Demnach begegnen Männer der Welt als Individuum in einer *hierarchischen Ordnung, in der er entweder unter- oder überlegen ist.* »*So gesehen ist das Leben für Männer ein Wettkampf, bei dem es um die Bewahrung von Unabhängigkeit und die Vermeidung von Niederlagen geht.*« (ebd. 20)

Frauen dagegen nähern sich der Welt als Individuum in einem *Netzwerk zwischenmenschlicher Beziehungen.* »*In dieser Welt sind Gespräche Verhandlungen über Nähe, bei denen man Bestätigung und Unterstützung geben und erhalten möchte und Übereinstimmung erzielen will.*« (ebd.)

Frauen leben demnach *tendenziell* eher in einer *Beziehungswelt* mit dem Ziel, *Intimität* herzustellen, wohingegen Männer *tendenziell* eher in einer *Statuswelt* leben, mit dem Ziel, *Unabhängigkeit* zu erlangen. Die Ursachen für diese geschlechtsspezifischen Unterschiede, Intimität herzustellen bzw. Unabhängigkeit zu erlangen, lassen sich mit der psychoanalytischen Theorie der frühkindlichen Entwicklung männlicher bzw. weiblicher Identitätsbildungsprozesse erklären.

Die psycho-sexuelle Entwicklung des Kindes erfordert die stufenweise Lösung von der symbiotischen Beziehung zur Mutter und die Zuwendung zu einer dritten Person. M. Mahler (1975) bezeichnet diesen Prozeß als »zweite Geburt«. Erst mit der Fähigkeit unterschiedliche Beziehungen zu zwei Personen aufnehmen zu können, lernt das Kind zwischen sich und der Mutter schärfer zu unterscheiden und dabei getrennte Selbst- und Objektrepräsentanzen aufzubauen. Diese Fähigkeit zur *Triangulierung*[37] in der Wiederannäherungsphase im Laufe des zweiten Lebensjahres bildet für beide Geschlechter die Grundlage für die Entwicklung zur Selbständigkeit. Nach dieser Phase, wenn das Kind etwa 3 Jahre alt ist, bildet sich die Geschlechtsidentität, der unwandelbare Kern der Persönlichkeitsbildung, der mit wenigen Ausnahmen »bei beiden Geschlechtern fest und irreversibel verankert ist.« (R. Stoller, 1964). Nach M. Klein (1932) hat der Knabe im Vergleich zum Mädchen den Vorzug, daß er mit Hilfe seines Geschlechts, einem *sicht- und anfaßbaren* Organ, das er der Realitätsprüfung unterziehen kann, sich leichter von der Mutter *unabhängig* machen kann und sich als ein Wesen anderer Art, das etwas besitzt, was ihr fehlt, fühlen kann.

Nach J. Chasseguet-Smirgel (1976, 159 f.) müssen sich fast alle Kinder aus der Allmacht ihrer Mutter befreien, wobei die Mutter allein durch ihre allmächtigen Aktivitäten allen Kindern eine »narzißtische Wunde« schlägt (durch die Bedrohung der Integrität des Ich und des Körper-Ich, das Gefühl der Machtlosigkeit und Abhängigkeit, wie Winnicott es darstellt), um ein Gefühl der Vollständigkeit entwickeln. Ein Knabe erreicht diese Befreiung durch seinen Penis und seine Männlichkeit. Damit kann der Knabe die frühe narzißtische Wunde kompensieren. Sein Penis und seine Männlichkeit symbolisieren seine Unabhängigkeit und Separatheit von der Mutter. Indem Knaben sich als männlich definieren, trennen sie sich von ihren Müttern und können sich entschiedener individuieren und ihre Ich-Grenzen deutlicher festigen. Das daraus resultierende Bedürfnis des Mannes nach Abgrenzung und Unabhängigkeit im sexuellen Erleben – wie dies auch D. Tannen für die unterschiedlichen geschlechtsspezifischen Gesprächsstile feststellte – wird somit verständlicher.

Ein Mädchen hingegen besitzt nicht wie der Knabe etwas von der Mutter verschiedenes, das sie deren Allmacht entgegensetzen kann. Nach N. Chodorow (1984) erleben sich deswegen Mädchen, indem sie sich als weiblich identifizieren, als ihren Müttern gleichend, und »verschmelzen somit das *Erlebnis der Bindung* mit dem Prozeß der Identitätsbildung«. C. Gilligan (1985, 22) betont, daß für Männer im Zyklus der Loslösung und Neubindung die *Identität vor der Intimität* und Fortpflanzung kommt, wohingegen bei der Frau *Intimität die Identität begleitet*, »da die Frau sich durch das erkennt, wodurch sie auch von anderen erkannt wird, nämlich durch ihre Beziehung zu anderen.«

Ein weiterer bemerkenswerter Aspekt im sexuellen Erleben von Mann und Frau ist die von den Befragten angesprochene *unterschiedliche Fähigkeit zur Hingabe*. Auf meine Frage, was für sie Hingabe bedeutet und warum möglicherweise Hingabe auch angstbesetzt ist, antworteten sie folgendermaßen:

THOMAS:

»Hingabe bedeutet, die Kontrolle über sich selbst loszulassen, sich in die Situation auch wirklich hineinfallen zu lassen, ohne nach Bedingungen zu fragen. Ja, das klingt erstmal sehr leicht, aber das ist ungeheuer schwer. Ich kann das versichern. Es ist nicht ohne weiteres zu machen. Aber das ist etwas, was ich gerne lernen würde. Denn ich habe die Erfahrung gemacht, daß das nicht so einfach geht.

Ich glaube, die Angst vor Hingabe ist auch der Grund dafür, weswegen für mich der Orgasmus auch oft ein flacher Orgasmus ist und oft ein sehr schneller Orgasmus. Wenn ich sehr schnell komme, hat das auch mit Angst zu tun. Angst, mich wirklich fallenzulassen. Oder es bedeutet umgekehrt den Wunsch, möglichst schnell fertigzuwerden. Das ist ja die Umdrehung desselben.

Es ist die Angst davor, daß sich irgendwelche Gefühle ohne die Kontrolle meines Kopfes äußern, daß ich mich einfach fallenlasse, ohne daß mein Verstand dazu ein letztes Wort sagt. Ich bin unglaublich verstandesorientiert, unglaublich intellektuell in allem, was ich bin und tue. Auch wenn ich das gar nicht sein will, ich bin es einfach, ich habe es so gelernt und dementsprechend fällt es mir schwer, mich auf anderer Ebene zu äußern.«

SILVIA:

»Ja, ich glaube, letztendlich führt das auch in den kleinen Tod, wenn ich mich wirklich ganz hingebe, auch seelisch. Wenn ich mich gebe, dann bin ich nicht abgesichert.«

KLAUS:

»Hingabe, das ist, wenn ich meinen Willen weggebe und dem anderen seinen Willen lasse. Hingabe ist auch ein Gefühl, ich gebe meinen Körper hin. Im sexuellen Sinne gebe ich meinen Körper an meine Partnerin. Es hat auch etwas davon, die Macht an den anderen zu geben.

Ich kann mich nur fallenlassen, wenn ich hundertprozentig sicher bin, daß ich aufgefangen werde. Denn wenn ich mich fallenlasse, dann bin ich schutzlos. Ich glaube, Männer haben mehr Angst vor Hingabe. Die Frau hat vielleicht mehr Angst vor Männergewalt. Aber in ihrem innerlichen Erleben, da ist sie sicherer. Sie traut sich, schwach zu sein. Ja, ich sehe es als Stärke an, wenn man sich schwach fühlen kann und es nicht muß. Und ich sehe es als Schwäche an, wenn man sich nur stark fühlen will. Ich glaube grundsätzlich, daß Männer das auch können. Und ich erlebe mich so und habe die Erfahrung gemacht, daß das möglich ist.«

MARIA:

»Hingabe ist etwas Seltenes und Kostbares für mich. Es ist deshalb selten, weil ich eher dazu neige, mich nicht hinzugeben, so schnell nicht, weil mir bange ist vor Verletzungen. Und wenn ich mich hingebe, dann geht dem voraus, daß es ein Mensch ist, dem ich in dem Moment total vertraue. Das ist dann für mich etwas unheimlich Schönes. Ich könnte mich nicht hingeben, wenn ich nicht vollstes Vertrauen hätte.

Indirekt habe ich auch Angst davor. Ich lasse es selten zu, mich hinzugeben. Wenn ich mich hingebe, bin ich unheimlich offen und verletzlich. Meine schlimmsten Erlebnisse verbinde ich damit, daß ich mich Menschen hingegeben habe, die mich unzulässig weit geöffnet haben und dann . . . ja, dann bin ich ausgeliefert und manipulierbar. Naja, ich bin nicht ausgeliefert, denn ich habe ja die Möglichkeit zu handeln, aber ich bin dann ganz offen und kann dann ganz stark eine Person oder ein Gefühl oder eine Idee in mir aufnehmen. Und das ist sehr gefährlich. Ja, weil meine Kontrolle in dem Moment wirklich aussetzt. Ich bin dann mehr Gefühl als Kopf. Ich kann dann auch nicht mehr aufpassen und nehme dann kritiklos auf, was kommt. Und deshalb bin ich auch verletzlich. Denn wenn mir in dem Moment jemand weh tun würde, das wäre wie ein Schlag in die Magengrube. Davon könnte ich mich nicht so schnell erholen. Dann tut mir erst einmal alles weh. Ich mache eine Tür auf zu einer Welt in mir, die sehr fein ist und sehr reagiert. Wenn dann etwas schiefläuft, dann erschüttert das mich total. Deswegen bin ich sehr vorsichtig.

Ich habe den Eindruck, daß Männer sich nicht so mit ihrer Seele und ihrem Herz total hingeben können. Das können sie zwar, aber im Sexuellen ist das für sie nicht daran gekoppelt. Während bei Frauen das Sexuelle immer damit verbunden ist. Der Mann denkt vielleicht eher, es ist auch so ganz nett, und er behält dabei sein Herz und seinen Geist ganz für sich.

Ich würde nicht sagen, daß wir Frauen weniger Angst haben als die Männer, wenn sie sich hingeben, sondern daß bei der Frau einfach, ob es nun Erziehung ist oder angeboren, ganz stark Sexualität mit Hingabe gekoppelt ist.«

JOHANNES:

*»Hingabe ist, sich vorwagen zu dürfen auf ein Entgegenkommen.
Die Angst vor Hingabe ist eine typisch männliche Angst. Vorm Gefressenwerden, vorm Festgehaltenwerden, vorm Eingeklemmtwerden. Aber es ist
auch die durchaus kognitive Angst, sich dem immer oder nie überwundenen
Wunsch nach Verschmelzung ganz und gar hingeben zu wollen. Der falsch ist,
was man weiß. Also bedingt zuzulassen, den Wunsch nach Verschmelzung
nicht zu verdrängen und auch nicht zu leugnen und doch nicht ohnmächtig
zu werden, unterzukriechen unter seinen eigenen Verschmelzungssehn-
süchten. Da säße die Angst. Man hat das ja in vielfältiger Form immer wieder
erlebt, auch in Beziehungen. Also wenn ich das beschreiben sollte, dann
möchte ich sagen, daß die typische Beziehungskrise, die ich so zu hören
bekomme und auch erlebe, darin besteht, daß von dem weiblichen Teil eine
hohe Erwartung auf Nähe, Beisammensein, miteinander etwas machen, vorhaben und so artikuliert wird und vom männlichen Teil dies als Klammer-
bedürfnis, als Umklammerung offensichtlich nicht nur erlebt, sondern auch
verbalisiert wird. Das scheint mir eine ganz typische Konstellation zu sein. Ich
weiß nicht, ob ich da richtig liege, wenn ich sage, das sei typisch männlich. Ich
selbst jedenfalls habe es immer so erlebt, daß ich eher Wert darauf gelegt
habe, wieder Distanz zu schaffen.«*

JUDITH:

*»Wenn ich das Gefühl habe, ich bin mit dem anderen Menschen, dem
Partner, auch auf allen Ebenen in Übereinstimmung, auch geistig, und wenn
ich danach in ganz tiefer Ruhe bin, dann ist das für mich Hingabe. Wenn ich
nicht mehr begreifen kann, warum ich etwas tue. Sondern da tue ich nur
noch und habe nichts mehr unter Kontrolle und habe nichts mehr in meiner
eigenen Hand.
Aber das hat auch mit Angst zu tun. Denn dann bin ich nicht mehr Herr
meiner eigenen Persönlichkeit, weil, eine Persönlichkeit zeichnet sich durch
ein Ich aus, und ich kann dann nicht mehr sagen: ›Ich‹ tue das und das, weil
ich vielleicht als Kind schon mal das und das erlebt habe. Oder wie ich zum
Beispiel bewußt auch Schmerzszenen inszeniere wie jetzt neulich, um die
alte Beziehung zu verarbeiten: Ich hab da auf der Straße geweint, ohne mich
zu schämen. Später bin ich dann wieder rational mit dieser Schmerzerfahrung
umgegangen. Ein Wahnsinniger, der kann das nicht mehr. Der kann nicht
mehr rückkoppeln.
Männer haben mehr Angst vor Hingabe. Ich erlebe Männer oft so, daß
das, was nach außen hin stark erscheint, innerlich oft ein jämmerliches
Häufchen unaufgearbeiteter Kindheitsmiseren und Muttersehnsüchte ist:
Männer mit ihren Frauenidealen, Mutter, Schwester, Geliebte, Ehefrau, Kar-
rierefrau, was wollen sie heutzutage noch alles, damit kommen sie doch
auch nicht klar, weil sie sich auch nicht mehr entscheiden können, was sie
wirklich haben wollen. Und was haben sie denn zu bieten? Meistens nur
einen kleinen Jungen. Ja, während die Frau Geliebte, Schwester, Mutter,
Ehefrau und sonstwas ist, hat der Mann nur eines zu bieten, nämlich den*

kleinen Jungen in sich. Dazu stehe ich im Moment, das ist im Moment meine Erfahrung.«

EVA:

»Ja, wenn du dich wirklich ganz extrem fallenläßt und hingibst, dann hat das auch etwas mit Sterben zu tun. Aber es ist auch etwas unheimlich Schönes. Ich kenne auch die Angst davor. Wenn ich diese Angst aber losgelassen habe und mich hingegeben habe, dann kommt auch manchmal so ein Schmerz in mir hoch über diese Tiefe und diese Schönheit und über diese Freude und das Glück. Dann hat sich etwas losgelöst. Zum Beispiel habe ich in letzter Zeit, seit ich mich noch viel mehr hingeben kann, oft nach einem Orgasmus geweint, nicht aus Trauer, sondern wie aus einer Erlösung.
Aber ich hatte immer das Gefühl, daß das auch ganz stark mit Angst zusammenhängt. Ich glaube, seit den 2000 oder 6000 Jahren, seitdem die Männer die Macht haben, haben sie auch sehr viel mehr Angst vor Gefühlen. Frauen haben einfach weniger Angst, sich hinzugeben. Wem oder was auch immer. Darin liegt der Konflikt begründet.
Ich selbst habe diese Fähigkeit zur Hingabe entwickelt, je tiefer ich wurde. Wahrscheinlich werden Frauen erst ab 30 wirklich sexuell tief erlebnisfähig. Das ist bei Männern, glaub ich, anders. Ich habe erst in den letzten Jahren auch bewußter meinen Zyklus erlebt und meine Abhängigkeit von den Gezeiten und dem Mond und von meiner Menstruation und meinem Eisprung. Und je mehr ich diese Kräfte gespürt habe, umso mehr konnte ich auch lernen, meine eigenen inneren Kräfte zu balancieren, und umso mehr steigt auch meine Hingabefähigkeit. Eigentlich könnte ich mir bei Männern das auch vorstellen.«

Auf die Frage nach dem unterschiedlichen sexuellen Erleben von Mann und Frau hatte einer der Männer – Thomas – geäußert, daß das Eindringen des Penis nicht nur ein aggressiver Akt sei, sondern auch ein Geben, eine Hingabe. Doch eben diese Hingabe, das Abgeben der Kontrolle, fällt den Männern schwer. Aber auch den befragten Frauen. Denn Hingabe bedeutet Aufgabe der Herrschaft des Verstandes, bedeutet einen »kleinen Tod«, bedeutet die Gefahr der Verletzung, weil Hingabe immer auch Auslieferung an den anderen bedeutet. S. Freud betonte, daß »wir nie so wehrlos gegen Leid sind, wenn wir lieben«. Doch Hingabe ist nicht nur ein passiver Vorgang des Geschehenlassens, sondern gleichzeitig auch ein aktives Wagnis des Entgegenkommens, sie ist auf psychischer Ebene ein intensiv aktiver Prozeß. So betonte auch Freud, daß die Fähigkeit zur Passivität zwar eher für Frauen charakteristisch sei, aber dies bedeute nicht Untätigkeit:*»Man könnte daran denken, die Weiblichkeit psychologisch durch die Bevorzugung passiver Ziele zu charakterisieren ... Doch es mag ein großes Stück Aktivität notwendig sein, um ein passives Ziel durchzusetzen.«*[38]
Trotz der bei Männern und Frauen gemeinsamen Angst vor Hingabe reklamieren die Männer für sich die größere Angst. Sie vertreten entsprechend die Auffassung, Frauen hätten weitaus weniger Angst vor Hingabe, weil sie

in ihren Gefühlen selbstsicherer seien, und einer spricht sogar von einer »typisch männlichen Angst« als einer Angst »vor dem Festgehaltenwerden, dem Gefressenwerden und dem Eingeklemmtwerden«. Die Angst der Männer, »gefressen« zu werden und das Bedürfnis, sich dem zu entziehen durch Abgrenzung, ist wie schon erläutert ein Resultat realer frühkindlicher Beziehungserfahrungen. Sie korrespondiert mit dem bei Frauen ausgeprägteren Wunsch nach Bindung, der sich auch als Anklammern und Fixieren äußern kann, was wiederum beim Mann zu einem stärkeren *Abgrenzungsbedürfnis* führt. Grundsätzlich ist allerdings anzunehmen, daß Männer ebenso zum Anklammern neigen können, was dann bei den betroffenen Frauen zu einem entsprechenden Wunsch nach Abgrenzung führt. Dennoch handelt es sich praktisch wohl um ein geschlechtsspezifisches Problem, das, neben den erzieherischen und soziokulturellen Einflüssen auch, wie M. Klein (1932) betont, auf die *körperlichen* Gegebenheiten von Mann und Frau zurückzuführen ist.

Damit kann der von L. Irigaray angenommene grundlegende Unterschied im sexuellen Erleben von Mann und Frau und der daraus resultierenden unterschiedlichen Bereitschaft zur Hingabe in der sexuellen Situation bestätigt werden.

Ihre zentrale These von der *physiologisch* bedingten unterschiedlichen »Selbstberührung« in der sexuellen Begegnungssituation – nämlich bei der Frau »als Berührung eines Ganzen, um unbegrenzt zu sein«, beim Mann als Berührung seines Selbst mittels eines »Instruments«, was bei der Frau dazu führt, im Moment der Lust offen zu bleiben, beim Mann hingegen, sich im Moment der Lust vollkommen auf sich selbst zu fixieren – ist in diesem Kontext noch nicht angesprochen.

Deswegen habe ich in den Interviews die Befragten darum gebeten zu beschreiben, wie sie ihren Orgasmus – als einen zentralen Ausdruck der Lust[39] – erleben und welche psychischen und physischen Begleiterscheinungen für sie damit verbunden sind.

JUDITH:

»Orgasmus, also es gibt unterschiedliche, es gibt laue, flaue, so wie nicht jeder Kaffee gleich gut wird, und dann gibt es die, wo man sagt, naja, besser der als keiner, und dann gibt es natürlich auch die wahnsinnsoptimalen.

Ein guter Orgasmus bedeutet für mich, alles loslassen zu können, laut sein zu können, mich bewegen zu können wie ich will, es gibt da keine Kontrolle mehr. Ein guter Orgasmus ist auch dann, wenn man nichts mehr überlegt, denn oft ist man in der Sexualität ja auch leider viel zu sehr mit den Gedanken dabei.

Körperlich ist der Orgasmus für mich ein Strömen und Fließen, ein Nochmehr-hingeben-wollen, absolute Offenheit, das Gefühl, grenzenlose Liebe zu erfahren, den Moment festhalten zu wollen, weil das eben das Optimale ist. Das hat auch mit Sinnesempfindungen zu tun. Ich bin zum Beispiel gerade nach dem Orgasmus unheimlich geruchsempfindlich, mehr als sonst noch.«

KLAUS:

»Orgasmus ist schwer zu beschreiben: Fallenlassen, nicht mehr nachdenken, loslassen, entspannen, ausspannen, fließen lassen, Wärme, Zärtlichkeit . . . Es ist tief. Die Lust und die Nähe ist es. Er ist rund, weich, schön, warm . . . Mein Orgasmus zum Beispiel ist ja gar nicht überall körperlich, sondern der ist auf und um den Penis zentriert. Der Orgasmus ist phallisch, das Gefühl davon. Er ist eine Mischung von Spannung und Entspannung, er ist das Austreten aus der Realität für einen Moment, er ist völlig zentriert auf mich.

[Er zeichnet:] Das soll ein riesiges Kissen darstellen, in das ich immer weiter hineingehen kann, immer tiefer. Ich kann nicht ausweichen. Ich bewege mich daraufhin, gehe hinein. Da gibt es keine Bewegung auf den anderen hin. Der Orgasmus geht vom Penis aus.«

SILVIA:

»Es gibt verschiedene Orgasmen. Für mich gibt es nicht nur einen. Es gibt einen, der ist für mich nur körperlich und hat mit Strömen und Lustgefühlen zu tun und auch mit Freude und Leichtigkeit. Und dann gibt es einen, der schon ein Stückchen mehr mein Gefühl mit erfaßt, und das kann bedeuten, daß mir hinterher Tränen kommen, wenn ich tiefer berührt bin.

Es bedeutet, sich gemeinsam etwas Drittem zu öffnen, etwas, was wir sonst nicht fassen können. Vielleicht ist es das Berührenlassen von dem Mysterium, von dem, was da zwischen uns ist, wenn ich dort hineingehe. Während dieses »So, wir schlafen jetzt miteinander« oder »Wir machen jetzt Liebe«, das hat auch eine aktive Komponente und das ist sehr körperlich und verspielt und leicht, während das tiefe Berührtsein eher etwas zu tun hat mit dem, was passieren will.«

THOMAS:

»Meinen Orgasmus würde ich beschreiben als Verströmen, als Weichwerden, ja, als sich Auflösen in dem anderen, als sehr entspannend. Wobei eine hohe Spannung vorhergegangen ist. Und dann dieses Gefühl des Entspannens, des Lösens, des Verströmens. Das heißt, je höher diese Spannung ist, desto größer auch die Entspannung. Häufig aber empfinde ich meinen Orgasmus sehr flach und nur auf den Penis orientiert, begrenzt. Aber das, was ich eben sagte, sind Beispiele, wo der ganze Körper einbezogen ist, ja, der ganze Körper verströmt . . . Das sind Erfahrungen, die habe ich längst nicht immer, nicht sehr häufig.«

JOHANNES:

»Orgasmus, ja, was würde ich da sagen? Schön, weich, warm, nah, rund, offen, tief, fallen, gehalten werden und halten . . . als körperliches Erlebnis, als Samenerguß (aber das würde ich nicht Orgasmus nennen) . . . Orgasmus, das ist eine gemeinsame Gratwanderung und eine gemeinsame schöne Aussicht da oben. Und körperlich allein: das ist langweilig, das sind Jünglingsversuche, sowas wie Masturbation, das ist eigentlich langweilig, das wäre ja nur körperlich. Es sei denn, man würde Phantasie als den vorgestellten Dialog sehr ernst interpretieren dabei, aber ich habe das so nicht erlebt.

Das Wichtigste am Orgasmus ist, daß man sich lieb hat. Das ist die Voraussetzung, um sich gegenseitig wahrzunehmen. Das ist eigentlich schön gesagt, tut mir leid, daß ich das selber finde. Also wahrnehmen im dreifachen Sinne: Das heißt Zuwendung, Aufmerksamkeit, aufeinander achten, sich in achtnehmen. Das heißt für mich nicht unbedingt die Gleichzeitigkeit des Orgasmuserlebens. Das muß man eben auch akzeptieren, daß das nicht unbedingt gleichzeitig sein muß und kann.

Orgasmus hat auch etwas mit Fallenlassen und Hingabe zu tun und mit dem Wunsch, daß der andere das auch möchte. Und daß man weiß, daß man nicht liegenbleibt. Ich glaube, daß ein Mann den Orgasmus zwar anders erlebt als eine Frau, aber ich glaube, es gibt Chancen für einen Mann, sich über Konzentrationsübungen und -techniken und der Kenntnisnahme anderer kultureller Möglichkeiten seine eigenen Vorstellungen zu entwickeln. Es gibt in den Büchern des Zen ja auch sexuelle Praktiken und Konzentrationstechniken, die unseren traditionellen Vorstellungen ja völlig zuwiderlaufen, zum Beispiel, daß der Mann während des Koitus die Vorstellung und Konzentration entwickelt, sich nicht zu verströmen, sondern aufzusaugen. Bei uns ist das traditionelle Bild des Orgasmus ja festgelegt auf Empfangen und Geben. Und ich denke schon, daß man solche Vorstellungen verändern kann und aneinander annähern und schöpferisch-phantasievoll damit umgehen kann, aber das bedarf einer, ja vielleicht der Liebe und des Interesses am anderen. Des Wahrnehmens.«

MARIA:

»Orgasmus, das kann ich nicht beschreiben. Da muß ich erst überlegen . . . Das ist ein besonderer Moment, in dem alles ganz besonders stark und intensiv stattfindet, was vorher auch schon alles da war, aber in dem Moment wird es zu einem total intensiven Extrem. Und das ist das Gefühl in dem Moment der Verschmelzung mit dem anderen. Es ist zwar vielleicht etwas altmodisch, Verschmelzung zu sagen, aber ich finde das gar nicht so unzutreffend. Es ist so eine schöne, totale, innere Begegnung, bei der man dem anderen innerlich wahnsinnig nahe ist.

Vielleicht kann man es vergleichen mit dem Regen. Es ist kein Nieselregen, sondern eher ein Gewitter. Eben total mit Elektrizität geladen, wie Blitz und Donner. Das Schöne ist, daß ich danach viel entspannter bin, und es ist zugleich eine positive Anspannung, die es sonst nicht oft gibt in meinem Leben. Eine Anspannung, die vergleichbar ist damit, wenn ich mich künstlerisch betätige und danach eine schöne, positive, glücklich machende Entspannung spüre, wobei ich keine Probleme im Kopf habe und wobei ich nicht leisten muß, was ich nicht leisten kann, sondern nur das tue, was ich auch tun kann. Das ganze Fragen und Hinterfragen hört auf. Das ist sehr wichtig für mich, weil ich auch eher zum Grübeln neige. Und einfach auch nur total mein Körper zu sein, das ist für mich unheimlich angenehm.«

Tendenziell weisen die Orgasmusbeschreibungen auf ein geschlechtsspezifisch unterschiedliches Orgasmuserleben hin, allerdings ohne die Implikationen, mit denen Irigaray dies festschreibt. Fast alle befragten Männer und Frauen beschreiben ihren Orgasmus als ein Strömen und Fließen, begleitet von einem körperlichen Wärmegefühl, wobei sich in einem intensiven Prozeß von Spannung und Entspannung »Energie entlädt«. Interessanterweise sprechen die befragten Frauen den Aspekt des »Sich-Öffnens« im Orgasmus an, die Männer hingegen nicht. Orgasmus bedeutet für die Frauen »absolute Offenheit«, »grenzenlose Liebe«, »sich gemeinsam etwas Drittem öffnen«, »berühren lassen von dem Mysterium«, »Verschmelzung mit dem anderen«. In diesen Beschreibungen ist eine gewisse Ähnlichkeit mit den, wenn auch zum Teil idealisierenden Kennzeichnungen weiblichen Lusterlebens durch Irigaray unübersehbar. In den Orgasmusbeschreibungen der Frauen fällt wiederum der Aspekt des Sich-Öffnens und Bindens auf. Dies wird von den Männern nicht ausgesprochen, im Gegenteil, einer der Männer – Klaus – sagt sogar: »da gibt es keine Bewegung auf den anderen hin . . .«, worin sich wiederum das stärkere Abgrenzungsbedürfnis der Männer zeigt. Die Männer betonen zwar zum Teil bedauernd die grundsätzliche Fixierung auf den Penis beim Orgasmus, sie problematisieren aber dies Erleben übereinstimmend in die Richtung, daß der Orgasmus erst dann tief und befriedigend erlebt wird, wenn der gesamte Körper einbezogen ist. Die Chancen dafür steigen ihrer Auffassung nach durch genauere Wahrnehmung von sich selbst und dem anderen, durch Aufmerksamkeit, Achtsamkeit und Hinwendung zum anderen.

Insgesamt fällt in den Beschreibungen auf, daß die befragten Frauen ihr Orgasmuserleben eher auf ihren gesamten Körper beziehen und nicht zwischen klitoralem, vaginalem und körperlichem Orgasmus differenzieren. Hinzu kommt, daß die Frauen das höchste Glücksgefühl gar nicht im »nur« körperlichen Orgasmus sehen, sondern in einem »Sich Öffnen der Seele im Körperlichen«. Die befragten Männer erleben ihren Orgasmus eher auf den Penis konzentriert. Als Ziel empfinden sie jedoch den Orgasmus, der sich auf den gesamten Körper ausbreitet[40]. Diese Konzentration auf den Penis ist vermutlich neben den schon angesprochenen frühkindlichen Abgrenzungsbedürfnissen auch historisch bedingt. Denn der Penis und das mit ihm assoziierte Phallische sind in unserer Kultur einseitig überhöht und mystifiziert, der Körper und seine Sinnlichkeit dagegen als inferior behandelt worden.

Außerdem muß berücksichtigt werden, daß sich sämtliche Äußerungen der Befragten in einem sprachlichen Rahmen bewegten, in dem es bestimmte kulturell vorgegebene – auch geschlechtsspezifische – Muster gibt, um das eigene Erleben zu artikulieren. Da bleibt vieles unausgesprochen oder wird – trotz der vorhandenen Offenheit – schamhaft verschwiegen. Um aus diesen Mustern heraustreten zu können, wären andere Methoden notwendig gewesen, als die hier angewandte Interviewmethode. Mit einer tiefenhermeneutischen Erhebungs- und Interpretationsmethode[41] könnten mögliche verdeckte und verdrängte Sinngehalte des Nicht-Ausgesprochenen sowie Klischees in der Erfahrung und Sprache genauer aufgedeckt werden. Dennoch kann festgehalten werden, daß es tendenziell ein unterschiedliches geschlechtsspezifisches Orgasmuserleben bei Mann und Frau gibt, deren Wurzeln auch physiologisch begründet sind und somit neben der historischen auch eine, im Sinne C. Lévi-Strauss', »ahistorische« zeitlose Dimension[42] besitzen. Frauen neigen demnach in ihrem Lusterleben eher zur Bindung (negativ: »Klammern«) und zum *Sich-Öffnen*, Männer hingegen eher zur *Abgrenzung* (negativ: »Abspaltung«) und zum *Sich-Zentrieren*. Dies sind geschlechtsspezifische Dispositionen, aus denen heraus auch unterschiedlich ausgeprägtes psychisches Vermögen resultiert. Sie sind entstanden in einem allmählichen, geschlechtsspezifisch unterschiedlichen Prozeß der Identitätsbildung und Individuierung aufgrund physiologischer Unterschiede.

Angesichts dieser offensichtlichen gravierenden *Unterschiede* im sexuellen Erleben von Mann und Frau stellt sich die Frage, ob überhaupt so etwas wie echte und das heißt ja auch *mitgeteilte* Erfahrung von Transzendenz zwischen Mann und Frau möglich ist.

Wie können zwei sich einander begehrende Wesen, der nach Separierung strebende Mann und die nach Bindung strebende Frau überhaupt zusammenkommen?[43] Beide, Mann und Frau, brauchen einander, um sich – im sexuellen Akt – in ihrer Identität zu bestärken und ihre Lust an sich selbst und aneinander zu erhöhen. Dabei hat der Mann ein stärkeres Abgrenzungsbedürfnis und seine sexuelle Lust ist stärker auf den Penis bezogen. Die Frau dagegen hat ein ausgeprägteres Bindungsbedürfnis und ihre Lust ist stärker auf den ganzen Körper bezogen.

Dieser Unterschiede müssen sich beide Geschlechter bewußt sein, um sich gemeinsam größtmögliche Lust zu verschaffen und dabei voneinander zu lernen. Die Frau muß die zentralen sexuellen Wünsche des Mannes kennen, sie sind vorwiegend auf den Penis zentriert und seinen verschiedenen Möglichkeiten, in ihre verschiedenen Körperöffnungen *einzudringen:* die Vagina, der Mund und der Anus (vgl. N. Friday, 1983). Die beiden letzteren Sexualpraktiken sind jedoch in unserer Kultur weitgehend verpönt und allenfalls der Pornographie und den Prostituierten vorbehalten. Das nötigt viele Männer, diese sexuellen Bedürfnisse aus ihren Liebesbeziehungen und Ehen herauszuhalten und abzuspalten und diese, ganz im Sinne der Doppelmoral, woanders zu befriedigen. Dagegen könnte jede Frau diese Kunst des Liebens erlernen und auch lernen, Lust daraus zu gewinnen (vgl. S. Hite-Report, 1976 sowie E. J. Haeberle 1985, 214, 226).

Die sexuellen Wünsche und Phantasien der Frauen dagegen sind, bis auf wenige Ausnahmen[44], kaum erforscht und bekannt. Auch der Mann muß die sexuellen Wünsche der Frauen kennen, sie sind vorwiegend auf den ganzen Körper bezogen und auf Intimität ausgerichtet. Das erfordert vom Mann Wahrnehmung und Konzentration und die Bereitschaft, sich selbst und der Frau gegenüber nicht nur auf der Triebebene, sondern auch auf der Gefühlsebene zu öffnen. Jeder Mann kann diese Liebeskunst erlernen und lernen, daraus zusätzliche Lust zu gewinnen.

Eine solche gegenseitige Intensivierung der Lüste ist jedoch in unserer Kultur kaum entwickelt worden. Diese Kunst der Erotik ist eher in den

Gesellschaften von Japan, China, Indien, Rom sowie den arabisch-islamischen Kulturen entwickelt und kultiviert worden. M. Foucault (1983, 74) betont, daß in der Kunst der Erotik die *Wahrheit aus der Lust selber* gezogen wird, sie wird als Praktik begriffen und als Erfahrung gesammelt. Die Lust wird nicht nur unter dem Aspekt der Nützlichkeit gesehen, sondern sie ist zunächst und zuallererst in Bezug auf sich selbst, als Lust zu erkennen, in ihrer Intensität, Qualität und Ausstrahlung im Körper und in der Seele. »... *dieses Wissen muß mit Gleichmaß wieder in die sexuelle Praktik eingegossen werden, um sie gleichsam von innen zu gestalten und ihre Wirkungen aufzudecken.*« (ebd.)

Auf diese Weise kann ein Wissen gewonnen werden, das *geheim* bleiben muß, nicht weil es schändlich ist, sondern mit größter Behutsamkeit bewahrt werden muß, da es bei leichtfertiger Ausbreitung seine Wirksamkeit verliert. Dieses Wissen wird in der *ars erotica* weitergegeben durch einen Lehrer als dem Wahrer der Geheimnisse, der die Schüler mit Strenge lenkt. Die Wirkung dieser *Lehrmeisterkunst*, in der die *Beziehung zum Lehrmeister* grundlegend ist, führt schließlich zu einer Wandlung des von ihr Auserwählten: »... *absolute Körperbeherrschung, einzigartige Wollust, Vergessen der Zeit und der Grenzen, Elixier des Lebens, Bannung des Todes und seiner Drohungen.*« (ebd. 75)

In dieser Lehrmeisterkunst der Erotik ist ein Maß von Transzendenzerfahrung möglich, wie es in unserer Gesellschaft kaum noch vorstellbar geschweige denn erlebbar ist. Unsere Zivilisation besitzt keine *ars erotica*, sondern betreibt eine *scientia sexualis*, die »... *um die Wahrheit des Sexes zu sagen, Prozeduren entwickelt hat, die sich im wesentlichen einer Form von Macht-Wissen unterordnen, die der Kunst der Initiation und dem Geheimnis des Meisters streng entgegengesetzt ist: es handelt sich um das Geständnis.*« (ebd.)

Diese Verpflichtung zum Geständnis und ihren erzielten Geständniswahrheiten hat in unserer Gesellschaft dazu geführt, das schwierige Wissen vom Sex nicht in der Weitergabe von Geheimnissen zu ordnen, sondern hat es um den »langsamen Anstieg der Vertraulichkeiten« organisiert. Die Sexualwissenschaft hat nach Foucault (ebd. 91) zwar zumindest eine neue Lust erfunden, »... *die Lust an der Wahrheit der Lust, die Lust, sie zu wissen, sie zu enthüllen, sie zu sagen, andere mit ihr zu fangen und zu fesseln, sie im Verborgenen mitzuteilen, sie listig aufzuspüren, (. . .) die Wollust, sich interpretiert zu fühlen (. . .), mit einem Wort, die ungeheure Lust an der Analyse.*« Doch die ars erotica ist nicht vollkommen aus der abendländischen Zivilisation verschwunden: Durch die bleibende – ungestillte – Sehnsucht nach Transzendenz haben sich ihre Spuren erhalten.

Bei L. Irigaray klingt zwar an, daß Frauen und ihr psychisch-physisches Erleben und Vermögen grundsätzlich »besser« und »wertvoller« als das der Männer ist. Diese zu kritisierende *Idealisierung des Weiblichen* ist die Folge ihrer einseitig bewertenden Hierarchisierung weiblichen und männlichen Vermögens. Dennoch ist Irigarays These nicht einfach von der Hand zu weisen, nämlich daß sich im spezifischen Kontext des männlichen Lusterlebens eine bestimmte Art des Gottesbildes herausgebildet habe, weil sich möglicherweise diese Art der Lustäußerung als *nützlicher* und *effektiver* erwies. Diese hat schließlich auf dem Wege der Überhöhung Eingang in das christliche Gottesbild von Gottvater und seinen Eigenschaften gefunden: Gott als der Absolute, das Zentrum alles Existierenden. Daraus läßt sich schließen, daß mit dem Vorherrschen des Patriarchats und der Abspaltung des Weiblichen aus den Gottesvorstellungen zugleich auch das Autark-Abgeschlossene als Spiegel des männlichen Lusterlebens dominierte, wohingegen das »Fließende« (Irigaray), das »Flüssige« (Merleau-Ponty), oder die »Offenheit für Erfahrung« (Gadamer) einem Selbstbild wich, in dem die *Kontrolle der Lust* gegenüber der *Lust an der Lust* überwog und der Lustgenuß eine potentielle Gefährdung der öffentlichen Ordnung darstellte. In ihrer ekstatischen Form muß sie gelenkt werden, vom Wissen und von der einfühlsamen Kontrolle eines Lehrmeisters, wie zum Beispiel im Tantrismus. Denn das Erleben körperlicher Lust bedeutet immer auch eine Regression und partielle Auflösung der Ichgrenzen des Individuums. Lust ist zudem nicht zielgerichtet: Der einzige »Sinn der Lust ist die Lust« (Foucault). Die Lust ist daher nicht so nützlich wie zum Beispiel die Essenszubereitung, das Stillen eines Säuglings, das Säen und Ernten, das Jagen und Häuserbauen. Das heißt: Solange der Lust nicht ein Zweck oder Sinn zugeschrieben wird, der außerhalb ihrer selbst liegt, bleibt sie auf der Ebene des Spielerischen. Sinn- und zweckgebend könnte dabei sowohl die Ausrichtung auf die Fortpflanzung und der damit verbundenen Fruchtbarkeit des Stammes gewesen sein, ebenso wie das Berauschende, Gefährliche der körperlichen Lust durch Überhöhung und Sakralisierung in den Dienst des Austausches mit den Gottheiten gestellt sein könnte, bis hin zur Opferung der Lust im Zölibat.

Geblieben ist dennoch die Sehnsucht nach Transzendenz.

5.4. Transzendenzbedürfnis und Verschmelzungssehnsucht

> *»Es liegt im Wesen des Menschen, das anzustreben, was seinem Wesen nach unmöglich ist.«*
> (G. Roheim, 1943, 99)

Das Bedürfnis nach Transzendenzerfahrung ist ein menschliches Grundbedürfnis. Die Menschen aller Kulturen und Zeiten haben die Sehnsucht artikuliert, Erfahrungen des Einsseins, der subjektiven Verschmelzung mit dem objektiven »Ganzen« zu machen. Jede Religion ist Ausdruck dieser Sehnsucht, wobei die Gottheiten die Ideale und »Höchstwerte« der jeweiligen Gesellschaften widerspiegeln, derer Gültigkeit sich die Gläubigen durch deren Überhöhung ins Absolute vergewissern. Sie wollen im Zeitlichen dem Ewigen begegnen, das heißt, sie widersprechen der Erfahrung der eigenen Relativität, Widersprüchlichkeit und Endlichkeit durch eine in der kultischen Praxis erlangten Gewißheit des Eingebundenseins in das Absolute, Eindeutige und Unendliche. Diese Gewißheit kann nur durch Handlung erworben werden: Transzendenzerfahrung bezeichnet einen aktiven Vorgang. Dementsprechend beinhalten die Religionen genaue kultische Vorschriften, auf welche Weise der Mensch der angestrebten Gemeinschaft der Gottheit teilhaftig werden kann.

Ein ähnliches, auf Transzendenzerfahrung hinzielendes Bedürfnis liegt auch im Bedürfnis nach geschlechtlicher Vereinigung. Im sexuellen Akt können Menschen ihre Grenzen überschreiten, sich selbstentgrenzend miteinander vereinigen. Der Blick auf die Kulturgeschichte des christlichen Abendlandes machte deutlich, daß jedoch das Körperlich-Sinnliche als Matrix für Transzendenzerfahrung stets als gefährliche Konkurrenz gegenüber dem Kultur- und Religionssystem aufgefaßt wurde. Diesen Abspaltungs- und Repressionszwang gibt es offenbar in allen patriarchalischen Gesellschaften.

Dennoch funktioniert die Abspaltung nie vollständig, denn das Körperlich-Sinnliche ist naturgemäß der Ort, an dem am stärksten das Bedürfnis nach Grenzüberschreitung gespürt wird. Es ist wahrlich kein Wunder, daß die Asketen aller Religionen einen Hauptteil ihrer Aktivitäten darauf verwenden mußten, das lästige Körperliche »abzutöten«. Die Psychotherapeuten der heutigen Zeit können durch ihre Praxiserfahrungen belegen, wie mächtig – und häufig wie verzweifelt – der Wunsch nach befriedigenden sexuellen Erfahrungen gerade in einer Kultur ist, die die Körper als Orte für Transzendenzerfahrung noch immer verachtet[45].

Spuren der projektiven Überhöhung des sexuellen Lustempfindens in der Gottessymbolik konnten im vorherigen Kapitel ansatzweise herausgearbeitet werden. Das im christlichen Gottesbild überhöhte Männliche konnte dabei auch – wie das abgespaltene Weibliche – auf das unterschiedliche geschlechtsspezifische Lustempfinden zurückgeführt werden.

Deutlich wurde dabei auch die Schwierigkeit, aufgrund der geschlechtsspezifischen Unterschiede in der Sexualität real Transzendenz zu erfahren. Nur durch erhöhte gegenseitige Aufmerksamkeit und Zuwendung und das genaue Beachten der Unterschiede zwischen den Geschlechtern ist Transzendenzerfahrung in der Sexualität – in den benannten Grenzen – möglich.

Transzendenzerfahrung hat neben dem *triebhaft* bedingten Streben nach körperlicher Vereinigung im sexuellen Akt jedoch noch eine andere, ebenfalls *körperliche* Komponente.

Von einigen Vertretern der Narzißmustheorie, B. Grunberger, M. Balint und S. Ferenczi[46] wird das menschliche Streben nach Transzendenz und Einssein auf eine Ursache zurückgeführt, die in der Biogenese des Menschen begründet liegt. Ihre zentrale These lautet: Die Sehnsucht und Suche nach Verschmelzung mit Gott, dem Universum und einem anderen Menschen und die damit verbundene Sehnsucht nach Transzendenzerfahrung hat ihren Ursprung im Anfang der Entwicklungsgeschichte jedes Menschen, nämlich im pränatalen Zustand. Die Quelle des religiösen Gefühls ist deswegen in dem einst real erlebten pränatalen Paradies, im Mutterleib zu

suchen. In allen Sehnsüchten nach dem Absoluten, Vollkommenen, Allumfassenden – wie es sich auch in den Phantasien vom Schlaraffenland,
Paradies oder Goldenem Zeitalter findet – schwingt die Erinnerung an einen
privilegierten, einzigartigen, erhaben-erhebenden Zustand mit, verbunden
mit dem Gefühl der Vollkommenheit und Allmacht. *»Das Erlebnis (und nicht
das ›Unbelebte‹), das der Mensch zu wiederholen versucht, ist seine pränatale
Existenz, eine Situation, aus der er auf traumatische Weise vertrieben wurde
und die er sein Leben lang wiederzufinden versucht. Dieser fundamentale
Wunsch ist die Basis unserer Narzißmus-Hypothese.«* (Grunberger 1976, 22)
S. Freud (1914, StA., Bd. III, 37-68) bezeichnete mit dem Begriff des Narzißmus die »libidinöse Ergänzung zum Egoismus« und unterschied zwischen
primärem Narzißmus (dem Stadium vor der Ich-Bildung nach dem Vorbild
des intrauterinen Lebens und die Bezeichnung der Qualität, in der ein
Säugling sein Verhältnis zur Mutter erlebt) und dem *sekundären Narzißmus*
(als der Wiederkehr des ursprünglichen, frühinfantilen Narzißmus durch
Rückzug der Libido auf das eigene Ich), wobei das Ich zum eigentlichen
Liebesobjekt wird, als zum Liebesobjekt genommenes Selbst.
Im Gegensatz dazu bezeichnet Grunberger mit dem *Narzißmus* eine *eigenständige psychische Instanz*, die im pränatalen Zustand begründet ist und
nach der Geburt mit den Trieben eine dialektische Beziehung eingeht. Dabei
müssen Narzißmus und Triebe auf jeder Entwicklungsstufe eine erneute
Integration eingehen. *»Aus der Tiefe des Trieblebens hervorbrechend, folgt
der Narzißmus während seines ganzen Daseins einer Linie, die parallel zur
Triebentwicklung verläuft.«* (1976, 11).
Nach Grunberger hat das pränatale Leben, in dem der Fötus autonom,
allmächtig und souverän in seinem Universum schwimmt, einem Zustand,
in dem ihm nichts fehlt, wo alles da ist, »jetzt und sofort« und umsonst,
verbunden mit dem Gefühl der Unverletzlichkeit, eine tiefe Spur im Neu-
geborenen hinterlassen, »denn es hört nicht auf, davon zu träumen und es
auf verschiedene Arten wiedergewinnen zu wollen« (32).
Im intrauterinen Pränatalleben ist der Mensch aufgrund totaler Versorgung
psychologisch gesehen allmächtig, einzigartig, grenzen- und zeitlos, denn
der Fötus lebt in einem erhebenden Zustand vollkommener Homöostase
ohne jegliches Bedürfnis. Weil alle Bedürfnisse automatisch befriedigt werden, können sie sich als solche gar nicht erst entwickeln.
*»Die Phantasie der Ewigkeit (und der Unendlichkeit) hat ihre Wurzeln in der
eigenartigen Koenästhesie, die an die Zeitlosigkeit des fötalen Lebens gebunden ist, und es ist wahrscheinlich, daß die narzißtische Phantasie der
Unverletzlichkeit (›Man kann mir nichts tun‹) auf dem gleichen Fundament
ruht.«* (23)
Das Gefühl der vollkommenen Verbundenheit und damit auch Abhängigkeit erzeugt das »Urbild tiefer Harmonie«, das der Mensch später ruhelos
sein Leben lang suchen wird. *»Die erhebende und megalomane Spur, deren
Erinnerung an höchste Harmonie und Allmacht nie mehr ausgelöscht wird,
bildet als solche den narzißtischen Kern, eine spezifische psychische Energiequelle, die sehr früh und definitiv erworben wird und von Geburt an bis*

zum Tod aktiv bleibt und – wenn wir uns in eine mystische Perspektive hineinbegeben – schließlich bis ins Jenseits geht.« (33)

M. Balint (1972) nimmt ebenfalls an, daß die späteren Versuche des Individuums nach symbiotischer Verschmelzung und damit der Verleugnung der Objektrealität darauf zurückzuführen sind, die anforderungslose Unbeschwertheit des fötalen Zustandes wiederzuerlangen oder weiterführen zu wollen. Er vermutet ». . . daß die Flugträume und das ozeanische Gefühl als Wiederholung entweder der frühesten Mutter-Kind-Beziehung oder der noch früheren intrauterinen Existenz betrachtet werden müssen, während welcher wir wirklich eins mit unserem Universum waren und in der Amnion-Flüssigkeit wirklich, ohne daß wir praktisch ein Gewicht zu tragen hatten, schwebten.« (ebd., 63)

Das Ideal der grenzenlosen Geborgenheit sieht auch S. Ferenczi (1972, 335) in der Mutterleibssituation verwirklicht. Er nimmt an, daß vom Augenblick seiner Geburt an der Mensch von einem unaufhörlichen regressiven Zug nach der Wiederherstellung der Mutterleibssituation beherrscht ist. Das Gefühl der Allmacht resultiert demnach aus der Erfahrung im Mutterleib. Dort muß er ». . . von seiner Existenz den Eindruck bekommen, daß er tatsächlich allmächtig ist. Denn was ist Allmacht? Die Empfindung, daß man alles hat, was man will, und man nichts zu wünschen übrig hat.« (Ferenczi, 1980, 151)

Diese zeitlose, gefahrlose und grenzenlose Erlebnisweise des Fötus erfährt durch die Geburt ein Ende und durch die Entdeckung des Säuglings, daß nun von ihm unabhängige Objekte Widerstand leisten. »Die Geburt ist ein Trauma, das dieses Gleichgewicht in Aufruhr bringt . . . Damit beginnt die Trennung zwischen Mensch und Umwelt . . ., die Harmonie mit dem Grenzenlosen zerbricht.« (Balint, 1970, 82 f.)

Der Mensch jedoch versucht sein Leben lang, diesen Zustand des Einsseins wieder zurückzugewinnen: »Das letzte Ziel allen libidinösen Strebens besteht . . . in der Wahrung oder Wiederherstellung der ursprünglichen Harmonie . . . Dieser unio mystica, die Erneuerung der harmonischen Verschränkung der Person mit den für sie wesentlichsten Teilen ihrer Umwelt, ihren Liebesobjekten, gilt das Sehnen der ganzen Menschheit.« (90 f.).

Über die Frage, wie sich das Empfinden des Fötus überhaupt nachweisen lasse, weist Balint auf das Studium der Regression in der psychoanalytischen Situation hin. Daraus ergibt sich, ». . . daß wir alle die Phantasievorstellung einer urtümlichen Harmonie in uns tragen, auf die wir eigentlich einen Anspruch hätten, die aber entweder durch unsere eigene Schuld oder durch grausames Geschick zerstört wurde. Es ist unmöglich, eine angemessene Beschreibung dieses Zustandes zu erhalten, abgesehen von dem einen Merkmal, daß in ihm alle unsere Wünsche automatisch in Erfüllung gehen werden; wir werden nichts entbehren . . .« (Balint, 1972, 54)

Das Streben der Menschen, diese verlorene Harmonie wieder zurückzugewinnen, ist nach Balint in vielen Märchen und zahlreichen religiösen Lehren thematisiert. Er weist darauf hin, daß das Streben der Menschen nach vollkommener Harmonie zwischen Subjekt und Umwelt in zwei Erlebnissen seiner Erfüllung nahekommt: »a) in unserem Sexualleben, besonders in seiner intensivsten Phase, dem Orgasmus, und b) in allen Formen der Ekstase . . . Daß es unmöglich ist, eine passende Beschreibung dieser Zustände zu geben, weist auf die Möglichkeit hin, daß sie einer Periode angehören, in der es noch keine Worte gab.« (ebd.)

Das Erlebnis des pränatalen Zustandes hat demnach einen erheblichen Einfluß auf die Bildung von Religion. Während einerseits diese vorgeburtlichen Erfahrungen in bestimmten Bedürfnissen, Wünschen und Vorstellungen weiterbestehen und die Gefühle und das Denken unbewußt mitbestimmen, werden andererseits diese ursprünglichen Vollkommenheitserfahrungen nach außen projiziert und finden u. a. in Gottesbildern ihren Niederschlag. Die Projektionen der Allmächtigkeit, Vollkommenheit und Unsterblichkeit auf die Bilder von Gott sind nach Grunberger (1976, 34) das Erbe der fötalen Situation. Der Fötus ». . . scheint in einem Kosmos zu leben, der einzig und allein durch seine Existenz erfüllt und genauso megaloman wie immateriell ist, und verwechselt sich mit seiner eigenen Glückseligkeit. Er wird davon eine bleibende Prägung zurückbehalten . . . und später Zustände und Affekte bilden, wie etwa das Gefühl der Einsamkeit, Selbstliebe, Megalomanie, Allmacht, Unsterblichkeit, Autonomie usw. Alle diese Charakteristika sind nun gleichzeitig Eigenschaften der Gottheit, und man könnte sagen, daß, wenn Gott den Menschen nach seinem Bild formte, der Mensch Gott nach seinem pränatalen Bild schuf.« (ebd.)

Da der Mensch nach seiner Geburt das Gefühl der Allmacht verliert, wird er später versuchen, diese Allmacht wiederzugewinnen, indem er diese auf seine idealisierten und vergötterten Elternimages projiziert. »Trotzdem wird die narzißtische Wunde im Schatten der Verdrängung ›weiterbluten‹.« (78) Erst durch die Projektion der narzißtischen Allmacht auf die allgemeine Gottheit gelingt es dem Kind und später dem Erwachsenen, einen Teil seiner narzißtischen Allmacht zu retten.

Diese archaisch-infantile Prägung des Absolutheitsanspruchs spiegelt sich in den Vorstellungen vom Absoluten und in den Gottesbildern wider, in denen der Mensch sein eigenes Wunschbild, grenzenlos, einmalig, erhaben und vollkommen zu sein, aufrechterhalten kann[47].

Der Theologe und Psychoanalytiker J. Scharfenberg (1973, 963) spricht in diesem Kontext vom »gestalteten Narzißmus«. Damit werde die Anpassung an die Realität ergänzt durch ein »Jenseits des Realitätsprinzips« (ebd., 349), wozu auch die Phänomene der Religion gehören.

Auch Müller-Pozzi (1983, 197) sieht unter entwicklungspsychologischen Gesichtspunkten die Gottesvorstellung und den religiösen Glauben als eine Möglichkeit des Menschen, unabhängig von seinen Beziehungen zu den realen Objekten und ohne diese Beziehungen zu gefährden.». . . die im primären Narzißmus wurzelnde Gewißheit zu bewahren, mit dem Urgrund des Lebens verbunden, trotz Trennung und Individuation ›heil‹ und ganz zu bleiben«.

Nach Grunberger (1988, Bd. I, 214 ff.) wird man die Religion nie verstehen, wenn man vergißt, daß die narzißtische Herausforderung des »credo quia absurdum est« das Wesen des Glaubens ausmacht. Weil der Mensch nie darauf verzichten kann, die einstige narzißtische Erfüllung wiederzuerlangen, will er *glauben*. Der Glaube ist nach Grunberger eine »Manifestation des Narzißmus« (ebd., 219) und eine Flucht in die narzißtische Regression als Antwort auf die ursprüngliche *existentielle* Demütigung, die er als Mensch erlitten hat, nämlich den Verlust der pränatalen Glückseligkeit, Allmacht und Unschuld. *Jeder* Glaube enthält diese *Suche nach Reinheit*, die der Sehnsucht nach pränataler Unschuld entspricht. *»Der Glaube ist der kurze Weg, der die Realität, die Konflikthaftigkeit und den Reifungsprozeß vermeidet.«* (ebd., 223)

Vor allem die christliche Religion wird zur systematischen *Verleugnung* der Realität: Durch die unbefleckte Empfängnis wird die Sexualität beseitigt, durch die Taufe die Geburt annulliert, durch die Auferstehung der Tod abgeschafft, und mit Hilfe des Teufels wird die *menschliche* Aggressivität geleugnet. Nach Grunberger (228) sind folgende drei Faktoren für Religion charakteristisch:

– die Absolutheit eines narzißtischen Glaubens
– die extreme Gewalt der Sitten und
– eine außergewöhnliche künstlerische Inspiration als positiver Beitrag des tiefen Glaubens.

Diese Charaktermerkmale sind von einer affektiven Intensität und einer »Sensibilität von quasi animalischer Kraft« gekennzeichnet und bilden den Ausgangspunkt zur Skizzierung seiner Hypothese über den Glauben.

Jede Art von leidenschaftlichem Glauben ist nach Grunbergers Auffassung sowohl Ausdruck des narzißtischen Wunsches nach Regression, als auch die partielle Reminiszenz dieser Regression. Zugleich ist sie eine »Reaktionsbildung (mit der unmittelbaren Wiederkehr des Verdrängten) einer massiven, narzißtischen archaisch-aggressiven Bewegung« (232). Diese Bewegung ist gekennzeichnet von einer primitiven Animalität und hat einen extrem frühen Ursprung. Der Ursprung liegt zunächst im Zustand des Narzißmus des Kindes, der bei der Suche nach einem Träger vollständig auf die Mutter projiziert wird. Neben diesem dadurch entstehenden *archaischen idealen narzißtischen Vollkommenheitsimago* entsteht – wie Grunberger in Anlehnung an M. Klein feststellt – aufgrund der obligatorischen Versagungen und der daraus resultierenden Traumatisierung ein *archaisches, schreckenerregendes Mutterimago* (228 f.). Grunberger zufolge identifiziert sich der Mystiker mit dem narzißtischen Imago der Mutter, wobei der das Ziel verfolgt, diese letztere Identifizierung zu überwinden. *»Ich zögere nicht zu behaupten, daß es sich bei der mystischen Aufwallung stets um eine aggressive Bewegung gegen die Urmutter (gegen den Schoß) handelt.«* (233) Diese primitive Aggressivität ist nach Grunberger (1988, Bd. II, 62) mit dem grundlegenden primitiven Narzißmus gekoppelt, die ein »früheres bipolares Ich« (63) pränatalen Ursprungs strukturieren und herausbilden. Nach Grunbergers Annahme hat dieses »primitive bipolare Ich« zwei Kerne, ».. . *von denen der eine aus dem* Registrieren *der hochgestimmten Koenästhesie in ihrer absoluten Vollkommenheit besteht, die unbewußt als paradiesisch erlebt wird, während der andere Ort, an dem jede noch so geringfügige Störung der pränatalen Glückseligkeit registriert wird, nur* apokalyptische

Dimensionen annehmen kann, da sich die primitiven Affekte in Ermangelung eines Ichs, das sie mit Hilfe der Realitätsprüfung zügelt, nur auf extreme und absolute Weise ändern können.« (ebd.)

Aus diesem Grund kommt es zwangsläufig zur »Spaltung des primitiven narzißtischen Kerns«. Auch die Bildung primitiver *Imagines* läßt sich daraus erklären, daß durch die Intensität des traumatischen Erlebens die Möglichkeit des im Entstehen begriffenen frühen Ichs überstiegen wird und folglich dieses Trauma nur einem *äußeren*, nach außen projizierten Faktor zugeschrieben werden kann. Auf diese Weise entstehen die Projektionen der Glückseligkeit (Paradies, Himmel) ebenso wie die der archaischen Aggressivität (Hölle, Teufel, Medusenhaupt)[48]. Diese phylogenetischen, der ganzen Menschheit gemeinsamen Imagines repräsentieren nach Grunberger die beiden Pole, die aus der Spaltung des primitiven narzißtischen Kerns resultieren. Grunberger bezeichnet den primitiven Narzißmus als paläonarzißtisch und die archaische Aggressivität und Destruktivität als *anubisch*[49]. Die Gewalt der Aggressivität resultiert aus der Summe der ihr zugrundeliegenden narzißtischen Versagungen (II, 221). Der Ursprung dieser »fundamentalen Gewalttätigkeit« (J. Bergeret, 1981), der anubischen Destruktivität, ist ebenso wie die pränatale Glückseligkeit im »Körper des Fötus selbst« verankert (Grunberger, II, 76). *»Diese primitiven Imagines dienen später als Stütze für Identifizierungen, für mehr oder weniger entsprechende, zumindest Projektionen tragende historische Objekte sowie für die Abwehr gegen diese Identifizierungen. Die Reife entspricht einer gewissen Unabhängigkeit von diesen primitiven Imagines; die Abkömmlinge des primitiven Narzißmus und der primitiven Aggressivität sind auch im erwachsenen Ich wiederzufinden, jedoch verwandelt, durchgearbeitet und ins Ich integriert.«* (ebd., 64)

Die »heidnischen« Götter des Animismus und Polytheismus sind nach Grunberger (1988, II, 136) ihrem Wesen nach narzißtisch. Die unterschiedlichen »vergöttlichten« menschlichen Funktionen erhalten eine vollkommenere, narzißtisch befriedigendere Form in den »spiegelbildlichen Emanationen« der Götter. Zugleich wurden die primitiven Ängste der »Heiden« auf schreckenerregende Mutterimagines projiziert und durch selbstverstümmelnde Verhaltensweisen und Menschenopfer zu besänftigen versucht. In diesem Kontext bezeichnet Grunberger die Entstehung des jüdischen Monotheismus als »Revolution Abrahams«. Er begründet dies folgendermaßen: Abraham zerstört die Fetischgötter und greift dadurch den Götzendienst an; er inthronisiert den ihn unablässig leitenden Vater; er führt die Symbolisierung ein, indem er das Menschenopfer ersetzt durch das Tieropfer; er »erfindet« mit dem Vater das Über-Ich und ».. . *läßt aus dem primitiven, aus der Verwechslung von Mensch und Universum gründenden Narzißmus den einzigen, unsichtbaren und allgegenwärtigen Gott hervortreten und entdeckt damit in Wahrheit den absoluten kosmischen, immateriellen und konfliktfreien Narzißmus, von dem der Mensch indes getrennt ist.«* (II, 137)

Nach der jüdischen Hawada ist das Göttliche streng vom Profanen zu unterscheiden. Demnach – so Grunberger – ist die projizierte narzißtische Liebe Gott vorbehalten. Dieser ist zugleich abstrakt und inexistent, denn er ist nicht nach den »Kriterien des Werdens« zu messen. Gott ist zudem ein »Buchhalter«, der streng auf die Einhaltung des mosaischen Gesetzes achtet[50]. Grunberger zufolge erscheint das Christentum zu einem Zeitpunkt, als in der Geschichte des jüdischen Volkes wieder einmal der enorme Druck der politischen Ereignisse, die römische Vorherrschaft, den messianischen Glauben reaktiviert und die Strenge des jüdischen Gesetzes auf die Probe stellt. Die Folge davon war: »*Die Position des Über-Ichs wird unhaltbar, und es zeichnet sich eine Rückkehr zur narzißtischen Illusion in idealisierter Form ab, die zunächst eine Synthese mit der Religion der Väter anstrebt.*« (137). Doch im Laufe der Entwicklung erhalten alle wesentlichen Elemente der christlichen Religion, wie zum Beispiel die Vergöttlichung des Menschen, die Wunder, die Unsterblichkeit und die Unbefleckte Empfängnis »ihre affektive Ladung vom primitiven Narzißmus und trotzen der Realität und der Ordnung des Vaters« (138). Dem hält Grunberger das jüdische »ödipale Ich der Gleichheit und Gerechtigkeit« und das auf dem *Realen* gründende mosaische Gesetz mit seiner inneren Logik entgegen. Seiner Auffassung nach ist das jüdische Gesetz ein »System von untadeliger, logischer und rationaler Ethik, das jedoch in seiner Rigidität die narzißtische Komponente vernachlässigt« (ebd.). Da Grunberger selbst Jude ist – »deutscher Jude, Verfolgter, emigrierter Jude« – ist die Parteilichkeit, die seine Charakterisierung des jüdischen Gesetzes kennzeichnet, durchaus verständlich. Allerdings schimmert in seinen Ausführungen auch eine gewisse Idealisierung der »Achtung vor dem Realen« (II, 110) hindurch.

Das von Grunberger festgestellte Aufrechterhalten des Absolutismusanspruches im Glauben, ist nicht unproblematisch. In ihrem physoanalytischen Essay über das »Ich-Ideal« spricht J. Chasseguet-Smirgel (1987, 184) von einer universellen Krankheit der Menschheit, der »Krankheit zur Idealität«, die das Ziel hat, mit nicht-psychotischen Mitteln die »schmerzliche Grenze zu beseitigen, die die *Realität* dem Wunsch des Menschen nach unendlicher Expansion gesetzt hat.«

H. E. Richter[51] beschreibt diese Aufrechterhaltung des Absolutheitsanspruchs, der ehemals allein auf Gott projiziert und im Laufe der westlichen Zivilisationsgeschichte sich durch Identifizierung mit der göttlichen Omnipotenz einverleibt wurde, als »Gotteskomplex«. Dieser narzißtische Ohnmachts-Allmachts-Komplex, der sich nach Richter durch die gesamte neuere Zivilisation hindurchzieht, ist geprägt von radikalem Egozentrismus, der das »Produkt der Einverleibung des einen großartigen Gottes« ist. »*Das Bewußtsein der totalen Abkapselung des individuellen Ich im eigenen Innern, verbunden mit der Idee, das Innere berge repräsentativ das gesamte All in sich, kann man letztlich nur durch den historischen Prozeß der narzißtischen Identifizierung mit Gott verstehen.*« (Richter, 1979, 35)

Einen vorläufigen Endpunkt einer Philosophie der narzißtischen Omnipotenz hat H. Marcuse mit seinen Ideen von »Eros und Kultur« gesetzt[52]. Narziß wird darin als eines der Urbilder der »Großen Weigerung« gepriesen. H. E. Richter sieht in dieser fast zum Greifen nahen Vision des paradiesischen Endzustandes die ». . . *ganze Kompliziertheit der gesellschaftlichen Konflikte* und die Differenziertheit und tief unbewußte Verankerung der psychischen Probleme verschwinden.« (72)

Marcuse leitet vom Narzißmus eine »fundamentale Bezogenheit zur Realität ab, die eine umfassende existentielle Ordnung schaffen könne«. Die »Unbegrenztheit und Verbundenheit mit dem All« ist die Fortsetzung des primären Ich-Gefühls. »Ursprünglich enthält das Ich alles, später scheidet es eine Außenwelt von sich ab. Unser heutiges Ich-Gefühl ist also nur ein eingeschrumpfter Rest eines weit umfassenden, ja – eines allumfassenden Gefühls, welches einer innigeren Verbundenheit des Ichs mit der Umwelt entsprach.« (H. Marcuse, 1957[53])

Diese Idealisierung des »allumfassenden Gefühls«, das mit der Verdrängung von Ohnmacht und Endlichkeit einhergeht, aufzuheben, ist Richters zentrale Forderung. Nur dadurch werde es möglich, sich den realen Anforderungen und Möglichkeiten des Lebens zu stellen. Das wiederum erfordere eine Aufhebung der Abwertung, Abwehr und Abspaltung des Gefühls und des Leidens an einer scheinbar alles bezwingenden und beherrschbaren verstandesmäßigen Vernunft. Die Sehnsucht und Suche nach der unmittelbaren Erfahrung der »göttlichen Umarmung« war ein wesentliches Motiv der Mystik in den unterschiedlichsten Religionen, wie auch A. Vergote (1970, 192) betont: »Alle Schulen, die sich zur mystischen Bewegung zählen, haben dieses Gemeinsame, daß sie Gott oder das Göttliche in unmittelbarer Intuition erleben wollen. Die Mystik entspringt der schmerzlichen Erfahrung der Trennung, sie will den Abgrund überbrücken, der Mensch und Welt oder Mensch und Gott voneinander scheidet.«

Nach J. Chasseguet-Smirgel (1987, 221) entspricht die Mystik dem Bedürfnis nach Vereinigung von Ich und Ich-Ideal auf dem kürzesten Weg. Demnach hat die Suche nach dem ozeanischen Gefühl durch die Droge, die Mystik und die Ideologien den viel längeren Weg ersetzt, den die Religionen anbieten und in denen man um den Preis kostspieliger Opfer sein Paradies gewinnen muß, sofern sie es überhaupt versprechen. In der Mystik versucht der Mensch – seinem narzißtischen Wunsch nach Vollkommenheit entsprechend – an der alles durchdringenden göttlichen Kraft zu partizipieren, wie es in der neueren Zeit beispielsweise P. Teilhard de Chardin (1962, 27 f.) formulierte: »Gott . . . umhüllt uns von allen Seiten, wie die Welt selbst.« Eingehüllt in diese kosmische Umarmung verliert das Unfaßliche des Kosmos seinen Schrecken. Doch allzuoft und allzuleicht wird diese Sehnsucht nach illusionärer grenzüberschreitender Versenkung ins eigene Innere, um dort das »Ganze« zu erfassen, von einem Verschließen der Augen vor den möglichen realen Veränderungen und immanenten Grenzüberschreitungen im Sinne Merleau-Pontys begleitet.

Mit dem Rückzug von der Welt und dem sich »in den Kosmos Einkuscheln«[54] wird die schmerzhafte Empfindung des Getrenntseins geleugnet. Deswegen ist es notwendig, die Wiedererlangung pränataler narzißtischer Allmacht als Illusion zu erkennen und sich so der dahinterliegenden Wünsche bewußt zu werden, um diese realitätsangemessen zu verwirklichen oder aber auf deren Realisierung bewußt zu verzichten. Das Getrenntsein und die

Endlichkeit des Menschen zu akzeptieren, wird mit den Versuchen, Gott und schließlich den Menschen als absolut und unendlich zu denken, verleugnet und verdrängt.

So betont auch A. Watts (1980), daß der Weg aus der Krise der westlichen Zivilisation nicht zurückführe in die »Verschmelzung«. »*Denn es gibt keine Möglichkeit, die Empfindung des Getrenntseins von den übrigen Dingen durch einen sogenannten ›Willensakt‹ loszuwerden.*« (117)

Watts geht ähnlich wie Merleau-Ponty davon aus, daß die Einheit aus Organismus und Umgebung eine physikalische Tatsache ist. Jedoch: »*Die meisten von uns haben das Gefühl, daß ihr ›Selbst‹ ein von der Hülle des Körpers umschlossenes, isoliertes Gefühls- und Handlungszentrum ist, dem eine ›äußere‹ Welt von Personen und Dingen ›gegenübersteht‹ und das durch die Sinne Kontakt mit einem fremden und seltsamen Universum unterhält.*« (16)

Diese Illusion eines von der Welt isolierten Ichs erzeugt die Betrachtung der Welt als etwas »außerhalb« der Person Existierendes und verhindert die ». . . *Empfindung unserer eigenen Existenz, die mit den physikalischen Tatsachen übereinstimmt und die unser Gefühl der Entfremdung vom Universum bewältigen hilft.*« (9)

Die Einstellung gegenüber der Welt ist demnach größtenteils feindselig gefärbt und äußert sich in der Eroberung der Natur, die die »grundlegende gegenseitige Abhängigkeit aller Dinge und Ereignisse« ignoriert. »*Die Empfindung des eigenen ›Ich‹ als ein einsames und isoliertes Zentrum unseres Wesens ist so stark, entspricht so sehr dem ›gesunden‹ Menschenverstand . . ., daß wir auch gar nicht anders können, als unser eigenes Ich nur als etwas Oberflächliches zu empfinden.*« (20 f.)

Deswegen plädiert Watts dafür, die Illusion, der einzelne sei ein »isoliertes Ich«, zu zerstören. Das kann jedoch nicht nur durch den Akt des eigenen fiktiven *Willens* erzwungen werden. Denn die Versuche, diese Ich-Empfindung loswerden zu wollen, sind für ihn lediglich der »letzte Versuch eines unbesiegten Egoismus« (123). Um diese *isolierte* Ich-Empfindung aufzulösen, ist es nötig, daß ». . . *man sich dieser Empfindung des Getrenntseins von den übrigen Dingen vorsichtig nähert und sie wie jede andere Empfindung akzeptiert*«. (ebd.)

Die Erfahrung von Transzendenz als »Sein-zur-Welt« (Merleau-Ponty) erfordert eine andere Art von Hingabe als die des »Wollens« und des »Sich-Unterwerfens«, wie es sich auch in bestimmten Formen der sog. »Neuen Religiosität« äußert. Der Egoismus, wie er sich im »Gotteskomplex« (Richter) zeigt, kann nicht durch die *Auflösung* des Ichs überwunden werden, sondern durch die Auflösung des Bewußtseins, ein »isoliertes Ich« (Watts) zu sein.

Dies ist jedoch ausgesprochen schwierig, da die heutige Lebenswelt es erfordert, Ich-Stärke und Ich-Grenzen zu entwickeln und zu kultivieren und es kaum gesellschaftlich legitimierte und akzeptierte Orte gibt, an denen die Hingabe und partielle Auflösung der Ich-Grenzen ermöglicht und geschützt wird.

Heute birgt die Suche nach Transzendenzerfahrung immer auch die Gefahr der Weltflucht, der Realitätsuntüchtigkeit und der Mystifikation subjektiver Erfahrung in sich. »Die vollständige Auflösung der zwischen Subjekt und Objekt bestehenden Trennung, die Auflösung aller Ich-Grenzen, ist nur möglich, wenn die Sinnlichkeit vom Sinn des Habens und Gebrauchens befreit wird. Dann ist Sinnlichkeit gleichbedeutend mit einer Weise der Erkenntnis; und alle Erkenntnis, die von solcher Sinnlichkeit endgültig getrennt bleibt, gebiert nur totes Wissen. Unter der Voraussetzung solcher befreiter sinnlicher Erfahrung verlieren die Begriffe Subjekt und Objekt ihre relative Wahrheit. Die für solche Erfahrung notwendige vollständige Hingabe steht immer in der Gefahr, von der Macht mißbraucht zu werden, die eben hierzu, zur Selbstpreisgabe, am allerwenigsten fähig ist.« (B. Nitzschke, 1981, 81)

5.5. Religion und Sexualität als Transzendenzerfahrung?

>*»Siehe, ich mache alles neu.«*
>(Johannesoffenbarung 21, 5)

MARIA:
»Ich sehe höchstens die Verbindung, daß man sich in dem Augenblick total hingibt. Wenn ich mich sexuell erleben will, muß ich mich total hingeben, und wenn ich Gott erleben will, muß ich mich auch total hingeben. Und in beiden Bereichen ist es möglich, so etwas wie Ekstase zu erleben. Aber eine direkte Verbindung, so daß eins vom anderen abhängt oder gleiche Züge hat, das sehe ich nicht.«

KLAUS:
»Ja, das was ich sehen kann ist, daß ich mich in meinem normalen Alltagsbewußtsein in der Sexualität und auch der Religiosität als einen nehmenden, wollenden, mit Willen ausgestatteten Menschen erlebe. Und im orgiastischen Erlebnis, da gebe ich meinen Willen weg. In der Religiosität, das weiß ich nicht . . . Ich bete nicht mehr.
Jedes Gefühl hat ein körperliches Äquivalent, insofern ist die Transzendenzerfahrung der Religiosität auch körperlich. Aber Sexualität ist vielmehr körperlich, manchmal sogar nur. Während Religiosität eben eher geistig ist. In der Sexualität, da ist Transzendenz gebunden. In dem Moment, wo ich Transzendentes im Orgasmus verspüre, ist das etwas sehr Verbindendes. Dann fühle ich mich stark verbunden mit dem anderen. Zum Beispiel habe ich auch manchmal ein sehr starkes Verbundenheitsgefühl mit dem Kosmos, den Sternen und Planeten. Das ist grenzenlos und ein sehr starkes Glücksgefühl«.

JUDITH:
»Ich glaube, Grenzüberschreitung, das geht in beiden Gebieten besonders leicht und schnell. Und ich glaube, das ist heilend. Und es ist genauso möglich, darin wahnsinnig zu werden. Ich denke da zum Beispiel an homöopathische Mittel: Drei, vier Tropfen können sehr heilend sein, aber bei zu vielen

Tropfen gehst du ein. So ähnlich stelle ich mir das auch bei Grenzüberschrei-
tung im Bereich Religiosität und Sexualität vor. Ich glaube, mit Feingefühl kann
das heilend wirken, und mit Grobheit kannst du andere Menschen auch
verrückt machen.«

SILVIA:

»Grenzüberschreitungen gibt es in der Religion und in der Sexualität. Ich
glaube, es ist einfach gesund, die Sexualität auszuleben und sie nicht zu
überspringen, das heißt auch für den Körper verantwortlich zu sein. Das ist
ganz wichtig, nicht gleich in die geistigen Sphären abzuzwitschern und dabei
den Körper zu verleugnen. Wichtig ist, im Irdischen verwurzelt zu sein und
nicht mit den Wurzeln in die Höhe zu gehen. Denn der Baum, der keine
Wurzeln hat, kann auch nicht wachsen. Und die Sexualität ist das Irdische.«

THOMAS:

»Die Verbindung zwischen Religion und Sexualität scheint wirklich zu beste-
hen. Es fällt ja auf, daß es bei der Beschreibung der sexuellen Gefühle und der
des religiösen Gefühls ganz ähnliche Worte gibt, zum Beispiel Worte wie
›fallenlassen‹, ›sich hingeben‹, ›sich verströmen‹. Ich muß mich jetzt auch
etwas korrigieren. Als du eben nach der religiösen Transzendenz fragtest, fiel
mir anfangs nur die wissenschaftliche Diskussion ein, aber jetzt fällt mir noch
ein, daß religiöses Gefühl auch im Grenzbereich der Musik für mich liegt, in
einem Bereich, in dem ich auch diese Erfahrung gemacht habe wegzu-
schwimmen. Das ist ein ganz ähnliches Gefühl, was da passiert. Es ist sowohl
ein höchstes Glücksgefühl und auch ein Einssein mit der ganzen Welt, und
das ist vergleichbar damit, wenn ich einen unheimlich schönen Orgasmus
habe. Das ist ähnlich.«

EVA:

»Es gibt Ähnlichkeiten zwischen Religion und Sexualität, zum Beispiel in
Bezug auf Sehnsucht und Hingabe und Fallenlassen. Aber die wirkliche Ver-
bindung dazwischen ist mir noch nicht klar. Aber ich denke, daß die
menschliche Sexualität dazu da ist, die göttlichen Kräfte sichtbar zu machen
und auszudrücken und die ganz starken Kräfte, die da sind, sie aufzunehmen
und umzusetzen. Vielleicht ist das die menschliche Sexualität.
Ich selber habe verschiedene Zustände von Transzendenz erfahren, zum
Beispiel auf einer geistigen Ebene, zum Beispiel bei Transzendentaler Medi-
tation, ein Zustand, wo du sitzt, und wo dein Geist sich erhebt.
Was mich jedoch in der letzten Zeit viel mehr fasziniert, sind die archaischen
Kräfte. Das heißt etwas, was nicht nach oben geht, sondern nach unten.
Kräfte, die die untere Körperhälfte besonders bestimmen. Das sind Kräfte, die
in unserer Gesellschaft völlig unterdrückt wurden, seitdem das Patriarchat
herrscht. Mit diesen Qualitäten möchte ich Erfahrungen machen. Ich kann
mir zum Beispiel Rituale mit Erde vorstellen oder Rituale mit Blut und Samen
und starken ekstatischen, sexuellen Zuständen, zum Beispiel draußen im
Freien oder mit Tanz oder mit Menstruation oder Gebären. Ich suche Wege,
das wiederzufinden.

Ja, ich empfinde es bei mir auch so, daß die Sexualität mich ganz stark auf diesen Weg gebracht hat, und ich finde es jetzt auch in der Religiosität wieder. Dort konnte ich meine Hingabefähigkeit entwickeln und meine Bereitschaft für das Schöne oder das Leben, und durch meine tiefen sexuellen Erlebnisse konnte ich mich soweit öffnen, um mich auf diese Kräfte einzulassen. Das ist wie ein Pendel, eins geht nicht ohne das andere. Das heißt, ich kann mir Religiosität ohne sexuelle Erfahrung eigentlich gar nicht mehr vorstellen, denn das ist kein rein geistiger Prozeß, das ist auch ganz stark körperlich.«

Wichtigste Voraussetzung von Transzendenzerfahrung in der Religion und Sexualität ist für die Befragten vor allem Hingabefähigkeit. Diese Fähigkeit ist nach ihren Aussagen sowohl bei der Religiosität wie auch bei Sexualität im Körperlich-Sinnlichen verwurzelt, allerdings klingt bei einigen Befragten auch die Aufspaltung Sexualität = Körperliches dagegen Religiosität = Geistiges an.

Mit der Narzißmustheorie kann das Bedürfnis nach Transzendenz auf eine biologisch bedingte pränatale, körperliche Erfahrungsgrundlage zurückgeführt werden. Auf diese Weise erfährt die These, die die frühere Religionspsychologie geleitet hatte und wonach die Quelle des religiösen Gefühls direkt im Menschen angelegt sei, erneute Aktualität und zugleich eine plausible Begründung. Denn den pränatalen Zustand hat jeder Mensch einmal im Mutterleib erlebt, ebenso wie die damit verbundene »vollkommene Harmonie«. Die Sehnsucht, dorthin zurückzukehren und die Vertreibung aus dem »verlorenen Paradies« rückgängig machen zu können durch die Rückbindung oder den Rückbezug auf etwas Allumfassendes, Vollkommenes, Absolutes, müßte demnach in jedem Menschen bestehen. Ausgehend davon, daß »Religiössein« im Wortsinne des *religere* Rückbindung, Rückbezug (auf etwas Allumfassendes) bedeutet, läßt sich mit der Narzißmustheorie behaupten, daß jeder Mensch die Wurzeln religiöser Veranlagung in sich trägt.

Grunberger (1976, 29) betrachtete das Gefühl der Unendlichkeit als »direkt vom Fruchtwasser hergeleitet« und brachte es in Verbindung mit dem »ozeanischen Gefühl«, das auch Freud beschäftigt hatte, der es jedoch in sich selber nicht hatte entdecken können. Freud verbindet dieses Gefühl mit dem Dichterwort:»*Aus dieser Welt können wir nicht fallen.*‹ Also ein Gefühl der unauflösbaren Verbundenheit, der Zusammengehörigkeit mit dem Ganzen der Außenwelt.« (StA., Bd. IX, 198)

Diese Beschreibung erinnert an Schleiermacher, der das religiöse Gefühl als »schlechthinnige Abhängigkeit« des Menschen vom Universum bezeichnet hatte. Aber auch Merleau-Ponty's Begriff vom »Situiertsein« und der Verwurzelung von Universalität und Welt in der »Leiblichkeit« kennzeichnet ein Ähnliches.

Jeder Mensch hat als Embryo die Erfahrung der schlechthinnigen Abhängigkeit im Mutterleib gemacht, ebenso wie in der primärnarzißtischen Phase, in der er einerseits jene Allumfassenheit erfuhr, in der die Macht des anderen eine Ausweitung der eigenen Macht ist. Andererseits war jedoch die *vollkommene Abhängigkeit vom Mutterleib* bzw. der Mutter oder dem Mutterersatz faktisch die Bedingung, die conditio sine qua non dieses vollkommenen Zustandes. Die eigene Abhängigkeit von dieser Macht wird jedoch nicht wahrgenommen. Insofern sind im Narzißmus Autonomie und Abhängigkeit eng miteinander verwoben, was der unbewußten Erinnerung des narzißtischen Zustandes entspricht (vgl. H. Friedrich, 1992, 76).

Die Sehnsucht nach vollkommener Harmonie und Einheit zwischen dem Subjekt und seiner Umwelt bleibt Zeit seines Lebens erhalten und kommt, wie bereits erwähnt, nach Balint (1972, 45) in zwei Erlebnissen seiner Erfüllung nahe, zum einen in unserem Sexualleben, insbesondere dem Orgasmus, und zum anderen in allen Formen der Ekstase. Die Formen der Ekstase und ihre Techniken sind in der abendländischen, christlichen Kultur jedoch nicht nur vernachlässigt, sondern faktisch bekämpft worden. Sie werden es auch heute noch, sobald ihre Kontrollierbarkeit nicht mehr ohne weiteres garantiert ist[55]. Denn die berauschende Kraft der Entgrenzungserfahrung und des Allmachtsgefühls verlangt nach Wiederholung und kann in Konflikt mit der Realität kommen.

Die religiöse Ekstase der Mystiker mußte zudem der Kirche als vertikal gegliedertem Apparat verdächtig sein, denn eine unmittelbare Verschmelzungsmöglichkeit mit dem Göttlichen, ohne die vermittelnde Dienstleistung der kirchlichen Angestellten und der kanonischen Schriften und Ordnungen, bedeutete naturgemäß die Gefahr eines anti-autoritären Gegenpols und einer Nichtkontrollierbarkeit der sozialen Auswirkungen der Transzendenzerlebnisse.

Rausch, Selbstversenkung und Ekstase können jedoch auch als Formen einer Realitätsabwehr bezeichnet werden, die – unkontrolliert angewandt – leicht zur Krankheit im pathologischen Sinne, wie z. B. zu Neurosen oder Wahnsinn führen können. Denn ihnen wohnt auch eine destruktive Tendenz inne, die gesellschaftlich kontrolliert werden muß[56].

Somit stellt der Orgasmus – um dem Gedanken M. Balints zu folgen – eines der letzten Erlebnisse der Entgrenzung dar. Allerdings ist auch das reale Erlebnis des Orgasmus nicht aus der Geschichte und Zeit herausgehoben. Es ist nicht die reine »Insel der Glückseligen« wie die pränatale Erfahrung. Das Orgasmuserleben unterliegt wie alle sexuellen Äußerungen auch der verinnerlichten gesellschaftlichen Kontrolle, Einschränkung und Veränderung. So wirkt sich zum Beispiel auch die Abspaltung der Gefühle vom Körper auf die Fähigkeit des Lusterlebens im Orgasmus aus[57].

Voraussetzung und Bedingung von Transzendenzerfahrung ist Hingabe. Erst sie ermöglicht die Grenzen zwischen Subjekt und Objekt zu überschreiten und bedeutet das Gegenteil von Ich-Panzerung und dem Bestreben, sich die »Objekte« einzuverleiben und besitzen zu wollen.

Freud sah allenfalls im Zustand der Verliebtheit eine nicht krankhafte Möglichkeit, in der »die Grenze zwischen Ich und Objekt zu verschwimmen« scheint. »*Allen Zeugnissen der Sinne entgegen behauptet der Verliebte, daß Ich und Du eines seien, und ist bereit, sich, als ob es so wäre, zu benehmen*« (GW. XIV, 423).

Diese Irritation der Realitätswahrnehmung und der Ich-Grenzen im Zustand des Verliebtseins ist gekennzeichnet durch das Bestreben nach Symbiose und Verschmelzung im Liebesakt. Die Regression im Zustand der Verliebtheit wird als vorübergehende Erscheinung lächelnd in Kauf genommen, wohingegen Regression gemeinhin eher den Anschein von Realitätsuntüchtigkeit erweckt.

Es stellt sich jedoch die Frage, ob nicht Regression auch ein Mittel sein kann, über die Erfahrung der Hingabe zu einem erheblich sensibleren Umgang mit der Realität zu gelangen. Denn Hingabe vermittelt die Erfahrung, daß die Realität ein feingesponnenes Netz von Beziehungen ist und nicht der Waffenlärm des von außen bedrohten oder nach außen drohenden Ichs.

Der Blick auf den kultischen Geschlechtsverkehr machte deutlich, daß Lusterleben – welches immer mit der Fähigkeit zur Hingabe verbunden ist –, als sozial gewürdigte und kontrollierte *Aktivität* durchaus als Transzendierung des Ichs eine vorwärtsgerichtete Bewegung enthalten kann, in Hinblick auf die Erfahrung der sozialen Zusammengehörigkeit ebenso wie auf die Erfahrung des »Einsseins« mit der Natur und den Göttern. Die Bewertung der Verliebtheit als Regression geht von der Idee einer *linearen* Progression der Entwicklung der Persönlichkeit aus. Gesunde Persönlichkeitsentwicklung und die Entwicklung von Ich-Identität wird jedoch vom *dynamischen Prozeß der Progression und Regression* bestimmt. Nach W. Schmidtbauer (1986) hat sich in den Industrienationen weitgehend die Progression durchgesetzt. Das Leistungs- und Konkurrenzstreben und eine einseitig progressive Lebensweise sind Ausdruck davon. Regression und Progression hängen jedoch in einer »Balance zusammen, die dem physiologischen Gleichgewichtszustand (der Homöostase) vergleichbar ist« (168). Eine Störung dieser Balance zeigt sich nach ihm zum Beispiel in der wachsenden Bedeutung der psychosomatischen Krankheiten. Sie führt dazu, daß die ». . . *unterdrückte, durch die Überentwicklung der Progression aus ihrer Gleichgewichtsposition verdrängte Regression* anfängt, die progressiven Fassaden zu stören«. (ebd.)

Da in der modernen Gesellschaft die partielle Auflösung der Ich-Grenzen und der Verlust der Selbstkontrolle kaum noch legitimiert und sozial begleitet wird, sondern hauptsächlich als fehlerhafte Störung oder als Krankheit diagnostiziert wird, ahnt das Subjekt heute kaum mehr etwas von seiner Möglichkeit, sich selbst zu transzendieren. Denn mit der Furcht, den »Verstand zu verlieren«, verbindet sich ein Maß an Schutzlosigkeit, die zur gefährlichen Schwäche wird, wenn die destruktive Tendenz der Selbsttranszendierung nicht mehr in einen sozialen Zusammenhang eingebunden ist. Mit der Unfähigkeit, sich selbst zu transzendieren, geht aber auch die Fähigkeit zur Erfahrung der »Schöpfungswonne«, der liebenden Hingabe, verloren. Was bleibt, ist die ewige Sehnsucht, regredieren zu können, zurück in den Mutterleib zu kriechen, aus Angst vor den Objekten der Realität. Diese permanente, unbefriedigt bleibende Sehnsucht wird ins Unbewußte, jenes »innere Jenseits« (A. Lorenzer 1984, 132) verdrängt und fällt einem angebeteten Omnipotenzideal anheim, das zum Beispiel auch in der modernen grenzenlosen Nutzung technologischer Möglichkeiten offenbar wird. Dieser scheinbar rationale Zugriff auf die Realität erweist sich in Verkennung der Gefahren dieser totalen Expansion als irrational. Bezogen auf die »Zerstörung der Sinnlichkeit« religiöser Symbole, Mythen und Rituale analysiert A. Lorenzer diesen Prozeß wie folgt: *»Im Laufe der Aufklärung ›nach innen‹ trat an die Stelle der kritischen Durchdringung des Numinosen jene Abwehr, die schon im reformatorischen Kampf gegen die Sinnlichkeit sich formiert hatte, als die kultische Sinnlichkeit dem Wortdienst geopfert worden war . . . Die Aufklärung setzte diese Linie fort . . . mit dem Ergebnis, daß die ausgegrenzte Welt der Phantasie und die Verdrängungen des Triebhaften mit den Resten der mythischen Weltdeutung zu einem irrationalen Bodensatz im Alltagsbewußtsein verschmolzen, abgesunken unter die durchsichtigen ›Lösungen‹ eines immer formalistischer und instrumentalistisch-nüchterner werdenden Rationalismus.«* (A. Lorenzer, 1984, 132 f.)

Auch der Versuch, mittels »sexueller Befreiung« diesem fortlaufenden Prozeß der Zerstörung der Sinnlichkeit entgegenzutreten und die ersehnte Selbsttranszendierung zu erfahren, ist weitgehend gescheitert. Der Trugschluß einer »Befreiung der Sexualität« ist nicht zuletzt darauf zurückzuführen, daß der Begriff der Sexualität selbst einen Erfahrungszusammenhang kennzeichnet, der auf der Trennung der Geschlechter beruht und nicht auf deren Transzendierung (wie zum Beispiel im kultischen Akt); zudem ist das Dispositiv der Sexualität gerade deswegen installiert worden, um die Lüste und Körper zu kontrollieren. Mit der Herausbildung des »Konstruktes Sexualität« hat sich die Erfahrung von Transzendenz vorrangig auf das Orgasmusleben reduziert und ist aus dem sozialen und öffentlichen Bereich des Lebens ausgewiesen worden. Dabei wurde die Sexualität zur »Chiffre der Individualität« (Foucault).

Mit der Herausbildung des Dispositivs der Sexualität korrelierte zugleich die Herausbildung eines bestimmten Typs von Individuum. Die damit zusammenhängende Entwicklung des abendländischen Selbstbewußtseins hat zum weitgehenden Verlust der Fähigkeit zur Selbsthingabe geführt. Dieses sich selbst reduzierende Selbstbewußtsein ist auch das Produkt des historischen Prozesses der Trennung von Religion und Sexualität, der Trennung der Erotik von der Fortpflanzung, der Trennung des Geschlechtlichen vom übrigen Körper, der Trennung der Mystik vom Religiösen als eine Folge der Spaltung des Menschen in voneinander geschiedene Teile, in Körper – Seele – Geist.

Diese »Zerstückelung des Menschen«, wie sie sich auch in der wissenschaftlichen Theorie widerspiegelt, erzwingt die Verdinglichung des Körpers als Folge der Verselbständigung des Geistes, die nicht mehr aufhebbar ist und zu einer allmählichen Zerstörung der Sinnlichkeit geführt hat. Das Selbst des einzelnen Individuums ist auf diese Weise herausgelöst worden aus seinem sozialen Kontext, so daß Selbstsuche und Selbstbewußtsein heute allenfalls in privaten Lebensräumen realisiert werden kann. Durch die Privatisierung von ehemals gesellschaftlich verarbeiteten Lebensbereichen sind die Individuen jedoch überfordert und das Privatleben als zentraler Ort der Selbsterfahrung überfrachtet. Darum ist auch die Sexualität zu einem wichtigen und überladenen Bereich der Selbstsuche und Selbsttranszendierung geworden.

Transzendenzerfahrung ist verbunden mit Selbsterfahrung. Religion wie auch Sexualität als gesellschaftlich konstituierte Realitätsbereiche haben in unterschiedlicher Zielrichtung die Bedingungen der Möglichkeit von Transzendenzerfahrung thematisiert. Die Beziehung zur Transzendenz ist dabei immer stärker abstrahiert, verabsolutiert und individualisiert worden. Statt der Erfahrung von Transzendenz ist ein »Wille zum Wissen« (Foucault) kultiviert worden, mit dessen Erbe wir heute lernen müssen zu leben.

6. Zusammenfassung

»Nur erfüllte Sehnsucht befriedigt.«
E.

Ziel der Darstellung war es, unter Einbezug qualitativer Interviews den Zusammenhang von Religion und Sexualität theoretisch zu reflektieren, den ich im menschlichen *Grundbedürfnis nach der Erfahrung von Transzendenz* sehe.

In Form einer qualitativen Befragung ausgesuchter Personen wurde untersucht, wie sich dieses Bedürfnis in der individuellen Lebensgeschichte darstellt. Die Ergebnisse der Befragung wurden rückgekoppelt an die theoretische Debatte zur Religion, Religiosität und Sexualität. Diese Einbindung der Interviews erwies sich auch insofern als sinnvoll, um bestimmte Religionstheorien und Sexualitätsauffassungen zu überprüfen.

Folgende Aspekte über den Zusammenhang von Religion und Sexualität haben sich herauskristallisiert:

Die Anwendung der biographischen Methode ermöglichte in den lebensgeschichtlichen Erfahrungen der Befragten Aspekte des Zusammenhangs von Religion, Religiosität und Sexualität als Thematisierung von Transzendenzerfahrung aufzuzeigen. Die biographischen Skizzen veranschaulichen, daß die Kindheitserfahrungen mit Religion prägend sind für eine *grundsätzliche Empfänglichkeit* für Religion und Religiosität. Bezogen auf den Zusammenhang von Religion und Sexualität ist vor allem die Phase der Adoleszenz bedeutsam. Sexuelle Erfahrungen zu Beginn und im Verlauf der Adoleszenz werden häufig als einschneidender Konflikt in der Lebensgeschichte erlebt, in deren Verlauf auch religiöse Moralvorstellungen kritisch hinterfragt werden.

Die kirchlich-familiär vermittelte christliche Religion als mögliche Orientierungshilfe erweist sich in diesem, für die Ich-Entwicklung wichtigen Krisen- und Wendepunkt hinsichtlich wirkungsvoller religiöser Sozialisationsbegleitung, als defizitär und wurde von fast allen Befragten, bezogen auf die sexuelle Identitäts- und Geschlechtsrollenfindung als ausgesprochen restriktiv erlebt. Wenn die kirchlich und familiär vermittelte Religion in dieser entscheidenden Phase als mögliche »einbindende Kultur« (R. Kegan, 1986, 165) in ihrer Funktion des »Haltens, Loslassens und in der Nähebleibens« (ebd.) versagt und gerade dann verschwindet, wenn sich Adoleszenten von ihr zu lösen beginnen, entsteht in diesem Ablösungsprozeß das Gefühl des Abgewiesen- und Ausgestoßenwerdens.

Dadurch wird der Ablösungsprozeß von der Religion der Kindheit häufig verstärkt in Richtung einer generellen *Abwendung* von kompakten religiösen Sinnsystemen.

Zwar erfolgte bei einigen der Befragten in individuell unterschiedlich ausgeprägten Schüben eine erneute Hinwendung zu religiösen Inhalten und Praktiken, sie können jedoch im Unterschied zu den früheren, in der Kindheit vermittelten als vorwiegend selbsterfahrungsbezogen, naturverbunden, körperbezogen, meditativ und von *einem* traditionellen Religionssystem als weitgehend unabhängig charakterisiert werden. In dieser subjektiven Form »Neuer Religiosität« wird die Dimension der *Erfahrung* unmißverständlich in den Mittelpunkt des Religionsverständnisses gerückt und Religion schließlich zur »Privatsache« (P. L. Berger). Diese »Privatreligion« kann sich jeder aus verschiedenen Versatzstücken mehrerer Religionen zusammensetzen, da die Zugehörigkeit zu einer bestimmten Religion irrelevant geworden ist. Bedeutsam ist dagegen die Suche nach »ursprünglichen Erfahrungen«.

Wenn kirchlich vermittelte christliche Religion nicht mehr sinnlich erfahrbar ist und Religiosität zu einer Technik ohne Anschaulichkeit erstarrt ist, entwickelt sich im Zuge der Säkularisierung eine spezifische Form »Neuer Religiosität«. Der einzelne löst sich von einer Religiosität, die zu einem »Formalismus ohne lebendige Formen« (A. Lorenzer) geworden ist, dann, wenn ihn nicht innere oder äußere Zwänge daran hindern. Die fehlende Erfahrungsbasis von Religiosität und das als restriktiv erfahrene christliche Religionssystem führten bei den meisten der Befragten zu einer Suche nach ursprünglichen Bildern, Symbolen und Erfahrungen bei anderen nichtchristlichen Religionen, ohne sich dadurch zu einem Bekenntnis zu einer bestimmten Religion gezwungen zu sehen, wozu die einzelnen aufgrund der gesetzlich geschützten Bekenntnisfreiheit auch nicht mehr genötigt werden können. Diese, dem einzelnen historisch zugewachsene und neugewonnene Freiheit ermöglicht, daß jeder zu einer Art »privatem Religionsbildner« werden kann. Durch bruchstückhaftes Rezipieren traditioneller Religionen und Philosophien kann in einem individuellen, durchaus authentischen Verarbeitungsprozeß Tradition kritisch angeeignet werden. Je nach Bedarf können dabei beliebige Aspekte unterschiedlicher religiöser Traditionen zu einer neuen Religiosität verschmolzen werden. Diese Privatisierung der Religion und Religiosität hat jedoch auch ein »Erlahmen der sozialen Bindungskräfte« (J. Habermas, 1986, 165) zur Folge und birgt die Gefahr in sich, daß sich die privaten Religionsbilder zu einer konsumistischen Haltung verführen lassen, wo beliebig und unbegrenzt Anleihen bei »fremden« Religionen gemacht werden, häufig auch um den status quo des eigenen Selbst- und Weltbildes stimmig deuten zu können nach dem Motto: Alles ist machbar, alles ist erklärbar.

Auf den Prozeß der Säkularisierung hat die protestantische Theologie äußerst kontrovers reagiert, wie vor allem die theologische Position von K. Barth zeigt, die den unaufhebbaren Widerspruch zwischen Glauben und Erfahrung hervorhebt: Entweder man glaubt oder man erfährt. Diese Kontroverse hat die gesamte religionssoziologische, religionspsychologische und religionspädagogische Diskussion seit den 50er Jahren geprägt.

Religiosität ist die subjektive Seite der Religion und thematisiert diejenigen Erfahrungen, die religiös, das heißt im Kontext von Religion sinngebend für das eigene Leben gedeutet werden. Die *Dimension religiöser Erfahrung* ist in der Religiositätsforschung der Religionssoziologie zwar als relevant benannt, jedoch bislang nicht näher untersucht worden. Dies hingegen haben die unterschiedlichen Schulen und Zweige der Religionspsychologie in umfangreichen Studien, Befragungen und Experimenten getan, allerdings unter *Absehen der Bestimmung von Transzendenz*. Als Ergebnis der religionspsychologischen Untersuchung von Religion und Religiosität kann festgehalten werden: Religiosität gibt es nicht »an sich«, sondern wird erworben durch Erfahrungen mit Religion in der Lebensgeschichte. Dementsprechend ist der Mensch nicht »von Natur aus religiös, sondern *wird* es. Religiosität ist folglich entwicklungsbedingt, umweltabhängig und traditionsgeprägt. Es gibt keinen *isolierbaren* psychischen Ursprung für Religion, vielmehr ist die Wurzel menschlicher Religiosität im »Dynamisch-Unbewußten« zu suchen. Der Mensch wird dementsprechend *nicht zwangsläufig* religiös, sondern kann auch in nichtreligiösen Erkenntnis- und Deutungssystemen Sinngebung für sein Leben finden. Zudem hat jeder die Möglichkeit, sich bewußt gegen die Kindheitsreligion zu entscheiden, ebenso auch für nicht-christliche Bilder, Symbole und Erfahrungsmöglichkeiten anderer Religionen, wie dies bei den meisten der Befragten der Fall ist. Auffällig ist, daß die Befragten Religiosität als das »Innere« und Persönliche der Religion kennzeichnen, welches Erfahrungen von oder Sehnsüchte nach Ganzheit, Heilung, Geborgenheit, Sicherheit und Gemeinschaft beinhaltet. Sie bringen also ganz *spezifische Erfahrungen und Gefühle* mit Religiosität in Verbindung. *Das »religiöse Gefühl« ist das Kernstück der Religiosität.* Auf der Suche nach dem subjektiven »Kern« der Religiosität geriet das religiöse Gefühl als die »eigentliche Quelle der religiösen Energie« (Freud) in den Blickpunkt des Interesses. Da das subjektive religiöse Gefühl in seiner *Vermittlung* nicht nur ein introspektiver, sondern auch ein interpretativer Akt ist, muß dessen Resultat immer eine *Annäherungswahrheit* bleiben. Die Äußerungen der Befragten zum religiösen Gefühl belegen, daß diejenigen Gefühle als religiös benannt werden, die aufgrund von *Grenzerfahrungen* oder *Grenzüberschreitungserfahrungen* entstehen. Diese Grenzgefühle entstehen immer in Beziehung zu jemand oder etwas und sind mit körperlichen Empfindungen verbunden. Durch diese »wesensmäßige Bindung meiner Selbst an etwas« (A. Heller) ist jegliches Fühlen immer gebunden an die physisch-psychische Realität und von ihr abhängig. Das religiöse Gefühl kann mit F. Schleiermacher als »Gefühl der Grenzenlosigkeit und schlechthinnigen Abhängigkeit« gekennzeichnet werden. Dies führte schließlich zu einer Auseinandersetzung mit dem Begriff der Transzendenz als »Grenzüberschreitung«. Die Erfahrung von Transzendenz setzt das »Involviertsein in etwas« voraus und hat eine *gefühlsmäßige und körperliche* Komponente, die nicht eindeutig voneinander zu trennen ist. Auf der körperlichen Ebene wird Transzendenzerfahrung vorrangig im Kontext von Sexualität gemacht. Transzendenzerfahrung durch die »Körper-Seele-Geist-Einheit«, wie sich dies teilweise auch in den Aussagen der Befragten widerspiegelt, ist jedoch im Laufe der abendländischen Geistesgeschichte keineswegs auf das Körperliche, geschweige denn auf das Sexuelle bezogen worden. Vielmehr hat im

Gegenteil die Abspaltung des Körperlichen vom Geistigen – wie sie sich durch die gesamte europäische Geistes(!)geschichte zieht, auch das Verständnis von Transzendenz entscheidend geprägt.

Im Prozeß ihrer allmählichen Selbstbewußtwerdung waren die Menschen stets bestrebt, sich auf das Objektive und das »Ganze« als das gedachte »Absolute« zu beziehen. Mit der Thematisierung von Transzendenz in Religion und Philosophie wurden also auch immer Aussagen darüber gemacht, welche Qualität in welcher Rangfolge bestimmten Erfahrungs- und Erkenntnismöglichkeiten in unterschiedlichen Zeiten zugesprochen wurde: Erfahrung und Erkenntnis durch Denken, Fühlen oder Körperlichkeit. Die *Verkürzung der Erfahrung von Transzendenz auf das Denken* wurde beispielhaft aufgezeigt an der Philosophie Descartes, Kants und Hegels.

Doch auch die *»Wiederentdeckung des Gefühls«* als die zentrale Dimension der Erfahrung von Transzendenz, wie dies K. Jaspers, F. Schleiermacher und R. Otto annehmen, stellt eine Reduktion dar. Denn *Erfahrung* beinhaltet sowohl die Wahrnehmung und das Sehen, das Erkennen und Verstehen und wird im Prozeß des Denkens verarbeitender Vollzug, der sich immer im ganzen Menschen abspielt: im Denken, im Fühlen und im Sinnlich-Körperlichen. Mit M. Merleau-Pontys »Leib«-Begriff konnte die Möglichkeit aufgezeigt werden, Transzendenzerfahrung aus der Vorstellung des *absoluten* Seins herauszulösen und stattdessen auf der Grundlage des »aktiven Transzendenzverhältnisses von Subjekt und Welt« neu zu bestimmen. Denn *Erfahrung* als die Quelle und das letzte Richtmaß aller *Erkenntnis* eröffnet niemals totalen Zugang zur Realität. So muß auch der reflexive Versuch, im vernünftigen Denken das »Ganze« als »Absolutes« zu erfassen, scheitern. Denn auch das vernünftige Denken ist kein unkörperlicher, »innerlicher« Vorgang, sondern an die *Begrenztheit und Geschlechtlichkeit* des Leibes gebunden. Dies legt auch eine Verabschiedung von der Vorstellung der Selbstvervollkommnung des Menschen im Absoluten nahe, wie sie sich zum Beispiel Hegel dachte. So verstanden beinhaltet Transzendenz Grenzerfahrung und Grenzüberschreitungserfahrung als bewußtseinsstiftendes Element. Die Unmenschlichkeit der Transzendenz als Absolutes wird auf diese Weise wieder zu dem, was sie einmal war, etwas Menschliches. Mit dieser Bestimmung von Transzendenz als ein kritischer Grundbegriff innerhalb »einer Welt ohne kodifizierbare Normen, die sich dennoch nicht im Faktischen und Objektivierbaren verlieren darf« (H. Blumenberg, 1962, 997), stellt sich allerdings auch die Frage, auf welche Weise die Erfahrung von Transzendenz noch an spezifische kompakte religiöse Systeme gebunden ist.

Solange eine in sich geschlossene Religion in einem sinnlichen Symbolsystem konkret, anschaulich und dialogisch erfahrbar ist, erwächst daraus kein Problem. Wenn jedoch die institutionalisierte Religion die subjektive Seite – die Religiosität – abspaltet und in die Privatisierung drängt, sichert sich die Religion als Kirche zwar weiterhin ihre äußere Macht, beraubt sich jedoch einer ihrer wichtigsten Grundlagen, der sinnlichen Erfahrung. Im Prozeß dieser »Zerstörung der Sinnlichkeit« (A. Lorenzer) löst sich auch die

Erfahrung von Transzendenz aus dem Kontext von Religion und wird zu einer persönlichen und intimen Angelegenheit ohne Rückbindung an die öffentliche Religion. Das freigesetzte, nicht mehr in kirchliche Tradition eingebundene Bedürfnis nach Transzendenzerfahrung sucht sich in anderen, nicht explizit religiösen Bereichen Realisierungs- und Ausdrucksmöglichkeiten. Dabei erwies sich die Sexualität als besonders attraktiv.

Die Suche nach Transzendenzerfahrung hat sich von der Religion auf die Sexualität verschoben. Um diese These zu belegen, wurden die vielfältigen Facetten der Sexualität hinsichtlich der naturhaften, geschlechtsspezifischen, kulturellen, normativen und machtbezogenen Komponenten untersucht. Schließlich wurde in der erotischen Dimension der Sexualität – in der ars erotica – das darin zum Ausdruck kommende Transzendenzbedürfnis in seiner ambivalenten, nämlich sowohl befreiend-konstruktiven als auch destruktiven Wirkung beschrieben.

Mit der Zuordnung zu einem Geschlecht ist immer auch eine Festlegung auf bestimmte Verhaltensweisen und Wesensmerkmale verbunden. In unserer Kultur werden diese oft als naturgegeben und biologisch verankert angesehen. Ein solch einseitiger Rekurs auf eine angebliche »Natürlichkeit« bestimmter männlicher und weiblicher *Eigenschaften* konnte mit Hilfe der Evolutionstheorie zurückgewiesen werden: Zwar schlagen in den kulturellen Rollenzuweisungen beim Menschen die ursprünglich verschiedenen Taktiken der Geschlechter zur Fortpflanzungsmaximierung durch, diese werden jedoch vorwiegend in den *Rollenmustern* von Mann und Frau fixiert und tradiert. Es kann deswegen nicht von einer »natürlichen« Sexualität die Rede sein, da diese genauso wie das geschlechtsspezifische Verhalten schon immer kulturell überformt ist. Dies wurde auch in den Aussagen der Befragten deutlich, die die Schwierigkeit konstatierten, den Begriff der Sexualität zu differenzieren in seine jeweils körperlichen, psychischen, gesellschaftlichen und kulturellen Komponenten.

Freud hat in seiner Triebtheorie aufgezeigt, daß selbst der Sexualtrieb nicht auf eine »reine Natur« zurückgeführt werden kann, da der Trieb als *psychosomatischer Grenzbegriff* ebenso kulturellen, wie lebensgeschichtlichen Prägungen und Anforderungen unterliegt wie die aus ihm sich entwickelnde Sexualität. Die Sexualität des Menschen ist also kein biologisch in sich gesichertes Instinktverhalten, sondern ein unspezifisches Grundbedürfnis. Die sexuelle Triebkraft von Mann und Frau wird durch kulturelle Überformung sublimiert, wobei in jeder Kultur eine *Standardisierung des Geschlechterverhaltens* erfolgt. In dieser »sozialen Superstruktur« (H. Schelsky) wird die Geschlechtlichkeit normiert und mittels sozialer Normen kontrolliert. Erst mit dem unaufhörlichen Reden und den Diskussionen über Sexualität wurde der »Gegenstand Sexualität« gebildet, der schließlich als »Sexualitätsdispositiv« (M. Foucault) innerhalb eines komplizierten Geflechts von Machtbeziehungen historisch entstanden ist. Dies erhellt auch den Trugschluß von der angeblichen Notwendigkeit sexueller Befreiung: Es geht nicht darum, »die« Sexualität zu befreien, weil Sexualität selbst ein normatives, grenzziehendes, soziales Netz ist, das jeden einzelnen durchdringt. So mußte auch der Versuch, die Sexualität zu befreien, in einer »endlosen, enttäuschenden Suche nach dem Selbst mittels der Genitalien« (R. Sennett) enden. Wie die Religion ist auch der Umgang mit Sexualität in die Verantwortung jedes einzelnen gelegt worden. Sexualität avancierte schließlich zu einem entscheidenden Moment der Lebensentwürfe und wurde zur »Chiffre der Individualität« (Foucault). Insofern gehört die »sexuelle Revolution« nach der Privatisierung der Religiosität zu einer »weitausgreifenden Woge der Privatisierung des Daseins« (G. Fourez, 1984, 186). Jedoch offenbart sich in dem Wunsch nach sexueller Befreiung wiederum das Bedürfnis nach Transzendenzerfahrung.

Die Thematisierung von Transzendenzerfahrung wird vor allem dann evident, wenn das »Gute, Wahre, Schöne« der Sexualität zur Sprache kommt. Von den Befragten wird dabei als Voraussetzung für ein schönes sexuelles Erlebnis ebenso wie beim religiösen Gefühl die Vertrauens- und Hingabefähigkeit und damit schließlich der *Beziehungsaspekt* hervorgehoben.

Mit dem Begriff der Erotik wird das Moment des Sozialen und Zwischenmenschlichen der Sexualität betont. Während die Befragten Erotik als etwas Leichtes, Spielerisches, Schwingendes bezeichnen, dem die Sexualität als das Animalische, Triebhafte und Rohe gegenüberstehen, beinhaltet dagegen Erotik bei Bataille auch ein »diabolisches Moment«, eine Scheu des Menschen angesichts des Todes. Bataille weist nach, daß das Ziel der Erotik sinnliche Lust ist, die, bis zur Ekstase gesteigert, bis zum Tod führen kann, zu einer »Flucht in die Unterschiedslosigkeit«. Insofern erweist sich diese, nach Grenzenlosigkeit strebende Lust, die letztendlich in den Tod mündet, durchaus als gefährlich, wenn nicht gesellschaftliche und individuelle Schranken dagegengesetzt werden. *Erotik* betont nicht nur stärker den Beziehungsaspekt als Sexualität, sondern *thematisiert* auch direkter und eindeutiger den Aspekt von *Transzendenzerfahrung als einem Streben nach Grenzenlosigkeit über die schmerzliche Grenze der Realität hinaus.* Hier hat die Religion eine bedeutende Kontrollfunktion übernommen, die im christlichen Abendland schließlich zum »Dispositiv der Sexualität« geführt hat, das jeden einzelnen durchdringt, um die freischwebenden Lüste zu binden und in den Dienst der Kultur zu stellen.

In der ehemaligen *Einheit von »Eros und Sexus«* im kultischen Geschlechtsverkehr, dem *hieròs gámos*, der Bestandteil und Mittel des Heilsweges zu den Göttern war, hat das Bedürfnis nach Transzendenzerfahrung seinen vom Kollektiv legitimierten Ausdruck gefunden. Erst durch die Ablösung der Mutterreligion von der Vaterreligion wurde die »Schöpfungswonne« vom »Erlösungsmotiv« (Schubart) abgelöst, verdrängt und später als Ketzerei verfolgt. Dabei wurde auch das ehemals Sinnlich-Körperlich-Lustvolle aus dem Bereich der partriarchalen christlichen Religion verdrängt und schließlich seit dem frühen Mittelalter als »sündiges Fleisch« verdammt. Insofern haben die christlichen Moralvorstellungen wesentlich dazu beigetragen, das Körperlich-Sinnliche als etwas »Schlechtes«, Scham- und Schuldbeladenes zu erleben, wie dies in den Aussagen der Interviewten und zahlreichen Autobiographien zum Ausdruck kommt. Dennoch ist das Muster des fortpflanzungsbezogenen Sexualverhaltens (Elefantenmodell) nicht vom Christentum erfunden, sondern aus der antiken griechisch-römischen Umgebung übernommen worden. Erst im frühen Mittelalter erhielt es seine Strenge und Restriktion.

Die Frage danach, warum die Lust und alle mit ihr verbundenen Aktivitäten kontrolliert und verdrängt wurden und welche Funktion der Religion dabei zukam, ist auch eine Frage nach den psychischen und kulturellen Voraussetzungen und ihren Verflechtungen miteinander, die den Zusammenhang von Religion und Sexualität bedingt und bestimmt haben. Diese Frage hat die Psychoanalyse als Subjekt- und Kulturanalyse seit S. Freud zu beantworten versucht.

Die Diskussion der Theorien S. Freuds und W. Reichs über den Zusammenhang von Religion und Sexualität ergab dabei folgende Aspekte: Nach S. Freud hat sich Religion aufgrund von notwendigem Triebverzicht und Triebsublimierung als eine der Grundlagen menschlicher Kultur entwickelt. W. Reich dagegen sieht in der Zerstörung der Einheit des religiösen und sexuellen Kults die Ursache patriarchaler Religionsbildung. Reichs Annahme von der religiösen Erregung als *Ersatz* für die sexuelle Erregung wird von den Befragten jedoch überwiegend abgelehnt. Im Gegenteil dazu betonen sie eher die mögliche *Ersatz*funktion von Sexualität: Sexualität kann als Trostspender ein Mittel sein, die Einsamkeit zu bekämpfen oder sich selbst zu spüren und schließlich wie eine Droge konsumiert werden. Reich idealisiert die Sexualität und blendet das Restriktive, Zwanghafte und Destruktive der Sexualität aus, was er wiederum nur als Charakteristika der Religion annimmt, womit er die grundsätzliche »Ambivalenz der Religion« (S. Vierzig, 1979) verkennt.

Religion und Sexualität sind Kulturträger, die in gewissen Grenzen spezifische Erfahrungsmöglichkeiten zulassen, jedoch hinsichtlich der freien Lustentfaltung der Individuen auch repressive Auswirkungen haben können. Das heißt, nicht die Religion »an sich« unterdrückt oder verteufelt Sexualität, sondern sie *kann* als Ideologie dazu dienen, die vorherrschenden nützlichen Sexual- und Moralvorstellungen gesellschaftlich und individuell repressiv zu verankern. Genauso kann umgekehrt eine idealisierte »freie« Sexualität als Umkehrung der vorherrschenden Sexualmoral zur Ideologie (T. Nathan) werden. Auf dem Hintergrund der Foucault'schen Analyse der Sexualität ist nicht nur die Sexualität, sondern auch die Religion als ein »Stützpunkt der Macht« zu bezeichnen, die beide dazu dienen, bestimmte gefährliche Lüste und die Erfahrung der Selbsttranszendierung gesellschaftlich zu regulieren und zu kontrollieren. Damit wurde die Frage aufgeworfen, *welche* spezifischen Lüste besonders unter Kontrolle gebracht werden mußten und welche zur Entfaltung kommen konnten und wie sich dies auf die Herausbildung von Sexualität *und* Religion auswirkte. Denn das »Sex-Gender-System« (N. Chodorow, 1985) hat vermutlich nicht nur Auswirkungen auf die Herausbildung des »Sexualitätsdispositivs«, sondern auch auf spezifische Inhalte und Formen der Religionsbildung. In diesem Zusammenhang wurde L. Irigarays These überprüft:

Aufgrund des unterschiedlichen männlichen und weiblichen Lusterlebens haben sich männlich bzw. weiblich dominante Gottesbilder herausgebildet. L. Irigaray charakterisiert den männlichen Gott, entsprechend dem männlichen Lusterleben, als »abgeschlossenes, ewiges, vollkommenes Volumen«, das alles umschließt und »in einem Moment alles ist, was er gewesen ist und sein wird«. Demgegenüber müsse der Gott der Frau ihrem Lusterleben entsprechend *anders* sein: Nicht bezogen auf *ein* Sein, *ein* Subjekt, ein Ganzes, sondern auf ein Nicht-Absolutes, Nicht-Abgeschlossenes »Volumen ohne Konturen«. Die Annahme dieser grundsätzlichen geschlechtsspezifischen Differenzen im Lusterleben und deren Auswirkungen auf die Herausbildung geschlechtsspezifischer Gottessymbolik wurde mit Hilfe der Befragung überprüft. Dabei wird der von L. Irigaray angenommene Unterschied im sexuellen Erleben von Mann und Frau von allen Befragten bestätigt, allerdings von den Frauen anders begründet als von den Männern. Die *Frauen* betonten eher die *psychischen* Unterschiede: die »Verbindungssehnsucht« bei den Frauen und das »Abgrenzungsbedürfnis« bei den Männern. Die *Männer* dagegen heben eher die *physischen* Unterschiede der männlichen bzw. weiblichen Geschlechtsorgane hervor. Ebenso weisen die Orgasmusbeschreibungen der Befragten auf ein geschlechtsspezifisch unterschiedliches Lusterleben hin: Bestätigt wird, daß die befragten Frauen dies eher auf ihren *gesamten Körper* beziehen, die Männer dagegen eher *begrenzt* auf den *Penis*. Die Gründe für die Peniszentriertheit und das Abgrenzungsbedürfnis der Männer, sowie dem Bindungswunsch und den Einbezug des ganzen Körpers bei Frauen in sexuellen Beziehungen lassen sich auf die frühkindliche Entwicklung der männlichen bzw. weiblichen Geschlechtsidentität zurückführen. Dennoch konnte nicht abschließend geklärt werden, wie weitgehend dies eher physiologisch verankert oder eher historisch bedingt ist. Zwar ist der Penis und das mit ihm assoziierte Phallische in unserer Kultur überhöht und mystifiziert, im Unterschied zur Klitoris und Vagina sowie zum Körper und seiner Sinnlichkeit. Aber die Frage bleibt offen, warum das Phallische als Symbol des Absoluten entstanden ist. Die Abspaltung des Weiblichen aus dem christlichen Gottesbild konnte jedoch nie vollständig funktionieren, weil das Körperlich-Sinnliche seiner Natur nach der Ort ist, an dem das Bedürfnis nach Grenzüberschreitung hin zu etwas »Allumfassenden« am ehesten gespürt wird. Der Körper ist der Ort der Sehnsucht nach Transzendenzerfahrung und zugleich selbst die schmerzliche Grenze, die dem Wunsch des Menschen nach unendlicher Expansion entgegensteht.

Die Sehnsucht nach Transzendenzerfahrung beruht auf der unbewußten Erinnerung pränataler Vollkommenheitserfahrung, die jeder Mensch einmal erlebt hat. Das Bedürfnis nach Transzendenz konnte mit Hilfe der Narzißmustheorie (vgl. Balint, Grunberger, Férenczi) zusätzlich auf eine biogenetische Erfahrungsgrundlage zurückgeführt werden: Denn die Erinnerung an die pränatale Erfahrung des Einsseins mit dem Mutterleib trägt jeder Mensch unbewußt in sich. Diese ursprünglichen, vorgeburtlich-primärnarzißtischen Vollkommenheitserfahrungen bestehen in bestimmten Bedürfnissen, Wünschen und Vorstellungen weiter und bestimmen die Gefühle und das Denken unbewußt mit. Sie haben somit auch einen erheblichen Einfluß auf die konkrete Ausgestaltung von Religion und Religiosität. So spiegelt sich diese *archaisch-infantile Prägung des Absolutheitsanspruchs* auch in den Vorstellungen vom Absoluten und in der Projektion des patriarchalischen christlichen Gottesbildes wider, aus der jegliche weibliche Figuren ausgeschlossen wurden. Doch wie alle religiösen Deutungs- und Wertesysteme sind auch die Gottesvorstellungen historisch entstanden.

Die ihnen innewohnende religiöse Potenz wird von den dahinterliegenden Wünschen des Menschen hervorgebracht: dem Wunsch, an der Allmacht zu partizipieren, sowie vom Wunsch, die Ohnmacht zu überwinden. In der Geschichte der Gottes- und Selbstbilder läßt sich dieses kulturelle und individuelle Ringen um Macht rekonstruieren. Die Aufrechterhaltung des Absolutheitsanspruchs, der ehemals auf Gott projiziert und im Verlauf der westlichen Zivilisationsgeschichte durch Identifizierung mit der göttlichen Omnipotenz einverleibt wurde, ist als »Gotteskomplex« (H. E. Richter) geprägt von einem radikalen Egozentrismus. Diese Tendenz zur Idealisierung und Mystifizierung klingt teilweise auch in den Äußerungen der Befragten über das religiöse Gefühl und das sexuelle Erleben an.

Die Sehnsucht nach vollkommener Harmonie und Einheit zwischen dem Subjekt und seiner Umwelt äußert sich als Bedürfnis nach Transzendenzerfahrung. Sexualität und Religion erweisen sich als Versuche, die schmerzliche Grenze zu beseitigen, die durch die Realität dem Wunsch des Menschen nach unendlicher Expansion entgegengesetzt ist. Nicht die Verdrängung der Ohnmacht und Endlichkeit des Menschen als Flucht vor den Tatsachen des Lebens, sondern realitätsangemessenes »Situiertsein« (Merleau-Ponty) kann dazu führen, Transzendenz partiell zu erfahren. Die Erfahrung von Transzendenz als »Sein-zur-Welt« (Merleau-Ponty) erfordert eine andere Art von Hingabe als die des »Wollens« und »Unterwerfens«, wie es sich in dem Versuch der sexuellen Befreiung sowie in bestimmten Formen der »Neuen Religiosität« äußert. Die Überwindung des Egoismus, wie er sich im »Gotteskomplex« zeigt, kann nicht durch die *Auflösung des Ichs* geschehen, sondern durch die Auflösung des *Bewußtseins*, ein »isoliertes Ich« (Watts) zu sein.

Transzendenzerfahrung als »Sein-zur-Welt«, begründet in und durch den körperlich-seelischen Leib, wie auch die Narzißmustheorie nahelegt, könnte als »aktives Transzendenzverhältnis von Person und Welt« die Hinführung subjektiver Erfahrung in gesellschaftliche Erfahrung ermöglichen. Dieses Unterfangen ist jedoch schwierig, da die heutige Lebenswelt es erfordert, Ich-Stärke und Ich-Grenzen aufzubauen und zu kultivieren, und es kaum gesellschaftlich legitimierte und akzeptierte Orte gibt, an denen die Hingabe und Auflösung der Ich-Grenzen nicht gefährlich und verboten, sondern in einem gesellschaftlich geschützten Rahmen ermöglicht wird.

Heute birgt die Suche nach Transzendenzerfahrung immer auch die Gefahr der Weltflucht, der Realitätsuntüchtigkeit und der Mystifikation und Idealisierung subjektiver Erfahrung in sich.

Die Verschiebung der Suche nach Transzendenzerfahrung von der Religion auf die Sexualität ist die Folge eines Subjektivierungs- und Privatisierungsprozesses. Erst als sich die erhoffte »sexuelle Befreiung«, mit der sich auch die Hoffnung auf Selbsttranszendierung verband, weitgehend als Trugschluß erwies, wurde in den privaten, synkretischen Religionsbildungen der »Neuen Religiosität« das Bedürfnis nach Transzendenz neu artikuliert. Die Thematisierung des Bedürfnisses nach Transzendenz im Kontext von Religion und Sexualität hat den Beziehungsaspekt in den Mittelpunkt der Überlegungen gestellt. Transzendenzerfahrung beinhaltet Aktivität, eine innere oder äußere Bewegung auf etwas Neues, Fremdes, noch Unbekanntes hin und ist ein Wagnis, denn wir wissen nicht, was uns »am anderen Ufer« erwartet. Doch um überhaupt Transzendenz zu erfahren, müssen wir uns über die Grenze hinaus bewegen. Das ist meistens schmerzhaft, löst Rührung oder Berührung aus und ist eine innere oder äußere Bewegung, die sich auf etwas bezieht. Dieses »Etwas« kann ein Objekt der Innen- oder Außenwelt sein. Insofern intendiert Transzendenz immer dialogische Aktivität mit einer regressiven und progressiven Komponente. In diesem inneren oder äußeren Dialog ist die gefühlsmäßige Bindung von entscheidender Bedeutung, aus deren Reflexion dem einzelnen Erfahrung zuwächst. Fühlen heißt, Bindung meiner Selbst an etwas. Dies wirft die Frage nach der Rückbindung – dem religere – auf. Wenn der Mensch anfängt, seine Beziehung zum »Ganzen« der Welt zu reflektieren, eröffnen sich ihm verschiedene Wege, diese Beziehung zu definieren: Ein Weg ist – pointiert gesagt – bestimmt durch die Anerkenntnis der menschlichen Kleinheit und Ohnmacht angesichts des Ganzen auf der Welt: ein Faktum, das keinen Trost und keine Hoffnung auf Halt duldet und im Nihilismus mündet. Ein anderer Weg begründet sich ebenfalls in dieser Anerkenntnis, sucht jedoch in Reaktion darauf eine Abhilfe, indem eine emotionale Bindung an ein religiöses Deutungs- oder Wertesystem erfolgt. Die Schwierigkeit, ohne Religion zu leben, wird vor allem dann evident, wenn es um die Klärung der Frage des Menschen nach seiner Beziehung zum »Ganzen« geht. Alle religiösen Deutungs- und Wertesysteme sind historisch entstanden. Erst in *Anerkennung* ihrer Historizität und ihres patriarchalischen Charakters können sie infragegestellt und verändert werden. Geschichte wiederholt sich nur, wenn sie verdrängt und vergessen worden ist. Deswegen gilt es, das Vergessene wieder ans Tageslicht zu holen.

Entscheidend dabei ist, den Illusionscharakter der Religion aufzudecken und die religiöse Potenz, die dahinterliegende Wünsche und Sehnsüchte, zu artikulieren lernen. Sich dieser Wünsche zu erinnern, ist (auf psychischer Ebene) eine regressive Bewegung, die jedoch auch zu einer progressiven werden kann, wenn sie an etwas gebunden wird, was nicht Flucht vor den Tatsachen des Lebens zur Folge hat, sondern realitätsangemessenes »Situiertsein«.

Der Verzicht darauf, eine Beziehung zum »Ganzen« als Absolutem und Allumfassenden erfahren zu wollen, erfordert *Hingabe und Bindung* an die Sinnlichkeit und subjektive Endlichkeit. Die Fähigkeit, sich selbst zu transzendieren, geht verloren bei der dauernden Jagd nach unaufhörlicher Expansion. Reale Erfahrung von Transzendenz ist Beziehungserfahrung und nur partiell und in Grenzen möglich.

Anmerkungen

Kapitel 1

1 Die Konfirmation, so bestätigt auch die Untersuchung von M. Schibilsky (1976), kann als Endpunkt der religiösen Sozialisation der Kindheit betrachtet werden. Ihr kommt die Qualität einer Wendemarke zu.

2 Nach Clark (1929) finden die meisten religiösen Bekehrungserlebnisse in dem Alter zwischen 12 und 13 Jahren statt. Die gesteigerte religiöse Aktivität bringt er jedoch nicht mit spezifischen Phasen, etwa der Pubertät, in Zusammenhang, sondern erklärt sie vielmehr aus der wachsenden Reife kognitiver Leistungen. Das »religiöse Erwachen« ist zudem stark umweltbedingt. Für ihre ersten tiefen religiösen Erlebnisse geben Jugendliche aus christlichen Familien etwa das Alter von 13 Jahren an, dagegen hatten Jugendliche aus nicht christlichen Familien nach ihren Angaben solche Erlebnisse erst mit 16 Jahren (McQuilkin, 1954). (Angaben nach R. Oerter, 1982, 294 f.)

Kapitel 2

1 B. Pascal, Pensées (Über die Religion) (1655), Frankfurt a. M. 1954, S. 164

2 Vgl. dazu B. Wallisch-Prinz, Religionssoziologie, 1977, 19-40; auch J. Matthes, Religion und Gesellschaft, Einführung in die Religionssoziologie, Bd. 1, 1969.

3 Vgl. dazu auch: F. Wagner, Was ist Religion?, Gütersloh 1986.

4 Zur kontroversen Problematik des »Heiligen« als Bezugsgröße von Religion vgl.: C. Colpe (Hrsg.), Die Diskussion um das ›Heilige‹, 1977. Colpe warnt zu Recht vor dem Gerinnen des Begriffs des Heiligen in eine Formelhaftigkeit und plädiert für seine weiterführende Entfaltung.

5 Vgl. H. Blumenberg, Säkularisierung und Selbstbehauptung. Erweiterte und überarbeitete Neuausgabe von: Die Legitimität der Neuzeit, Teil 1 und 2, Frankfurt a. M. 1974. – Siehe auch bei J. Matthes, Religion und Gesellschaft, Einführung in die Religionssoziologie I, Reinbek bei Hamburg 1969, Kap. 3.

6 Zitiert nach: J. Matthes, Kirche und Gesellschaft, Einführung in die Religionssoziologie II, Reinbek 1969.

7 Eine Übersicht der unterschiedlichen theoretischen und methodischen Ansätze geben auch die »Einführung in die Religionspsychologie« von U. Mann (1973), die »Religionspsychologie« von W. Poll (1965) und von H. Sundén, »Religionspsychologie, Probleme und Methoden« (1982).

8 So stammen zum Beispiel die meisten Versuchspersonen aus gutgläubigen Kreisen. H. Müller-Pozzy (1975, 67) weist diesbezüglich auf die Arbeiten von Leitner (1930) und Gins (1967) hin und fragt: »Kann man beispielsweise aus den Experimenten mit fünfzehn Jugendlichen eine ›Psychologie jugendlicher Religiosität innerhalb des deutschen Methodismus‹ (Leitner) ableiten? Oder was besagen die Experimente von Gins über ›experimentelle Mystik‹, die er an sechs Versuchspersonen durchführte, die alle in engem Verhältnis zur Kirche standen?«

9 Zum Beispiel spricht W. Hellpach in »Grundriß der Religionspsychologie« (1951) von religiösen »Urkeimen« im Menschen, aus denen sich manifest Religion entwickelt. Auch hier die Antinomie von Anlage/Umwelt bzw. Natur/Kultur. – Vgl. auch zum Beispiel G. Gassert (1932), A. Römer (1929), G. Bohne (1922), Th. Thun (1963, 1964).

10 Zitiert nach: L. Barnett, Einstein und das Universum, Frankfurt a.M. 1958, 179.

11 Um nichtsprachliche Äußerungsformen religiösen Gefühls, wie zum Beispiel Tanz, Malerei und andere künstlerische Ausdrucksformen, in einen kommunikativen Prozeß wissenschaftlicher Art zu bringen, müßten auch sie in Sprache »übersetzt« werden.

12 Vgl. dazu H. Luther, Grenze als Thema und Problem der Praktischen Theologie, in: ThP, 19. Jg. 1984, 234 ff.

13 Zitiert nach A. Heller (1981), S. 230.

14 Vgl. zum Beispiel T. Moser und E. Künzel, Protokolle mit Eingeschlossenen, Frankfurt a. M. 1969: Die Schwierigkeit von straffällig gewordenen Jugendlichen, massive Gefühle zu verbalisieren, wird hier in Zusammenhang gebracht mit der aufgestauten Aggressivität, die von »jemand zusammenschlagen, weil man eine undefinierbare Wut im Bauch hat«, bis hin zur Straftat geht. »Die Lebensgeschichte der straffällig gewordenen Jugendlichen lieferte unzureichende Begriffe für den Ausdruck ihrer Gefühle; so lernten sie nicht, Gefühle zu artikulieren. Das Ergebnis ist: Massive Gefühle in Worte zu fassen, ist erstens anstrengend und bedeutet zweitens einen immensen Verzicht auf Gefühle.« (212)

15 Vgl. R. Döbert und G. Nunner-Winkler, Adoleszenzkrise und Identitätsbildung, Frankfurt a.M. 1975, S. 55 f.

16 A. Heller (1981, 144 f.) beschreibt zum Beispiel das Lebensgefühl als eine Gefühlsdisposition, die für das ganze Leben oder für einen größeren Lebensabschnitt charakteristisch ist, zum Beispiel Lebensfreude, Melancholie, Optimismus, Pessimismus. Dieses Lebensgefühl kann aus verschiedenen Quellen entspringen:
   a) durch den genetischen Code erworbene Informationen, die angeborenen emotionellen Neigungen;
   b) durch persönliche Lebenserfahrungen, zum Beispiel Traumata;
   c) durch gesellschaftliche Erlebnisse, die emotionellen Moden mit einbegriffen.

17 Vgl. K. Holzkamp, Sinnliche Erkenntnis, Frankfurt a.M. 1973, S. 173. Holzkamp spricht in diesem Zusammenhang von Wahrnehmungstätigkeit.

18 C. Lévi-Strauss, Strukturale Anthropologie, Bd. 1, Frankfurt a.M. 1967, S. 217 ff.

19 Vgl. R. Döbert, Systemtheorie und religiöse Deutungssysteme, Frankfurt a.M. 1973. Nach Döbert gibt es auf jeder menschlichen Entwicklungsstufe einen strukturellen Kern der religiösen Deutungsschemata, der nicht ohne weiteres manipulierbar ist. Von diesem Kern hängt ab, in welche Richtung sozio-kulturelle Faktoren wirksam werden können. Religiöse Deutungssysteme stellen demnach für das »ökonomische und politische System restriktive Bedingungen« dar, die nicht beliebig funktionalisiert werden können (151).

Kapitel 3

1 Vgl.: Transzendenz, Imagination und Kreativität, hrsg. v. Gion Condrau, Die Psychologie des 20. Jahrhunderts, Bd. XV, Zürich 1979.

2 Vgl. H. Blumenberg, RGG³, Bd. VI, 989 ff.

3 Vgl. dazu W. Schulz, Der Gott der neuzeitlichen Metaphysik, Pfullingen 1957.

4 Im folgenden beziehe ich mich im wesentlichen auf zwei seiner Werke: 1. Phänomenologie der Wahrnehmung, Berlin 1966 (Original: Paris 1945) – hier abgekürzt mit Ph. W.; 2. Die Struktur des Verhaltens, Berlin u. a. 1976 (Original: Paris 1942) – hier abgekürzt mit S. V.

5 Nach M. Merleau-Ponty ist der »Leib« ein dialektisch-synthetischer Begriff, wodurch sowohl die Einheit als auch die Unterscheidung von Körper– Seele–Geist verständlich gemacht werden soll. Diese Einheit ist jedoch nur bei dem normalen Menschen gegeben, wohingegen beim pathologischen Menschen der Dualismus als Aufspaltung von Körper und Seele eingetreten ist: »Die so geläufige Unterscheidung zwischen Psychischem und Somatischem hat ihren Ort in der Pathologie, sie eignet sich aber nicht für die Erkenntnis des normalen, das heißt integrierten Menschen; denn bei ihm laufen die somatischen Vorgänge nicht isoliert ab, sie sind einbezogen in einen weiten Aktionskreis.« (S. V., 207)

6 R. Giuliani-Tagmann (1983, 121) weist darauf hin, daß ein »Nachteil dieses Vorgehens . . . zum Beispiel in der zunächst irritierenden Orientierungslosigkeit (besteht), die einen (auch) . . . bei der Lektüre von Merleau-Pontys Schriften befällt«.

7 Vgl. auch G.Ryle (1969), der ebenfalls Denken als inneres Sprechen definiert, das sich nicht »im Geiste« vollzieht. (S. 39 ff.)

8 Vgl. zum Beispiel M. Berman, Wiederverzauberung der Welt, Reinbek 1984; G. Bateson, Ökologie des Geistes, Frankfurt a.M. 1981.

9 Titel einer Streitschrift von H. A. Pestalozzi, 1985.

10 S. Freud sieht in der Fähigkeit des Menschen zur Versprachlichung von Gefühlen und Phantasien ein wesentliches Merkmal, durch das sich der Mensch vom Tier unterscheidet und »durch welche auch innere Vorgänge im Ich die Qualität des Bewußtseins erwerben können. Dies ist das Werk der Sprachfunktion, die Inhalte des Ichs mit Erinnerungsresten der visuellen, besonders aber akustischen Wahrnehmungen in feste Verbindung bringt. Von da ab kann die wahrnehmende Peripherie der Rindenschicht in weit größerem Umfang auch von innen her erregt werden, innere Vorgänge wie Vorstellungsabläufe und Denkvorgänge können bewußt werden, und es bedarf einer besonderen Vorrichtung, die zwischen beiden Möglichkeiten unterscheidet, der sogenannten Realitätsprüfung. Die Gleichstellung Wahrnehmung – Realität (Außenwelt) ist hinfällig geworden.« (S. Freud, GW Bd. XVII, 84)

11 Diese neue Hinwendung zur Religion umfaßt das gesamte Spektrum der sog. »neuen Religiosität«, der »New-Age-Bewegung« und das sich in diesem Umfeld konstituierende Interesse an östlich-buddhistischer Philosophie und Spiritualität, an Tarot, Astrologie, Hexenkult und anderen okkulten Praktiken. Vgl. dazu: H. Sebald, New-Age-Spiritualität, 1988.

Kapitel 4

1 Vgl. R. Ranke-Graves, Griechische Mythologie, 1985; ders., Die weiße Göttin, Sprache des Mythos, 1981.

2 B. Malinowski, Baloma – Die Geister der Toten auf den Trobriand-Inseln, in: ders., Magie, Wissenschaft und Religion, 1973 (zuerst 1948); ders., Geschlechtstrieb und Verdrängung bei den Primitiven, 1927.

3 S. Freud, Die drei Abhandlungen zur Sexualtheorie, 1905, StA., Bd. V, 37-45.

4 S. Freud, Massenpsychologie und Ich-Analyse, 1921, StA., Bd. IX, 85.

5 S. Freud, Das Unbewußte, 1915, StA., Bd. III, 136.

6 S. Freud, Angst und Triebleben, 1933. StA., Bd. I, 529.

7 S. Freud, Vorlesungen zur Einführung in die Psychoanalyse, GW XV, 101.

8 J. Mitchell, Psychanalyse und Feminismus, 1985; sie setzt sich kritisch mit den feministischen Positionen zu Freuds Theorie auseinander, wie sie insbeson-

dere von Simone de Beauvoir, Betty Friedan, Eva Figes, Germanie Greer, Shulamit Firestone und Kate Millett formuliert worden sind.

9 H. Schelsky, Soziologie der Sexualität, Hamburg 1955. Die Angabe der Seitenzahlen zitierter Begriffe bzw. Textstellen erfolgt im Text.
10 Vgl. K. Deschner, 1982, 402 f.
11 T. Moser spricht Gott hier immer persönlich mit »Du« an.
12 J. Kardinal Höffner, Sexualmoral im Licht des Glaubens, 2. Aufl. 1973, 17.
13 Zitiert nach M. Foucault, Von der Freundschaft, Berlin o. J., nach einem Seminar am Institute for the Humanities, New York, mit dem Titel »Sexuality and Solitude« am 20. 11. 1980, S. 38.
14 s. J. van Ussel, Sexualunterdrückung. Geschichte der Sexualfeindschaft, Gießen 1977, 17.
15 Vgl. R. Bultmann, Das Urchristentum, Reinbek 1962, 152 ff.
16 Vgl. zum Beispiel 1. Kor. 6,12-20; 1. Kor. 7,1-9; 1. Tim. 2,8-14; 2. Tim. 2,14-26. Zum Auseinandersetzungsprozeß vgl. H. Conzelmann, Geschichte des Urchristentums, Göttingen 1978, 104 ff. – Epiphanius (haer. 25,26) zieht zum Beispiel gegen die Barbelo-Gnostiker zu Felde, denen er einen ausschweifenden sexuellen Libertinismus vorwirft.
17 Vgl. D. Savramis, 1972, 59
18 H. P. Duerr, Das Gewissen hat versagt. Spiegel-Gespräch; in: Der Spiegel, 2, 1993, 171-173.
19 M. Foucault, Mikrophysik der Macht. Über Strafjustiz, Psychiatrie und Medizin, Berlin (1976).
20 Vgl. J. J. Bachofen (1861).
21 Vgl. H. Göttner-Abendroth, 1980 und 1982; E. Gould Davis, Am Anfang war die Frau. Die neue Zivilisationsgeschichte aus weiblicher Sicht, 1977.
22 Vgl. N. O. Brown, Zukunft im Zeichen des Eros, 1962; M. Berman, 1984, S. 166 f.
23 G. Bataille, Die Tränen des Eros, 1981.
24 F. Nietzsche, Also sprach Zarathustra, 1884.

Kapitel 5

1 K. Deschner, Das Kreuz mit der Kirche, 1982, 35 ff.; G. Wehr, Heilige Hochzeit, Symbol und Erfahrung menschlicher Reifung, 1986.
2 Vgl. R. v. Ranke-Graves, Griechische Mythologie, 1985. Die Vermählung von Zeus und Hera beging man in Griechenland jährlich als das Fest »hieròs gámos«. Vgl. auch J. de Vries, Keltische Religion, 1961, 244.
3 s. K. Deschner, 1982, 28.
4 Vgl. K. Goldammer, Die Formenwelt des Religiösen, 1960, 325.
5 F. Heiler, Die Religionen der Menschheit in Vergangenheit und Gegenwart, 1959, 596.
6 Vgl. H. Schmökel, Heilige Hochzeit und Hoheslied, 1956, 36 ff.
7 A. Thirleby, Das Tantra der Liebe, 1982, 8.
8 Ders., 23; 158; vgl. auch: Ph. Rawson, Tantra. Der indische Weg der Ekstase, 1974, sowie G. Parrinder, 1991, 65 ff.
9 »vajra« heißt »Diamant« oder »Blitz« und bezeichnet auch das männliche Glied. Vgl. F. Heiler, Erscheinungsform und Wesen der Religion, 1961, 244.
10 Wu-shan Sheng, Der Tantrismus, in: Lo Duca (Pseudonym, Hrsg.), Die Erotik in China, 1966, 141.
11 Vgl. H. V. Guenther, Tantra als Lebensanschauung, 1974, 12 ff.
12 Der Taoismus begründet sich auf der Lehre von den Urprinzipien yin (weib-

lich) und yang (männlich), die wiederum aus dem gestaltlosen Ursein hervorgegangen sind und danach streben, sich wieder zu vereinigen. Vgl. G. Mensching, Allgemeine Religionsgeschichte, 1992, 137.

13 Vgl. dazu M. Sherfey, Die Potenz der Frau, 1974. Sherfey sind im Verlauf ihrer klinischen Praxis zahlreiche Frauen begegnet, die mit Hilfe eines Vibrators in der Lage waren, bis zu 50 Orgasmen zu erreichen. In ihren Untersuchungen zur Potenz der Frau kam sie schließlich zum Ergebnis, daß Frauen theoretisch eine unbegrenzte Anzahl von Orgasmen erleben können, wenn sie sich nicht körperlich erschöpfen würden. Daraus leitet sie eine sexuelle Unersättlichkeit der Frauen ab, die jedoch in unserer Zivilisation gewaltsam unterdrückt worden sei. »Der Geschlechtstrieb der primitiven Frau war zu übermächtig, zu anfällig für die fluktuierenden Extreme einer vorwärtsdrängenden, aggressiven Erotik, um den disziplinierten Anforderungen eines seßhaften Familienlebens zu genügen . . ., und wo für das Zusammenhalten von Familie und Familienbesitz die Vaterschaft ebenso wesentlich wie die Mutterschaft geworden war.« Nur aufgrund dieser Einschränkungen sei es notwendig geworden, daß die Frauen »fast die Hälfte der Zeit der Befriedigung ihrer erotischen Bedürfnisse nachgejagt« hätten.

14 W. Schubart, Religion und Eros, 1941; zitiert nach der Ausgabe 1966.

15 Vgl. F. Heiler, 1959, 521

16 Besonders eindrucksvoll sind diesbezüglich die mystischen Dichtungen der Mechthild v. Magdeburg, Das fließende Licht der Gottheit, 1956; vgl. auch: K. Deschner, 1982, 105-123.

17 Vgl. K. Deschner, 1982, 40.

18 W. Fraenger, Hieronymus Bosch, Dresden 1975.

19 W. Reich, Die drei Grundelemente des religiösen Gefühls (1937), in: E. Nase u. J. Scharfenberg (Hrsg.), Psychoanalyse und Religion, 1977, 76.

20 Vgl. M. Sherfey, Die Potenz der Frau, 1974.

21 G. Bataille, Das obszöne Werk, 1984.

22 Vgl. dazu: Jos van Ussel, Sexualunterdrückung. Geschichte der Sexualfeindschaft, 1977 sowie M. Foucault , Sexualität und Wahrheit, 1976.

23 S. Freud, Totem und Tabu, 1912/13, StA., Bd. IX, 440.

24 S. Freud, Vorrede zu Problemen der Religionspsychologie v. Th. Reik, GW. XII, 328.

25 S. Freud, Die »kulturelle« Sexualmoral und die moderne Nervosität, 1908, StA., Bd. IX, 18.

26 Vgl. dazu auch W. D. Winicott, 1973.

27 Vgl. dazu H. Müller-Pozzi, Die Tabuisierung der Religion in der Psychoanalyse, 1978, 194 f.

28 So zum Beispiel die Verführungshypothese.

29 R. Vogt, Psychoanalyse zwischen Mythos und Aufklärung, 1989, 30.

30 Vgl. J. Scharfenberg, Menschliche Reifung und christliche Symbole, 1978, 87.

31 B. Malinowski, Das Geschlechtsleben der Wilden in Nordwest-Melanesien, 1983 (Orig. 1929).

32 Deswegen nannte Freud die in seiner grundlegenden Triebtheorie angenommenen Triebe auch »mythische Wesen« und die Trieblehre »Mythologie«. »Die Trieblehre ist sozusagen unsere Mythologie. Die Triebe sind mythische Wesen, großartig in ihrer Unbestimmtheit.« (S. Freud, Angst und Triebleben, 1933, StA., Bd. I, 529.)

33 Vgl. B. Malinowski, 1929, 1948.

34 Vgl. auch E. Kübler-Ross, Interviews mit Sterbenden, Stuttgart 1973.

35 L. Irigaray, Speculum, Spiegel des anderen Geschlechts, 1980.

36 Dies., Das Geschlecht, das nicht eins ist, 1979, 71.

37 E. L. Abelin (1971, 1975) zitiert nach M. Mitscherlich, Die friedfertige Frau, 1990, 56.

38 S. Freud, 33. Vorlesung, Die Weiblichkeit, 1933, StA., Bd. I, 547.

39 Vgl. M. Balint, 1972, 45.

40 Dies wird durch verschiedene Literatur bestätigt, z. B. von T. Norretranders (Hrsg.), Hingabe. Über den Orgasmus des Mannes, 1983: »Hauptproblem des männlichen Orgasmus scheint zu sein, daß der Orgasmus lokalisiert ist, konzentriert um den Penis, besonders die Eichel, während der übrige Körper nur selten ›mitkommt‹« (15).

41 Vgl. T. Leithäuser, B. Volmerg, Anleitung zur empirischen Hermeneutik. Psychoanalytische Textinterpretation als sozialwissenschaftliches Verfahren, 1979; dies u. a., Entwurf zu einer Empirie des Alltagsbewußtseins, 1979

42 C. Lévi-Strauss, Strukturale Anthropologie, Bd. I, 1967, 230 f.

43 Aufgrund der hier zu behandelnden Fragestellung nach dem unterschiedlichen geschlechtsspezifischen sexuellen Erleben von Mann und Frau, wird das sexuelle Lusterleben in homosexuellen Beziehungen nicht näher in Betracht gezogen.

44 N. Friday, Die sexuellen Phantasien der Frauen, 1980. J. E. Haeberle, 1985.

45 Vgl. z. B. A. Lowen, Der Verrat am Körper, Reinbek 1983.

46 B. Grunberger, Vom Narzißmus zum Objekt, 1976; M. Balint, Therapeutische Aspekte der Regression. Die Theorie der Grundstörung, 1970; ders.: Angstlust und Regression, 1972; S. Ferenczi, Schriften zur Psychoanalyse I und II, 1970 u. 1972.

47 Auffällig an Balints und Grunbergers Ausführungen über den Zusammenhang des pränatalen Lebens mit den Gottesbild-Projektionen ist, daß sie von »Gott« allgemein sprechen und nicht vom spezifisch christlichen Gottesbild von Gottvater, Sohn und Heiligem Geist. Hier wäre zu überlegen, welche spezifischen »weiblichen« und »männlichen« Eigenschaften und Ideale im christlichen Gottesbild überhöht bzw. ausgegrenzt worden sind (vgl. L. Irigaray).

48 Nach Grunberger, 1988, II, 77 f., wird die pränatale Glückseligkeit nicht durch phylogenetische Bilder dargestellt, sondern »durch Bilder, die aus dem Realen schöpfen und es dabei idealisieren«. In gewisser Weise entsprechen diese narzißtisch überbesetzten Bilder einem historischen Erleben; denn zum Beispiel die Vision vom Paradies oder Schlaraffenland hat tatsächlich existiert: »für den Fötus im Leib seiner Mutter vor dem Fall und vor allem vor der ›Sünde‹ – der wirklichen Erbsünde«. Das ist der Ursprung der fundamentalen Schuld und Aggressivität des Menschen, die »aus gutem Grunde« unbewußt bleiben und sich im späteren Leben »fixieren« werden, vergleichbar mit der freischwebenden Angst, die sich an das Objekt ihrer Phobie fixiert.

49 Anubis ist der ägyptische Totengott in Gestalt des Schakals.

50 Grunberger hebt dabei zu Recht hervor, daß dieser pragmatische Aspekt des jüdischen Gesetzes nicht »schäbiger Materialismus« und »Mangel an Erhabenheit« – wie ihm oft vorgeworfen werde – bedeutet, sondern, trotz des oft zwanghaften Rahmens, auch Schutz und Zusammengehörigkeit bietet, die das Überleben sichert.

51 H. E. Richter, Der Gotteskomplex, 1979; Richter zeigt hier u. a. anhand der Geschichte der neueren Philosophie auf, wie sich die »Flucht aus mittel-

alterlicher Ohnmacht in den Anspruch auf egozentrische gottgleiche Allmacht« geändert hat.

52 H. Marcuse, Erotik und Kultur, 1957, später umbenannt in: Triebstruktur und
   Gesellschaft, 1969.
53 Zitiert nach H. E. Richter, 1979, 73.
54 Vgl. M. Huber, In den Kosmos einkuscheln. Pamphlet gegen die Astrologie, in:
   Courage, Heft 10, 1983, S. 29-32.
55 Zum Beispiel das Verbot psychedelischer Drogen, deren bewußtseinserwei-
   ternde Wirkungen zwar nicht geleugnet, aber deren schädliche Wirkungen
   bei Mißbrauch in den Vordergrund gerückt werden. Vgl. dazu auch
   B. Nitzschke, 1981, 196 ff., sowie H. P. Duerr, 1978, 56.
56 Die Tendenz der Lust an der Zerstörung beschrieb Freud im Kontext seiner
   Todestriebtheorie. Demnach strebt der Aggressions-Destruktionstrieb nach
   totaler Abfuhr und Rückkehr zum früheren Zustand, zur absoluten Ruhe des
   Anorganischen. Freud betonte, daß die Destruktionsneigung eine nicht zu
   reduzierende Gegebenheit sei bei der selbst in den Fällen blindester Aggres-
   sion immer eine libidinöse Befriedigung entstehen kann, eine gegen das
   Objekt gerichtete sexuelle Befriedigung oder ein narzißtischer Genuß (vgl.
   Laplanche, Pontalis 1986, 49 ff.).
57 Vgl. Orgasmusstörungen beim Mann (Samenerguß ohne Orgasmusgefühl,
   Impotenz usw.) und bei der Frau (Frigidität usw.).

Literaturverzeichnis

Adorno, Th. W., Minima Moralia, Reflexionen aus dem beschädigten Leben, Frankfurt/M. 1984 (Orig. 1951).

Adorno, Th. W., Der autoritäre Charakter, Bd. 2, Frankfurt/M. 1969.

Ariès, Ph., u. a., Die Masken des Begehrens und die Metamorphosen der Sinnlichkeit. Zur Geschichte der Sexualität im Abendland, Frankfurt/M. 1984.

Bachofen, J. J., Das Mutterrecht, Frankfurt/M. 1975 (Orig. 1861).

Balint, M., Therapeutische Aspekte der Regression. Die Theorie der Grundstörung, Stuttgart 1970.

Balint, M., Angstlust und Regression, Reinbek 1972 (Orig. 1959).

Barnett, L., Einstein und das Universum, Frankfurt/M. 1958.

Barth, K., Römerbrief, 4. Aufl., München 1924.

Bataille, G., Der heilige Eros, Darmstadt und Neuwied 1984 (Orig. 1957).

Bataille, G., Die Tränen des Eros, München 1981 (Orig. 1961).

Bataille, G., Das obszöne Werk, Reinbek 1984.

Bateson, G., Ökologie des Geistes, Frankfurt/M. 1981.

Beauvoir, S. de, Das andere Geschlecht. Sitte und Sexus der Frau, Reinbek 1968 (Orig. 1949).

Berger, P. L., Der Zwang zur Häresie. Religion in der pluralistischen Gesellschaft, Frankfurt/M. 1980.

Berger, P. L., Auf den Spuren der Engel. Die moderne Gesellschaft und die Wiederentdeckung der Transzendenz, Frankfurt/M. 1970.

Berger, P. L., Zur Dialektik von Religion und Gesellschaft, Frankfurt/M. 1973.

Bertraux, D., Bertraux-Wiames J., in: Niethammer, L., Lebenserfahrung und kollektives Gedächtnis, die Praxis der »Oral history«, Frankfurt 1980.

Berman, M., Wiederverzauberung der Welt. Am Ende des Newtonschen Zeitalters, München 1984.

Bloch, E., Das Prinzip Hoffnung, Bd. 3, Frankfurt 1967.

Blumenberg, H., Säkularisierung und Selbstbehauptung. Erweiterte und überarbeitete Neuausgabe von »Legitimität der Neuzeit«, Teil 1 und 2, Frankfurt/M. 1974.

Blumenberg, H., Transzendenz und Immanenz, in: Religion in Geschichte und Gegenwart, 3. Auflage (RGG³), Bd. 6, Tübingen 1962, 990-997.

Bohne, G. Die religiöse Entwicklung der Jugend in der Reifezeit aufgrund autobiographischer Zeugnisse, Leipzig 1922.

Boos-Nünning, U., Dimensionen der Religiosität. Zur Operationalisierung und Messung religiöser Einstellungen, München und Mainz 1972.

Bornemann, E., Das Patriarchat. Ursprung und Zukunft unseres Gesellschaftssystems, Frankfurt/M. 1975.

Brenken, M., Kreuzzug an der Basis, Eine Werbekampagne der Evangelischen Kirche, in: DIE ZEIT, Nr. 31, 30. Juli 1993, S. 14.

Brown, N. O., Zukunft im Zeichen des Eros, Pfullingen 1962.

Bultmann, R., Das Urchristentum, Reinbek 1962.

Chasseguet-Smirgel, J., Das Ich-Ideal. Psychoanalytischer Essay über die »Krankheit der Idealität«, Frankfurt/M. 1987 (Orig. 1975).

Chasseguet-Smirgel, J., Die weiblichen Schuldgefühle, in: dies., (Hg.), Psychoanalyse der weiblichen Sexualität, Frankfurt/M. 1976.

Chodorow, N., Das Erbe der Mütter. Psychoanalyse und Soziologie der Geschlechter, München 1985.

Colpe, C., Die Diskussion um das »Heilige«, Darmstadt 1977.

Condrau, G. (Hrsg.), Transzendenz, Imagination und Kreativität. Die Psychologie des 20. Jahrhunderts, Band 15, Zürich 1979.

Conzelmann, H., Geschichte des Urchristentums, Göttingen 1978.

Daly, M., Jenseits von Gottvater, Sohn & Co., München 1980.

Descartes, R., Meditationes de prima philosophia, hrsg. v. L. Gäbe, Hamburg 1959 (Orig. 1641).

Descartes, R., Principia Philosophae, hrsg. v. A. Buchenau, 1922.

Deschner, K., Das Kreuz mit der Kirche. Eine Sexualgeschichte des Christentums, München 1982.

Devereux, G., Angst und Methode in den Verhaltenswissenschaften, München 1967.

Döbert, R., Nunner-Winkler, G., Adoleszenzkrise und Identitätsbildung, Frankfurt/M. 1975.

Döbert, R., Systemtheorie und religiöse Deutungssysteme, Frankfurt/M. 1973.

Döbert, R., »Zivilreligion«. Ein religiöses Nichts, religionstheoretisch betrachtet, in: Kursbuch 93, Glauben, Berlin 1988.

Duerr, H. P., Traumzeit. Über die Grenze zwischen Wildnis und Zivilisation, Frankfurt/M. 1978.

Duerr, H. P., Das Gewissen hat versagt. Spiegel-Gespräch; in: Der Spiegel, 2, 1993, 171-173.

Durkheim, E., Die elementaren Formen des religiösen Lebens, Frankfurt/M. 1981 (Orig. 1919).

Eliade, M., Das Heilige und das Profane. Vom Wesen des Religiösen, Frankfurt/M. 1984.

Elias, N., Über den Prozeß der Zivilisation (1936). Band I: Wandlungen des Verhaltens in den weltlichen Oberschichten des Abendlandes, Band II: Wandlungen der Gesellschaft. Entwurf zu einer Theorie der Zivilisation, Frankfurt/M. 1976.

Elsas, C., Selbstverständnis, Forschungsdisziplin, Methoden der Religionswissenschaft, in: Lott, J. (Hrsg.), Sachkunde Religion II, Stuttgart 1985.

Engels, Fr., Der Ursprung der Familie, des Privateigentums und des Staats, Berlin 1970 (Orig. 1884).

Erdheim, M., Über die vielseitige Verwendung der Sexualität in der Wissenschaft, in: Sexualität, hrsg. v. Psychoanalytischen Seminar Zürich, Frankfurt/M. 1986.

Erdheim, M., Die gesellschaftliche Produktion von Unbewußtheit. Eine Einführung in den ethnopsychoanalytischen Prozeß, Frankfurt/M. 1988.

Erikson, E. H., Identität und Lebenszyklus, Frankfurt/M. 1973 (Orig. 1959).

Ey, H., Das Bewußtsein, Berlin 1967 (Orig. 1963).

Ferenczi, S., Schriften zur Psychoanalyse I und II, Frankfurt/M. 1970 und 1972.

Fester, R., u. a., Weib und Macht. Fünf Millionen Jahre Urgeschichte der Frau, Frankfurt/M. 1980.

Feuerbach, L., Das Wesen des Christentums, Stuttgart 1971 (Orig. 1841).

Foucault, M., Archäologie des Wissens, Frankfurt/M. 1981 (Orig. 1969).

Foucault, M., Sexualität und Wahrheit, Bd. 1: Der Wille zum Wissen, Frankfurt/M. 1983 (Orig. 1976).

Foucault, M., Mikrophysik der Macht, Über Strafjustiz, Psychiatrie und Medizin, Berlin 1976.

Foucault, M., Von der Freundschaft, Berlin o. J. (Merve).

Fourez, G., Die sexuelle Revolution, in Concilium, 20. Jg. 1984, Heft 3, S. 182 ff.

Fox, R., Bedingungen der sexuellen Evolution, in: Ariès, Ph. u. a., Die Masken des Begehrens und die Metamorphosen der Sinnlichkeit. Zur Geschichte der Sexualität im Abendland, Frankfurt/M. 1984.

Fraenger, W., Hieronymus Bosch, Dresden 1975 (Orig. 1945).

Friday, N., Die sexuellen Phantasien der Frauen, Reinbek 1980.

Friday, N., Die sexuellen Phantasien der Männer, Reinbek 1983.

Freud, S., Vorrede zu Problemen der Religionspsychologie von Th. Reik, Gesammelte Werke, Bd. XII, Frankfurt/M. 1966, 328.

Freud, S., Die Zukunft einer Illusion (1927), Studienausgabe, hrsg. v. A. Mitscherlich, A. Richards, J. Strachey, Frankfurt/M. 1982 (im folgenden abgekürzt mit StA.), Bd. IX.

Freud, S., Totem und Tabu (1912/13), StA., Bd. IX.

Freud, S., Das Unbehagen in der Kultur (1930), StA., Bd. IX.

Freud, S., Die »kulturelle« Sexualmoral und die moderne Nervosität, StA., Bd. IX.

Freud, S., Drei Abhandlungen zur Sexualtheorie (1905), StA., Bd. V.

Freud, S., Zur Einführung des Narzißmus (1914), StA., Bd. III.

Freud, S., Die Weiblichkeit, 33. Vorlesung, 1933, StA., Bd. I.

Freud, S., Jenseits des Lustprinzips (1920), StA., Bd. III.

Freud, S., Triebe und Triebschicksale (1915), StA., Bd. III.

Freud, S., Angst und Triebleben, 32. Vorlesung, 1933, StA., Bd. I.

Freud, S., Der Mann Moses und die monotheistische Religion, StA., Bd. IX.

Friedrich, H., Die Macht des Narzißmus, in: Rohde-Dachser (Hrsg.), 1992.

Friedrichs, J., Methoden der empirischen Sozialforschung, Reinbek 1976.

Frischmuth, B., Die Klosterschule, Roman, Reinbek 1979.

Fromm, E., Anatomie der menschlichen Destruktivität, Reinbek 1977.

Fürstenberg, F., Mörth, I., Religionssoziologie, in: König, R. (Hrsg.), Handbuch der empirischen Sozialforschung, Bd. 14, Stuttgart 1979.

Gadamer, H. G., Wahrheit und Methode, Grundzüge einer philosophischen Hermeneutik, Bd. 1 und 2, 5. erw. Aufl., Tübingen 1986.

Gassert, G., Beiträge zur Psychologie der Kinder- und Jugendreligion, Heidelberg 1932.

Geulen, D., Das vergesellschaftete Subjekt. Zur Grundlegung der Sozialisationstheorie, Frankfurt/M. 1977.

Gilligan, C., Die andere Stimme. Lebenskonflikte und Moral der Frau, München 1984.

Giuliani-Tagmann, R., Sprache und Erfahrung in den Schriften von Maurice Merleau-Ponty, Bern u. Frankfurt/M. 1983.

Glock, C., Über die Dimension der Religiosität, in: Matthes, J., 1975.

Goldammer, K., Die Formenwelt des Religiösen, Stuttgart 1960.

Gould Davis, E., Am Anfang war die Frau. Die neue Zivilisationsgeschichte aus weiblicher Sicht, München 1977.

Göttner-Abendroth, H., Die Göttin und ihr Heros. Die matriarchalen Religionen in Mythos, Märchen und Dichtung, München 1980.

Göttner-Abendroth, H., Die tanzende Göttin. Prinzipien einer matriarchalen Ästhetik, München 1982.

Gruehn, W., Die Frömmigkeit der Gegenwart, Konstanz 1960[2].

Gruehn, W., Religionspsychologie, Breslau 1926.

Grunberger, B., Vom Narzißmus zum Objekt, Frankfurt/M. 1976 (Orig. 1971).

Guenther, H. V., Tantra als Lebensanschauung, München 1974.

Habermas, J., a) Erkenntnis und Interesse, Frankfurt 1968.

Habermas, J., b) Thesen zur Theorie der Sozialisation, Frankfurt/M. 1968.

Habermas, J., Können komplexe Gesellschaften eine vernünftige Identität ausbilden? In: Habermas, Henrich, Zwei Reden aus Anlaß des Hegel-Preises, Frankfurt/M. 1974.

Habermas, J., Theorie des Kommunikativen Handelns, Bd. 2, Frankfurt/M. 1982.

Habermas, J., Der philosophische Diskurs der Moderne, Frankfurt/M. 1986.

Haeberle, E. J., Die Sexualität des Menschen, Handbuch und Atlas, 2. erw. Aufl. Berlin 1985.

Harenberg, W., Was glauben die Deutschen? Spiegel-Umfrage, Mainz 1968.

Hasenhüttl, G., Erfahrungen als Ort der Theologie, in: Praktische Theologie heute, hrsg. v. Klostermann, F. u. Zerfass, R., München 1974.

Haug, Frigga (Hrsg.), Frauenformen 2, Sexualisierung der Körper, Berlin 1983.

Hegel, G. W. F., Enzyklopädie der philosophischen Wissenschaften, hrsg. v. G. Lasson, Leipzig 1930 (Orig. 1817).

Hegel, G. W. F., Phänomenologie des Geistes, hrsg. v. J. Hoffmeister, Hamburg 1952 (Orig. 1807).

Heiler, Fr., Die Religionen der Menschheit in Vergangenheit und Gegenwart, Stuttgart 1959.

Heiler, Fr., Erscheinungsform und Wesen der Religion, Stuttgart 1961.

Heine, S., Wiederbelebung der Göttinnen?, Göttingen 1989.

Heller, A., Theorie der Gefühle, Hamburg 1981.

Hellpach, W., Grundrisse der Religionspsychologie, Stuttgart 1951.

Henle, P. (Hrsg.), Sprache, Denken, Kultur, Frankfurt/M. 1969.

Hite, S., Sex-Report, o. O. 1976.

Holzhey, H., Transzendenz, in: Condrau, G., 1979.

Holzkamp, K., Sinnliche Erkenntnis, Frankfurt/M. 1973.

Horn, K., Reinke, E., Was bedeutet die Wiedereinführung von Subjektivität in die Wissenschaft? in: Psychologie III, Salzburg 1978.

Höffner, J., Sexualmoral im Licht des Glaubens, 2. Aufl. Köln 1973.

Huber, M., In den Kosmos einkuscheln. Pamphlet gegen die Astrologie, in: Courage, Heft 10, 1983, 29-32.

Hurrelmann, K. (Hrsg.), Sozialisation und Lebenslauf, Empirie und Methodik, Sozialwissenschaftliche Persönlichkeitsforschung, Hamburg 1976.

Irigaray, L., Das Geschlecht, das nicht eins ist, Berlin 1979.

Irigaray, L., Speculum. Spiegel des anderen Geschlechts, Frankfurt/M. 1980.

James, W., Die religiöse Erfahrung, Leipzig 1907.

James, W., Die Vielfalt religiöser Erfahrung, Olten 1972.

Jaspers, K., Metaphysik, Philosophie Bd. 3, Berlin 1932.

Jaspers, K., Von der Wahrheit, München 1947.

Jaspers, K., Der philosophische Glaube, München 1948.

Jung, C. G., Die Dynamik des Unbewußten, GW Bd. 8, Olten 1971-1981.

Jung, C. G., Zur Psychologie westlicher und östlicher Religion, GW Bd. 11, Olten 1971-1981.

Kant, I., Kritik der reinen Vernunft, Abdruck der 2. Aufl. v. 1787, Leipzig u. Wien.

Kegan, R., Die Entwicklungsstufen des Selbst. Fortschritte und Krisen im menschlichen Leben, München 1986.

Kentler, H. (Hrsg.), Sexualwesen Mensch. Texte zur Erforschung der Sexualität, Hamburg 1984.

Kentler, H., Taschenlexikon Sexualität, Düsseldorf 1982.

Kippenberg, H. G., in: Kippenberg, H. G., Gladigo, B. (Hrsg.), Neue Ansätze in der Religionswissenschaft, München 1983.

Klein, M., Die Psychoanalyse des Kindes, Wien 1932.

Krattiger, U., Die perlmutterne Mönchin. Reise in eine weibliche Spiritualität, Reinbek 1987.

Kübler-Ross, E., Interviews mit Sterbenden, Stuttgart 1973.

Kuiper, P. C., Die Verschwörung gegen das Gefühl. Psychoanalyse als Hermeneutik und Naturwissenschaft, Stuttgart 1980.

Laermann, K., Narziß gegen Ödipus, in: Die Zeit, 19. März 1993, 67.

Laplanche, J., Pontalis, J. B., Das Vokabular der Psychoanalyse, 7. Aufl., Frankfurt/M. 1986 (Orig. 1967).

Leiris, M., Die Spielregel, Bd. 1, Streichungen, München 1982 (Orig. 1948).

Leiris, M., Die Spielregel, Bd. 2, Krempel, München 1985 (Orig. 1955).

Leithäuser, Th., Volmerg, B., Anleitung zur empirischen Hermeneutik. Psychoanalytische Textinterpretation als sozialwissenschaftliches Verfahren, Frankfurt/M. 1979.

Leithäuser, Th., Volmerg, B., u. a., Entwurf zu einer Empirie des Alltagsbewußtseins, Frankfurt/M. 1979.

Leithäuser, Th., Volmerg, B., Psychoanalyse in der Sozialforschung. Eine Einführung, Opladen 1988.

Leitner, H., Lebenslauf und Identität. Die kulturelle Konstruktion von Zeit in der Biographie, Frankfurt/M. 1982.

Lévi-Strauss, C., Strukturale Anthropologie, Bd. I., Frankfurt/M. 1967 (Orig. 1958).

Lippe zur, R., Bürgerliche Subjektivität. Autonomie als Selbstzerstörung, Frankfurt/M. 1975.

Lippe zur, R., Am eigenen Leibe. Zur Ökonomie des Lebens, Frankfurt/M. 1979.

Lloyd, G., Das Patriarchat der Vernunft.»Männlich« und »weiblich« in der westlichen Philosophie, Bielefeld 1985.

Looks, C., Biographien als Gegenstand von Religionsunterricht, Frankfurt/M., u. a. 1993.

Lorenzer, A., Das Konzil der Buchhalter. Die Zerstörung der Sinnlichkeit. Eine Religionskritik, Frankfurt/M. 1984.

Lorenzer, A., Sprachzerstörung und Rekonstruktion, Frankfurt/M. 1973.

Lorenzer, A., Zur Begründung einer materialistischen Sozialisationstheorie, Frankfurt/M. 1972.

Lott, J., Handbuch Religion II. Erwachsenenbildung, Stuttgart u. a. 1984.

Lott, J. (Hrsg.), Sachkunde Religion II, Religionen – Religionswissenschaft, Stuttgart u. a. 1985.

Lowen, A., Der Verrat am Körper, Reinbek 1983.

Luckmann, Th., Das Problem der Religion in der modernen Gesellschaft, Freiburg 1963.

Luther, H., Grenze als Thema und Problem der Praktischen Theologie, in: ThP, 19. Jhg. 1984, 234 ff.

Lübbe, H., Religion nach der Aufklärung, Köln u. a. 1986.

Mahler, M. S., u. a., Die psychische Geburt des Menschen, Symbiose und Individuation, Frankfurt/M. 1987.

Malinowski, B., Geschlechtstrieb und Verdrängung bei den Primitiven, Hamburg 1962 (Orig. 1927).

Malinowski, B., Das Geschlechtsleben der Wilden in Nordwest-Melanesien, Frankfurt 1983 (Orig. 1929).

Malinowski, B., Magie, Wissenschaft und Religion und andere Schriften, Tübingen 1973 (Orig. 1948).

Mann, U., Einführung in die Religionspsychologie, Darmstadt 1973.

Marcuse, H., Triebstruktur und Gesellschaft, Frankfurt/M. 1969.

Marsch, W. D. (Hrsg.), Plädoyers in Sachen Religion, Gütersloh 1973.

Marx, K., Engels, F., Die deutsche Ideologie. Kritik der neuesten deutschen Philosophie in ihren Repräsentanten Feuerbach, B. Bauer und Stirner, MEW Bd. 3, Berlin 1969.

Matthes, J., Religion und Gesellschaft, Einführung in die Religionssoziologie I, Reinbek 1969.

Matthes, J., Religion und Gesellschaft, Einführung in die Religionssoziologie II, Reinbek 1969.

Mechthild von Magdeburg, Das fließende Licht der Gottheit, Darmstadt 1956.

Mensching, G., Allgemeine Religionsgeschichte, Heidelberg 1949[2].

Mensching, G., Religion, Erscheinungs- und Ideenwelt, in: RGG[3], Bd. V, 961 ff.

Merleau-Ponty, M., Die Struktur des Verhaltens. Phänomenologisch-psychologische Forschungen, Bd. 13, Berlin u. a. 1976 (Orig. 1942).

Merleau-Ponty, M., Phänomenologie der Wahrnehmung, hrsg. v. C. F. Graumann u. L. Linschoten, Berlin 1966 (Orig. 1945).

Merleau-Ponty, M., Die Abenteuer der Dialektik, Frankfurt/M. 1968 (Orig. 1955).

Mies, M., Weibliche Lebensgeschichte und Zeitgeschichte, in: Beiträge 7, Zur feministischen Theorie und Praxis, München 1982.

Mitchell, J., Psychoanalyse und Feminismus. Freud, Reich, Laing und die Frauenbewegung, Hamburg 1985 (Orig. 1976).

Mitscherlich, A., Auf dem Weg zur vaterlosen Gesellschaft. Ideen zur Sozialpsychologie, München 1963.

Mitscherlich, A. und M., Die Unfähigkeit zu trauern. Grundlagen kollektiven Verhaltens, München 1967.

Mitscherlich-Nielsen, M., Über die Ursprünge weiblicher Lust, in: Sexualität. Ein Emma-Buch, hrsg. v. Schwarzer, A., Reinbek 1984.

Mitscherlich, M., Die friedfertige Frau, Frankfurt/M. 1990.

Morgenthaler, Ch., Sozialisation und Religion. Sozialwissenschaftliche Materialien zur religionspädagogischen Theoriebildung, Gütersloh, 1976.

Moser, T., Künzel, E., Protokolle mit Eingeschlossenen, Frankfurt/M. 1969.

Moser, T., Gottesvergiftung, Frankfurt/M. 1976.

Müller-Pozzy, H., Psychologie des Glaubens, München u. a. 1975.

Müller-Pozzy, H., Die Tabuisierung der Religion in der Psychoanalyse, München 1978.

Müller-Pozzy, H., Die Religionspsychologie im zwanzigsten Jahrhundert, in: G. Condrau (Hrsg.), Zürich 1979.

Mynarek, H., Religiös ohne Gott? Neue Religiosität in Selbstzeugnissen, Eine Dokumentation, Düsseldorf 1983.

Nase, E., Scharfenberg, J. (Hrsg.), Psychoanalyse und Religion, Darmstadt 1977.

Naslednikov, M., Tantra, Weg der Ekstase. Die Sexualität des Neuen Menschen, Berlin 1985.

Nathan, T., Ideologie, Sexualität und Neurose, Frankfurt/M. 1979.

Neumärker, D., Der eigene und der fremde Gott. Tiefenpsychologischer und sozialpsychologischer Zugang zur Religion, in: Marsch, W. D. (Hrsg.), Plädoyers in Sachen Religion, Gütersloh 1973.

Niethammer, L. (Hrsg.), Lebenserfahrung und kollektives Gedächtnis, Frankfurt/M. 1980.

Nietzsche, Fr., Also sprach Zarathustra, in: Werke in drei Bänden, hrsg. v. Schlechta, K., Bd. 2, München 1955 (Orig. 1884).

Nitzschke, B., Die Zerstörung der Sinnlichkeit, München 1981.

Nørretranders, T. (Hrsg.), Hingabe. Über den Orgasmus des Mannes, Reinbek 1983.

Oerter, R., Moderne Entwicklungspsychologie, Donauwörth 1982.

Olivier, Ch., Jokastes Kinder. Die Psyche der Frau im Schatten der Mutter, München 1989.

Oser, F, Gmünder, P., Der Mensch. Stufen seiner religiösen Entwicklung. Ein strukturgenetischer Ansatz, Zürich und Köln 1984.

Osterland, M., Lebensgeschichtliche Erfahrungen und gesellschaftliches Bewußtsein. Anmerkungen zur biographischen Methode, in: SW, 24. Jg., 1973.

Ostner, I., Zur Vergleichbarkeit von Aussagen in lebensgeschichtlichen Interviews, in: Beiträge 7, Weibliche Biographien, München 1982.

Otto, G., Praktische Theologie als kritische Theorie religiös vermittelter Praxis in der Gesellschaft, in: Otto, G. (Hrsg.), 1970.

Otto, G., Dörger, H. J., Lott, J., Neues Handbuch des Religionsunterrichts, Hamburg 1972.

Otto, R., Das Gefühl des Übersinnlichen, München 1932.

Otto, R., Das Heilige. Über das Irrationale in der Idee des Göttlichen und sein Verhältnis zum Rationalen (1917), München 1963.

Otto, R. West-Östliche Mystik, 2. Aufl., Gotha 1929.

Pascal, B., Pensées (Über die Religion), in: Ausgewählte Schriften Pascals, ausgewählt und eingeleitet v. Schneider, R., Frankfurt/M. 1954.

Parrinder, G., Sexualität in den Religionen der Welt, Olten 1991.

Pestalozzi, H. A., Die sanfte Verblödung, Düsseldorf 1985.

Poll, W., Religionspsychologie, München 1965.

Pruyser, P. W., Die Wurzeln des Glaubens, Bern u. a. 1972.

Ranke-Graves, R. von, Die weiße Göttin. Die Sprache des Mythos, Berlin 1981.

Ranke-Graves, R. von, Griechische Mythologie. Quellen und Deutung, Reinbek 1985.

Rawson, Ph., Tantra. Der indische Kult der Ekstase, München u. a. 1974.

Reich, W., Die drei Grundelemente des religiösen Gefühls (1937), in: Nase, E. u. Scharfenberg, J. (Hrsg.) 1977.

Reich, W., Die gesellschaftliche Funktion der Sexualunterdrückung, in: Massenpsychologie und Faschismus, 1933.

Rendtorff, T., Theologie in der Welt des Christentums, in: Neuenzeit, P. (Hrsg.), Die Funktion der Theologie in Kirche und Gesellschaft, 1969.

Rendtorff, T., Wirklichkeitswissenschaft im Streit, in: Theologie und Wirklichkeit. Festschrift für W. Trillhaas zum 70. Geburtstag, Göttingen 1974.

Richter, H. E., Der Gotteskomplex, Reinbek 1979.

Richter, J., Himmel, Hölle, Fegefeuer, Roman, Reinbek 1985.

Riess, R., Vorwort zum Heftthema: Zur Spiritualität in unserer Zeit, in: Wege zum Menschen, 35. Jg., Heft 8/9, Göttingen 1983.

Ritter, W. H., Glaube und Erfahrung im religionspädagogischen Kontext, Göttingen 1989.

Rohde-Dachser, C. (Hrsg.), Zerstörter Spiegel, Psychoanalytische Zeitdiagnosen, Göttingen 1992.

Roheim, G., The Origin and Function of Culture, New York 1943.

Römer, A., Das Bedürfnis nach Sinnhaftigkeit des Lebens, Gütersloh 1929.

Ryle, G., Der Begriff des Geistes, Stuttgart 1969 (Orig. 1949).

Savramis, D., Religion und Sexualität, München 1972.

Scharfenberg, J., Symbol und Symboldidaktik, Diskussionsforum (Gesprächsbeitrag), in: Religion heute, 3/1986.

Schelsky, H., Soziologie der Sexualität. Über die Beziehungen zwischen Geschlecht, Moral und Gesellschaft, Hamburg 1955.

Sherfey, M., Die Potenz der Frau. Wesen und Evolution der weiblichen Sexualität, Köln 1974.

Schibilsky, M., Religiöse Erfahrung und Interaktion, Stuttgart 1976.

Schleiermacher, F., Über die Religion. Reden an die Gebildeten unter ihren Verächtern (1799), hrsg. v. R. Otto, Göttingen 1913.

Schmidt, G., Kritik des Triebmodells, in: H. Kentler, 1984, 302-316.

Schmidtbauer, W., Angst vor Nähe, Reinbek 1984.

Schmidtbauer, W., Die subjektive Krankheit. Kritik der Psychosomatik, Reinbek 1986.

Schmökel, H., Heilige Hochzeit und Hoheslied, Wiesbaden 1957.

Schubart, W., Religion und Eros, hrsg. v. Seifert, F., München 1966 (Orig. 1941).

Schulz, W., Der Gott der neuzeitlichen Metaphysik, Pfullingen 1957.

Schwarzer, A., Der kleine Unterschied und seine großen Folgen, Frankfurt/M. 1975.

Schwarzer, A., 7 Jahre nach dem Kleinen Unterschied, in: Sexualität. Ein Emma-Buch, hrsg. v. Schwarzer, A., Reinbek 1984.

Sebald, H., New-Age-Spiritualität, in: Kursbuch 93, Glauben, Berlin 1988.

Sennett, R., Verfall und Ende des öffentlichen Lebens. Die Tyrannei der Intimität, Frankfurt/M. 1983.

Sheng, Wu-shan, Der Tantrismus, in: Lo Duca (Pseudonym) (Hrsg.), Die Erotik in China, Basel 1966.

Sichtermann, B., Weiblichkeit. Zur Politik des Privaten, Berlin 1984.

Simons, E., Transzendenz, in: Handbuch philosophischer Grundbegriffe, StA. Bd. 6, München 1974, S. 1540-1556.

Sohn-Rethel, A., Soziologische Theorie der Erkenntnis, Frankfurt/M. 1985.

Sölle, D., Die Reise zum vergessenen Ganzen, in: Evangelische Kommentare 9, 1974.

Sölle, D., Der Wunsch, ganz anders zu sein. Gedanken zur neuen Religiosität, in: Bahr, H. E. (Hrsg.) 1975.

SPIEGEL-Umfrage 1992, Was glauben die Deutschen?, Spiegel 25/1992.

Sudbrack, J., Spiritualität. Plädoyer für mehr Erdenschwere, in: Wege zum Menschen, 35. Jg., Heft 8/9, Göttingen 1983.

Sundén, H., Religionspsychologie. Probleme und Methoden, Stuttgart 1982.

Sundén, H., Die Religion und die Rollen. Eine psychologische Untersuchung der Frömmigkeit, Berlin 1966.

Tannen, D., Du kannst mich einfach nicht verstehen, Hamburg 1991.

Teilhard de Chardin, P., Der göttliche Mensch, Olten u. Freiburg 1962.

Theweleit, K., Männerphantasien, Bd. 1, Frankfurt/M. 1977.

Thirleby, A., Das Tantra der Liebe, Berlin u. Wien 1982.

Thun, Th., Die Religion des Kindes, Stuttgart 1964.

Thun, Th., Die religiöse Entscheidung der Jugend, Stuttgart 1963.

Thürmer-Rohr, Ch., Wendezeit-Wendedenken-Wegdenken, in: Beiträge zur feministischen Theorie und Praxis, Heft 12, Köln 1984.

Traxel, W., Grundlagen und Methoden der Psychologie, 2. Aufl., Bern u. a. 1974.

Trillhaas, W., Religionsphilosophie, Berlin u. a. 1972.

Trillhaas, W., Religionspsychologie, in: RGG³, Bd. 5.

Troeltsch, E., Die Absolutheit des Christentums, Tübingen 1912.

Ussel, J. van, Sexualunterdrückung, Geschichte der Sexualfeindschaft, Gießen 1977 (Orig. 1970).

Ussel, J. van, Intimität, Gießen 1979 (Orig. 1975).

Vergote, A., Religionspsychologie, Olten 1970.

Vogt, R., Psychoanalyse zwischen Mythos und Aufklärung, Frankfurt/M. 1989.

Vries, J. de, Keltische Religion, Berlin 1961.

Vierzig, S., Ideologiekritik und Religionsunterricht, Zürich u. a. 1975.

Vierzig, S., Religion in der Gesellschaft, Stuttgart u. a. 1979.

Vierzig, S., Sehnsucht nach den Müttern, Von der Renaissance des Weiblichen in der Religion, Stuttgart u. a. 1991

Wach, J., Religionssoziologie (4. Aufl.), Tübingen 1951.

Wagner, F., Was ist Religion? Studien zu ihrem Begriff und Thema in Geschichte und Gegenwart, Gütersloh 1986.

Waldenfels, B., Das Problem der Leiblichkeit bei Merleau-Ponty, in: Philosophisches Jahrbuch 1975.

Wallisch-Prinz, B., Religionssoziologie, Stuttgart 1977.

Watts, A., Die Illusion des Ich. Westliche Wissenschaft und Zivilisation in der Krise. Versuch einer Neuorientierung, München 1980.

Weber, M., Die protestantische Ethik. Eine Aufsatzsammlung, München u. a. 1965 (Orig. 1904).

Wehr, G., Heilige Hochzeit. Symbol und Erfahrung menschlicher Reifung, München 1986.

Wickler, W., Seibt, U., männlich weiblich. Der große Unterschied und seine Folgen, München 1983.

Wimmer, M., Die Kindheit auf dem Lande, Reinbek 1978.

Winnicott, D. W., Vom Spiel zur Kreativität, Stuttgart 1973.

Ziehe, Th., Knödler-Bunte, E. (Hrsg.), Der sexuelle Körper. Ausgeträumt?, Berlin 1984.

Ziehe, Th., Nackt und bloß der Verzauberung entgegen, Berlin 1984.